日本哲学与思想研究

2016

刁榴　主编

社会科学文献出版社
SOCIAL SCIENCES ACADEMIC PRESS (CHINA)

本刊编委会委员

（按姓氏笔画顺序）

序

成立于1981年的中华日本哲学会（Chinese Society for Studying Japanese Philosophies）作为研究日本哲学、思想与文化的全国性学术团体，成立近40年来，积极开展对日本哲学与思想、文化方面的学术研究，并促进中日两国在这一研究领域的学术交流，取得了丰硕的学术成果。为了宣传和展示会员的研究成果，中华日本哲学会自2015年起创办了学会会刊《日本哲学与思想研究》（以书代刊形式）。继林美茂、郭连友主编《日本哲学与思想研究（2015）》之后，本书是会刊第二辑。

综观本辑稿件，令人欣喜的是我们的研究正不断地取得新的突破。本会会员的构成以日语院系师生为主，因所受学术训练和知识结构侧重点的关系，我们以往的研究主题多关注近代以前，较少涉及反映现实社会的现当代问题；研究方法以梳理和总结为主，不擅长问题分析和逻辑推理；研究内容多以思想和文化为对象，而追索关于人类、宇宙的终极性根源性“哲学”问题的研究成果还比较少。但本辑邓习议和日本学者嘉指信雄的两篇论文均以日本战后的哲学与思想为主题，拓宽了我们的研究范围。邓习议的《关于广松哲学的意趣、结构与评价》在对广松哲学的“三大转换”——政治上从“脱亚入欧”到“脱欧入亚”的转换、经济伦理上从“消费主义”到“生态主义”的转换、哲学上从“实体主义”到“关系主义”的转换——进行深入分析的基础上，指出广松哲学的理论目标就是克服与超越西方哲学主客二分的实体性思维方式，将其推进到东方式主客统一的关系性思维方式。嘉指信雄《从原点重新思考：反核与和平思想——平冢雷鸟、丸山真男、森泷市郎》一文通过多角度梳理和呈现日本战后反核与和平思想领域三位知识领袖所提出的思想的意义及遗留问题，重新思考核与世界和平。这两篇文章对于我们在21世纪从东西方哲学融合的高度思考世界与人类的未来非常富于启发意义。

对于日本近代哲学与思想的研究，我们的学术积累比较深厚，下面的论文以日本近代代表性哲学家福泽谕吉、西周、吉野作造等为考察对象，进一步深化了以往的研究。赵晓靓的《论吉野作造思想的哲学基础》和朱坤容的《尘心与道缘之间——以圣严法师的日平佛教研究为中心》分别关注东方思想文化的因素对自由民主主义者吉野作造和圣严法师的思想的影响。刘岳兵的《近代日本思想家西晋一郎的中国儒学论》和张慧的《西周的启蒙思想活动与儒学思想》则深入剖析了近代日本思想史上力图将儒学与西方近代思想相互融通的西晋一郎和“日本近代哲学之父”西周的启蒙思想如何对中国儒学思想进行批判性吸收，这种研究不仅有利于我们认清近代日本对中国儒学的摄取方式，而且对于思考儒学的现代性问题也具有重要的启发意义。

如果说以上论文都致力于探讨中国思想对于近代日本的影响，郭连友的《梁启超与吉田松阴》和葛奇蹊的《梁启超与进化论》则重点考察了吉田松阴的学说以及日本的进化论是如何反哺以梁启超为代表的中国近代思想家，并对晚清以来的政治改革运动产生影响的。王鑫的《日本“妖怪”研究的历史回顾》一文也是从中日思想文化交流的视角出发，对日本的妖怪研究进行了详细介绍，并期待日本的妖怪研究史能对我国今后的“妖怪学”提供可资借鉴的研究方法。

日本近世思想文化研究一直是我国日本研究学界的热点。陈化北的《朱子的理气说与安藤昌益的真气说》探讨了中国朱子学和江户时代安藤昌益的思想之间的关联，邢永凤的《日朝知识人之视线——以〈两好余话〉为中心》通过分析1764年朝鲜通信使与日本知识人的笔谈史料《两好余话》，考察那一时代中、日、朝三国的关系和秩序。韩立红《石田梅岩思想的公共性》一文论证了梅岩思想中包含公共哲学的“共媒、共动、共福”，即相互尊重、相互协助、共同幸福的特点，从一个崭新的视角对石门心学进行了诠释。

中华日本哲学会有一个很好的传统，就是注重“传帮带”，努力培育新生力量，以期学会薪火相传，兴旺发展。本辑也设置了“青年论坛”，专门刊发硕士生和博士生的论文，引导他们积极参与学术研究。几位青年才俊的论题，涉及日本近世到近现代的哲学、思想和文化，虽然行文立论还稍显稚嫩，但已初具科研潜力，假以时日，必能“雏凤清于老凤声”。

当然我们的研究还有尚待深化之处，追究起来主要是“日本哲学”与“日本思想”的界限模糊，我们对于“日本哲学”的研究往往停留于对“日本思想史”的梳理和总结上。对这一问题，本辑开篇林美茂的《中日关于“哲学”之理解的差异与趋同倾向——以峻别“哲学”与“思想”的不同为线索》一文非常值得深思。该文指出：“哲学”与“思想”之根本区别在于两者对于“知”的理解存在根本的差异。日本近代以来严格区别“近代哲学”与“日本思想”的学术领域，并把“知的探索”作为理解“哲学”的本质标准，但近年来日本学界也出现了在传统思想中寻觅哲学因素，从而向中国式哲学观趋近的倾向。然而如果不充分反思日本及中国等东亚传统知识论的基础和逻辑结构与西方究竟有何不同，而只是通过无界限地扩大西方意义的哲学范畴来寻求自身拥有哲学的理论依据，必然会遭到与“中国哲学”同样的对“日本哲学合法性”的质疑与困惑。

本辑特邀的四位日本学者围绕日本近代哲学展开的论述无论从研究视角还是研究方法上，都给我们以启示。藤田正胜的《三木清的〈构想力的逻辑〉》阐述了三木清哲学中理性与感性的“辩证统一”问题，上原麻由子的《西田哲学的再解释——作为行为的直观的面部表情》以面部表情为切入点，阐释了西田哲学关于行为的直观理论中“从被制作的事物向制作的事物”即从被动向主动的转变。水野友晴的《明治中叶的宗教感觉——以〈善的研究〉的执笔期为中心》和杉本耕一的《西田几多郎的“宗教哲学”与清泽满之的“宗教哲学”》都围绕西田几多郎与清泽满之等同时代人的“宗教哲学”中共同的一些问题进行比较和考察。与日本学者的学术交流启发我们今后应在“日本哲学”研究方面加强力量，更多地展示中国学者在这一领域的独到见解和丰富成果。

本辑会刊的出版承蒙北京工业大学刁榴老师的大力支持和帮助，在此谨向北京工业大学和刁榴老师表示衷心感谢！

中华日本哲学会会长　王青[1]

2017 年 2 月 8 日

① 王青，中国社会科学院哲学研究所东方哲学研究室研究员，研究方向为日本哲学、日本思想史。

目　录

特邀日本学者论坛

青年论坛

中日关于“哲学”之理解的差异与趋同倾向*

——以峻别“哲学”与“思想”的不同为线索

林美茂**

一 引言

“哲学”（philosophy）这个源于西方的学科概念，自1860年代在日本被译出，1890年代进入中国，至今已有一百多年的历史。虽然这一概念及学科在两国学术史中呈现出不同的发展脉络，但是存在的根本问题基本一致，正是因为这种一致，进入21世纪以来，在两国学术界开始出现趋同的倾向。那么，西方意义的“哲学”究竟是怎样的学问？其在中日发展的不同何在？趋同的表现有哪些？其根本原因是什么？这是本文将要阐述的问题。

二 西方意义的“哲学”

关于西方意义的哲学，似乎没有一种统一的认识，但我们可以从黑格尔与德里达的对于中国哲学“合法性”的否定中①，认识到西方人所理解的哲

* 本文系国家社科基金一般项目“学科创新视域下的公共哲学：中日比较研究”（编号12BZX091）成果。

** 林美茂，哲学博士，中国人民大学哲学院教授，博士生导师，从事古希腊哲学、日本哲学、公共哲学研究。

① 参见黑格尔《哲学史讲演录》第1卷，商务印书馆，1997，第115～132页，陆阳《中国有哲学吗？——德里达在上海》，《文艺报》2001年12月4日。

学，究竟是一门怎样的学问。从结论来说，他们所持的关于“哲学”的标准，都是源于古希腊人所赋予的哲学本质，即与苏格拉底、柏拉图所揭示的“哲学”这门学问的性质有关。

正如大家所知，苏格拉底、柏拉图的哲学，是对此前的自然哲学家们哲学探索的理论总结。根据亚里士多德的《形而上学》，哲学是从以泰勒斯为始祖的伊奥利亚学派探索世界的“本原”（arche）开始的，他们的关于自然世界的探索，区别于此前的神话中所采用的以“mythos”说明世界的方法，努力按自然原样看自然，在“logos”中寻求关于本原理论的逻辑自洽性。然而，前苏格拉底自然哲学家们以自然为中心的探索倾向，由于智者们的出现转向了人文主义关怀，确立了人的独立于自然的优越性存在。然而，建立在“尺度说”基础之上的智者们的人文主义的追求，同时也削弱了人文主义的真正意义。为了克服矫枉过正的智者们过于强调人的主观能动性的相对主义价值观，苏格拉底的出现成了“哲学”这门学科得以确立的标志。可以说柏拉图的《申辩篇》是一部哲学宣言书，苏格拉底是哲学家之为哲学家的灵魂化身，是哲学这门学问的实践者与这个学科得以确立的完成者。

在《申辩篇》中，苏格拉底把“知”分为“人的智慧”与“善美之真知”，通过自己的探索实践，阐明了人的探索所能达到的只是“人的智慧”，这种认识状态只是人的“臆见”（doxa），而哲学则是探索不断克服人的各种“臆见”抵达“真知”（episteme）的学问。而他与社会上所谓的“有知之人”最大的区别就在于他对于自己的无知是有知的，即“无知之智”，而社会上的那些人对于自己的无知是无知的（双重无知），只是活在臆见，即想当然之中。这就是哲人与智者、一般人之间的根本区别所在。哲学家首先必须是一个自知己无知的人。正因为这样，苏格拉底采用“问答法”，通过“对话”（dialogos）的方式与别人探索人之所以为人的各种德性（arete）。这样的探索，绝不是采用“说教”的方式单方面地灌输、给予。因为“说教”要求教育者拥有其所教育内容的“知识”，而苏格拉底否认自己具备这种知识。而智者们与此不同，他们认为自己拥有德性的知识，所以，不追求关于事实真相的探索，只是驾驭辩论技巧，即所谓的“辩论术”，以达到说服、教育别人的目的。那么，如果以此为是不是哲学的标准，孔子的《论语》，显然只是一部道德说教书，虽然是以孔子与弟子们的对话形成的，然而，书中的孔子俨然是一个饱有知识、智慧的教育者，其中的言论不是建立在逻辑论证、探索的基础之上，而是一个长者的谆谆教导。所以，黑格尔才会说：“孔子只是一个实际的世间智者[①]，在他那里思辨的哲学是一点也没有的。……为了保持孔子的名声，假使他的书从来不曾有过翻译，那倒是更好的事。”[②] 老子的《道德经》也一样，比如，所谓“道生一，一生二，二生三，三生万物”（四十二章），那么，为什么道会生一，如何生一，等等，虽然在此书的他处可见相关的阐述，如“无，名天地之始；有，名万物之母”（一章），“天下万物生于有，有生于无”（四十章）等，但在这些断片性阐述中看不到任何关联性说明，更谈不上严密的逻辑论证。一切都只在古训般的结论性断言中完成，没有抵达这些结论的思辨过程。世界就是这样产生，人们只要相信并接受这种论断即可。这是另一种意义、内容的说教。在这里拒绝对话、质疑或进行逻辑自洽性的探索，一切只停留在一种“抽象的开始”之中[③]。

苏格拉底的哲学思想，得到了其弟子柏拉图的进一步深化，成了柏拉图哲学的基础与一切思考的出发点。关于“臆见”与“知识”的划分，柏拉图进一步给予了明确的对象性界定。在《理想国》（477b～484c）等对话篇中，柏拉图明确地指出“臆见”的对象是既存在又不存在的“感觉事物”，而“知识”的对象则必须是保持自身同一性、恒常不变的“本真存在”（ontos on），柏拉图使用了“形相”（eidos）或者“相”（idea）、“实体”（ousia）等概念指称这种存在。并进一步指出，即使“正确的臆见”（orthe doxa）也不是“真知”。那是因为，要真正达到知道的事情、事物，知道者必须能够给予明确的逻各斯（《理想国》534b，《斐多篇》76b，《拉凯斯篇》190c），也就是说能经得起逻辑论证，达到无可辩驳的程度，而“正确的臆见”只是结果偶然正确，在逻辑上却无法说清楚，正如盲人走路，偶

① 黑格尔在这里所谓的“智者”，与古希腊的智者学派的“智者”有所区别，不是同一个概念。

② 黑格尔：《哲学史讲演录》第1卷，第119～120页。

③ 黑格尔：《哲学史讲演录》第1卷，第131页。

然到达正确的目的地一样。所以，“正确的臆见”，仍然是“臆见”，不具备“真知”的资格。而现实中，只有真正的哲人才是相信真知的存在，并不懈地努力探索、寻求抵达、把握真知的人，即所谓“爱智慧的人”（philosophous），而其他的人都只是“爱臆见的人”（philodoxous）。“臆见”的希腊文 doxa，有想法、意见、猜想等含义，在这里柏拉图显然把“哲学家”与“思想家”，“哲学”与“思想”区别开来，两者是不能等同的。正是建立在这种认识的基础之上，德里达才会说“中国没有哲学，只有思想”。当时他还补充说明自己的论断不存在思想与哲学孰高孰低的价值判断。甚至他作为传统形而上学，即逻各斯中心主义的反对者也是人们所熟知的。所以，显然他的断言是从我国学术的性质出发而持有的结论。也就是说，按照由苏格拉底、柏拉图确立的“哲学”这门源于古希腊的学问标准，我国的传统知识体系只符合思想知识，即 doxa 的标准，不具备哲学知识，即 episteme 的资格。

根据以上的简单梳理，我们不难看出，确认是不是“哲学”，关键在于对于“知识”的理解如何，对于“知”如何把握，决定了“哲学”与“思想”的区别。西方古典意义的哲学，就是通过对“知”与“臆见”的严格区别，让“哲学”从“思想”的范畴中独立出来，成了“思想”这座文明金字塔顶端最璀璨的明珠。“哲学”之所以存在，就在于它把人们的各种“臆见”，即思想，通过逻辑论证、探索，努力向“真知”，即真理靠近。然而，由于真知的对象是“本真存在”，它超越于人类存在之维度，所以哲人充其量只是一个“爱智者”，永远不可能达到“有智者”，即拥有真知的存在。与此相对，不从本质上区别“真知”与“臆见”，只以思想为指归的我国诸子百家以及沿袭数千年的学问，其中的学问之圣人就是“有智者”、“为天地立心”者，正如程颐所说：“圣人，生而知之者也”（《二程集》）。他们的言论、思想就是真理，只能“祖述”，不容置疑、批判。这样的学问，在西方人看来当然不是哲学，只是说教、思想而已。那么，无论黑格尔还是德里达，他们质疑“中国哲学”都是以上述古希腊意义的哲学为标准是显而易见的。而从中我们也不难理解西方意义的哲学，究竟是一门怎样的学问。

三 “哲学”在近代日本与中国

“哲学”一语源于希腊语“philosophia”的翻译，译者是日本明治初期的启蒙思想家西周。然而，一百多年来，没有人对此翻译是否存在问题进行过应有的考察。其实，西周在翻译这个概念的时候，遇到了东西方相关学术对应性认识的理论困境，他并没有完全从本质上真正把握“philosophia”的内涵。正因为如此，他在翻译初期，多次出现把“philosophia”与“理学”“儒学”相混淆理解的现象。比如他说，“其所言 philosophy 之学，简述性命之理不轶于程朱之学，本于公顺自然之道”[①]，“大概孔孟之道与西之哲学相比大同小异，犹如东西彼此不相因袭而彼此相符合”[②]，“东土谓之儒学，西洲谓之斐卤苏比（philosophy），皆明天道而立人极，其实一也”[③]，这些足以说明他所理解的西方之“philosophy”存在着对其本质把握的欠缺。虽然他没有像后来的中江兆民那样以“理学”翻译“philosophy”，而是自己创造了新词“哲学”，这里一方面应该肯定其创造性的意义，另一方面也应该知道，他的这种区别对待东西方学术而独创新词，并不是真正把握了两种学问性质的根本不同，仅仅是为了区别东西两种学问的需要。比如他说：“尽管可以采取直译的方式将之翻译成理学、理论之类，但是由此却会过多地引发与他者之间的混淆，故而如今翻译为哲学，与东洲之儒学一分为二”[④]。凡此种种，都在告诉我们，西周所理解的“philosophy”存在一种误读的因素。

西周的“哲学”译语，是从最初的“希哲学”“希贤学”发展而来的。“希贤”一词，受到周敦颐的“圣希天，贤希圣，士希贤”（《通书·志学》）的启发，他在《百学连环》中解释“philosophy”的时候做了说明[⑤]。在汉语中“贤”与“哲”通，所以就有了“希哲”的造语。然而，在这里

---

① 『西周全集』第 1 巻、宗高書房、1981、8 頁。

② 『西周全集』第 1 巻、305 頁。

③ 『西周全集』第 1 巻、19 頁。

④ 『西周全集』第 1 巻、31 頁。

⑤ 『西周全集』第 4 巻、宗高書房、1981、145～146 頁。

西周混淆了周敦颐所揭示的“志学”三种阶段的不同对象与境界。士者仰慕的对象是贤者，即所谓“见贤思齐”，贤者追求的目标是成圣，而只有圣人，才能通天地之理。正如荀子所说：“所谓大圣者，知通乎大道，应变而不穷，辨乎万物之情性者也。”（《荀子·哀公》）而西周只取“士希贤”一种阶段涵盖三个阶段，以此与“philosophy”之“爱智慧”对应。希腊人所说的“爱智慧”中所爱的对象，即“sophia”，除了一般意义的人的智慧之外，更为重要的是还有“真知”之义。而这种“真知之爱”，才是“philosophy”这种学问得以确立的根本。显然，希腊语的“sophia”与“贤”或“哲”是不对等的。如果按照苏格拉底、柏拉图对“philosophy”的界定，宋学中所谓的“希贤”或者“希哲”，只是“臆见之爱”，只有“希天”之圣人，才是“真知之爱”，所以，只有“圣人”才能与西方之“哲人”境界相当。然而值得注意的是，儒学中的圣人是“有智者”，而“philosophy”之“哲人”永远只是“爱智者”，两者也是不能对应的。

之所以产生这种不对应性，原因就出在传统中国与古代希腊，东方与西方两大文明对于“知”的理解不同。前面已经说过，苏格拉底、柏拉图把人的认识状态分为“臆见”与“真知”，“臆见”乃至“正确的臆见”是人可以拥有并达到的认识状态，而“真知”永远只存在于探索、追求的前方，是可望而不可即的真理之境，所以才有“哲学”存在。而我国的学术传统中，只有“知”与“不知”的区分，即所谓“知之为知之，不知为不知，是知也”（《论语·为政》），没有再进一步把“知”分为“真知”与“臆见”。《论语》中的这句教训，已经肯定了人是“有知”的存在，所以才有“圣人”出现。而在古希腊哲学中，“臆见”是介于“知”与“不知”之间的认识状态，正是这种“中间状态”的发现，凸显了“哲学”存在的意义，才把人的最高存在确立在“哲人”而不是“圣人”之境。

西周在翻译“philosophy”时，并没有把握西方之“philosophy”如此深层的意义，即没有触及哲学与儒学、理学最根本的关于“知”的不同态度，从而混淆了“真知”与“臆见”的区别，无法理解“philosophy”所爱的“智慧”是峻别于日常意义智慧之“真知”。这个问题也可以从他的知识论中得到印证。西周认为“知之源自五官感知所发，是由外及内的东西”①，这种认识显然是把“臆见”与“真知”混淆。根据柏拉图哲学，通过五官感觉所捕捉的事物，只能产生“臆见”，“真知”是通过理性在逻各斯中把握对象，只有触及本真存在，即事物的“idea”“eidos”，才能到达真知。

以上这些现象告诉我们，西周在翻译“philosophy”时存在理解不到位与误读的问题②。不过，西周的这种误读，在近代日本学术界并没有带来什么不良的后果。一百多年来，日本学界努力进行着对西方学术的深入研究，不断纠正前人的不足，完善自身的认识。学界并没有把日本传统的思想以“哲学”命名，而是坚守着“近代哲学”与“传统思想”的严格区分。“哲学是以从根本（出发）对事物进行本质考察之知的探索为特色”的学问③，这是学界的共识。可是，在引进这个译语的中国，情况却大相径庭。从所谓的“中国哲学史”出现以来，“思想”与“哲学”的混淆在学术界蔓延，即使到了今天，也没有得到多大的改观。

一般认为，目前可考的文献中，philosophy 一词最初进入中国应该是耶稣会传教士艾儒略（Giulo Aleni，1582～1649）著述的《西学凡》一书。他在书中所说的斐录所费亚（philosophia）最初被翻译成“理科”或者“理学”，现在采用的“哲学”翻译源于西周。而“中国哲学”的名称，可能既有受到西方人介绍中国的文献中相关表述的启发，也有当时日本学术界所谓的“支那哲学”的影响。1916 年，中华书局出版了谢无量著述的《中国哲学史》，揭开了中国学术界接受西方“哲学”概念，梳理本国传统学术的序幕。在该书的“绪言”中说，“述自哲学变迁之大势，因其世以论其人，摄学说之要删，考思想之异同”，这里明显将“哲学”与“思想”并列理解。如果说谢无量的这部开篇之作还存在“基本未摆脱传统儒学史观的樊篱”④，

① 『西周全集』第 4 巻、13～17 頁。

② 参照林美茂《“哲学”抑或“理学”——西周对 philosophy 的误读及其理论困境》，《哲学研究》2012 年第 12 期，第 71～78 页。

③ 『岩波哲学・思想事典』岩波書店、1998、1119 頁。

④ 张立文：《中国哲学的“自己讲”、“讲自己”——论走出中国哲学的危机和超越合法性问题》，载彭永捷主编《论中国哲学学科合法性危机》，河北大学出版社，2011，第 1～14 页。

这种认识的局限性尚能理解的话，那么，之后于1919年由商务印书馆出版的胡适所著之《中国哲学史大纲》（卷上），虽然此书得到了蔡元培的肯定，认为“非研究过西洋哲学史的人，不能构成适当的形式”[①]，但是仍然存在着与谢无量同样的问题。胡适对哲学的定义是：“凡研究人生切要的问题，从根本上着想，要寻一个根本的解决，这种学问，叫做哲学。”[②] 显然他把哲学限定在实践哲学，特别是伦理学的范畴。不过，从他说明哲学史的目的中更容易接近他的哲学理解。他认为哲学史的目的是“明变”“求因”“评判”三个方面，“明变”是哲学的首要任务，“在于使学者知道古今思想沿革变迁的线索”。而“求因”则是“指出哲学思想沿革变迁的线索……原因”，“评判”当然是要“使学者知道各家学说的价值”[③]，等等。我们从这些表述中，不难看出他同样把哲学史，理解为“思想沿革史”，在这里“哲学”与“思想”也是没有区别的。那么，冯友兰的理解怎样？

可以说，冯友兰对于“中国哲学”这个学科的确立起到了不可替代的作用[④]。然而，冯友兰所理解的“哲学”，与胡适并没有太大的区别。他说，“哲学是对人生的系统的反思……一个哲学家总要进行哲学思考，这就是说，他必须对人生进行反思，并把自己的思想系统地表述出来”，“思考本身就是知识，知识论就是由此而兴起的”[⑤]，“根据中国哲学的传统，哲学的功能不是为了增进正面的知识（我所说的正面知识是指对客观事物的信息），而是为了提高人的心灵，超越现实世界，体验高于道德的价值”[⑥]，等等。冯友兰的这些表达，除了最后一段还有一些靠谱，其他的基本都与西方意义的哲学相去甚远。

首先他认为“哲学是对人生的系统的反思”，“把自己的思想系统地表

---

① 胡适：《中国哲学史大纲》（上），东方出版社，2004，序，第1页。

② 胡适：《中国哲学史大纲》（上），导言，第1页。

③ 胡适：《中国哲学史大纲》（上），导言，第2页。

④ 1934年，商务印书馆出版了冯友兰的两卷本《中国哲学史》，此后，1947年他在美国宾夕法尼亚大学做访问学者期间出版了英文版《中国哲学简史》（此书基本属于此前两卷本缩写）等，而《中国哲学史》两卷本，则由美国学者德克·布德翻译，分别在1937年（上卷）、1952年（上、下卷）先后在英国和美国出版。

⑤ 冯友兰：《中国哲学简史》，新世界出版社，2004，第3页。

⑥ 冯友兰：《中国哲学简史》，第1页。

述出来”就是哲学。这里所说的“系统的反思”究竟何意并不明确。其次，他认为“思考本身就是知识”，把人的思考与知识画等号，显然他对于西方意义的哲学中的“知识”含义没有理解。这些见解，既体现了他的哲学定义并没有超越胡适，又在混淆“哲学”与“思想”区别上更进一步，所以才把人的“思考”作为“知识”，认为“知识论就是由此而兴起的”。从这样的哲学观、知识观出发，自然可以把所有的“思想”拉入“哲学”的范畴，把其作为哲学来看待。在这种理解的前提下构建的冯友兰的中国哲学史理论，无论怎样努力地对中国古代典籍中与西方哲学相关的概念进行对应性的梳理、阐释，也只能是一些与西方意义的哲学貌合神离的内容。

从上述简单回顾中日两国在近代引进“哲学”这门学问之际对于哲学理解的情况看，显然存在着同样的问题，那就是没有完全理解、把握西方意义的 philosophy 的真正内涵，没有把握东西方关于“知”的理解的根本不同，从而出现了同样的，即把“哲学”与“思想”混淆的现象。这既反映了近代西学东渐初期东亚对于西方学术的理解不足，又折射出东西方两种文明的知识观的不同。虽然无论东方还是西方的思想文明，其所探索的对象、问题意识等也许大同小异，但是，由于知识观的根本不同，其所产生的结果迥异。如果我们不能理解这种本质上的差异，必然会出现简单地进行对应性同定，从而只能在西方的标准之下，疲于对自身存在进行无谓的说明。这不仅是“中国哲学”，整个东方哲学都必然面临“合法性”的质疑。

四　差异与趋同及其成因

日本近代被誉为“东方卢梭”的中江兆民，在其《一年有半》中断言：“我们日本自古至今没有哲学。”① 这句话咒语一般让日本人长期以来对于本国的“哲学”提法显得十分谨慎，近代以前的学问基本上只有“日本思想史”的笼统表现，不采用“日本哲学史”这样的说法②，只有针对近代之

① 『中江兆民全集10』岩波書店、1983、第155頁。

② 当然，也有像井上哲次郎等一些不进行这种区别性对待的学者存在，但是，这种现象在日本学界并非主流，并且那也只是个别现象，特别是到了现当代，这种现象基本不存在。

后以京都学派为代表的部分学者的文献，才有了“日本哲学”这个概念。而京都大学的“日本哲学史讲座”，更是到了20世纪末的1995年才开始出现。而“哲学”在中国的发展与此不同，我们不仅接受了“哲学”（philosophy）这个学术概念，并似乎毫无障碍地接受了西方人介绍中国传统思想时采用的“philosophy”这种命名[①]，把此前我国的传统学术从一开始就拉入了“哲学”这个范畴，以西方人熟悉的“哲学”概念梳理曾经的诸子典籍所呈现的各种思想，从而诞生了所谓的“中国哲学史”，确立了“中国哲学”这个学科。然而，中国学界如此简单地接受西方人的这种对应性同定，为后来的关于中国哲学“合法性”的各种质疑埋下了火种。

一般认为，关于中国哲学的“合法性”质疑自黑格尔开始。而在20世纪30年代，金岳霖对冯友兰《中国哲学史》审读时也提出过如何看待“中国哲学”与“哲学在中国”之间区别的问题时指出：无论胡适，还是冯友兰都把中国哲学当作发现于中国的哲学[②]。然而，60多年后的2001年9月11日，从德国来访的著名哲学家德里达在上海与王元化用餐时的非正式交谈中，再次断言“中国没有哲学，只有思想”的问题。以此为契机，触发了从2001年末至2004年初的一场关于“中国哲学合法性”问题的论争。其高潮是2004年3月20～21日，由中国人民大学孔子研究院、中国人民大学哲学院、《中国社会科学》、《中国人民大学学报》联合举办的“重写中国哲学史与中国哲学学科范式创新”的学术研讨会。在这次讨论中出现了两种截然不同的态度，有人认为关于“合法性”问题的讨论将会动摇“中国哲

① 西方人很早就认定中国的“义理之学”就是西方的philosophy，其最初可能源于16世纪进入中国的杰出的基督教学者利玛窦，他在《利玛窦中国札记》中把孔子的道德学说译成西方的philosophy（何高济、王遵仲、李申译，中华书局，1997，第31页）。

② 金岳霖所说的“中国哲学”指的是“把中国哲学当作中国国学中之一种特别的学问”，而“哲学在中国”则是“把中国哲学当作发现于中国的哲学”。两者的区别是：自前者视之，所谓哲学（即所谓普遍哲学）并无一定之规，中国哲学与西方哲学分享哲学之名，但讨论的问题及讨论问题的方式，可以与西方哲学无涉。自后者视之，有普遍哲学（且以欧洲哲学为普遍哲学），中国也不例外，只不过中国古代哲学因为疏于逻辑分析而在形式上没有明确的系统。参照金岳霖《中国哲学史审查报告》，见冯友兰《中国哲学史》（下）“附录：审查报告二”，中华书局，1961。

学”的学科基础，导致学科危机[①]；而另有人却认为这是一个“伪问题”[②]。不过大多数学者都承认，如果从狭义哲学来看，确实中国没有西方意义的所谓“哲学”，但是从广义上说，中国与印度、西方一样都有哲学。这场讨论，对于新时期关于“中国哲学”的理解中存在的问题与今后的发展方向得到了较为明确的确认，其所取得的成果有目共睹。然而，令人遗憾的是在诸多的论文中，却看不到一篇关于为什么会存在“中国哲学合法性”质疑的核心原因，即东西方学术关于“知”的认识不同问题的相关论述。大部分学者虽然承认中国与西方的不同，也仅仅从思维方式、价值观的差异，或从方法论、学科建制上着眼论述不同之所在，然后通过借助广义与狭义的逻辑，论证中国哲学的合法性。甚至有些学者企图通过更改名称，比如，以“中国古学”“道术”“道学”来替代“中国哲学”，为消解“合法性”质疑寻找出路。当然，其中不乏清醒的认识：“过去我们以西方哲学的问题为‘哲学’的问题，以西方哲学的范式为‘哲学’的研究范式而建构起来的‘中国哲学’，虽然对中国哲学的专业化发展和现代化转型功不可没，但由于我们对中西哲学之间在基本观念、研究范式、学科体制及其依托的文化传统等诸多方面的差别缺乏足够的正视和深入的反省，在对西方哲学一个多世纪的吸收和借鉴过程中，普遍存在着简单轻率甚至随心所欲的倾向，因而造成对中国哲学的‘讹读’、‘臆解’和‘误写’，在相当程度上埋没乃至牺牲了中国哲学独特的问题意识、结构旨趣和风貌神韵。”（魏长宝）根据该学者的归纳，这次大讨论的意义是：“预示着当代‘中国哲学’研究正经历一个从关注‘哲学’到强调‘中国’的转变，一个从关注学科建制意义上的‘中国哲学’到强调文化表征意义上的‘中国哲学’的转变。”他认为：要“从根本上摆脱所谓的‘合法性’危机，最好的办法就是创立自己的哲学范式，在新的、更独立、更自主、更有效的范式的基础上，重新建立中国

① 龚隽：《中国哲学史：“学科”的合法性危机与意义（细纲）》，载彭永捷主编《重写哲学史与中国哲学学科范式创新》，河北大学出版社，2011，第74～84页。

② 俞吾金：《一个虚假而有意义的问题——对“中国哲学学科合法性问题”的解读》，载彭永捷主编《重写哲学史与中国哲学学科范式创新》，河北大学出版社，2011，第38～52页。

哲学自己的民族化、个性化的解释结构、叙述模式和研究路径。”① 他的观点基本可以体现这次论争的成果，并在张立文所提出的“中国哲学的‘自己讲’、‘讲自己’”的问题中得到体现。张立文认为应该“从中国哲学之是不是，有没有中超越出来”，走中国自己的路。怎么走呢？“首先，‘自己讲’，‘讲自己的’。……其次，自我定义，自立标准。……再次，‘六经注我’，‘以中解中’”②。然而，在这些论说中，对于西方哲学与中国古典思想最根本的区别，即两者对于“知”的理解不同没有得到应有的确认，其所达成的共识只是不管别人如何质疑，坚持走“自己讲”与“讲自己”的道路，从而让这场大讨论成为一次关于“中国哲学”合法性的确认，以及学术界面对质疑的集体表态。

与我国不同，尽管在近代初期西周也存在对于“知”与“哲学”本质关系的理解不足。然而，由于此后学界明确区分了近代前后不同的学术性质，不把之前的“思想史”作为“哲学史”对待，关于“合法性”的问题在日本自然消解。虽然也有对于“哲学”进行广义与狭义的区分，但学者们对于“哲学”与“知”之间存在着密不可分的关系是明确的。渡边二郎对于“哲学”的解释，可以代表日本学界的基本共识。他说：“如果从广义的贯穿人生观以及世界观全体的诸思想这种含义理解哲学，可以说从古代开始发展而来的，在东方的印度、中国、日本的佛教、儒教、道教以及其他形成诸思潮的思想自不用说。然而，无论怎么讲现在世界各国，都认为哲学就是来自于西方的、追求严密的逻辑性、关于统一的、全体的人生观、世界观的理论基础之知的探索是哲学的基本性格，这样理解应该是不会错的。因此，人生观、世界观，在宗教、艺术、道德等领域无论怎样得以表明，哲学终究与单纯的宗教性信仰、艺术性直观、道德性行为是不同的，应该说，它是人生观、世界观的理论基础之知的探索、即一边通过首尾一致逻辑性追求的态度，尽可能广泛地让文化、学问、科学、历史、社会诸领域也卷入其中，一边从其根本出发对人与世界的形态进行统一的、全体的省思。总之，

① 魏长宝:《中国哲学的“合法性”叙事及其超越?》，载彭永捷主编《重写哲学史与中国哲学学科范式创新》，河北大学出版社，2011，第428～429页。

② 彭永捷主编《重写哲学史与中国哲学学科范式创新》，第1～14页。

哲学是以从根本（出发）对事物进行本质考察之知的探索为特色（的学问）。”①

从上述渡边二郎的观点来看，这里所理解的哲学也包括了广义和狭义的双重内容。从广义的角度，当然包括广泛的人生观、世界观之全体的诸思想都可以理解为哲学。而狭义的哲学仍然是从西方哲学本质出发，把哲学限定在严格的逻辑性追求与统一的、全体的人生观、世界观理论基础之知的探索领域。显然，这是在承认西方哲学基础上，扩大西方哲学的涵盖领域，让东方的古代思想、宗教等都归入哲学这个学问领域来把握。但是，值得注意的是，他绝对不是无条件地扩大“广义哲学”的内涵，而是以“知的探索”作为必要条件。所以，他在广义解释哲学时，没有忘记指出：“人生观、世界观，在宗教、艺术、道德等领域无论怎样得以表明，哲学终究与单纯的宗教性信仰、艺术性直观、道德性行为是不同的……哲学是以从根本（出发）对事物进行本质考察之知的探索为特色（的学问）。”这样即使把全体对人生观、世界观的思考都纳入广义哲学的领域理解，也不会把不具备“知的探索”性质的宗教、艺术、道德思想的表现都作为哲学。

然而，正当中国学界为了中国哲学“合法性”问题寻找出路的时候，近年南山大学却尝试着改变日本学界已经形成的关于哲学的认识传统，正在整理与编撰《日本哲学资料集》（英文版）。从该大学的公开网页可以看到，他们不仅把西方哲学进入日本之后的文献作为哲学文献，也把前近代日本思想的部分文献作为哲学文献编入资料集。比如佛教的空海、亲鸾、道元等，儒学的林罗山、荻生徂徕、伊藤仁斋等，神道·国学的北畠亲房、本居宣长、平田笃胤，武士道的宫本武藏、山本常朝等，各个领域的重要人物都网罗其中。该研究项目代表约翰·马拉尔多在论文《定义生成中的哲学》中分析了如何从西方中心主义的哲学概念，发展到日本哲学的过程。他认为，现在世界上关于哲学的理解可以分为“文化内”与“文化间”的两大阵营。“文化内阵营”是指从希腊罗马的传统意义上理解哲学。“文化间阵营”则

① 『岩波哲学·思想事典』1119 頁。

是承认希腊罗马之外同样拥有“知的探索”，也从“爱智慧”意义上接受了哲学。因此存在着两种学问方向，一种是确定哲学范畴，让其与其他领域进行区别对待。另一种则是扩大哲学范畴，接受其发展的内容，日本哲学当然应该从其发展内容中进行考察。所以，这个资料集选用了前近代的文献。如果从表面上看，他所说的“扩大哲学范畴”，似乎仍然保持以“知的探索”为前提判断“发展内容”的倾向。比如，没有把《古事记》《日本书纪》《万叶集》等都编入哲学资料文献。但是，这种取舍与中国哲学史中没有把《诗经》《史记》《汉书》《资治通鉴》等作为哲学史料并无多大区别。把日本前近代的宗教、国学、文化类的文献作为“哲学资料”认定，必然会陷入混淆“哲学”与“思想”的泥潭，逐渐模糊“思想史”与“哲学史”之间的界限。显然，他并没有真正理解“哲学”所探索的“知”的本质内涵，这也是自西周开始近代以来日本学界存在的一个并未解决的根本问题。虽然学界对于哲学的理解基本能以有无“知的探索”为标准，但是，这里所谓“知”究竟与一般意义的“知”有何区别，除了少数古希腊哲学研究者之外，大家的认识仍然是模糊的。其实，这种现象在近年的日本学界表现得尤为明显，这从近年出版的一些学术著作中可见端倪。一些关于“近代知”“战后知”之类的学术文献，“思想之知”与“哲学之知”混淆不清，书中对于“知”的理解，明显地存在着向“思想”越境的现象，从而逐渐与近代以来中国学界所存在的问题趋同。我们可以拓宽关于“知”的认定范围，但要防止矫枉过正，避免把所有的“思想”都贴上“哲学”标签，从“没有哲学”走向“都是哲学”的泛哲学化极端。

五 结语

“中国哲学”与西方意义的“哲学”，其根本区别在于两者对于“知”的理解存在差异。“哲学”之所以从“思想”中独立出来，就在于其严格区别了“知”与“臆见”的根本不同。而“中国哲学”只是近代以后的学术概念，在这个概念中“哲学”与“思想”的区别是模糊的。西方人对于

“中国哲学”合法性的质疑，其立论基础就在这里。为此，要反思“中国哲学”的合法性以及学科范式的创新，区别“思想”与“哲学”的根本不同应该是一个不可或缺的内容。而要区别两者的不同，峻别“思想”与“哲学”中“知”的不同成为关键。在中国近代以来的学术史中，对于“中国哲学”的最初认定来自于外部，即欧洲人最初把诸子思想作为“philosophy”来介绍，而对此“合法性”的质疑也是来自于外部，即黑格尔、德里达等人的观点。由于“中国哲学”中“思想”与“哲学”的界限模糊，“中国哲学合法性”受到质疑。而日本则有所不同，最初西周在把“philosophy”翻译为“哲学”时，虽然也存在着混淆“思想”与“哲学”的误读问题，但是，否定日本存在哲学的认识来自于日本内部，即中江兆民的断言，从而使日本人对“日本哲学”的提法相当谨慎，近代以来严格区别“近代哲学”与“日本思想”的学术领域，并把“知的探索”作为理解“哲学”的本质标准，从而形成了至今为止的近代学术史的共识。这就是中日两国之间所存在的，关于“哲学”理解上的差异。然而，中江兆民的进一步指涉并没有让日本人忘怀，“国家没有哲学，恰似客厅没有字画一样，不免降低了这个国家的品位……没有哲学的人民，无论做什么事情，都不具有深远的抱负，不免流于浅薄”[①]。也许是为了确立民族的自信，日本人需要在传统思想中找到哲学，南山大学正在整理、编撰的一套有关日本哲学的文献资料，已经把曾经被中江兆民否定过的那些思想家的文献，都网罗其中，从而出现了向中国近代以来的哲学观趋近的倾向。当然，根本原因在于近代以来日本学界大多数学者对哲学与一般意义的“知”的峻别不够明确。然而，如果不能在近代以来已经取得的西方哲学研究成果的基础上，形成一套坚实的理论尺度，以此为标准整理本民族的思想文化遗产，完成“日本哲学”的构筑，其结果必然会遭到与“中国哲学”同样的“合法性”质疑与困惑。当然，我们可以不理会“西方中心主义”语境下所谓“合法性”标准。然而，要摆脱“西方中心主义”的君临，无论中国，还是日本，首先都需要明确属于我们东方的知识论固有性是什么？既然西方人质疑东方是否有哲

① 中江兆民『中江兆民全集・10』岩波書店、1983、156 頁。

学的核心问题在于东方智慧中“知”的认识与西方存在着根本不同，那么，我们要构建东方各国自己的哲学，首先需要分析、论证，在近代以前，我们传统中“知”的表现形式、探讨方式怎样，我们的知识论基础与逻辑结构是什么，而在“近代知”的形成过程中其发展与变化有哪些，等等，而不是通过无界限地扩大西方意义的哲学范畴来寻求确立自身拥有哲学的理论依据。

梁启超与吉田松阴

郭连友*

一 引言

在中国晚清的改革思想家中，十分崇拜日本幕末思想家吉田松阴（1830～1859），对松阴的思想有着深刻理解，留下过不少论述松阴的文章并把松阴的思想与自己的思想结合得十分完美的莫过于梁启超了。在晚清急剧的改革运动中，梁启超不仅积极地将松阴介绍到中国，同时还借助松阴的思想阐述自己的改革主张。我们考察和分析梁启超的松阴观，不仅有助于了解梁启超的思想轨迹，同时还可以通过逆照射的方式映现松阴的思想本质，对弄清19～20世纪世纪之交东亚地区的思想交流也具有十分重要的意义。

在考察梁启超的思想时，无疑，考察其思想与幕末至明治时期的思想之间的关联是不可或缺的。过去，中日两国学者都曾经指出深受西方思想影响的明治时期的思想文化对梁启超的思想产生了巨大影响。如夏晓虹在其著作《觉世与传世——梁启超的文学道路》（上海人民出版社，1991年）中，通过与明治文学相关联的视角把握和认识梁启超的思想。在日本，以狭间直树为首的梁启超研究小组耗时四年，从不同角度对梁启超与西方思想以及明治思想之间的关联进行了清晰的梳理和分析，并出版了研究成果《共同研

* 郭连友，文学博士，北京外国语大学日本学研究中心教授，博士生导师，主要从事日本思想史、日本文化史、中日文化交流史研究。

究·梁启超——对西方近代思想的摄取与明治日本》（日本みすず书房，1999年11月[①]）。这些研究虽然深入探讨和分析了梁启超的思想与明治思想文化之间的关联，但是对梁启超的思想与幕末思想，尤其是与幕末思想家吉田松阴之间的关系缺乏充分的考察和探讨。

事实上，梁启超与幕末思想，尤其是与松阴的思想之间有着很深的联系。早在“万木草堂”（1892～1898）师从康有为时期，康有为曾经将松阴的著作《幽室文稿》作为必读书授予弟子，梁启超从康有为那里获得许多关于幕末改革志士尤其是吉田松阴的相关知识。此外，梁启超在“时务学堂”（1897）任教期间，还通过黄遵宪的《日本国志》接触到松阴的事迹，对松阴倍加推崇。“戊戌变法”失败逃亡日本后，梁启超由于崇拜吉田松阴甚至一度将自己的姓名改为“吉田晋”，以示对吉田松阴及其弟子高山晋作的景仰之情。他在《清议报》和《新民丛报》等报刊上发表的攻击慈禧及鼓吹民族革命的著名政论文章，有许多都是以吉田松阴的“革命思想”（主张打破局面和破坏主义的思想——作者注）为依据的。同时他还在与革命派展开论战的同时，把松阴的《幽室文稿》（吉田松阴著，品川弥二郎编，明治14年）中的重要部分节抄出来，译成中文并在中国出版。表现出梁启超试图借助松阴的精神坚定改革者们的改革决心，振奋其改革意志的动机。

为了弥补以往在梁启超和吉田松阴研究上的这一不足，本论提出梁启超和幕末思想家、改革志士吉田松阴之间的关联问题，并通过梁启超文章中多次出现的关于吉田松阴的论述，考察他对吉田松阴的认识和理解，阐明二者之间的关系。

二　逃亡日本之前梁启超对松阴的认识

1898年9月21日，康有为、梁启超领导的“戊戌变法”因慈禧发动的

① 本书中文版《梁启超·明治日本·西方》（狭间直树编）第1版2001年3月由社会科学文献出版社出版。

政变宣告失败。康有为被英国军舰搭救，成功逃往香港，梁启超在日本领事馆的帮助下，搭乘日本的小型炮舰“大岛”舰，踏上了逃亡日本的航程。

到达日本后，梁启超给当时为他们提供保护和资助的日本时任内务大臣品川弥二郎写过一封信，即《梁启超上品川弥二郎子爵书》（九月二十日）。品川是松阴在“松下村塾”教过的弟子。信中这样写道：

> 启超昔在震旦，游于南海康先生之门。南海之为教也，凡入塾者皆授以《幽室文稿》，曰：苟志气稍偶衰落，辄读此书，胜于暮鼓晨钟也。仆既受此书，因日与松阴先生相晤对，而并与阁下相晤对者，数年于兹矣。[①]

从这个资料我们可以看出，梁启超早在戊戌变法以前，即从万木草堂时期开始，就在康有为的指导下研读过松阴的《幽室文稿》[②]，认真学习过日本的维新志士的著述，尤其是对造就明治维新的首功人物——吉田松阴的事迹有深入的了解，并憧憬他们的改革精神。

康有为在广州长兴里设立万木草堂从事变法宣传活动始于 1891 年。1894 年曾被清政府查封，后又恢复，讲学宣传活动一直持续到 1896 年前后。直到 1898 年戊戌变法失败、万木草堂被查封为止，断断续续的讲学活动持续了 8 年之久。康有为在万木草堂鼓吹自己的“托故改制”思想，不仅介绍中国的传统改革思想，还向弟子们积极介绍国外的近代先进思想。关于康有为在万木草堂的教育活动，宫崎滔天（1871 ~ 1922）在发给东京的一封信中有过如下描述。

> 康（有为）蛰居于广东万木草堂的家塾教育子弟时，他宛然有如一个小卢梭。他作为理想向弟子们鼓吹的是美国、法国的自由共和政体。他尊重并向弟子们推荐阅读的始中江笃介（兆民）的汉译《民约

---

① 《民报》第 24 号时评，1908 年 10 月 14 日，第 22 页。

② 关于《幽室文稿》，其参照上一节内容。

论》以及《法国独立史》乃至《万国公法》。他视为理想的人物是美国的华盛顿，有时以有见识之吉田松阴自居。他为了鼓舞弟子们的志气，甚至时常将《日本之变法由游侠浮浪之义愤考》作为教材放在案头。总之，当时的康有为实不愧为支那革命界之革命王之人物。①

戊戌政变后，宫崎滔天曾经协助康有为逃亡日本。他十分关注中国革命的命运，曾经为了促使康有为领导的“改良派”与孙中山领导的“革命派”达成合作做过斡旋，因此对康有为的活动十分熟悉。从这封信中，我们可以窥知康有为在万木草堂，曾经“以吉田松阴自居”从事教育活动，并向弟子们灌输了各种改革思想。

这里提到的这本《日本之变法由游侠浮浪之义愤考》正式书名叫《日本变法由游侠义愤考》，由康有为的长女康同薇编纂，1898 年春由大同印书局出版发行。其实这本书的真正策划者是康有为，他不仅在序言中记述了指示长女康同薇编纂该书的经过，同时还在书中以按语的形式加了许多评论和感想。康有为在序言中写下了编纂这本书的目的：

我中国虽有四万万人，而弱气尔顿，荡风成俗。虽旧政束缚，戎貊宰割，而无有舍身命激涕洟而起力争者。（中略）欲求志士义侠以救国大难，何可得哉？何可得哉？太史传游侠，吾愿似续之，命女子子同薇集日本义侠发愤之事，以著其维新强盛之由，以告我大夫君子。我再读再写，予颡有泚，不知汗之浃背发之冲冠也。

可见，康有为试图用幕末改革志士的精神来鼓舞弟子们的改革之志。同时这个资料还反映了康有为的明治维新观，即明治维新是因幕末志士的发奋努力才得以实现的。

《日本变法由游侠义愤考》一书介绍了幕末时期国内外的形势以及志士

① 宫崎滔天：《东京来信》（1899 年 2 月 18 日）（宮崎龍介他編『宮崎滔天全集』卷 5、平凡社、1976）。

的“尊王攘夷”以及“倒幕”等救国活动，认为明治维新的成功是这些志士们奋斗的产物。

在着重介绍幕末志士在维新中的作用的该书中，对吉田松阴的事迹和作用的介绍占据了很大比重。据此判断，梁启超从康有为处获得了包括吉田松阴在内的许多关于幕末志士的知识这一点是毫无疑问的。

除了康有为以外，梁启超还从当时中国人写的有关介绍日本的书以及传到中国的日本人的著述中获得关于吉田松阴的知识。梁启超在 1896 年出版的《西学书目表》[①]（时务报馆发行）中除了西方学的书以外，还收录了中国人写的关于日本的书，如黄遵宪的《日本国志》《日本杂事诗》以及当时出版或未出版的关于日本情况的书共九种[②]。此外，梁启超写的《记东侠》（1897）一文中还记录了他曾读过冈千仞的《尊攘纪事》及蒲生重章写的《近世伟人传》等书，除了松阴以外，众多幕末志士的名字都曾出现在该书中。

在以上书目中值得我们注意的是，黄遵宪在其撰写的《日本国志》中首次将松阴介绍到了中国。此外，黄遵宪在自编的诗集《人境庐诗草》（11 卷）卷 3 中收有《近世爱国志士歌》，以诗的形式歌颂了近世日本的 11 位“爱国者”的事迹。梁启超在《饮冰室诗话》（1905 年）中，从黄遵宪的《近世爱国志士歌》的 11 首诗歌中选出歌颂高山彦九郎、林子平、佐久间象山、吉田松阴 4 人的诗歌，名为《日本四君咏四绝》刊登在《新民丛报》，对黄遵宪 20 年前（19 世纪 80 年代）就通过介绍和歌颂这些爱国者而显示出的先驱性和改革“志向”[③] 给予高度肯定和评价。

---

① 该书由时务报馆出版发行，由“西学诸书”“西政诸书”“杂类书”“附卷”构成，收录了翻译、已刊、未刊及中国人撰写的图书共计 300 余种，并对西学书的读法以及翻译等都做了详细介绍。

② 除了黄遵宪的《日本国志》《日本杂事诗》以外，还有傅云龙的《日本图经》、姚文栋的《日本志》《日本地理兵要》、顾厚焜的《日本新政考》、何如璋的《使东述略》、李丰的《东行日记》、王韬的《扶桑日记》等。

③ 《诗话》，《饮冰室文集之四十五》（上）。梁启超看到《人境庐诗草》稿本是在 1896、1897 年前后。他在《饮冰室诗话》中写道：“丙申丁酉（1896、1897）间，其人境庐诗稿本留余家者两月余。”（钱仲联笺注《人境庐诗草笺注》诗话上，中华书局香港分局，1963，第 391 页）。《日本四君咏四绝》登载在《新民丛报》（总第 70 号）是在 1905 年 11 月 15 日。

从以上资料我们不难看出，梁启超在逃往日本之前，就从康有为、黄遵宪等人的著作中获得了许多有关松阴的信息。但是，这时候的梁启超还没有表现出对松阴这个特定人物的特别重视和关注，而是与其他幕末志士一道来认识、评价松阴在维新中发挥的作用，并用这种精神来激励年轻人的改革之志。这一时期的梁启超的确也接触到了松阴的一些著作，对松阴的事迹及其作用也有一些了解，但是，对松阴的思想有多深的理解尚不清楚。梁启超认真阅读松阴的《幽室文稿》并显示出对他思想的深刻理解和强烈共鸣是在他逃往日本之后，即盛唱“反满革命”的那段思想最为激进的时期。

三　逃往日本之后梁启超对松阴的认识

逃往日本后，梁启超显示出对松阴思想的深入理解并试图把它作为自己的理论根据而积极引进。他从1898年9月逃亡日本开始直到1912年回国，共计在日本逗留了14年①。在他出版《松阴文钞》的1906年之前，他对松阴一直十分关注。这期间，根据其思想状况，梁启超的思想可以分为两个时期。一个是主张“反满革命”期间，时间为1898年至1903年。另一个是主张君主立宪制时期，时间为1903年11月至1906年。梁启超对松阴的论述基本上都集中在这两个时期。

1898年至1903年11月这段时间对梁启超来说，是其生涯中思想最为激进的一段时期。在此期间，梁启超接触到了日本思想和近代西方思想，进而还和孙中山等革命派有所接触，其思想发生了巨大的变化。也就是说，在这一时期梁启超开始放弃戊戌变法时期抱有的，希望通过“改良”即君主立宪制来维护现有体制的政治路线，转而主张“反满革命”即打倒清王朝的民族革命。他在叙述这一阶段的思想变化时说：

自居东以来，广搜日本书而读之，若行山阴道上，应接不暇，脑质

① 1900年10月至1901年4月曾因访问夏威夷和北美而临时离开日本。

为之改易。思想言论与前者若出两人。[①]

由此我们可以看到，读了“日本书”也是导致他上述思想转变的主要原因之一。他所说的“日本书”除了日本人写的书以及翻译的西方近代思想的书以外，也包含许多幕末思想以及明治思想方面的书。从梁启超在记录读“日本书”的文章《东籍月旦》中举出的书名可以看到，他说的“日本书”包含中学教科书、日本和西方的伦理学（含西方哲学）、亚洲、中国、日本等国家和地方的史书等。在日本史方面，除列举竹越与三郎的《二千五百年史》以外，还列举了岛田三郎的《开国始末》、胜安房（海舟）的《开国起原》、福地源一郎的《怀往事谈》等书，强调读明治史和幕末史的重要性。

在上面提到的寄给品川弥二郎的书简中，梁启超记述了自己很早就在康有为的指导下研读过《幽室文稿》。然而，逃亡日本后，鉴于中国改革需要，梁启超对松阴更加关注，并标榜“吾生平好读松阴文”[②]，试图从松阴的著作中摄取中国的改革所必需的养分。在上述书简中，梁启超继续写道：

松阴先生著述及行状，尚有他刻否？能赐一二种，不胜大幸。（中略）再，启超因景仰松阴、东行两先生，今更名吉田晋。[③]

这段文字记下了梁启超不仅希望得到松阴的其他著作，同时还由于敬仰松阴和高杉晋作，甚至把自己的名字改成了“吉田晋”。他还在同一书简中引用《幽室文稿》中最激进的部分，来反驳当时媒体指责“戊戌变法”由于操之过急而导致的失败。

天假之缘，以政变之故，行迈贵国。自顾菲材，虽不敢仰希先哲，

① 《夏威夷游记》，《饮冰室专集》之二二。

② 日本吉田寅次遗书，中国梁启超节抄《松阴文钞》叙，上海广智书局，1906。

③ 梁启超：《梁启超上品川弥二郎子爵书》，《民报》第24号时评，第22页。

> 然敝邦今日情形，与贵邦幕末之际相类。每读送生田（良佐）叙中语，谓今日事机之会，朝去夕来，使有志之士，变喜怒于其间，何能有为。① 窃服膺斯言，虽波澜诡谲，千起百落，曾不敢以动其心也。近闻贵邦新报中议论，颇有目睹仆等为急激误大事者。然仆又闻之松阴先生之言矣。曰：观望持重，今正义人，比比皆然，是为最大下策，何如轻快直率，打破局面，然后徐占地布石之为愈乎？② 又曰：天下之不见血久矣，一家见血丹赤喷出，然后事可为也。③ 仆等师友共持此义，方且日自责其和缓，而曾何急激之可言？敝邦数千年之疲软浇薄，视贵邦幕末时，又复过之，非用雷霆万钧之力，不能打破局面，自今日以往，或乃敝邦可以自强之时也。④

那么，这一时期梁启超是怎样认识松阴的？他又描绘出了怎样的松阴形象？而这种松阴观又是以什么为基础而形成的呢？

从上述资料中可以看到，梁启超把松阴看作一个“打破局面”的典范，同时还把他视为“革命家”。梁启超将松阴视为“革命家”的这种认识是和他在日本主办的《清议报》和《新民丛报》中主张的“反满革命”同时展开的。刊登在《新民丛报》1902 年 7 月号上的《新民说》一文中有一篇文章叫《论进步》。在这篇文章中，梁启超站在社会进化论的角度，大唱“破坏主义”，这样写道：

> ……破坏亦破坏，不破坏亦破坏。破坏既终不可免，早一日则受一日之福，迟一日则重一日之害……

---

① 吉田松阴：《送生田良佐归邑叙》（安政五年九月四日），《戊午幽室文稿》（『吉田松陰全集』卷 4、岩波書店、51 頁）。

② 这段话引自吉田松阴著《幽室文稿》所收的《复轰木武兵卫》（安政五年十月八日）。原典版全集所收《戊午幽室文稿》中“率直”写作“拙速”（『吉田松陰全集』卷 4、60 頁）。

③ 梁启超对《幽室文稿》中《与赤根武人》（安政六年二月二十五日）中的话做了一些了修改。原文为：“天下之不见血久矣，一见鲜血，丹赤湧动，大义可举也，（下略）”出自《己未文稿》（『吉田松陰全集』卷 4、316 頁）

④ 《己未文稿》（『吉田松陰全集』卷 4、316 頁）。

……日本自明治元年以后，至今三十余年无破坏，其所以然者，实自勤王讨幕，废藩置县之一度大破坏来也。使其惮破坏，则安知乎今日之日本不为朝鲜也……

……昔日本维新主动力之第一人曰吉田松阴者，尝语其徒曰："今之号称正义人，观望持重者，比比皆是，是为最大下策，何如轻快拙速，打破局面，然后徐图占地布石之为愈乎？"日本之所以有今日，皆恃此精神也，皆遵此方略也。（吉田松阴，日本长门藩士，以抗幕府被逮死，维新元勋山县、伊藤、井上等皆其门下士也）……[①]

梁启超举出松阴的"打破局面"和"破坏精神"，指出日本之所以像今天这样强盛，全是这种"破坏性精神"导致的结果。梁启超在《释革》（1902）一文中还把松阴称为"革命人物"。不仅如此，梁启超还把松阴的肖像和略传刊登在自己主办的《新民丛报》（1902 年 11 月）上，大力颂扬主张"破坏主义"的革命家松阴。

吉田松阴者，日本长州人，维新之主动力也。前此日本各藩并立，不许交通。松阴独亡命，遍历全国，交结志士。又尝欲赴欧美探其情实。时日本海禁甚严，不得行，事泄，下狱。既而圈禁于家，开松下村塾，专从事精神教育。明治维新人物多出其门，若前宰相伊藤博文，现宰相桂太郎皆彼弟子也。生平专主破坏主义，所事未尝一成。然其精神遂动全国。年三十二（应为三十，原文有误。——引者注），为幕府所逮捕，斩于市。

梁启超 1902 年在给康有为的信中阐述自己站在民族主义立场上的"革命论"，反驳康有为认为革命招致国家分裂的论调，主张应该坚决实行"反满革命"。梁启超这样写道：

---

① 《饮冰室专集之四》，第 67、69 页。

> 至民主、扑满、保教等义真有难言者。弟子今日若面从先生之诫，他日亦必不能实行也，故不如披心沥胆一论之。今日民族主义最发达之时代，非有此精神，决不能立国，弟子誓焦舌秃笔以倡之，决不能弃去者也。而所以唤起民族精神者，势不得不攻满洲。日本以讨幕为最适宜之主义，中国以讨满为最适宜之主义。弟子所见，谓无以易此矣。满廷之无可望久矣，今日日望归政，望复辟，夫何可得？即得矣，满朝皆仇敌，百事腐败已久，虽召吾党归用之，而亦决不能行其志也。①

这时候的梁启超认为革命才是救中国的“不二法门”。对这时的梁启超来说，松阴无疑是他心目中一个十分理想的革命家。

梁启超的“革命家”松阴形象的形成无疑受到了《幽室文稿》的影响，除此之外，不难推测曾经塑造了“革命家”松阴形象的德富苏峰的《吉田松阴》（明治26年初版本）也对他的这种“革命家”松阴形象的形成提供了启示。同时，他的这种松阴认识与当时日本流行的明治维新是一场革命的“明治维新观”也有着密切的联系。

在梁启超“打破局面”“破坏主义”“革命家”的松阴观的影响下，苏峰的《吉田松阴》（初版本）于1903年被翻译成中文，命名为《新史学丛书　吉田松阴》（译者王钝），由上海通雅书局、南京明达书庄出版发行。

梁启超所说的“革命”一词的具体含义不是指改朝换代式的“易姓革命”，而是具有社会革命的含义。人们普遍认为西方的近代思想给予梁启超的思想以极大影响，但是从他从幕末志士松阴的革命思想（“破坏主义”）中去寻找自己的理论根据这一点可以说明他的思想中不仅含有西方近代思想的因素，同时也包含近代日本思想的因素。

四　1903年11月以后梁启超的松阴观

以1903年11月为界，梁启超的思想又发生了巨大变化。他在游历北美

① 梁启超：《与夫子大人书》（1902年4月），丁文江、赵丰田等编《梁启超年谱长编》，上海人民出版社，1983，第286页。

后，加上康有为对他施加的强大压力，开始放弃此前的“打破局面”“破坏主义”等主张（即民族革命），再次探讨“开明专制”即在像光绪那样贤明的君主的主导下实行君主立宪制，换言之就是通过君主立宪制再次寻求救国之路。梁启超的这种思想变化也明显反映在他的松阴观方面。换言之，以1903年11月为界，梁启超此前一直强烈主张的“破坏主义”“革命家”的松阴观逐渐衰退，代之而起的是强调松阴在明治维新中的先驱者和原动力方面的因素。从这一转变中，我们不难看到他试图从松阴的“志气”“至诚观”“生死观”等内在方面重新认识松阴的姿态。

梁启超在《自由书》中，高度评价根据幕末社会状况的变化不断调整对策的松阴为“善变之豪杰”：

> 吉田松阴，初时主公武合体之论，其后乃专主尊王讨幕，非首鼠两端也。其心为一国之独立起见，苟无伤于平和而可以保独立，则无宁勿伤也。既而深察其腐败已极，虽欲已而无可已，乃决然冲破其罗网，摧坏其基础，以更造之。其方法虽变，然其所以爱国者未尝变也。①

在此，梁启超在评价松阴的同时，打出了爱国者松阴的形象，同时也将自己的心境投射到了这一形象之中。梁启超还在《自由书》中的“论成败”（1903年11月）一文中进一步强调松阴作为先驱者的一面。梁启超除了评价松阴的先驱者作用之外，还对他不惜牺牲自己的生命而成就国家独立的纯洁人格给予高度评价。梁启超翻译《松阴文钞》的动机其实是试图从松阴作为明治维新先驱以及他的感化精神中找到他的思想本质。关于这一点，他在《松阴文钞》序言中写道：

> 日本维新之业，其原因固多端，而推本其原动力，必归诸吉田松阴。松阴可谓新日本之创造者矣。日本现世人物，其啧啧万口者，如伊藤博文、桂太郎辈，皆松阴门下。弟子不待论，虽谓全日本之新精神，

① 《饮冰室专集》之二，第27页。

皆松阴所感化焉可也。（中略）吾生平好读松阴文，乃钞其最足为我国人厉者，著于篇。丙午二月梁启超钞竟记。[①]

从这个序言中可以看到，梁启超试图重新寻求松阴之所以成为明治维新先驱的思想根源，即构成松阴思想的最本质的东西。

上面提到，《松阴文钞》是梁启超从《幽室文稿》中精选并抄录了松阴的“最足为我国人厉者”的书信、诗、文等共计72篇，经翻译后由上海广智书局出版发行的。在《松阴文钞》中，梁启超认为重要的地方都加上了圆圈，在书页的上部还以“肩批”的形式加了很多注释和评论。从这些注释中我们也能看到梁启超对松阴的关注和他的松阴认识。下面，我们就以梁启超在《松阴文钞》中的评论为线索，探讨一下思想转变后的梁启超对松阴的认识。

《松阴文钞》的出版是在1906年。这一年，以康有为和梁启超为首的拥护清朝体制的立宪派和以孙中山为首的反清革命派之间围绕着如何挽救中国，应该实行“立宪”还是实行“革命”等问题展开了激烈的论战，两种政治路线发生了激烈冲突。在这种形势下，梁启超试图通过翻译出版《松阴文钞》来鼓舞“立宪派”的志气，激发和坚定大家的改革意志。

在《松阴文钞》中梁启超表现出的对松阴的关注是多方面的，下面通过几个关键词来做一下梳理。

梁启超在《松阴文钞》中的关注点主要集中在构成松阴思想根本的“志气”“成败观”“至诚观”和“生死观”等方面。

《幽室文稿》中收有一篇《送儿玉士常之游九国、四国叙》（安政五年正月二十三日）的文章。梁启超对松阴的“大凡士君子之为事，在于志气如何耳。力志在于交奇杰非常之士，养气在于跋涉名山大川”[②]。这句话不仅标上圆圈，还在批注处写下：“此二语可书诸绅。”[③] 同时还对松阴在《与

---

① 日本吉田松阴遗著，中国梁启超节抄《松阴文钞》，广智书局校印丛书第二种，1906年4月6日。现藏中国天津图书馆。

② 『吉田松陰全集』卷5、岩波書店、1939、107頁。

③ 日本吉田松阴遗著，中国梁启超节抄《松阴文钞》，第2页。

良藏》（安政五年二月二日）信中写的“勤王敌忾世皆口，刻意励行独有君”[①] 这句诗，加上了“今之志士所谓皆口也。此言不啻诏我辈”[②]，把松阴的“勤王”和自己的“君主立宪”的政治主张关联在一起来理解。

《幽室文稿》中松阴有一封信《上国相益田君书》（安政五年六月）这样写道：

> 今日之急如此，而为此固虽不容易，然亦非甚难，唯执事在于决意坚志，为之以渐行耳。或有不可为者，若改方易人，则尚或可也。若决不为异论邪说而阻挠其策，则必有干事之才者起，应执事之用无疑也。若执事苟不能然，漫然为之，泛然为之，泛然试之，少有滞疑，乃遂废弃，重为人笑，不如起初不为为愈也。[③]

对此，梁启超评论道：“此定国是之说也。今中国大吏，宜日三复此言。”[④] 对于松阴在《复士毅》（安政五年正月十二日《野山狱日记》）一书中说的“天下事起，人人举手，何用吾党而为乎”[⑤] 的栏外梁启超写下了“此数语吾党宜三复”[⑥] 的评论，由此可见他试图通过这种形式来坚定“立宪派”同志们的志气。

梁启超还被松阴的成败观所深深地吸引。松阴在《与高杉畅夫》（安政五年二月十二日）的书简中这样写道：

> 当今天下之事，万不可为，而不可不为者，乃臣子之责也。知不可为而不为，与有所为而不为，皆非俊杰之为也。[⑦]

---

① 『吉田松陰全集』卷 5、117 頁。
② 日本吉田松阴遗著，中国梁启超节抄《松阴文钞》，第 7 页。
③ 『吉田松陰全集』卷 5、183 頁。
④ 日本吉田松阴遗著，中国梁启超节抄《松阴文钞》，第 16 页。
⑤ 『吉田松陰全集』卷 6、66 頁。
⑥ 日本吉田松阴遗著，中国梁启超节抄《松阴文钞》，第 5 页。
⑦ 『吉田松陰全集』卷 5、115 頁。

对此，梁启超评论道："松阴之成败观固非委心任运者。"[①]

松阴还在《复福原又四郎》（安政六年三月五日）一书中写道：

> 默霖尝言，"天朝之积衰非一朝一夕之故。世之慷慨家乃谓，若一旦起事朝权即复。是浅浅之见见耳。故余之万死自任，其实欲警觉后起之霸着耳。"深哉！霖之心。仆实铭之于肝。今日之事，不期万成。霖已于无事之前知之矣。然若仆能死，则为不负亡师友。是仆安心立命，所以与诸友不同也。诸友之于尊攘，时势可为则为之，不可为则不为。其以仆为狂为愚，万万的当。[②]

对此，梁启超评论道："知不可而为是松阴一生大宗旨，然彼非委心成败也。谓虽败尤不害其成也"[③]，对明知会失败却为了天下国家而不惜牺牲个人生命也要坚守信念的松阴表示深深的敬意。

梁启超在《松阴文钞》中特意关注松阴的"至诚观"并给予强调。比如，对松阴的《送杉藏叙》（安政五年七月十一日）中的"今日之事成急也。然天下大物也，一朝奋激非能所动，其唯积诚动之，然后有动耳"[④]这句话，梁启超评论道："今日吾国民党之不振毋亦徒有奋激而未有积诚耶。"[⑤]可见梁启超认为松阴的"至诚""积诚"对于中国的改革也是必不可少的因素。因此，梁启超在松阴的《复君仪》（安政六年正月二十六日）中说的"国家之事，万万不可济也。为何，济事在于诚，而今人皆伪而排大难伪。待二十分之胆而后成，而今人一分胆亦无。（中略）吾若果死，其心死者或有更生者"[⑥]这句话，梁启超评论道："吾辈今日读之乃可哭耳。"梁启超认为松阴之所以具有那么大的感召力就是因为其心"诚"的缘故，所以，对松阴的《上玉木叔父书》（安政六年正月二十四日）中的"今之

① 日本吉田松阴遗著，中国梁启超节抄《松阴文钞》，第4页。

② 『吉田松陰全集』巻6、191頁。

③ 日本吉田松阴遗著，中国梁启超节抄《松阴文钞》，第75页。

④ 『吉田松陰全集』巻5、189頁。

⑤ 日本吉田松阴遗著，中国梁启超节抄《松阴文钞》，第27页。

⑥ 『吉田松陰全集』巻6、118頁。

人，不为未必为之事，当为不可不为之事，不为不可为之事，当为可为之事"[①] 这句话，梁启超写下了"读此言可想见松阴气象。其狷急不能容物，亦至矣。然其友卒不畔之者，积诚所感也"[②]。

关于"生死观"，松阴在《与八十》（安政五年十二月二十二日）的信中说："生死离合，人事悠忽。但不夺者志，不灭者业，天地之间可恃者独是耳。"[③] 对此梁启超在写下"松阴深有所得于生死观，此其一斑也"[④] 这句评语的同时，对松阴那远远超越生死的重视志向价值的观点表现出深深的共鸣。

除了以上列举的几个观点之外，梁启超还就松阴的人格、性格、"松下村塾"的感化教育、尚武精神等诸多方面写下了自己的评论和感想。如在《松阴文钞》中随处可见如下评语，"日本尚武之风，松阴养之实多"[⑤] "日本维新诸杰咸有此气度，故能相反相成，以建大业"[⑥] "此等气象我辈真当学。我辈真当学，但学岂至易耶"[⑦] "真是磊磊落落底气象"[⑧] "此二语松阴写真也"[⑨] "常读此语可令气王"[⑩] "此汉颇顽颇愚，好以琐事与人忿争，是以众皆不容。然激之以功名节义，必能死于王事矣。吾故爱此汉也"[⑪] "可想见当时学风，后此能历大难，相与有成，皆此精神为之也"[⑫] 等，显示出梁启超丰富多彩的松阴观。

综上所述，从梁启超在《松阴文钞》中的评语和注释中我们不难看到，梁启超对松阴的关注视角已经不在其"打破局面""破坏性""革命家"等方面，而是把重点放在了对松阴思想的内在部分进行解读和理解方面。可以

---

① 『吉田松陰全集』卷 6、111 頁。
② 日本吉田松阴遗著，中国梁启超节抄《松阴文钞》，第 58～59 页。
③ 『吉田松陰全集』卷 5、334 頁。
④ 日本吉田松阴遗著，中国梁启超节抄《松阴文钞》，第 25 页。
⑤ 日本吉田松阴遗著，中国梁启超节抄《松阴文钞》，第 1 页。
⑥ 日本吉田松阴遗著，中国梁启超节抄《松阴文钞》，第 7 页。
⑦ 日本吉田松阴遗著，中国梁启超节抄《松阴文钞》，第 72 页。
⑧ 日本吉田松阴遗著，中国梁启超节抄《松阴文钞》，第 71 页。
⑨ 日本吉田松阴遗著，中国梁启超节抄《松阴文钞》，第 8 页。
⑩ 日本吉田松阴遗著，中国梁启超节抄《松阴文钞》，第 19 页。
⑪ 日本吉田松阴遗著，中国梁启超节抄《松阴文钞》，第 47 页。
⑫ 日本吉田松阴遗著，中国梁启超节抄《松阴文钞》，第 25 页。

看出，梁启超在与革命派的激烈论战中希望从松阴身上找到精神上的有力支撑的强烈愿望。梁启超在用松阴的精神鼓舞同志，坚定他们的改革之志的同时，自己也从松阴的思想中吸收了诸多养分。他在深入研究松阴的同时也更深入地理解了松阴。

五 结语

以上我们追踪了梁启超在逃亡日本之前、之后以及思想转变之后的松阴观。通过考察梁启超的松阴观，我们可以看到梁启超的思想不仅深受西方近代思想的强烈影响，同时也与幕末思想有着密切的联系。虽然梁启超通过《幽室文稿》所获得的松阴认识，在不同时期以及政治实践的不同而有所变化，但都是他在寻求中国改革之路时的思想表达。换言之，梁启超这种触及松阴思想多个方面、内容丰富的松阴论，从与日本思想相关联的角度记录和映现出了梁启超的改革思想。这一点尤其值得我们给予充分关注。

对于梁启超的《松阴文钞》，笔者在此虽然做了一些粗浅分析，但很不充分。尤其是在《松阴文钞》中梁启超对松阴思想中的“阳明学”因素给予了很大关注，也受到其诸多影响。关于这一点，留待以后做进一步的分析和研究。

近代日本思想家西晋一郎的中国儒学论*

刘岳兵**

儒学家的思想只有与近代思想相融合且不失其主体，这样的思想家才可以说是典型的具有近代意义的儒学家。西晋一郎（1873～1943）正是这种具有典型意义的日本近代儒学思想家。他的经历和思想特征，特别是他的融汇西方思想对日本儒学特色的阐明，本人已经有所论述①。本文主要阐述西晋一郎的中国儒学论，旨在解明中国儒学对其思想发展的影响，同时也由此可以看出他是如何看待包括宋儒义理之学在内的中国文化，如何运用西方思想来解释中国儒学的。这些不仅有利于我们认清近代日本对中国儒学的摄取方式，而且对于思考儒学的现代性问题也具有重要的启发意义。

一　中国儒学对西晋一郎思想形成的影响

西晋一郎的致思路向，我们可以从他的汉学素养来考察。他自述年幼时在家里接受《孝经》素读训练，后来在私塾读完四书五经，就可以读《日

---

* 本文为教育部人文社会科学重点研究基地重大项目“近代日本对外侵略战争的思想逻辑——从国体论到日本精神论”（批准号 15JJD770015）的阶段性研究成果，原载《历史教学》2016 年第 14 期，收入时有删节。

** 刘岳兵，哲学博士，南开大学日本研究院教授，博士生导师，研究方向为日本思想史与中日思想文化交流史。

① 刘岳兵：《儒学与日本近代思想序论——以西晋一郎为例》，《深圳大学学报（人文社会科学版）》2015 年第 6 期。另外可参见吴震《当中国儒学遭遇“日本”——19 世纪末以来“儒学日本化”的问题史考察》，华东师范大学出版社，2015。

本外史》了。这是他最早也是最基础的汉学训练。他于1893年7月从其家乡的鸟取县立鸟取第一中学毕业，根据当时该中学第五年（1892年9月至1893年7月）的学习成绩，西晋一郎的伦理得了满分100分，汉文80分，也是最高分。根据当时的课程内容安排，伦理课第一、二学年学的是《小学》外篇、内篇，第三、四学年学《论语》，第五学年学《大学》《中庸》。而汉文课，第一学年是《日本外史》，第二学年为《日本政记》，第三至五学年依次为《唐宋八大家文》、《史记列传》和《春秋左氏传》。后来到山口高等学校，最后一年（1896）期末的成绩，汉文达到95.5分[①]。日本近代学校教育重视伦理与汉文教育，汉学成为每一个接受学校教育的年轻学子的必修课，对其思想形成产生了重要的影响。1896年西晋一郎考入东京帝国大学哲学科后对西洋伦理思想用力甚勤，掌握了西方近代哲学“逻辑严密、分解锐利”的长处。研究生毕业后，1902年西晋一郎直接任广岛高等师范学校教授，师范教育的教学实践，让他感觉到日本自古以来的许多教导中也有深奥的哲理，他要用西方哲学的方法来解释和阐发日本的嘉言懿行，使其在现代显露出来并发扬光大，他认为这种“以今释古”的工作很有必要，于是有了他的处女作《伦理哲学讲话》（东京，育英书院，1915年）。他的汉学素养不仅有利于他深入了解日本古来的教训，而且如他自己所言，“年轻时代所学在后来会不可思议地发挥作用”[②]。汉学素养在他自己的思想形成中也的确发挥了重要的作用。

西晋一郎的第一篇中国儒学论文《陆象山之学》发表于1917年12月的《学校教育》第50号，1918年11月又在《学校教育》第63号发表《宋代的国家精神之教养与范文正》。这两篇文章先后收入其著作《向普遍的复归与报谢的生活》（日本社，1920）和《东洋道德研究》（岩波书店，1940）中。在《陆象山之学》一文中，他不仅主张宋儒义理之学在日本史上具有重要作用，而且针对当时的社会风气，强调仍然有必要倡导义理之学。以上两篇文章，实际上可以视为他在思想上认同宋儒义理之学的标志。

---

① 井上順理「西先生の学業成績」西晋一郎先生廿周年忌記念事業会（山本幹夫代表）編『続清風録—西晋一郎先生追憶集—』西博士記念事業会発行、1964。

② 縄田二郎『西晋一郎の生涯と思想』五曜書房、2003、11頁。

他说："宋儒义理之学与明治维新的功业有关不容否认。然而今日儒教中也特别疏远此义理之学，提到它的人也是带着一种冷笑，甚至可以看到一种性格上的嫌疑。"① 为什么会这样呢？他分析说：

> 现代一般的思想倾向，一听到这种义理之学、道学就产生一种厌恶之情，是由于所谓自由的精神已经踢踏自己，不正是尚未真正公平坦荡而在各个方面都开放的证明吗？现代礼仪颇为混乱，礼仪虽然非本无所存，而有轻视典章法度不拘礼仪之风。（中略）现代生活之一方面虽说不是没有陷入形式的跋扈，此毋宁说恰好证明了真理的缺乏与实理之未解，其所谓敬爱法的精神也不过徒有虚名。②

西晋一郎特别批评了当时社会上以追求理想的男女关系为名，而将礼俗、国法看成无用的虚饰的思想，认为这样的话夫妇之道已经没有任何内容而形同虚设。他说："这种思想感情在今天的所谓文学作品中难道没有吗？而此等妄见在或者美、或者爱、或是自由的美名之下，掩盖其丑陋而欺世盗名。"针对这种泛滥的自然主义思潮对传统伦理道德的挑战，及其所主张的万事以自我为中心而无视人伦与自我的关系，他运用自己的汉学素养，指出："宋儒所以倡义理之学，是针对当时精神界有力的佛教，特别是禅学，而不得不以孔孟之教来识破。由此看来，我国现代赏玩爱、美、自由之际，我认为讲究义理之学大有必要。"③ 这样旗帜鲜明地亮出自己的思想立场。由此，他批评"艺术家以感情之本然为诚。但这是感情至上主义。忘了自他一体的根本。知有己而不知他"④。他在解释"诚无为"时特别强调：

---

① 西晋一郎「陸象山の学に就いて」『学校教育』第 50 号、1917 年 12 月。后将题目改为「道徳宗教関係論より見たる陸象山の学」，收入『普遍への復帰と報謝の生活』（日本社、1920）；又改为「陸象山の学（儒佛論）」，再收入『東洋道徳研究』（岩波書店、1940）。此处引文见『東洋道徳研究』（57 頁）。

② 西晋一郎『東洋道徳研究』57 ~ 58 頁。

③ 西晋一郎『東洋道徳研究』59 ~ 60 頁。

④ 西晋一郎先生講述『易・近思録講義』（本間日出男筆記、木南卓一校訂増補）渓水社、1997、278 頁。

“草木鸟兽亦无为。这看上去像是诚之本然的表现，但是必须与圣人之诚区别开。本能、自然即便是诚，也不是精神上的，不能表现自由。世间所议论的自然主义的文艺观的错误就在这里。本然的本能与自然，比人类低级。认为自然的本然的表现为纯真，是错误的。”[①] 就是说，在西晋一郎看来，所谓感情至上的自然主义所表现的并不是真正意义上的诚，也不是具有道德意义的本然之性。

当然，仅仅停留在思想立场的表明上对整个社会振兴义理之学、忠义之风还不够充分。他受到南宋朱熹的“本朝忠义之风，却是自范文正公作成起来也”[②] 的启发，接着分析范仲淹这一实例，旨在说明：

> 忠义之精神固然只能由忠义之精神养成，然而如果只有忠义的精神而没有学术将其加以阐明，则其精神不明，其所施不博，其不能多方面行其道。只有精神学术而不将其施行于事业上则不能真正落实。落实于事业即施行于政教，政教即具有政策组织且同时辅之以应变之策。事业除了政教上施行之外，还要能将其精神之必然彰显公示于天下，这也是大事业。仅仅有了精神学术事业，如果没有文章记载，则不能永久传之后代。且文章具有艺术力量，自有感化之别趣。大凡此等，一人或长于其一而短于其二，能兼备者稀少。因此虽有义士、有学者、有为政者、有文章家，而其感化的力量薄弱。范文正几乎兼备以上各种才能，所以他为振兴一种道义的生活做出了重大贡献。[③]

他通过这样一个实例分析，同时还想说明：“一家仁可兴一国之仁，一

① 西晋一郎先生講述『易・近思録講義』275 頁。

② （宋）黎靖德编、王星贤点校《朱子语类》卷四十七・论语二十九，中华书局，1994，第1188 页。

③ 西晋一郎「宋代に於ける国家的精神の教養と范文正」『学校教育』第 63 号、1918 年 11 月。后改名为「国家的精神教養の歴史的一例　宋の社稷と范文正」，收入其著作『普遍への復帰と報謝の生活』（日本社、1920）；又改题为「范文正（宋朝忠孝興起の原由）」，再录入『東洋道徳研究』（岩波書店、1940）中。引文见『東洋道徳研究』（45 頁）。

个伟人与国家的命运关系重大。”[①] 作为一个学者、一个教官（日本的教授也是文部省的官员）、一个义理之学的宣传弘扬和身体力行者，西晋一郎正是以范仲淹为榜样力图在近代日本“振兴一种道义的生活”。

二 西晋一郎对宋学的认识

从西晋一郎的著作业绩来看，关于宋学，除了上述两篇论文之外，1930年开始在不同场合讲解《近思录》《西铭》，这些讲义曾经过其本人校订以《易·近思录讲义》为题于1940年1月出版。后来经木南卓一的校订增补，又于1997年8月由溪水社出版。在讲解的同时，他对宋学的基本文献进行译注，其成果即与小丝夏次郎共同译注的《太极图说·通书·西铭·正蒙》，该书于1938年由岩波书店（文库本）出版。

对宋学的著作，《太极图说·通书·西铭·正蒙》译注的《解题》开篇说：“这里试译的周濂溪的《太极图说》、《通书》，张横渠的《西铭》、《正蒙》，是确立作为道学的宋学，占有其古典地位的重要著述。宋史道学传总论中说：‘孔子没，曾子独得其传，传之子思，以及孟子，孟子没而无传……至宋中叶，周敦颐出于舂陵，乃得圣贤不传之学，作《太极图说》、《通书》，推明阴阳五行之理，命于天而性于人者，了若指掌。张载作《西铭》，又极言理一分殊之旨。然后道之大原出于天者，灼然而无疑焉。’以此为基础的宋学，经程明道程伊川兄弟，至朱子而大成。”[②] 对于《太极图说》，他认为虽然它“字数不过二百二十八个，但宋学的基础实际上由此确立。对中国思想中本来就有的天人相关的思想进行体系性解明的宋代的学风，可以说已经在此成立了”。对于《西铭》他评价：“说它是表示中国伦理思想的最高峰也不为过。”而《正蒙》是“在理论性著述较少的中国思想史上具有特殊意义的哲学性著述”[③]。在讲解《近思录》时，他又指出，“欲知宋学，《近思录》最好”。“《太极图说》为朱子学的根本，以此可知

① 西晋一郎『東洋道徳研究』45頁。
② 西晋一郎・小糸夏次郎訳注『太極図説・通書・西銘・正蒙』岩波文庫、1986、3頁。
③ 西晋一郎・小糸夏次郎訳注『太極図説・通書・西銘・正蒙』4、5、6頁。

宋学之全部”。“《近思录》可以看成是对太极图说的解说，也可以说是朱子学说的根本。中国的学问，根据解说的人的不同越来越细致烦琐，宋学就成了理学了”①。

对于宋学人物的评价，据当时西晋一郎广岛高师的同事福岛政雄说：“先生最为私淑程明道、景慕中江藤树、尊信水户学。西洋方面，推崇柏拉图，爱读马可·奥勒留的《冥想录》，当然读过奥古斯丁、康德、费希特、施莱尔马赫、赫尔巴特，此外一些英国派的伦理学著作等，但其精神似乎还是在东洋的儒教中。有一次我问先生：康德或费希特与程子或朱子相比谁更伟大？其回答是，作为人物而言当然是程子和朱子要伟大得多。”② 所谓“作为人物而言”，就是说他重视的不只是其理论上的创造，更包括作为社会的一分子、“人伦”中的一环的道德实践。比如，西晋一郎将自己的理论体系完成之作命名为《忠孝论》（岩波书店，1931 年），将“孝”作为自己的学问的根本，他分析这种“无限的感谢之情”，在现实生活中“对父母的恩情无论行多少遍三拜九叩之礼也不足以表达，为了父母而赴之千里之外也不觉其远，无论怎么对其亲切、怎么辛劳也不足以尽其心意”③。而且从理论上说：

> 感谢与慈爱的无限，在内常充周而无间隙，在外常为无限的创造的性质，故至柔。
>
> 恳切充周而无处不在的流通之情，在处世接物中必激发各种必然之感而万无一失，自备严正之条理。这种情的条理本来不是抽象的法则而是具体的，表现出来即是有德者的足迹。我们生活的千头万绪与之接应而不失其中正之处置、道德之条理而能够不紊乱，难道不是此至柔之情

---

① 西晋一郎先生講述『易・近思録講義』267 頁。

② 福島政雄「西晋一郎先生の追憶」西晋一郎先生十周年忌記念事業会（同会実行委員長後藤俊瑞）編『清風録—西晋一郎先生追憶集—』（非売品）株式会社柳盛社印刷所、1954、13 頁。

③ 西晋一郎「心情の無限」『哲学研究』第 28 号、1918 年 7 月。后改名为「感謝の無限」，收入其著作『普遍への復帰と報謝の生活』（日本社、1920 年）；又以原题再录入『東洋道徳研究』（岩波書店、1940）中。引文见『東洋道徳研究』（47 頁）。

使之然吗?①

最后他引出范文正公的例子对这种感情做了升华：

宋之范文正失其母之时家贫，后升至将相，相传终身无宾客食不重肉。终身而不可夺者，是对母亲的至情之自然而必然使然。至柔之心发挥出刚性作用。一些人看来，我们日常的心情多是多么粗杂荒凉残忍薄弱。我们粗糙的思维违背思维之法则有伤严正的理论，我们不自觉自己多么残忍无情，坦然蹂躏情之理法。由此思考，真理乃至为柔和，其致密而坚韧的理法、其如电光的机锋，已经从吾人粗暴轻骚的心情之眼中消逝。宇宙之根底有多么柔和，真是难以想象。②

将“孝”由“心情的无限”出发，提升为具体的情感的条理，而且揭示这种“理法”的至柔且至刚、自然而必然、致密而坚韧的特性，并由此直觉、感悟到“宇宙之根底”的状态。西晋一郎的思想特征也由此可见一斑。这篇《心情的无限》浓缩了他思想的精华，因为是作于其母逝世之后③，他也是借助范仲淹的例子来表达自己的一片无限孝心。

对朱陆之争的评价，西晋一郎的观点在今天对我们也仍然颇有启发意义。在《陆象山之学》一文中，他强调宋儒排佛有一个基本相同的立场，那就是都认为佛教“虽有敬以直内，缺义以方外”，其不同，如陆象山以义利之别作为儒、佛之别，而朱子以虚实二字别儒佛。对朱陆的关系，他评价说：

朱子虽指斥陆子可谓假圣人之言而语禅意，而陆子或许以论孟之文字参悟真理，如此何足病哉。其要在达实理而实行孔孟之教训。或笃实或高明、或邃密或简易、或问学或德性、或明诚或诚明、或析理或直

① 西晋一郎『東洋道徳研究』54 頁。

② 西晋一郎『東洋道徳研究』54 ~ 55 頁。

③ 縄田二郎『西晋一郎の生涯と思想』98 頁。

入，此等皆由性格之相异、人品之异趣、学问方法之差别而起，二人二样、三人三色，决不相同。尤其如朱陆之俊杰，其个性显著乃为当然。欲抱定一个主义、精神，引导一世教育后代者，宜喜大同而不可厌小异。其小异上的论难反而赋予大同精神以活气和效力。朱陆互为畏友。其论难必定使得两雄更加精励而大大有利于其学问人格之提升。朱陆之所异处反而大大有利于其所同的义理之学发挥效用。①

在西晋一郎看来，孟子辟杨墨、宋儒排释老，是因为“孔孟之教即三代之遗意，实际上保存有汉民族独特的文化，是变夷为华、脱离与禽兽为伍的状态而兴起利用厚生之道的源泉。是每个时代所应该尊奉感谢、据以永保中国面目之所在”②，从而强调“中国的国民道德必须以此为据”③。当然他关注的焦点不是真正在于如何建设“中国的国民道德”，而在于当时日本的国民道德建设。他批判当时以所谓“自由研究的精神”为标榜的，实际上是“一种时代偏见的表现”④，他在朱陆之间主张“宜喜大同而不可厌小异”，也是希望那些拥护建设日本国民道德这一共同的国家意识形态的各种势力团结起来，从不同的侧面去深入批判种种力图破坏现有礼俗和社会秩序的自由主义或自然主义思想。

三　用西方哲学思想解释中国儒学

如何运用西方哲学思想来解释中国儒学，这也是西晋一郎思想中比较有特色的部分。这在他的《易・近思录讲义》中表现得非常充分。他的解释方式大体可以归纳为以下几种类型。

第一，用西方哲学概念与中国儒学相照合。比如《近思录》中有言：“有感必有应。凡有动皆为感，感则必有应。所应复为感，所感复有应，所

---

① 西晋一郎『東洋道徳研究』79 頁。
② 西晋一郎『東洋道徳研究』72 頁。
③ 西晋一郎『東洋道徳研究』74 頁。
④ 西晋一郎『東洋道徳研究』57 頁。

以不已也。”他解释说：“感而为应，应复为感。循环不止。黑格尔哲学的正反合就是说这个。西洋哲学与东洋哲学最近的就是黑格尔哲学。反合就相当于应。”①

又如《近思录》中有言：“心生道也。有是心，斯具是形以生。”他解释说：“心是起死回生之道。希腊思想中说心是生命的原理。没有心就没有生物。有机物不用说，无机物也应该视为生命的程度稀薄而已。现象从本体出来之处是心。柏拉图说不是体中有心，而是心中有体。中江藤树也说从心中生出身体。看吧，这样心就创造了眼睛。伯格森哲学、创造的造化论、生的哲学，都是这样说。”进而他还用谢林的哲学来照合：

> 有德则表现为与之相应的品位。心为生之道。谢林的哲学，艺术家雕刻人物、动物，其时是将心中所有表现为形。无心则不能成形。心在自己的念头浮现概念、物的形态。即便考虑抽象之事，不借助形象也不能表现思想。观念即实在、理。观念是形态，表现出来是音乐、绘画、诗、文章。人生物、心生物。心不思则无为。心中可见其形态。心为生之道。心有将心中之物向外表现的性质。不过因为有阻碍不能表现而已。②

第二，是用西方的哲学思想来将中国儒学加以引申，在照合中引申而得出新知。比如《近思录》中有言：“心一也，有指体而言者，有指用而言者，惟观其所见如何耳。”对此，西晋一郎用范畴论来解说体用论，指出：

> 体用论是宋学的特色。对照西洋哲学来看也有这种情况。思考问题有各种各样的“范畴”。这是为思考所设立的工具，并非心中有体用之别，这样分开方便把握心。所有的思考，没有形式的话就无法进行。（中略）思考是心的行走，必须要有思维形式。不能认为它是古今东西共通的。是理解实在的方法，必须充分明白这一点。康德的“范畴”

① 西晋一郎先生講述『易・近思録講義』286 頁。

② 西晋一郎先生講述『易・近思録講義』305 頁。

不过是来自亚里士多德。只是一种思考方式的表现，不是实在本身。[①]

进而将这种体用论与范畴论作为一种哲学的思维方式来理解，并将其置于哲学史中，这样给中国传统儒学带来一种全新的视野。他这样引申：

> 没有任何思考样式，就不可能思考和言说。并非心本身有体、用。在思考心的问题时，言体、言用，只是为了充分地思考，心没有知情意，什么也没有，但是要这样分开来思考。这是理解之所在。这在一般哲学中也充分明白。在哲学史上，实体自身虽然没有变化，但是其理解方式因时代而异。不靠语言哲学就无法理解，但是局限于它就会搞错事物的真相。[②]

第三，用西方的哲学理论或命题来阐发中国儒学中的相关问题。这是最有综合性和创造性的工作。比如理性与历史的关系问题，他在分析宋学的特点时用德国古典哲学的发展过程来指出其不足。他在论述宋学的“道通于有形天地之外”时说：

> 大凡哲学的伦理以理为本。因为以理为本，毕竟是以自己的心思考，这方面，如康德的伦理最具标本的意义。研究自己的心从而确立伦理。这是理性学派。所谓“道通于有形天地之外”，好像是普遍的广泛的东西，万法一心，又毕竟归结为心。（中略）“道通于有形天地之外”，这样说的话，就是无外乎一心。因而伦理的标准好像自己建立而实则没有建立起来。这样是无视了道德产生的历史。撇开了作为道德内容的社会生活与国家生活，理性的立法就没有了内容。（中略）康德的伦理中没有内容。康德是理性派、形式伦理派的典型。某种意义上康德树立了主观性的伦理，在主观这一问题上费希特也是一样。对于某种意

① 西晋一郎先生講述『易・近思録講義』115~116頁。

② 西晋一郎先生講述『易・近思録講義』116頁。

> 义的主观性伦理，黑格尔说出了客观的精神。这才是西洋伦理上极为重大之事，否则，即便说理性也没有内容。[①]

显然，他对西方哲学也有自己的评判的尺度，学习西方哲学的目的也在于能够为己所用。他指出："理性的自己立法的说法虽然不坏，但是要马上拿来的话则会出现很大的理解错误。一般地玩味西洋的伦理学的理论还可以，但是实际地应用并不容易。不探寻何时、何地、谁为自己立法的话就没有意义。只说理性的自己立法是无视文化历史的想法。"[②] 所谓为己所用，在当时就是要为建设"国民道德"所用，要突出日本的"历史"的作用和特点，他强调："道德不能离开民族，民族当然是历史性的存在。因此必然是客观的。黑格尔所谓客观的精神具有很大的意义。相反，康德的立场不过是主观的道德。黑格尔的绝对精神与康德的实践理性之差，也就是从天下来看道德与从一心上来看道德之差。"[③] "离开社会生活、历史，伦理的内容就出不来。知道这一点就自然知道道德无非就是国民道德。普遍的理性是与个别的具体内容相即不离的"[④]。以康德的伦理而言，实践理性是没有任何内容的，因此无人伦之实。康德的理性变成费希特的理性一般、到黑格尔的世界精神，出现了历史。康德、费希特到黑格尔的发展是必然的。虽说是理性但是如果不与历史联系起来就有名无实。从这个意义上而言，与其说西晋一郎是个康德主义者[⑤]，不如说他是个黑格尔主义者[⑥]。

---

① 西晋一郎先生講義『日本儒教の精神——朱子学・仁斎学・徂徠学』（野口恒樹・野木規矩雄笔记、木南卓一校合增补）溪水社、1998、150 頁。本书为 1932 ~ 1933 年西晋一郎的讲义。

② 西晋一郎先生講義『日本儒教の精神——朱子学・仁斎学・徂徠学』157 頁。

③ 西晋一郎先生講義『日本儒教の精神——朱子学・仁斎学・徂徠学』156 頁。

④ 西晋一郎先生講義『日本儒教の精神——朱子学・仁斎学・徂徠学』159 頁。

⑤ 野田义夫在回忆西晋一郎的性格时说："西视追求为了娱乐而娱乐为罪恶，坚信康德主义。"见其「西晋一郎君の思ひ出」（『丁酉倫理』第 496 輯、1944 年 2 月号）『続清風録—西晋一郎先生追憶集—』292 頁。

⑥ 朱谦之在《日本哲学的三时期》（1931 年）一文中论及西晋一郎的思想时说："他的哲学，是建立于黑格儿哲学的形而上学上面，因而主张发挥民族国家的个性的。"见《朱谦之文集》第 9 卷，福建教育出版社，2002，第 10 页。

还有宗教与道德的关系[①]以及与此紧密相关的“内直”如何显示为“外义”即内圣与外王的关系问题[②]，这些都是中国儒学研究者现在仍然在探讨的根本问题。

西晋一郎认为在儒学中宗教与道德是融为一体的。他说，在东洋思想中，不说宗教而说“诚”，这个诚，就相当于西方思想中的“神”“爱”。因此，“以诚来实行国民道德的话就是融合国民道德与宗教，以诚来从事学问，就是将学问与宗教融为一体。人生其他一切方面无不如此，所到之处都不能没有宗教”[③]。在他看来，忠孝、五伦都是人类生活中有限的关系，只有注入“诚即宗教”作为其生命，忠孝才成为真正的忠孝。“五伦之道以诚一贯之，因此道德宗教成为一体”[④]。“东洋所言诚与西洋所言宗教，是同体异名”[⑤]。在强调宗教与道德融合方面，他特别推崇张载的《西铭》，认为它“将人伦中的孝，与服从万物与共的人所生出的天命进行了一元的会通，以古劲简切之笔表现了宗教与道德合一的境界，说它展示了中国伦理思想的最高峰也不为过”[⑥]。他结合西方的宗教思想，以浅易的道理来说明宗教与道德的不同意趣。到《东洋道德研究》一书中，他已经将道德作为包括“道德宗教学问艺术法律政治经济等所谓文化的诸方面”的“浑然一体的生活方式”的“统体”，而研究生活本身也是一种道德上的修行[⑦]。作为长年在师范学校从事德育教学与研究的教育工作者，他更是常常以教育者不要“自陷于狭隘之域”自警，强调“教育也要站在天下国家的立场”[⑧]来思考和行动。

值得注意的是，上述西晋一郎所论理性与历史、宗教与道德的关系，其最终的目的都归结到为“作为现实的事实的国家”服务上，强调“国家是

① 西晋一郎先生講述『易・近思録講義』133～134 頁。

② 西晋一郎先生講述『易・近思録講義』207～208 頁。

③ 西晋一郎『普遍への復帰と報謝の生活』161 頁。

④ 西晋一郎『普遍への復帰と報謝の生活』162 頁。

⑤ 西晋一郎『普遍への復帰と報謝の生活』167 頁。

⑥ 西晋一郎先生講述『易・近思録講義』230 頁。

⑦ 西晋一郎『東洋道徳研究』序言、1 頁。

⑧ 西晋一郎先生講述『易・近思録講義』263 頁。

理法的中心点”，而“君主是法的根元”“正义的根本是君臣之义”[1]。因为在他看来，与西洋的由义务和权利所凝固而成的国家相比，“神国”日本这个国家本身就是“德化的道场”，“在国家生活中不仅有佛教的解脱，也有儒教的道德。舍弃国家这个大的价值发源地，一切宗教、道德、学术都无所归依”[2]。这样，他对中国儒学和西方哲学思想的摄取与创新，虽然在对一些具体问题的理解上不乏真知灼见，但是从整体上而言，不能不说打上了那个时代意识形态的烙印。

① 西晋一郎述『道徳論要旨』岐阜県学務課発行、1929，38、39、40 頁。

② 西晋一郎『教育勅語衍義』朝倉書店、1944，156、157 頁。

朱子的理气说与安藤昌益的真气说

陈化北*

一　朱子学对近世日本的影响

由于社会形态、文化传统等方面的差异，朱子学在中日两国间呈现不同的特征。

朱子学，以孔孟的政治、伦理思想为主体，广泛吸收、综合了汉儒（董仲舒等）的阴阳五行说、韩愈的“道统”论、李翱的“性情”说、周濂溪的“太极图”说、邵康节的“象数”学、二程子的“形而上形而下”及“义理”之学、唯物论者张横渠的“气”论等先行诸儒的思想遗产。此外，还摄取了道教、佛教关于“宇宙生成、万物化生”的观点及其思辨哲学，特别是受到了禅宗的修养方法与华严宗的“理事”说的影响①。因此，侯外庐认为，中国的儒释道三教合一论，是到朱子学这里才被定型化了的②。

朱子把中国传统思想与外来思想以及在外来思想刺激下成长起来的所谓

---

* 陈化北，历史学博士，中华日本哲学会副会长，国家外国专家局国外人才信息研究中心主任，东北师范大学、山东师范大学等高校兼职教授，主要从事日本哲学思想史、教育国际化、人才国际化研究。

① 以上参见：杨天石《朱熹及其哲学》，中华书局，1982；肖箑父、李锦全主编《中国哲学史》，人民出版社，1983；李甦平：《中日朱子学之比较》，《外国哲学研究集刊》第六辑所收，上海人民出版社，1984；陈钟凡《两宋思想述评》，商务印书馆，1934年初版，1939年再版。

② 参见侯外庐主编《中国思想通史》，人民出版社，1960。

“新儒学”[①] 相融合，形成了一个缜密的集大成的理论体系。构成这一理论体系的核心是理气说，通过理气说，“形而上”与“形而下”被贯通，自然法则与社会规范与个人道德被有机地联系起来，从而打下了形而上学的理论基础[②]。朱子学之所以作为最符合封建统治需要的意识形态被长期利用，无疑起因于上述特征。在中国，朱子学从宋末到清代的七百年间，始终是封建统治阶级的御用哲学（官学），并成为科举考试的模范答案。其间，虽然受到明代阳明学派的反抗和清代颜元、戴震等唯物论者的攻击，但其主导地位与强大权威始终未被动摇，表现出极其顽强的生命力[③]。它的影响强大而深远，超越国境而及于朝鲜、日本等国。

朱子学传入日本，可以追溯到镰仓时代初期，由于是由禅僧传入，因此直到近世初期，在日本对朱子学的理解都难免受到禅宗的影响。作为有特性的日本朱子学确立与发展，并被官学化，是进入近世以后的事情[④]。

李甦平在《中日朱子学之比较》一文中，首先将近世日本朱子学分为五个派别，然后从七个方面对中日朱子学进行比较，考察分析了它们的异同。据该文分类，五个学派是：

（1）京都朱子学派（藤原惺窝、林罗山、室鸠巢、新井白石）；

（2）海西朱子学派（安东守约、贝原益轩）；

（3）大阪朱子学派（三宅石庵、中井竹山·履轩二兄弟、山片蟠桃）；

（4）海南朱子学派（山崎暗斋、三宅尚斋）；

（5）水户学派（前期，德川光圀；后期，德川齐昭）。

李甦平认为中日朱子学之间存在如下相异点。

（1）中日朱子学在本体论上存在着很大差异。除了山崎暗斋、三宅尚斋所代表的朱子学右派——海南朱子学派外，朱子学左派的绝大部分人都对朱子“理先气后”的唯心论给予批判，而主张朴素唯物论的“理气合一论”

---

① 见张岱《中国思想源流》，《求真集》，湖南人民出版社，1983。

② 参见北京大学哲学系中国哲学史教研室编《中国哲学史》下册第四章，中华书局，1980。

③ 参见李甦平《中日朱子学之比较》。

④ 参见：三宅正彦「日本における中国哲学の受容と変容の歴史」本田済編『中国哲学を学ぶ人のために』世界思想社、1975；李甦平：《中日朱子学之比较》，《外国哲学研究集刊》第六辑。

或“气一元论”。

（2）在认识论上也有差异。朱子的认识论，可以概括为“格物致知”。但在朱子这里，“知”是先天具备的、先于人的行为而存在的东西。“格物”只是探究超越经验的“理”，并非意味着实践。与此不同，日本朱子学大都注重“知行并进”的实践论。

（3）在人性论上也有不同。日本朱子学的绝大多数都反对朱子的“天命之性”（本然之性）与“气质之性”的二性说，而以其气一元论的本体论为依据，从而只承认“气质之性”。

（4）朱子学在中日两国所发挥的社会作用基本不同。在中国封建社会后期，朱子学作为科举考试的模范答案发挥作用，从而使后期思想凝固化、僵硬化。而日本朱子学则不同，可以说它对日本社会发挥了积极的作用。首先，朱子学左派同唯心论思想做斗争，进一步发扬了朴素唯物论的传统。其次，朱子学的排佛论后来成为明治维新时期废佛毁释的思想源流。再者，水户侯源光国仿效朱熹的《通鉴纲目》所编辑的纪传体正史《大日本史》，将尊王（天皇）抑幕（幕府）、忠君爱国的思想广泛灌输到民众的意识中，对明治时期的废藩置县、国家统一、维新体制的实行也产生了一定的影响。

为什么会产生这些差异呢？一个重要原因是，在日本，朱子学内部产生了怀疑与批判。这种来自内部的怀疑与批判，必然会成为背离朱子学的契机，从而创造出催生与朱子学相对立的学派的良好土壤。

截至18世纪中叶，从正面直接批判朱子学的学派是“古学”（古学是山鹿素行之古学思想、伊藤仁斋之古义学、荻生徂徕之古文辞学的总称）。以古学的朱子学批判为媒介而形成的近世日本儒学，与中国朱子学相比，可以说发生了很大变化。例如，除上述理气说之外，在“自然”与“作为”的问题①、“公”与“私”的问题②、以“敬”为中心与以“诚”为中心的

① 参见：丸山真男『日本政治思想史研究』東京大学出版会、1952。

② 〔日〕三宅正彦：《江户时代的思想》，〔日〕三宅正彦：《日本儒学思想史》下篇，陈化北译，山东大学出版社，1997。

问题[1]上，变化是显而易见的。

总之，在日本近世，朱子学因排斥佛教而确立，又因批判朱子学而产生儒教内部的分化，从而诞生了古学。而且，古学系统内的发展也是以对先行思想的批判为媒介的。也就是说，在日本近世，学问批判成了一种倾向或传统。因此可以说，安藤昌益的学问批判，或许正是受到这种倾向的影响而更加向前迈进的。

但是，不管怎么说，在近世日本，朱子学既是官学，同时又是学问的源泉。很多学者，通常都是从朱子学起步，在它的刺激与启发下，创建自己的学说。各种朱子学派的人自不必说，即使是反对朱子学的古学派也都难免走过这样的路径。至于安藤昌益，单从其学问的规模体系看，可以说有不少地方与朱子学近似。如前所述，朱子学拥有包罗万象的学问体系。昌益也将既存的各种学说收入视野，将丰富多样的内容织入自己的著作中。从某种意义上说，两者都具有集大成的特征。两者的本质区别，主要表现在对待先行思想的态度上。朱子作为一介儒生，虽然对佛教、道教等多有批判，但对儒教的信奉还是非常笃诚的。他不仅对上自伏羲下至孔子的圣人，而且对孟子、曾子及同为宋代的二程子等都悉数赞美。与此相反，昌益至少在表面上对所有学问进行了无差别的批判与否定，而且他的学问批判经常伴有赤裸裸的攻击，就连近世名望极高的林罗山、荻生徂徕等都成为其攻击的目标。

然而，这种基本态度上的对立，并不意味着可以同时否定两者在深层次上的关联与结构上的类似。事实上，昌益的学说，尽管因领域广泛、内容多样而确实存在相互矛盾的地方，但也确实具有与朱子学一样的贯穿整体的基本范畴以及由此所构成的理论体系。而且在内容上，除了日本独有的神道教外，昌益与朱子所面对的儒释道等先行思想，基本上也是共通的。下面，将进一步具体探讨两者之间的关联。

---

① 相良亨「近世儒教の思想—誠の論理—」古川哲史・石田一良編集『日本思想史講座4 近世の思想1』雄山閣、1976。

二 朱子学在昌益著作中的反映及其与昌益的关联

昌益学说与朱子学的关联性是无人置疑的。因此人们往往把朱子学作为昌益学说的当然的先行思想来对待，而很少对二者进行专门性的比较研究。有鉴于此，本稿将以昌益现存的全部著作为对象，通过探讨朱子学在昌益著作中的反映，特别是通过对昌益的"真气说"与朱子的"理气说"的比较，进一步论证二者的必然联系，厘清二者在世界观等根本思想上的异同。

在昌益的现存著作中，朱子的名字有十处被言及，朱子的著作有《通鉴纲目》《大学（章句）》《中庸（章句）》《小学》《易学启蒙》《论语集注》六部被直接列举。其中，《易学启蒙》经若尾政希研究，被确认为是昌益《易》注解的依据①。

朱子在昌益的著作中到处成为被批判的对象，朱子学的代表作《四书集注》也被昌益全盘否定。昌益对朱子等人的经典注解的批判，见于其稿本《自然真营道》"五·儒书卷二"和"六·儒书卷三"中。有关于此，三宅正彦在《安藤昌益的史料与儒教思想》② 中认为，"昌益的见解，自然产生一种排斥注解、直接面对原始典籍、以自身固有的判断进行理解与评价的倾向"，并说昌益的这种倾向"受十八世纪否定朱子学的思想潮流，亦即仁斋、徂徕等古学派的思想发展过程的影响"。昌益排斥注解的原典主义倾向，的确可以说与古学派倡导的原典主义相类似。然而，就经书观来说，昌益与古学派却明显不同。

昌益在稿本《自然真营道》"四·儒书卷一"的"儒书之最上者五经四书，谓之经书"中说：

《易》者，伏羲、禹王、文王、周公、孔丘之知分也。《尚书》者，尧舜禹之知惠也。《诗经》者，周公之知计也。《礼记》者，孔丘之知

---

① 愛知教育大学哲学教室内日本思想史研究会編『日本思想史への試論』みしま書房、1982～1983。

② 『国史編集』赤松俊秀教授退官記念事業会発行、1972。

> 底也。《春秋》者，孔丘之慍知也。朱子为五经者是也。《大学》者，孔丘之德察也。《中庸》者，孔丘之思上而思子之所编也。《论语》者，孔丘之知良而门人之书见也。《孟子》者，乃孟轲之心意也。朱子为四书者是也。虽云儒书万卷，以此五经四书最上也。余皆假此意味而本据之作书，故不足论之。（中略）谓此经书而明圣人知底。

在这里，昌益认为朱子的经学是五经四书说，并沿袭此说是显而易见的。昌益将五经与四书看作“经书”，认为两者共为“儒书万卷”之“最上”，是处于“本据”地位的。由此可知昌益的经书观是五经·四书主义。

昌益的五经·四书主义，虽与朱子的四书主义有些差异，但较之古学派伊藤仁斋的三书（《论语》《孟子》《中庸》）主义、荻生徂徕的六经（五经另加《乐经》）主义来，则更接近于朱子。不过，昌益的五经·四书主义只是相对的。当与其他儒书相比较时，五经四书的价值是格外高的（“最上”“本据”），但若用“自然”的标准来判断，则“其文理非自然也”，又成为被否定的东西。

昌益有时还用朱子等人的观点作为批判第三者的证据。例如，在稿本《自然真营道》“五·儒书卷二”的“诗书”中有如下一段。

> 拙哉！唐宋元明之世之诗人、凡汉土之好诗者，不知己也。孔丘亦谓泥于文书音诵之门人为小人之儒者而大刑之。谓向德学之门人为君子之儒而称也。如朱子亦言好诗文而不知德学者为俗儒而甚辱矣。不知此辱，不知己所与生俱来之转定（天地）生死、好诗之诗学者，大愚惑也。

在这里，昌益在批评诗人文人时，借用了孔子《论语》中的“小人之儒”“君子之儒”说及朱子对此的注释，并且沿用了朱子《大学章句序》中的“俗儒”说。由此可见，昌益在此并没有完全弃却包括朱子学在内的儒学的观点。

虽说如此，但昌益并没有停止对包括朱子学在内的儒学及各种学说的全面批判。他说：

> 伏羲·神农·黄帝·尧·舜·禹·汤·文·武·周公·孔子·思子·孟子·周子·程子·朱子·唐宋明、其前汉世世之圣贤学者、自释迦世世之达磨·诸佛学僧、老·庄·列子·淮南·日本之厩子及世世之学者、至于道春·徂徕等，凡不耕而盗众人直耕之转（天）道、贪食众人之余粕、不知互性具足之妙道。①

在这里，长期流传的儒教、佛教、道教、神道，乃至林家朱子学（道春即林罗山），徂徕学等世间所有的先行学问均受到无情的批判，剩下的只有昌益本人推出的“直耕之转（天）道”或“互性具足之妙道”了。

但是，昌益的学问批判，正如他本人所言，是“以失字弃失”，他的学问，是“假失字而见道”。② 就是说，昌益不是一开始就超越性地否定一切学问的，而是以内在性批判为媒介的。对朱子学也同样进行了内在性批判。另外，昌益对先行学说进行全面批判后并没有就此罢休，而是同时借用先行学说的材料，另建自己的学说（“假失字而见道”）。朱子学，对昌益来说，即这种错误的先行学说之一。正因为此，昌益新构筑的学说体系中也就难免不掺入朱子学的因素。

三　朱子的理气说与昌益的真气说

理气说是构成朱子理论体系之核心的基本原理，理清它不仅是理解朱子学的基础，同时也是研究日本近世思想史的先决条件。

昌益虽然多用“气”的概念，但极少言“理”。作为与“气”密切相关的概念，昌益是以“真”取代“理”的。相对朱子的理气说，昌益创立

① 『自然真営道』二十四。
② 『自然真営道』二十五。

了“真气说”，并且用“真气说”解释世界，展开生成论，构筑自己的思想体系的。下面首先概述一下朱子的理气说。

（一）朱子的理气说

关于朱子的理气说，学术界存在着各种各样的见解。首先，中国与日本之间有着很大的差异。在中国，在将理作为超越的终极的存在把握的同时，也承认它作为存在的主宰的一面[①]。而在日本，排除了理的作为主宰的性格[②]。

另外，在中国，大多认为朱子学是理一元论，而在日本，一般认为是理气二元论[③]。并且在日本国内，历来存在着将朱子的理仅仅作为“意味”（meaning）来把握的观点[④]和将其作为“根本性实在”来把握的观点[⑤]的对立。

产生这种差异、对立的根本原因，可以说是朱子的理气特别是理的性质的多样性[⑥]。朱子关于理气有种种说法，并因此留下矛盾。是承认朱子理气说的多面性而全面地把握它，还是固守其一个侧面；是把朱子的矛盾如实地反映出来，还是追求其一贯性而将其矛盾作为例外予以排除或调和，这里存在着研究者的不同态度与方法，并由此形成了产生观点分歧的直接原因。本稿将以前者的方法探讨朱子的理气说。

朱子的理，是先于世界万物的、既无形态又无生无灭、超越时间与空间的、一元的终极的存在（形而上的本体）。理总是寂然无动静，无敢造作万物。这是朱子的理的基本特征，是中日两国学者比较一致的认识。

不过，朱子的理，由于受传统的“天”的观念的影响，又往往被视作

---

① 例如，侯外庐主编的《中国思想通史》、任继愈主编的《中国哲学史》（人民出版社，1964）、张立文的《朱熹思想研究》（中国社会科学出版社，1981）等都持这种观点。

② 例如，山井湧在『明清思想史研究』（東京大学出版会、1980）中认为朱子言理为“主宰”是“所以然之故”的比喻性说法。

③ 青木宗昭「荻生徂徠の理気説」第一章、『日本思想史への試論』。

④ 参见安田二郎『中國近世思想研究』弘文堂書房、1948。

⑤ 参见三宅正彦「儒教における合理思想」『日本思想史讲座』4、「江户时代的思想」、『京都町衆伊藤仁斎の思想形成』思文阁、1987。

⑥ 参见张立文《朱熹思想研究》、杨天石《朱熹及其哲学》。

天理、天帝等，具有君临与主宰世界万物的性征。关于这方面，在中国虽为人注目，而在日本却几乎无人过问。

气是构成万物形态的物质性因素，是运动、作用的（形而下之用）。但气之所以能够运动、作用的根据在于理的存在。气基于理而生（“有是理后生是气”“理是本”[①]）。相对理而言，气不过是派生性的存在。理与气显然不是同层次的存在。因此，朱子学不能说是理气二元论，而应说是理一元论。或者至多是钱穆所主张的“理气混合一元论”[②]。

气常变化不息，一动一静而为阴阳，继而分化成五行，化生出万物。并且，“气聚则生，气散则死”[③]，万物的生死取决于气的聚散。

理归根结底虽是唯一的存在，但它分而内在于万物之中或附着于万物之上。这叫作“理一分殊”。在现象世界里，有理则有气，有气则有理（“天下未有无理之气，亦未有无气之理”[④]），理气相即不离。理既是存在、运动的根据，又是存在物的运动法则、行为规范。总之，理是自然法则与道德规范的统一体。

由此可见，理既是全部存在的根源，同时又均等地遍在于个别存在中。从这个意义上讲，诸存在具有平等性[⑤]（“以其理而言之，则万物一源，固无人物贵贱之殊”[⑥]）。然而，“理同而气异也”[⑦]，由于气“有不齐”[⑧]，所以基于气的运动作用而生成的世界万物中便不可避免地存在差异。就是说，具有差异性的气，是诸存在相互间差别性的原因。

气的清刚（轻清）重浊，决定着天地、日月、星辰之类的非生物的差别[⑨]，气的运动方向（气行）——或上或横或下——与清浊，决定着人类、

---

① 和刻本『朱子語類大全』中央出版社、1973，140、142 頁。

② 钱穆：《宋明理学概述》，《钱穆先生全集（新校本）》，九州出版社，2011，第 150 页。

③ 和刻本『朱子語類大全』、210 頁。

④ 同上、141 頁。

⑤ 参见丸山真男『日本政治思想史研究』第一章第二节、三宅正彦『京都町衆伊藤仁斎の思想形成』第八章。

⑥ 和刻本『朱子語類大全』259 頁。

⑦ 同上、255 頁。

⑧ 同上、260 頁。

⑨ 同上、148～149 頁。

禽兽、植物之类的生物的差别[①]。再者，人的场合，气的清纯浊驳之别，产生出圣贤（清纯）、愚不肖（浊驳）的差异；气的长短厚薄高低之别，产生出寿夭（长短）、富贫（厚薄）、贵贱（高低）的不同[②]。

人也是理气的结合体，其“性”为理，肉体的形质为气。仅就性（理）本身而言时，叫“本然之性”；当设定其处于气的制约下而言时，叫“气质之性”。“本然之性”常为“中庸”（善）；“气质之性”如果其气质是清纯的，那么“本然之性”就会原封不动地显现出来，但如果气质是浊驳的，就会产生“过不及”，此“过不及”便是恶[③]。

不过，无论什么场合，本然之性总是作为本然之性而存在，它既不离去，亦不灭亡，亦无变化。恰如置玉于泥水之中，玉不能被看见是因为被泥水覆盖，若澄清泥水，玉便原封不动地显现出来。人也是如此，通过遵守圣人之教，可以清净禀赋的浊驳之气而使之转化为清纯之气。这叫作复性（复归本然之性）。为此要进行严格的修炼。修炼法有“格物致知”和“诚意正心”两种。[④] 这是众所周知的。

下面考察昌益的真气说。

（二）昌益的真气说

(1) 自然及真与气

昌益的主要著作是《自然真营道》。他始终竭力主张的也是此“自然真营道”。昌益的思想，可以说高度集中地概括与体现在这一书名中。即，以“自然”为大前提，一元性的实体“真”的营为之道，是全部存在的根本。

昌益的所谓“自然”，不同于我们通常所使用的大自然、自然界的自然。昌益将“自然”训读为“自为”“自如此”，定义为“互性妙道之号也”。即昌益的“自然”，不是指空间，而是指状态，是与真的“营道”基

① 和刻本『朱子語類大全』266～267 頁。

② 参见三宅正彦『京都町衆伊藤仁斎の思想形成』第八章。

③ 参见三宅正彦『京都町衆伊藤仁斎の思想形成』第八章。

④ 参见三宅正彦「儒教における合理思想」「江户時代の思想」『京都町衆伊藤仁斎の思想形成』第八章。

本同义。它是真、气及其他所有存在，为存在所应当如此的理想的方式与法则。具体讲，诸存在自发地相互关联，“无始无终”的营为活动及其必然性、当然性就是“自然”。因此，不是先有“自然”，然后“自然”中有真、气等存在，而是作为存在的方式与法则，“自然”反要以真、气等的存在为前提。就是说，昌益设定的作为大前提的“自然”，不是具有主体性的实体，而毋宁说是接近于实体“真”的属性。但之所以把“自然”作为大前提，是因为“真”要存在，就必须是“自然”的，若非“自然”，便不成其为真，也就无所谓“真”的“营道”了。

下面考察真与气的特征及二者的关系。

（2）真

昌益根据场合，对“真”使用不同的名称，如有“活真”“土活真”“土真”“转（天）真”“北真”等。不用说，这些名称的意义并不都是互相等同的，它们各自给真附加了一种限定性的含义。

首先，昌益认为，真不具形态性，是非现象的。他说：“活真妙论，夫向转（天）观回·日·星·月之外，无指形象者，是活真也。向央土观穿土之外，无指形象者，而万物之形体生，是活真也。向人物刻身观身外，无指形象者，是活真也。”“活真”是指运动的真。昌益这段话是说，我们面向天、地（海域）、中央之土（海水环绕的陆地）、人、物，可以看到日月星辰、海水、土壤、人体、物体等有形体的东西，但除此之外，还有不具具体形象（形态、现象）的东西，这便是活真。就是说，真（活真）无论存在于何处，都是人的视觉所不能捕捉的、无形态非现象的实在。

在不具形态性这点上，昌益的真与朱子的理是相似的。只是，朱子的理，是寂然无动静的存在，而昌益的真，却是活生生地不断运动的。他说：“如是无形象活而自感，故妙德妙用真行也。”[①] 又说：“活真者，（中略）活活然无始无终，常感行不知止死矣。（中略）其自行无微止，活然故矣。”[②]

① 见稿本『自然真営道』二十五。

② 见稿本『自然真営道』大序。

如其所言，真虽不具形态性，却活生生地、自发地行动着。并且，其行动是无始无终的，既无瞬间停息，又永不死灭。昌益正是在此行动性的意义上称真为“活真”的。

不过，在永恒不灭性这点上，昌益的真和朱子的理仍是相通的。

接下来考察一下气。

（3）气

昌益在稿本《自然真营道》“二·字书卷”及“和训卷”中，对“气”有字面解释，据其解释可知，昌益所讲的气，究其根源就是从米饭上升起的水蒸气，即人的直观感觉可以把握的形而下的现象——物质性的要素。这无别于朱子的气的特征。

昌益的气，也是运动、作为的。

> 一气自进退，而自成转定（天地），在于转（天），日·月·星·宿·辰，是一气进退、退进之凝见也。在于定（地），在于中土，木·火及金·水，是四形而万万形，此中土一气进退、退进之凝成也。故此一气，满于转（天），满于定（地），满于人身、人心，满于万物，无非一气生，无不满一气，故自然转定（天地）、人、物中，唯一气满满矣。
>
> 目前之天地人物悉自然进退一气之所为。

就是说，天地、人、物等所有的个别性的存在，都是气的自我运动的表现（凝见、凝成）。气充满于现象世界的全部存在中，所有现象都是气的所为、所生。

但是，“一气进退者，真之营为也”。“八气通横逆自行之妙道、互性之气行者……活真之直耕也。”① 这里，昌益把气通过进退、通横逆的自我运动而生成世界万物的行为归结成“真之营为”“活真之直耕”。可见，气总是为真所驱使而行为，其自身没有目的性。真借助气的力量而营为，具有目

---

① 见稿本『自然真営道』五。

的性。

在昌益看来，真是全部存在的主宰，气不过是由真生出的派生性、辅助性的存在，是真造物营为的媒介而已。

（4）真气一体及真的存在据点

与朱子的理一样，不具形态性的真也总是与气结为一体的。昌益说："气真而一真体之全也。故气与真非二别。故去气无真，去真无气也。"①

真通过与气一体化而内在于所有存在中。内在于全部存在的真有几个据点（宫、居、座）。即，在天有"北宫"，在地有"中土"，在人家有"（炉灶）之灰土"，在人身有"胃"，分别是真常待的据点。

（5）真的造物营为及其主宰性

真的造物营为有一个过程。真通过自我运动（自感）产生气，气通过自我运动首先生成转定（天地）。真随即内在于转定（天地），获得自己的据点，并常居其中，进一步生发出气。此气成为人和物，真即乘气而入，成为人、物之主宰。至此，世界万物便完备了其形体（气）和本质（作为主宰的真）。昌益说道："一真自感发气，其气通横逆回，自圆成，是转定（天地）成也。（中略）一真不去座，常居发气，常居乘三气，以为人、鸟兽虫鱼、草木，其各各具，为主，万主本一真矣。"②"真者妙主天下大秘大事唯是耳"③。"人物之情行，活真之妙用也。此妙用之主，活真也。主者上也"④。

可见，昌益的真，是神妙莫测、高高在上的，是天地万物唯一绝对的主宰。

（6）万物生成的展开与真气关系的深化

世界万物的生成，是从主宰真生发出气开始的。真与气的关系，就像父与子的关系一样是不可逆转的"自然妙序"。昌益说：

---

① 见稿本『自然真営道』九。
② 见稿本『自然真営道』九。
③ 见稿本『自然真営道』三。
④ 见稿本『自然真営道』二十五。

> 真自感发气，自然之妙序也。自气发真，自然无之。[①]
>
> 真生气，转定（天地）人物之常也。气不能生真者也。（中略）是此真，生气住气中。气不能生真住真中。是自然所为也。[②]

如前所述，真与气总是结为一体的，但其中却有着“真生气、气不生真”的妙序。气始终不过是真的辅助性存在而已。“真气合一而真生气、气不生真，妙序也。故去真无气，去气无真，然中有此妙序。在于自然，于转（天）北辰者真也。运回之转（天）者气也。转（天）气发于北真，转（天）气助北真也”[③]。以此“妙序”，展开了真的造物活动。

“一真自感，为一神气。（中略）神气自运回，为转定（天地）人物，以通横逆行妙序。其通气，神通妙速，为转定（天地）；横气，止静妙泽，为土；其逆气，于转定（天地）之中央土为谷种”[④]。即，真生气，气以通、横、逆的运动序列首先生成天地、土地和谷物。其次，“自然真自感生神气，神气通运生人，横运生鸟兽虫鱼，逆运生草木”[⑤]。

气以不同的运动方式，产生不同的事物，决定着事物之间的差别。

（7）真的平等性与气的差别性

关于真的平等性与气的差别性，昌益有如下一段论述。

> 人作家住家，是真生气住气，故家虽有大小长短善恶，于人无异。气小大进退通横逆运回虽异，于真无有二真矣。故人物异品种者，气之小大进退通横逆回故也。故真常中不偏，而为气在通气中，在横气中，在逆气中，是自然妙用也。（中略）通气贤也。横气愚也。逆气邪念也。故人在此序，鸟兽虫鱼在此序，草木在此序，故人万物之有心意形质异品，所为气也。[⑥]

---

① 见安藤昌益『統道真伝』一。

② 见安藤昌益『統道真伝』二。

③ 见安藤昌益『統道真伝』一。

④ 见安藤昌益『統道真伝』三。

⑤ 见安藤昌益『統道真伝』五。

⑥ 见安藤昌益『統道真伝』五。

其意是说，人建房住房中，和真生气住气中是一样的。人建造的房屋虽有大小、长短、好坏之别，但居住人却不会因此而有差异。气虽有小大进退、通横逆的运回之别，但真却是独一无二的。由气的不同运回方式，产生人、物的不同种类。真始终是“常中不偏”的，但为了与气合一，便会内在于不同的气中，这是自然的秩序。

而且，“通气贤”“横气愚”“逆气邪念”，这是适用于人、鸟兽虫鱼、草木的普遍规律。人与万物之所以有心意形质之差异，完全是由气造成的。这在思维方式上也是和朱子类似的。

（8）反映在人上的真与气

真与气的关系，反映在人上，是怎样的呢？关于此，昌益有下列论述。

> 转定（天地）之真为之性，转定之气行为之情。
>
> 人之性，转（天）真也。（中略）转定（天地）之气，为人情而自性感发（中略）性之感也。①
>
> 人之心，气也，人之性，真也。②
>
> 人之口言身心术亦乃一气之所为也。在于人，言语心术行业皆人具一气。③
>
> 精神只是活真自感之一气也。④
>
> 人之性真，生众心住于心中，众心不能生性真住于真中，又自然也。⑤

昌益以上所言，可以归纳如下。

①真是人之性，人之性是真。

②气是人之身（肉体）、情（情感、欲望）、言语、心术、行为、精神

---

① 见稿本『自然真営道』六。

② 见稿本『自然真営道』七。

③ 见稿本『自然真営道』五。

④ 见稿本『自然真営道』三十五。

⑤ 见安藤益昌『統道真伝』二。

等身心诸现象，反之亦然。

③人之身心诸现象，都是由“性真”（性即真）感发而生出的。真住于其中，成为其根据。这又是“自然”而然的。

那么，性是什么呢？“性者，生附也”[①]。性是与生俱来、永恒不变的东西。其他肉体的、精神的诸现象，都是由性派生出来的，是可以随气的不同运动形态而发生变化的。

昌益虽然没有像朱子那样把性区分为“本然之性”与“气质之性”，但在把人的本性作为真，人的现实性诸表现作为气这点上，却是与朱子的理气说基本类似的。

（9）昌益的认识论

昌益也有其认识论，而且颇似朱子。他说：

> 真无不具物，故泥中、转（天）、日、月真在。然而泥水不移（映）月真。泥水不尽清，故泥中不能见性真。清水月真能移（映）。泥尽为清水，故泥中真能见也。故尽泥心则性真自见。[②]

这段话有三重含义。首先，没有不具有真的事物，无论是泥中或是天、日、月中，都有真存在着。这是一个大前提，与朱子的理无异。因此，昌益也与朱子一样，可以说是“自然主义的乐观主义”。[③]

其次，所谓泥水不能映月真、清水能够映月真，是说如果自身不“清”，即真（性）为“泥”所蒙蔽的话，就不能很好地反映和认识他者的真（性）。这里提出了他者认识的条件。

再次，所谓泥尽为清水，泥中真能见，尽泥心则性真自见，是说自身的“泥”是可以尽除而为“清”的，而且只要做到这一点，自身内在的性、真就会自发地显现出来。这里讲述的是自我认识的条件及其乐观性。

那么，怎样才能实现上述条件呢？当然必须遵循“自然真之营道”。对

---

① 见『自然真営道』和訓卷。

② 见安藤昌益『統道真伝』二。

③ 参见丸山真男『日本政治思想史研究』第一章第二节。

人来说，“自然真之营道”就是“直耕”（直接从事生产活动）。昌益认为，人若坚持“直耕”，就能成为“真人”或“正人”。“真人”或“正人”，是无善无恶而又统一超越善恶的，达到“中”的境界的人。

此外，昌益也有类似于朱子的“格物致知”的认知方法，那便是观察炉灶与面部的方法。昌益认为，认识世界及其道理不须舍近求远，只要观察眼前的家中炉灶之四行进退与人体面部之八门，就可以知晓天地、日月、谷物、男女、四类、草木等所有“八气互性通横逆只一活真之自行备道”和“转下（天下）万国万万人而于人只一人、于所行只一直耕之备道”了。①

（三）朱子理气说与昌益真气说之异同

上文对比朱子的理气说，着重探讨了昌益的真气说。下面就二者的异同做一小结。

（1）昌益的气的特征，与朱子的气几乎没有差别。

（2）昌益的真，在下列几点上，与朱子的理相类似。

①不具形态性（形而上的实体）。

②是永恒不灭的根本性的实在。

③是世界万物的主宰。

④虽是唯一，却遍在于全部存在中。

⑤派生气，与气相结合。

⑥是世界万物平等性的根据。

（3）昌益的真与朱子的理，明显不同的只是如下一点：朱子的理，“寂然无动静，无敢造作万物”，而昌益的真，却是活生生地自感自动，积极地进行造作活动——尽管原则上是以气为媒介的。

（4）虽然有上述一点的不同，但昌益的真气说，在基本思维构造上，可以说与朱子的理气说极为类似。

（5）因此，昌益的世界观，是不能被简单地规定为“气一元论的唯物

① 「以炉知転下一般之備道論」稿本『自然真営道』二十五。

论”的。因为在昌益那里，真是根本性的实在，气不过是真的派生性、媒介性的存在而已。真是形而上的存在，并非物质。气虽为物质，却是由形而上的真派生的。

（6）昌益的世界观，如要定性的话，可谓“真一元论”（或者可以说是“真气混合一元论”。昌益的“真”与“气”的关系并非始终如一、明确稳定，有时两者的界限比较模糊，亦有“真”“气”混同使用的情况，因此，较之朱子的理气关系，昌益的“真气混合一元论”的色彩更为明显）。此“真一元论”（或“真气混合一元论”），与朱子的“理一元论”（或“理气混合一元论”）是基本一致的。至于昌益的“真一元论”的世界观究竟是唯物的还是唯心的，笔者尚不敢妄下结论。因为昌益的“真”，既有唯心的一面（有意志、无形象），又有唯物的一面（运动营为），是很复杂的，还有待于进一步研究探讨。

石田梅岩思想的公共性

韩立红*

一　石田梅岩思想综述

石田梅岩（1685—1744）为日本江户时代儒学者，石门心学的创始人。石田梅岩以广泛的庶民为教育对象，提倡神、儒、佛三教一致，主张以“正直”与“俭约”的实践方法，在日常生活中求得“知心”，并以此为商人构筑了独特的“商人道”思想。因此，日本研究者对其学术价值与历史价值给予了高度的评价。研究者普遍认为，石门心学无论从思想史角度还是从教育史角度，皆对日本近世社会的发展做出了贡献。同时，石田梅岩的“商人道”思想确立了“町人”的道义，强化了忠诚、孝行、无私及献身职业劳动的观念，对日本近代社会产业化的发展，起了积极的作用。作为日本德川时代的庶民儒学者，梅岩生前不为人所知，死后其思想却对日本社会产生了巨大的影响。

首先，从思想史角度来看，石田梅岩提出以“正直”“俭约”的方法追求“知心”的“心学”思想，为日本德川时代的下层农工商阶层提供了简单易行的伦理道德的修养方法。商人作为等级身份制度下“四民”当中的最下层，他们与士、农、工一样，同属“君”下之“臣”。商人在身份上虽然与其他阶层有着上下之分，在为臣的“职分”上却是平等而没有区别的。这一思想在日本思想史上具有重大意义。

* 韩立红，史学博士，南开大学外国语学院教授，从事日本思想文化研究。

第二，石田梅岩的思想及石门心学，在日本庶民教育史上意义重大。从德川时代庶民教育史的角度来看，虽然“寺子屋”在庶民教育史上发挥了很大的作用，但是，石门心学的心学校舍对庶民教育也产生了巨大影响。根据石川谦的统计，从1789年开始，日本德川时代的心学校舍在各地逐渐增加，到1830年为止，在日本34个藩中，建立了近200所心学校舍。近200所心学校舍[①]，不能不说是一个庞大的数字。当时德川时代最大的教育机构——藩校，其数量也不过223个[②]左右。从这一点来说，拥有独自的教育机构和独自的教员体系的石门心学，其影响力是不言而喻的。

第三，从经济史角度来看，梅岩的思想对德川时代后期的产业经济发展发挥了积极的作用。首先，梅岩主张以“正直”和“俭约”的方法追求“知心”“知性”。由此，普通的商人们通过日常生活与日常商业工作的实践，达到与“天”“合一”的理想境界。次之，梅岩的“俭约”与“正直”的理论为德川时代的商人提供了商业道德伦理规范，对日本近代经营理念的发展做出了积极的贡献。再者，梅岩的“由形之心”思想、“四民观”思想以及“商人道”思想，为德川时代的商人树立了良好的职业劳动观念，肯定了商人的存在价值和社会职能。这种敬虔、献身的职业劳动观念为日本近代产业化的发展做出了积极的贡献。

笔者认为，梅岩思想之所以在思想史、教育史、经济史意义上，皆能够对日本产生积极影响，是因为梅岩思想是一种实践性的哲学，其思想中包含了公共哲学所具备的特点。

所谓公共哲学，根据不同的理解，定义有很多。有日本学者提出公共哲学是“共媒、共动、共福”[③]的学问。所谓“共媒”，就是尊重相互不同的观点，相互联结、追求共生。所谓“共动”，就是相互、相关、相辅地行动，共同创造公共世界。所谓“共福”，就是既不单单追求一个人所谓“私福”的幸福，也不是单单追求集体所谓“公福”的幸福，而是追求共同的

① 石川謙『石門心学史の研究』岩波書店、1935。

② 唐沢富立太郎『日本教育史』誠文堂新光社、1968。

③ 金泰昌編著『公共哲学を語りあう：中国との対話・共働・開新』東京大学出版会、2010。

相互无缺的幸福。

本文将从“共媒、共动、共福”的角度来考察石田梅岩思想中所包含的公共性。

二 共媒

石田梅岩思想中所包含的“共媒”性体现在其学问观与教育对象及教育手段方面。

对于学问观，梅岩在《都鄙问答》中是这样阐述的。“知性为学问之纲领”，“故，知心为学问之初”①。可见，梅岩认为，“知心”与“知性”为学问中最重要的课题。

接着，梅岩又叙述道：“然，除心性之修养外，不知学问尚有何要事。万事皆由心成，心为身之主。”② 因为，“心”乃身之主，所以“学问之道无他，求其放心而已矣。知此心后，见圣人之行可法之。圣人之道由心成之”③，学问之道乃是“求放心”。而“求放心”就是恢复人的本来良心，以达“知天”的境界。

何谓“知心”？梅岩论述道：“天之心人也，人之心天也。故，通古今为一也。”④ 所谓“知心”就是“知天”。所以，“弃私欲而一心为公，为教之本也”⑤，摒弃世俗生活中各种各样的物欲与私利，达到“一心为公”的状态，就会感到“我为万物之一也，万物为天之子也”⑥，这样就能做到“天之心”与“人之心”的合一，即“与天合一”的境界。对于梅岩来说，以“知心”“知性”追求“天之心”与“人之心”的合一，便是学问的目的。

学问的目的是摒弃个人的“私欲”，追求“一心为公”的境界，梅岩的

① 柴田実編『石田梅岩全集』上巻、清文堂、5 頁。
② 同上、5 頁。
③ 同上、4 頁。
④ 同上、105 頁。
⑤ 同上、105 頁。
⑥ 同上、105 頁。

学问观思想中包含了公共哲学的特征。

同时，为了使学问达到上述“与天合一”的境界，梅岩认为，应该采取道德实践的方法。他指出：“曰，然知心即为贤人否。答，否。不身体力行则不为贤人。知心虽为一心，心与功不同。中庸所谓，安而行之为圣人也。如我等力弱无功之人，所苦乃知心不行之困，行则功。”① 梅岩认为，不“行”亦可做到“知心”的只有“贤人”，作为普通人，应以“行”之“功”来达到“知心”，以求达到“贤人“的标准。在这里，梅岩道出了道德实践的重要性。

继之，梅岩论述道：“圣人之学问，以行为本，文字不过枝叶也”②，“如能尽心行五伦之道，一字不学，亦实为学者也”③。可见，梅岩认为，不识字的人如果能够“行五伦之道”，也能够达到学问的目的。关于“五伦之道”，梅岩曾说，自己平生的志向便是“以五伦五常之道，教化不及于吾之人”④。“孟子曰，形色天性也，惟圣人然后可以践形。所谓践形，行五伦之道是也”⑤。梅岩认为，只有圣人能够自然地“行五伦之道”。可见，梅岩将“行五伦之道”视为达到与“天”“合一”后的自然状态。

在这里，要注意梅岩将“文学”“文字”与“五伦之道”进行对比，并强调了实践的重要性。虽然，在追求与“天”“合一”的过程中，圣人与普通人有着不同的到达过程和努力付出，但是无论是圣人，还是普通人，每个人都是根据个体所具备的天性，充分发挥个体的能力，来追求到达同一个境界的。这便是学问的真正目的。

梅岩承认人的能力和天性有差别，承认普通庶民需要教化，但是，无论是有学问有能力的上层阶级，还是没有学问没有能力的下层庶民，每个人通过“五伦之道”的实践，便能够到达同一个学问的境界。梅岩的学问观体现了尊重相互不同的观点，通过相互连结，追求共生的共媒性特征。

---

① 柴田実編『石田梅岩全集』上卷、9 頁。
② 同上、6 頁。
③ 同上、6 頁。
④ 同上、17 頁。
⑤ 同上、114 頁。

在这个学问观的基础之上，梅岩所针对的教化对象主要是庶民，当然也囊括了上至大名的统治阶级。梅岩本人出生在贫困的农家，因为是次子，在11岁的时候，梅岩背井离乡，去城里的商家做学徒。在漫长的商人生活实践中，梅岩一直坚持读书自学。在他35～36岁的时候，方开始寻师问学，遇见小栗了云先生，并通过一系列的“见性体验”达到“知心”“知性”的境界。在梅岩45岁的时候，终于结束了商家的生活，开设了自己的讲席。

开办讲席的梅岩，从一开始便将庶民作为自己的教化对象。梅岩表示，即使是不认字的妇人儿童来参加听讲，也愿意讲述。梅岩为自己从属的商人阶级，提出了通过“俭约”“正直”的道德实践方法来追求“知心”的学问观。

梅岩的弟子中，大部分为商人和普通农民。被称为“石门孟子”的手岛堵庵是商人，中泽道二是商人，斋藤全门、杉浦止斋、木村南冥等有名的弟子也是商人。

梅岩死后，梅岩的弟子手岛堵庵将梅岩门下统一起来，加强管理，将梅岩的“心学”进行了系统化、组织化，在各地设立了固定的讲座场所，即心学校舍。讲座的内容围绕着如何做人、如何治家、如何向善弃恶等与人的日常生活极为相关的通俗伦理道德。

心学校舍，让处于不同环境、不同立场的人们同坐在一个讲席上，听众从上层阶级的统治者到下层的庶民，不是靠着知识的积累，不是靠着圣人的简单说教，而是通过日常生活的实践超越彼此身份的差异，超越“私”的个人立场，达到相互联系，相互信赖，相和相生，这体现了梅岩思想中的公共特征。

中泽道二是堵庵的弟子，他开拓了包括江户在内的关东地区，使石门心学波及日本全国。道二时期的特点之一是，心学与武士阶级及幕府的关系密切。道二不仅吸收了大量的武士学习石门心学，还使许多大名对石门心学产生兴趣，帮助心学机构建立了校舍。道二还以心学道话的形式解释幕府的布告，宣扬忍耐顺从，得到了幕府的支持。

综上，梅岩超越士农工商身份制的学问观，简单易行的道德实践方法论让四民摒弃身份的差异，谋求共存共福，表现出“共媒”特征。

三　共动

如前所述，所谓“共动”，是指虽然站在不同的立场上，因着相互、相关、相辅的作用，共同创造公共世界。这里强调了两点要素，一是实践性，再一个是协同性。

梅岩的学问观主张的是道德的实践性。他所主张的道德实践，提倡处于不同环境、不同立场的人们积极互动。在这里，笔者以梅岩的万民“俭约”论为中心，考察梅岩思想的“共动”性特征。

首先，梅岩所主张的“俭约”不单单是为了个人或某个家庭的财富积蓄，而是希望天下所有人都能够参与进去的共同实践活动。“所谓俭约，与世间所言俭约异也，非为私我之吝啬也。为公之世界，本应使用三而使用二，谓之俭约”①，而梅岩的万民“俭约”理论的基础建立在梅岩的“道是唯一”的世界观之上。梅岩说：“商人之道，岂与士农工商之道有别。孟子曰，夫道一而已矣。士农工商皆为天之一物也。天岂有二道。”② 因为“道”是唯一的，所以作为“天之一物”的士农工商之“道”亦是相同的，随之，“四民”作为皇家之“臣”是平等的。

“道”是唯一的，所以，无论贫穷富贵、男女老少，每个人皆以梅岩所提倡的“俭约”与“正直”的方法约束自己的日常生活，便可以渐渐达到“知心”“知性”而“知天”。因为天下所有人的“心”是唯一而相同的。关于这一点，梅岩又说：“倡俭约，无他义，为恢复天生之正直是也。天降生民，万民皆为天之子也。故人一小天地也。心乃天地，为无私欲之物也。”③ 就是说，通过“俭约”的实践活动，可以消除私欲，达到人与天的本来“合一”状态，即“天生之正直是也”。

所以，梅岩所提倡的“俭约”“正直”，不只是受统治的庶民的生存方式和修养方式，而是天下所有人应有的生存方式和修养方式，是运行天下的

① 柴田実編『石田梅岩全集』上卷、491～492 頁。

② 同上、90 頁。

③ 同上、217 頁。

“道”和“天理”，是所有人的能动的行为和思考方式。

因此，天下之人，无论是谁，都应该遵守“俭约”之道。上自尊贵的将军、大名、武士阶层，下至卑微的百姓商人，根据自己的身份与职分，各有适合自己的“俭约”实践活动。

将军作为人君，所遵从的“俭约”是减负减税、爱护民众。“民为邦本，本固邦宁。而民食物足，为其本也。故，为人君者，可使民薄纳年贡，俾民丰足。譬如，民本应纳三石年贡，可使纳二石。百姓应收五石之田，即便只收四石五斗，亦因年贡已由三石减为二石，百姓所余二石之粮变为二石五斗，此五斗便是百姓的润泽。若遇饥馑，应收五石之田，即便只收三石，因年贡为二石，尚余一石，亦可解一时之苦”[①]。如何让百姓吃饭活下去，是统治者应当实践的“俭约”。

对于普通的农工商阶层，梅岩认为要根据自己的身份，履行“俭约”的实践。平民的“俭约”是“节用财宝，根据身份，无过不及，无所浪费，合时适法（顺其自然），使用财富”[②]，而所谓“合时适法”的“俭约”，在梅岩看来，大致如下。平民穿应穿棉织无纹之布，食应食米饭酱汤咸菜，节日可食烤鱼。食用器皿应使用陶瓷器，居室的屋顶应不糊顶棚，家具应是不上油漆的原木制品，等等。

当然，梅岩对自己也提出了“俭约”的要求。“先生衣服，夏，日常着布，正装着奈良晒布。冬，日常着棉，正装着绸。饭为上等白米。然食粥类时多。每日食一次酱汤，食一素菜。（中略）先生洗米时，将一二遍水储于容器中，以作鼠食，将釜底所残饭粒以沸水冲饮，再将所残收集为鼠食。食菜汤时，汤食尽后，再以茶水涮而饮之”。可以知道，梅岩亲自实践了自己的主张，将“俭约”贯彻到生活的方方面面。他的实践活动，表面看起来好像过于严谨，有些教条，但是，梅岩强调作为非圣人的普通人，可以靠着积极的努力，超越自己，达到“与天合一”的境界。

梅岩的“俭约”不是为了个人“私利”的吝啬行为，而是为了消除

① 柴田実編『石田梅岩全集』上巻、217～218 頁。

② 同上、212 頁。

“私欲”的“公”之道德行为，为了“天下”共同幸福的“共福”行为。

基于日常生活而简单易行的实践活动正是梅岩思想具有公共性的一个体现。每个人虽然身处不同的环境和不同的立场，却能够根据自己的实际情况，积极参与到公共世界相同的实践活动中，这一点体现了梅岩思想的“共动”性。

四　共福

最后，笔者将考察梅岩追求“共同、相互”的幸福的“共福”思想。

如前所述，关于“道”，梅岩主张“道”是唯一的。但是，随着具体事物的不同，“道”的具体内容又是不同的，“总而言之，道一也。然士农工商应行各自之道，四民之外，乞丐尚自有道，况商人乎”。即“道”虽然是唯一的，但具体到士农工商，“道”的具体内容是不同的。

关于武士之“道”，梅岩进行了如下的论述。“臣，牵也。心常牵于君也。(中略) 臣之饭汁，乃事君之俸禄也。将身委于君，丝毫不惜己身，为君献身，乃武士之道也”。即武士和主君之间存在着俸禄关系，因此，武士应当丝毫不惜己身，为君献身才是武士之“道”①。

商人作为“四民”之一，“道”亦相同。从具体内容来看，“治四民为君之职也。佐君则为四民之职分也。士原为有位之臣也，农人为草莽之臣也，商工则为市井之臣也。臣佐君为臣之道也。商人之买卖亦为佐天下也”。② 即商人作为“市井之臣”，应当使财宝流通天下而辅佐君主。在“农本商末”、商人沦为社会最底层的时代，梅岩能够为商人的存在寻求根据，具有划时代意义。

然而，梅岩在主张“四民”平等的同时，对既成的身份秩序抱有肯定的态度。“形色天性也，有形即有则。松为绿，花为红。士为士，农为农，

① 梅岩主张的“武士道”有其特点。建立在“主家”“谱代”主从关系的“武士道”强调的是绝对的服从和献身，而梅岩的武士“道”思想重视的是基于“俸禄”关系之上的服从和献身，将合理经营的理念纳入武士道思想中。

② 柴田実編『石田梅岩全集』上卷、82 頁。

商为商。若于职分之外有非分之望，则为以有心违无心之天也。违天即违天命也。吾人若能从天命，尽职分，即可达心不为动之境界”[①]。梅岩认为，“有形即有则”，根据每个具体事物“形”之不同，适合其“形”的“则（即心）”便有所不同。所以，松树应是常年青绿，花儿应是姹紫嫣红。武士应该忠于君主，视死如归；农民应该“日出而作日入而息”，为天下人提供粮食；商人应该尽商人“职分”，“弃欲心，存仁心而勉之”，掌管天下之物资的流通。归根结底，梅岩认为，天下万物应尽自己的本分，天下人也将自己的“形”视为天命所赋予的，积极践“形”。

德川时代天保改革（1830～1844）时期，幕府曾下令禁止一切聚会娱乐，但没有禁止心学、神道讲座、军事讲座及历史故事说书等四种形式的聚会。而且，1845年到1867年，幕府在每年的一月一日都公布说，（手岛）心学是非常有价值的，应受到商人阶级的支持。

可以知道，后期的心学，也就是说经过手岛堵庵与中泽道二改革后的心学已发生了某些变化，作为受到幕府认可的思想，心学所宣扬的忍耐精神、如何安分守己、怎样遵守“上下尊卑”的秩序等不仅渗透到庶民生活当中，也对武士阶级的日常生活产生了影响。

综上所述，梅岩一方面主张“道”是唯一的，另一方面，又认为唯一的“道”具体到士农工商时的表现内容不同，对既成身份制度给予了肯定。而梅岩死后，其弟子们强化了服从体制的色彩。

当然，我们不能把是否对体制进行了批判作为判断价值的唯一标准。我们一方面积极肯定知识分子所具有的批判精神，另一方面也对庶民思想者的包容精神给予充分的理解。

梅岩思想构筑的理想世界，就是“四民”能够身处不同的环境和立场，无论是作为官方的“公”，还是作为个人的“私”，是士农工商，是男女老少，皆能够相互尊重差异，共同追求“知心”“与天合一”的境界，即共生的世界。

综上所述，梅岩思想的公共性建立在“道是唯一”的世界观基础之上。

---

① 柴田実編『石田梅岩全集』上卷、472～473頁。

因为“道”是唯一的，所以作为“天之一物”的士农工商之“道”亦是相同的，作为皇家之“臣”的“四民”是平等的。这也是梅岩公共哲学的核心。

作为同是“天之一物”平等的“四民”，虽然身份不同，职分不同，但是追求道德实践的最高境界“与天合一”的终极目标是一样的。因此，皆应该摒弃个人的“私”之立场，为了“公”之幸福，相互联系，相互信赖，相和相生，共同参与公共世界的实践活动，通过“共动”建立共生的“共福”世界，这是梅岩所追求的公共世界的实质。

中国当今社会，虽然经济迅速发展，精神世界的构建却相对落后，巨大的贫富差异，“私”字当先的观念带来了国民的道德滑坡。如何超越“私”的利益，超越个人立场，调和各阶层的差别，通过“共动”，谋求“公”之幸福，建立“共福”世界，是当今社会需要解决的课题。

参考文献

1. 柴田実編『石田梅岩全集』清文堂、1956。
2. 石川謙『石門心学史の研究』岩波書店、1935。
3. 唐沢富立太郎『日本教育史』誠文堂新光社、1968。
4. 金泰昌編著『公共哲学を語りあう：中国との対話・共働・開新』東京大学出版会、2010。

论吉野作造思想的哲学基础

赵晓靓*

吉野作造（1878—1933）是近代日本著名的政治理论家和评论家，曾任东京帝国大学法学部教授及《中央公论》杂志的主笔，他倡导“民本主义”，主张实施普选和政党内阁制，是20世纪初期轰轰烈烈的“大正民主运动”的理论指导者和精神领袖；他一生留下了大量的著述，不仅在当时，而且对后世也产生了深远的影响，时至今日仍被视为日本知识分子的楷模，而他所倡导的“民本主义”则被认为是战后日本自由民主主义的重要思想源头①。因此，深入研究吉野作造，对于思考日本的近代化过程及认识当代日本社会具有十分重要的意义。

在战后的日本思想史研究中，吉野作造是受到高度关注的研究对象②，三谷太一郎以三个身份概括了吉野作造的历史作用：大正民主主义的政治理

---

* 赵晓靓，法学博士，广东外语外贸大学东方语言文化学院教授，硕士生导师，主要从事日本政治思想史、中日关系史研究。

① 参见：家永三郎責任編集『日本平和論大系6 吉野作造・石橋湛山・尾崎行雄』日本図書センター、1993；三谷太一郎『大正デモクラシー論：吉野作造の時代』東京大学出版会、1995；飯田泰三『批判精神の航跡：近代日本精神史の一稜線』筑摩書房、1997；等等。

② 代表性的研究有：三谷太一郎和飯田泰三前揭书，松尾尊兊『民本主義と帝国主義』みすず書房、1998；松本三之介『吉野作造』東京大学出版会、2008；藤村一郎『吉野作造の国際政治論』有志社、2012；等等。中国学术界主要从近代中日关系史和中日文化交流的角度展开研究，主要成果有：杨栋梁《近代以来日本的中国观》第1卷，江苏人民出版社，2012；王晓秋《近代中日关系史研究》，中国社会科学出版社，1997；黄自进《吉野作造对近代中国的认识与评价：1906～1932》，台北，中研院近代史研究所，1995。

论家、政治学和历史学研究者[①]以及哲学思想家。三谷认为，在这三重身份中作为哲学思想家的吉野作造具有特别重要的意义，因为哲学思想贯穿于吉野“针对具体状况的发言及学术考察”之中，赋予了吉野作造的政治理论和学术研究以普遍的价值和意义，奠定了吉野作造作为政治理论家和学者的基础，因此对把握其普遍主义的价值体系和思维结构是吉野作造思想研究的核心课题[②]。基于此，三谷太一郎和饭田泰三的研究路径是，从基督教信仰[③]中挖掘吉野作造普遍主义的思想根源，并通过与黑格尔、斯宾塞等欧洲思想家的对比，揭示吉野作造哲学思想的基本性格，阐释其在日本近代思想史中的划时代意义[④]。

本文拟在参鉴先行研究的基础上，释清欧洲思想视野下的吉野作造哲学思想的基本轮廓，进而对吉野作造的哲学思想和以儒学为代表的东亚传统思想进行对比，为吉野作造的思想研究提供东亚视角，揭示吉野作造哲学的东方特色，同时探讨普遍主义的价值体系和思维结构在东亚语境中的存在状态及历史意义。

一　欧洲思想视野中的吉野作造的哲学思想

什么是吉野作造的哲学思想？对此，三谷太一郎指出：“如果我们认为讨论吉野作造的‘哲学’与讨论福泽谕吉的‘哲学’具有同样的意义，其理由何在呢？为什么吉野作造可以被称为思想家呢？用一句话来解释的话，

---

① 吉野作造政治学研究的主要业绩是创立了区别于宪法理论的宪政理论，并将其作为批判现实中的日本政治的理论武器；吉野在历史学领域的研究业绩主要包括欧美政治外交史、中国革命史和明治政治史三个方面，通过这三方面的史学实证研究，吉野论证了民主主义的“历史必然性”，因此三谷太一郎认为吉野的学术研究是其政治理论的基础。参见三谷太一郎「思想家としての吉野作造」『大正デモクラシー論：吉野作造の時代』。

② 三谷太一郎「思想家としての吉野作造」『大正デモクラシー論：吉野作造の時代』126～127 頁。

③ 1898 年吉野作造还是第二高等学校法科二年级的学生时皈依了基督教，从此基督教成为他一生的信仰。

④ 三谷太一郎『大正デモクラシー論：吉野作造の時代』。飯田泰三『批判精神の航跡：近代日本精神史の一稜線』。

因为吉野具有可以超越各个不同的具体状况而适用的普遍主义的判断标准和价值基准。”① 而这一“普遍主义的判断标准和价值基准”来源于吉野作造的基督教信仰，吉野用自己的话做了如下表述。“哲学的教养多少提升了我的人生境界，使我能够展望大局和普遍的形势，但仅有这些还不足以认识人生的正确方向，唯有对宗教的信念带来了天际的理想之光和人生的正确方向。”②

那么，吉野的“普遍主义的判断标准和价值基准”又包含怎样的内容呢？三谷太一郎将其概述为在历史的场域中把握人类社会现象的“历史主义”，这种“历史主义”将人类社会的所有现象视作历史发展过程中的阶段性产物加以相对化，因而可以说是一种“相对主义”的认识论。同时，吉野所信仰的基督教的超越性的“神”又赋予了作为历史个体的社会现象以固有的价值，在吉野看来，历史中的每一个个体都与超越性的“神”直接相关，因此历史中的每个个体都包含着普遍意义，对个体的实证研究从根本上说就是对于普遍意义的探究。如此一来，建立在对超越性的“神”的信仰之上的吉野作造的“历史主义”同时又是“进步主义”的。但是，吉野作造的“进步主义”绝非斯宾塞的社会进化论所描述的线性史观，对于青年时代深受黑格尔哲学影响的吉野作造来说，规定历史进步的法则并非斯宾塞的“进化论”，而是黑格尔的“辩证法”③。吉野作造之所以被黑格尔的哲学所吸引，因为黑格尔的“逻各斯”理论和辩证法哲学为青年吉野作造解决“宗教与科学的冲突”提供了启发性的视角。在黑格尔的哲学中，“逻各斯”是宇宙的本体，人类社会的各种现象都是“逻各斯”的具体表现，因此代表经验性认识的“科学”经过辩证的发展，最终必然形成对超经验

① 三谷太一郎「思想家としての吉野作造」『大正デモクラシー論：吉野作造の時代』127頁。有关福泽谕吉“哲学”的讨论，参见：丸山真男著、松沢弘陽編『福沢諭吉の哲学』岩波文庫、2002。

② 三谷太一郎「思想家としての吉野作造」『大正デモクラシー論：吉野作造の時代』127頁。所引吉野作造原文出自吉野作造「予は斯く行ひ斯く考え斯く信ず」『斯く信じ斯く語る』文化生活研究会、1924、6頁。

③ 三谷太一郎「思想家としての吉野作造」『大正デモクラシー論：吉野作造の時代』127～128頁。

性实在的认识，即“宗教认识”。由于宇宙的“逻各斯”体现在人类社会的具体现象当中，因此对于“神”的认识需要以相当于“逻各斯发展的各个阶段”的“具体的逻各斯”，即对于历史现实的合理性的认识为媒介，而历史现实的合理性只有通过“辩证法”才能够把握。吉野作造正是通过吸收黑格尔的这一哲学思想，在宗教和科学之间架起了桥梁，并逐渐确立了建立在基督教信仰基础上的“历史主义”①。在此基础上，三谷进一步指出吉野作造的“历史主义”在近代日本引进西方社会科学的过程中具有的划时代的意义：“那（吉野作造的“历史主义”。——引者注）是与在吉野之前的日本知识分子中占统治地位的实证主义哲学，尤其是将超经验的实在视作不可认知的东西，从而将宗教与科学割裂开来的斯宾塞的不可知论尖锐对立的，从这个意义上说，吉野的出现，以及虽然与吉野具有不同的方向，但是和吉野一样为追求宗教真理与科学真理的统一而彷徨的河上肇的出现，在日本社会科学认识论的历史上，无疑具有划时代的意义。”② 然而，用黑格尔哲学的“逻各斯”概念和“辩证法”阐释吉野作造哲学的方法却忽略了吉野作造思想的东方特色。接下来将视线转向东亚思想史，在东亚思想语境中分析吉野作造哲学的东方特点。

二 东亚思想视野中的吉野作造的哲学思想

本节比较吉野作造的哲学思想和以儒学为代表的东亚传统思想，从以下三个方面展开论述：（一）普遍主义的价值体系；（二）普遍主义价值体系中的人性论；（三）普遍主义价值体系中的政治论。

（一）普遍主义的价值体系

人类社会的秩序和道德价值从何而来？这是每一种哲学都要碰到的

① 三谷太一郎「思想家としての吉野作造」『大正デモクラシー論：吉野作造の時代』141 頁。

② 三谷太一郎「思想家としての吉野作造」『大正デモクラシー論：吉野作造の時代』141 ~ 142 頁。

基本问题。如前所论，作为一个基督徒，吉野作造认为基督教的造物主——普遍性的、超越性的“神”创造了历史，“神”赋予历史中的每个个体以固有的价值，并决定了历史发展的方向，换言之，吉野作造是将人类社会的秩序和道德价值归源于基督教的“神”。在此基础上，吉野认为民本主义是基督教理想在现实政治中的体现，因而具有普遍性和必然性。正是基于这一认识，当吉野试图将民本主义的适用范围从日本一国之内向外扩展时，便形成了他对中国、朝鲜民众反日民族主义的理解和同情[①]。

那么，在东亚的传统思想中围绕价值的来源问题展开了怎样的论述呢？中国最早的想法是把人类社会的秩序和道德价值归源于“帝”或“天”，孔子以后“人”的分量重了，“天”的分量相对减轻了，但是孔子以后的思想家们并没有切断人类价值的超越性的源头——“天”。孔子以“仁”为最高的道德意识，这个意识内在于人性，但其源头仍在于“天“；孟子的性善论认为仁、义、礼、智四大善端均内在于人性，而此善性则是“天所以与我者”[②]。自宋学兴起以来，代表了宇宙万物的存在根据和存在法则的“理”逐渐占据了儒学的核心位置，如程颢的“天者理也”所表述的那样，“理”与“天”共同构成了人类价值的源头[③]。16世纪来到中国传播天主教的利玛窦为了向中国民众宣传天主教的优点，用汉文书写了《天主教义》，书中对比了同为价值源头的儒学的“理”与天主教的“神”：“神”是万物的创造者，是独立于“物”的存在，“理”只不过是万物存在的法则，不能够与“物”截然分开[④]。利玛窦的对比道出了在价值源头与现实世界的关系上，中、西文化之间存在着差异，但是“神”与“理”被放在同一思想平面上进行对比同时也隐含了中、西文化均认定价值来源于某一超越性的源头，因

① 三谷太一郎「思想家としての吉野作造」『大正デモクラシー論：吉野作造の時代』143、153~154頁。

② 余英时：《从价值系统看文中国文化的现代意义》，余英时：《中国思想传统的现代诠释》江苏人民出版社，1995。

③ 溝口雄三『中国の思想』放送大学教育振興会、1995、29頁。

④ 溝口雄三『中国の思想』33頁。

而具有普遍性和平等性的特点[①]。

让我们将视线转回日本，在日本思想史的语境中，普遍主义的价值体系是如何被解读的呢？关于这一点，从江户时期古学派对朱子学的批判中可以看出。古学派认为，既然“天”是人力所不能及的超越性的存在，把“天之理”说得好像内在于人，是一种天上天下唯我独尊的狂妄自大，因此古学派将天地万物之理与人的躬行之道（作为规范的“理”）区分开来。同时，古学派否定普遍绝对的“理”平等地存在于所有人当中，因而所有人都可以在自己的内部验证“理”的观点，认为那是把“理”看作像“佛”那样的主观的存在，其结果会导致以什么作为道德的规范这一标准会完全依赖于主体各自的随意判断。“理”的内在性和普遍性——平等地内在于万人因而普遍合于万人——被彻底否定了，这样一来，原本作为普遍主义价值而存在的儒学就只能是某一特定结构，例如幕藩体制内部的道德规范之学[②]。古学派对普遍主义价值体系和思维结构的颠覆，构成了与中国和欧洲完全不同的日本式思想语境。接下来以吉野作造哲学中的人性论和政治论为切入点，继续探讨普遍主义价值体系在东亚思想语境中的具体体现。

（二）普遍主义价值体系中的人性论

人性论，即人对自我的认识也是每一种哲学必然要回答的问题。要

---

① 关于中、西价值系统的比较，余英时也做了类似的论述：“仅从价值具有超越的源头一点而言，中、西文化在开始时似乎并无基本不同。但是若从超越源头和人间世之间的关系着眼，则中西文化的差异极有可以注意者在。……上帝是万有的创造者，也是所有价值的源头。西方人一方面用这个超越世界来反照人间世界的种种缺陷与罪恶，另一方面又用它来鞭策人向上努力。因此这个超越世界和超越性的上帝表现出无限的威力，但是对一切个人而言，这个力量则总像是从外面来的，个人实践社会价值或道德价值也是听上帝的召唤。……西方所谓“自然法”的传统即由此而衍生。……西方超越世界外在于人，我们可以通过“自然法”的观点看得很清楚。在西方的对照之下，中国的超越世界与现实世界却不是如此泾渭分明的。……中国的两个世界则是互相交涉，离中有合、合中有离的。而离或合的程度又视个人而异。”余英时：《中国思想传统的现代诠释》，第 8 、9 页。沟口雄三则认为较之西方的“上帝”，中国的“理”依赖于物而存在，因此较少超越性的色彩，但沟口同时也指出，作为绝对善的“理”是先验地以天为根源的，因而以“理”为核心的价值系统仍然具有普遍性和平等性的特点。〔日〕沟口雄三：《中国的公与私·公私》，郑静译、孙歌校，三联书店，2011。

② 〔日〕沟口雄三：《中国的公与私·公私》，郑静译、孙歌校，第 139、141 页。

而言之，吉野作造对于人的认识是根源于基督教信仰的普遍主义的人性论。他认为“世人皆为神之子”，具有无限的成长能力，因此他说：“（我们）努力追求的最终理想，经过奋斗必然会实现。……我们能够不断进步。这就是基督教主义的人生观。只要有适当的环境人必然会不断成长，有了所有人不断进步的未来（对于人的）尊敬之心便油然而生。”① 在此基础上，吉野认为人类社会的本质是建立在基督教的同胞之爱基础上的和谐共存：“……总之，我被人类皆为同胞同类的基督教精神深深感染，并深感满足。我也为世间发生的许多问题慷慨悲愤，但最终我还是认为人类社会的前途充满光明，因而常怀喜悦之情。……（人类）能否和谐共存，归根结底取决于视人类为相爱互助还是相离互斗。若视人类为相离互斗，则原本能够和谐的人也会陷入斗争，反之若有人类相爱互助的信念，则相离之人也能和谐共处，因此我对自己的立场深信不疑。”② 吉野的这一主张不仅排除了只承认人性中的利己动机，将人类社会描述成为生存而彼此杀伐的社会达尔文主义，以及将人的无止境的欲望视为第一自然法，将调解不同个体间的欲望冲突而达成的某种契约状态视作第二自然法的霍布斯的社会观，也有别于基督教的正统神学。例如吉野批判了基督教的“原罪”观和“赎罪”论：“基督教当然也有神学或是哲学之类的东西，但那并不是作为宗教的基督教的本质。三位一体、原罪等等绝非宗教本身。……可以说按照神的召唤来生活的力量才是真正的宗教。”③ 换言之，吉野作造的基督教信仰使他坚信，人的本质绝非罪恶，而是人内在的固有理性，只要能确保一个自由的环境，所有人都能够按照“神”的召唤无限成长。吉野对人性的这一理解虽源于基督教的普遍主义价值，但最终得出了与正统神学不同的结论，因而被基督教神学正统派批判为具有流为一般意义上的人道主义的倾向④。

---

① 吉野作造「社会と宗教」『吉野作造著作集』12、岩波書店、1995、207 頁。

② 吉野作造「斯く行ひ斯く考へ斯く信ず」『吉野作造著作集』12、243 頁。

③ 吉野作造「社会と宗教」207 頁。

④ 近藤勝彦『デモクラシーの神学思想——自由の伝統とプロテスタンティズム』教文館、2000。

接下来看一看在东亚的思想语境中人性论具有怎样的特点。如前所论，儒学将价值源头求诸“天”，但价值的实现却要落实在每个人的心性之中，因此孟子说：“尽其心者知其性也。知其性则知天矣。”在此基础上形成了相信人心中具有价值自觉能力（无论称其为“仁”，或“良知”，或其他名目，所指皆同）的人性观。这种价值自觉能力虽然不能够像客观事物那样用知识来加以证明，但每一个人都可以通过“反身而诚”的方式感受到它的真实不虚。人的成长就是用种种修养的功夫来激发这一价值自觉能力，从而“人皆可以为尧舜”[①]。尽管儒学的价值观与吉野所信奉的基督教价值观在具体内涵上有很大差异，但在相信人本质上普遍具备按照某一价值的指引无限成长的能力这一点上来说，吉野作造的人性论与儒学的人性观无疑具有相似之处。与此相类，儒家思想对于社会共同体的理解，正如《礼记》中反复强调的“天无私覆，地无私载”所表述的，也是以社会全体成员的和谐共存为核心的[②]。两者都是有别于欧洲以“欲望”和“斗争”的视角来看待人性和人类社会的。

再来看看日本。前文已论及，江户时代的古学派拒绝了朱子学的普遍主义的“理”，但这并非古学派所独有的。例如藤原成元就在《古事记灯》[③]中说：“人皆有理欲二者，掌其欲者谓之神，掌其理者谓之人，……所谓神道者，实为远离道理而情不自禁所思之道……”这里所说的“理”或“道理”并不具备朱子学中“理”的普遍性和规范性，只不过是每个人头脑中的自我主张，作者认为只有脱离了它的个人内心情不自禁的“情”或“欲”方为人性的根源力量[④]。从这个意义上来看，吉野作造的普遍主义人性论在日本思想史的语境中可以说具有革命性的意义。

（三）普遍主义价值体系中的政治论

人既是政治行为的主体，也是政治行为的对象，因此对人性的认识构成

---

① 余英时：《中国思想传统的现代诠释》。

② 〔日〕沟口雄三：《中国的公与私・公私》，郑静译、孙歌校。

③ 《古事记灯》系江户时代的国学者富士谷御杖所著对《古事记》的注释，刊行于1808年。

④ 溝口雄三『中国の思想』30、36頁。

了政治论的基础。前文已论及，吉野作造的人性论是根源于基督教信仰的普遍主义的人性论，吉野称其为“人格主义”：“人格主义作为信仰的内容而显著活跃的不正是我们基督教吗。我们认为所有的人类均系神之子，所有的人类都是神圣的，并将之与基督教紧密结合。世上还有比这更坚定的人格主义的信念吗。因此基督教信仰在社会的各个方面必然表现为民主主义。”① “人格主义”在国内政治中体现为“民本主义”，在国际政治中则表现为“国际民主主义”，正是基于这一认识，吉野作造对第一次世界大战后的国内政治和国际政治做出了如下判断：“什么是构成今日之世界形势的主要潮流呢。……在内政中彻底践行民本主义，在外政中则确立国际平等主义。如果说前者是彻底的社会正义，后者则无疑是确立国际正义。……我认为日本在作为世界的一员主张生存发展的特殊权利之前，首先必须成为民本主义的国家，和以正义的原则进行对外交往的国家。”② 在这里吉野将国家间的平等视作普遍的国际正义优先于日本一国的国家利益，具有鲜明的国际主义色彩，充分体现了普遍主义价值体系中的吉野作造政治论的基本特质。

接下来看一看东亚的政治传统与普遍主义价值体系的关联。贯穿于中国古代王朝更替过程中的改朝换代的革命思想是东亚政治传统的重要体现。在中国古代，皇帝虽然是政治上的最高统治者，但在其上仍然存在“公平、公正”这类与超越性的“天”相关联的普遍价值，当皇帝的统治有悖于“公平、公正”的普遍价值时，就会被批判为“一家一姓之私”，成为古代改朝换代革命的原理依据③。不仅如此，这一政治权力必须符合普遍的价值原理的思想传统在近代民族主义的形成过程中也发挥了极大的作用。例如清末的革命派陈天华把政府比作公司的管理层，把国民比作公司的股东和职员，指出当管理层（政府）做出了不正当的行为之时，股东和职员（国民）就有义务加以纠正，如果放任不理就丧失了做股东和职员（国民）的资格，

① 吉野作造「民本主義鼓吹時代の回顧」吉野作造『閑談の閑談』書物展望社、1933、210～211頁。

② 吉野作造「世界の大主潮と其順応策及び対応策」『吉野作造選集』6、岩波書店、1996、15～16頁。

③ 溝口雄三『中国の思想』66～67頁。

在此基础上，陈天华大力主张推翻封建专制的“民权”。在这一主张中批判的矛头从皇帝个人转向了封建的王朝体制可谓近代的新元素，但是认为政治权力必须符合正与不正的普遍标准，仍然是对传统思想的继承。其后，孙中山对陈天华的反专制的民权论加以理论化和系统化，最终凝练成了三民主义和“天下为公”的革命思想。在孙中山的理论中，国内的“平等”同时也贯穿着世界各民族间的“平等”，对抗皇帝和满族专制的目的并不是建立以汉民族为中心的国家，而是针对“优胜劣败”的列强的强权，实现“抑强扶弱、主持公道”的“公平、公正”的普遍主义的原理。换言之，孙中山的民族主义以“平等”“公”这类普遍主义的价值为媒介发展成了国际主义①。对比前述吉野作造的国际主义的政治论，不难看出两者之间具有相似的理论结构。

最后再将视线转向日本。近代日本的国家主义是在与中国相反的方向上展开的，下面以福泽谕吉为例来看一看。福泽说：“在过去的封建时代……藩与藩相合时，各方不能免于私。其私对藩外是私，但在藩内不得不说是公。”也就是说，为自己的藩做的事是“公”，而这个“公”对他藩则免不了为“私”。在此基础上，他又指出：“开天辟地以来的所谓君臣之义、先祖由来、上下名分、本末之别等，在今天则成为本国之义、本国由来、内外名分、内外之别，其重要性增加了不止几倍。”换言之，这是说以某一藩为中心的“公”已被类推为以国家为中心的“公”从而增加了其重要性。这个国家对内要求国民“灭私奉公”，对外则构成与他国的“私”相竞争的另一个“私”。国与国之间的竞争以追求国家利益为目标，以“优胜劣败”为基本原理②。这样的“公”的概念并非福泽谕吉个人独有的，拒绝国家这一共同体之上的普遍的、超越性的价值，可以说继承了日本式思维结构的传统，从这个意义上说，吉野作造的普遍主义政治论带给日本思想界的冲击是显而易见的。

---

① 〔日〕沟口雄三：《中国・道统・世界》，《中国的公与私・公私》，郑静译、孙歌校。

② 〔日〕沟口雄三：《中国的公与私・公私》，郑静译、孙歌校，107～108页。文中福泽谕吉的原文出自《文明论之概略》卷六，第十章。

三 结语

在不同于欧洲的东亚语境中考察吉野作造的哲学思想，不仅为把握吉野作造哲学的基本特点提供了新的观察视角，从而揭示出吉野作造哲学思想的东方特色，也有助于认识普遍主义价值体系和思维结构在东亚历史中的存在状况。本文的分析表明，尽管吉野作造的普遍主义价值体系和先验人性论来源于基督教思想，但又有别于基督教正统神学论，与中国儒学的价值体系和人性论有着极大的相似之处；清末革命家在对传统的价值体系进行吸收和改造的基础上，形成了具有国际主义特色的中国近代民族主义，这与吉野作造在第一次世界大战后提出的“国际民主主义”具有相似的理论结构。由于日本古学派和国学派具有批判朱子学普遍主义价值体系和人性论的传统，在其影响下形成了以福泽谕吉为代表的“弱肉强食”的日本近代国家主义，两者分别构成了中日两国不同的近代化道路的思想基础，这同时也为我们思考东亚的哲学原理对于实现现代化的意义提供了参考①。本文的分析表明，儒学的普遍主义价值体系及其先验人性论和政治论经过解析、重构，有可能在实现现代化的过程中发挥积极的作用。当然，传统价值在为现代化提供资源的同时，也给我们留下了课题，正如有学者所指出的那样：“天下为公”的普遍价值主要是在知识分子和政治精英的头脑中酝酿和继承下来的治世观念、秩序思想，并未渗透到民众的现实生活中。对于大多数民众而言，国家之公、天下之公都是遥远的事情，现实中亲戚、伙伴之间的封闭的、排他性的连带关系才是“公”缘，思想原理和现实的社会结构之间存在着鸿沟②。

---

① 关于儒学与近代化的关系问题，日本自明治维新至第二次世界大战后，福泽谕吉和丸山真男两代启蒙思想家均将儒学的等级式人际关系伦理和国际关系理论视作封建意识形态加以猛烈批判，使得“儒学思想是近代化的障碍”这样的观念在日本似乎成为了一种共识。然而，意味深长的是在讨论历史转折期的日本是如何冲破华夷思想的束缚，接受欧洲近代的主权国家平等的观念时，丸山真男亦承认，内在于朱子学的自然法思想这一“儒教哲学”起到了“理论性媒介”的作用。丸山真男「近代日本思想史における国家理性の問題」丸山真男『忠誠と反逆』筑摩書房、1993、206 頁。

② 〔日〕沟口雄三：《中国的“公·私”》，《中国的公与私·公私》，郑静译、孙歌校，第 87 页。

因此，如何将观念世界中的普遍价值转换为现实社会中的公民的实践伦理是当代中国知识分子所要面临的课题，也许这正是吉野作造所说的："在尘世中接触神。"然而，正如思想家留给后世的最宝贵的财富，不是他回答了什么，而是他追问了什么[①]，传统留给我们的课题也正是我们应当从传统中继承的财富。

① 三谷太一郎：「思想家としての吉野作造」『大正デモクラシー論：吉野作造の時代』178～179頁。

日朝知识人之视线

——以《两好余话》为中心

邢永凤*

朝鲜通信使研究，始于20世纪60年代，半个世纪以来尽管研究者的关注点有所变化，但对这一领域的研究仍是日本、韩国学界的热点，但在中国却是研究者寥寥。

历时200余年，前后12次的朝鲜通信使派遣中，1764年（日本宝历十四年或明和元年）的那一次不同寻常。具体表现在：此次通信使赴日过程中，日朝双方都留下了许多笔谈集及唱和集，是通信使历史上留存的行使记录最多的一次，仅朝鲜方面留存的行使记录就有8种。同时，日朝文人交流活跃，仅留存的唱和诗就达4000首以上。另外，此次使节在大阪停留期间，还发生了朝鲜使节崔天宗被日本人杀害的案件，打破了“不斩使者”的外交惯例，成为日朝关系的转折点。

关于1764年的朝鲜通信使派遣，已经有一些代表性的研究。张伯伟高度评价了其在汉文学史上的重要意义①。日本学者夫马进考察了朝鲜使节对日本古学的认识②。但在丰富多彩的笔谈内容之外，1764年朝鲜通信使研究，尚有较大空间。

本文将以朝鲜通信使与日本知识人的笔谈史料《两好余话》为中心，

* 邢永凤，山东大学外国语学院教授，博士生导师。研究领域：日本思想史、中日文化交流史、日本文化。

① 张伯伟：《汉文学史上的1764》，《文学遗产》2008年第1期。

② 〔日〕夫马进：《朝鲜燕行使与朝鲜通信使》，伍跃译，上海古籍出版社，2010。

通过考察笔谈内容，分析他们的聚焦点，进而探讨那一时期的中、日、朝关系。

《两好余话》的作者为奥田元继（1729～1807），号仙楼，大阪人，那波师曾（别号鲁堂）之弟[①]，兄弟二人皆为著名朱子学者。那波师曾著有《学问源流》，奥田元继著有《外国竹枝词》《音注全文春秋括例始末》等。那波师曾还是1764年通信使的“护卫接伴僧”，与通信使一行同食宿、共行动。兄弟二人都留有笔谈集，在日本历史上兄弟二人同时与通信使笔谈且有史料留存于世也实属罕见。《两好余话》中，作者笔谈的对象是朝鲜通信使的制述官南玉（秋月）及正使的书记官成大中（龙渊）、元重举（玄川）、李彦瑱（云我）、金仁谦（慕淹）等六人。

《两好余话》分为上下两部，笔谈内容占绝大部分，另有部分唱和诗，其内容涉及范围甚广，从其笔谈内容，可以窥见那时日朝知识阶层的视野，以及他们所关心的内容。

文本采用了日本东北大学狩野文库所藏刊印于1765年的底本。

一　笔谈所反映的日朝两国的学术交流

近世时期，儒学在日本的官学化，使得儒学呈现百花齐放、百家争鸣之态，朝鲜使者注意到日本学术的变化，在此次笔谈中，有较多的涉及两国学术、思想之内容。对于日本的学术现状，奥田元继写道：

> 吾邦文学之炙，虽闾巷寒乡，时闻吾伊占毕之声，是治教百世自使。然五六十年前京师之儒伊藤维桢，（略）皆以排宋学为务，而风靡当时，晚近是好奇驰异之流弊也。厥后东都之儒荻生茂卿号徂徕者，（略），炫耀世眼，至其教人，辙曰文则先秦，诗则开元，必莫读唐以后书。口唱不辍。然顾其为文，此句典谟，此字旬庄，此

① 奥田在与朝鲜通信使的笔谈中，多次言及鲁堂。通信使中的秋月言：“与鲁堂千里往来每语及君恋恋，今日见君壮状喜可知也”。奥田回答：“与敝兄鲁堂同行同宿欢好亦可知也”。『两好余話』上、二十，東北大学狩野文庫藏、1765。

语左氏公穀，篇章字句，悉片段寸斩古文中最奇异僻怪者，以为活套之法[①]。

奥田介绍了在日本正风靡一时的古学派，从五六十年前的伊藤父子到如今的徂徕学，都以排宋学、尚古学为务。但作为朱子学派的奥田，却无法认同徂徕学派，他这样评价徂徕学派：

呜呼，礼乐之事，四书五经左国班马，诗文之业，韩柳欧苏选骚唐明即不朽定论，弃此何适如。吾非必谓忌古言，好宋儒所为也。唯惜乎徂徕之徒，课书生口必唱先秦，而其所自为则不出嘉隆四家[②]。

1764 年的通信使录中，很多关于朝鲜通信使节与日本儒者关于古学的论争，其中有徂徕学派的，也有朱子学派的，作为朱子学派的奥田元继对于徂徕学始终持否定态度。

对于奥田关于徂徕学的评价，朝鲜通信使中担任制述官的南玉评价道："藤荻二氏之论能刺其病耳，可谓能辞焉。诸著前使已齐去，一触鄙眼，可恶可恶。"[③] 在通信使节看来，奥田对伊藤父子、对徂徕的批评，能深入其关键所在，值得肯定。书记官成大中也对奥田元继给予了高度评价：

能焉。距杨墨者圣人之徒也。徂徕只直一文士耳。伊藤氏真贵邦之杨墨也。君能辞而辟之，善哉。亦足以张吾道也[④]。

在以朱子学为正统的朝鲜知识分子看来，否定宋学的学术都是异端之学，他们无论如何都无法接受。而同为朱子学派的奥田元继，则成为他们的

① 『両好余話』上、二丁。
② 『両好余話』上、三丁。
③ 『両好余話』上、三丁。
④ 『両好余話』上、三丁。

异国知己。在此，学术已经超越了国籍、超越了国界，拥有同样学术立场的两国学者达到了精神上的共鸣。

而另一方面，朝鲜使节在往返江户的途中，在各地都与日本知识阶层进行了笔谈，其中也屡次遇到徂徕学派的弟子，无论在周防（今山口）还是在蓝岛，还多次被问到徂徕的著作，因此，对于朝鲜通信使而言，作为新兴学术流派的徂徕学是他们一行在日本期间无法回避的挑战，因此，他们一路都在积极地收集、阅读徂徕的相关著作。成大中曾对奥田问道："徂徕《随笔》、《论语征》未见，其全集已见，《辩道》、《辨名》亦已见，未见学则，足下有带来否?"但作为宗朱子学派的朝鲜学者，他们无论如何也无法接受徂徕的学术观点。对徂徕的著作，南玉的评价如下，"师曾〔那波鲁堂〕携示《停云集》、《徂徕集》。徂徕乃物双柏之文，作《四书征》，攻朱子无余力，（中略）多讥贬我人之语"①。

成大中对徂徕本人评价较高，同时也这样说道："徂徕文辞可谓日东巨匠，而学术大误。"②

学术立场的迥然，使得朝鲜通信使节无法认同日本古学派的观点，而在日本国内学术界，也一直存在着古学派与朱子学派的论争。正像朱谦之所论述的那样："古学派和朱子派的论争，实际即是代表主张王政复古的地主阶级的不当权派与代表拥护幕府思想的地主阶级当权派之间的斗争。德川中期的儒学家，如伊藤仁斋，如荻生徂徕，其学说皆旗帜鲜明地反对幕府所扶持的朱子学，或称其迂远，或骂其褊狭，当时成为风靡儒学界之一新势力，但因古学派与朱子派的论争之中，古学派虽计划王政复古来创造新局面，而朱子派则要永远维持幕府政权而禁止古学，经过宽政异学之禁，结果是朱子学派暂告胜利，而古学派凋落了。"③

关于日本的古学派，尤其是徂徕学派，在江户时代的思想界影响很大，据说"世之人喜习说，习之如狂"。就古学派所倡导的思想内容来说，他们讲求的经世论、经验论以及对感性世界的肯定，都具有理性主义的精神，与

① 〔朝鲜〕南玉：《日观记》卷八（三月二日）。

② 〔日〕山田正珍《桑韩笔语》写本。

③ 朱之谦：《日本哲学史》，人民出版社，2002，第29页。

现代社会有着某种契合[①]。但同时，日本儒学界对于徂徕学是毁誉参半的。有盛赞者，如太宰春台称："仲尼如日月、而云雾蔽之、不亦厄乎，徂徕拂而除之，功莫大焉。"[②] 但也有贬抑者，如五井兰州在其《非物篇》中，对徂徕的《论语征》批判道：书中半取诸胸以为说，我未见其为征也[③]。另外，徂徕作为一位日本学者，其对中国的学者也不无启发，刘宝楠的《论语正义》就引用了荻生徂徕的一些说法。出于对中国先王之道的景仰，他极其热衷中国文化，但又不是一味崇拜、盲目模仿，而是继承中有批判，是近世日本儒学史上一位特殊的存在[④]。

此外，当我们将此放置在日朝通信使的历史上去考察时，会发现1764年的通信使笔谈中，关于朱子学、徂徕学的内容较之前的笔谈内容显著增加，这是不争的事实。这反映了通信使与日人的交流已经不仅仅停留在礼仪或者外交辞令的诗赋文辞上，而是深入两国学术问题的内部和细部。无疑，这是由于双方知识人的学术热情。作为外交使节，他们有许多忌惮、许多不自由之处，但我们仍可以看到他们对学术的积极态度。而且，他们的视线不止于儒学，还涉及佛教。

二　笔谈下的日朝佛教之状

在近世日本，虽然儒学成为幕府的官学，而佛教仍然在民间有着很深的根基，随着幕府实行禁止基督教在日传播的"禁教政策"，佛教世俗化得到进一步发展，与百姓的日常生活关系密切，几乎到了关乎死亡之事一切由寺院负责的地步。朝鲜又是如何呢？奥田元继向朝鲜使者询问朝鲜的状况，朝鲜使者做如下回答。

---

① 王健：《"神体儒用"的辨析：儒学在日本历史上的文化命运》，大象出版社，2006，第177页。

② 太宰純『論語古訓』関儀一郎編『日本名家四書註釈全書』東洋図書刊行会、1928。

③ 高田真治「論語の文献．註釈書」『論語講座』、春陽堂、1937、287頁。

④ 刘萍：《论语与近代日本》，中华书局，2015，第37页。

此土俗尚佛，常亲施寺观，人死必就其所宗功德院请僧，使念经为化者祈冥福，其流数派。贵帮僧徒想当有晋宋间风，敝邦所谓禅宗也，如何[1]？

使者南玉回答道：

非晋非宋，又非宋元，有一流之僧而近世甚衰，只无荤腥之僧，其教义儒士岂可晓耶。人死委之。僧徒者，畏幽冥忤圣意。勿复向仆辈问矣[2]。

奥田对此答案难以满足，复向金大中问道："既闻南公之言，贵国僧徒非宋非晋，别有一流，敢问専为其法祖者为谁，又有大寺福地著于世耶?"金大中回答道：敝邦自正士俗徒皆习儒教，虽间有道院寺観，如清霊、空水、芙蓉、雪山者必置之阴癖空阔之地，自不顕于世耳。其祖亦莫足答说者也[3]。

通过以上问答我们可以看出，在日本盛行一时的佛教，在朝鲜却成为使者口中的禁区，通信使南玉甚至要求奥田再也不要讯问有关佛教之事。

在朝鲜历史上，高丽时代的佛教曾盛极一时，而至李氏朝鲜时代却成为禁教。寺院被大量减额，禁止新建寺院，普通民众的信仰受到极大的限制，这是朝鲜的国策。对于这样的国策，朝鲜使者选择闭口不谈自己国家的宗教政策。且看二者的对话："贵帮以佛法为何如耶?""上策非仆辈可言"。

可见，在两国通信使节的笔谈中，涉及国家政策的禁区，有许多难言之处，难谈之话题。即便如此，我们也可以从其对谈中了解当时两国的政策，以及他们个人对于国策的态度。同时，朝鲜通信使节，也在细致地观察着日本，并对日本的佛教状况进行了细致的描述。

通其一国之内。而计其家屋之数。则佛宇，神祠。可以居半。而雄都巨州。大小乡村。苟有别区胜地。则皆为寺刹之先占。铜瓦金榍。槐

---

① 『两好余話』上、十丁。
② 『两好余話』上、十丁。
③ 『两好余話』上、二十五丁。

栋石门。穹崇巨丽。逈出于太守，关白之居。而秃头缁衣。扬臂肆行。自视若无敢侮余。日本一域。可谓神佛之国矣[①]。

朝鲜使者的观察可谓准确。同时，他们也对日本的僧者进行观察，并做了如下的评价。

僧人则为一国之所敬待。而虽凡倭之贱。一归释家。许通为倭人之所称两班。渠亦自处甚高。故凡于历路所经。见此类最涉倨傲。时或横过道中。而轿前禁徒。不敢呵噤。常于妇女之中杂坐。与俗倭无异。且有挟妇而居寺刹者云[②]。

在朝鲜使者眼中，日本僧人蛮横、倨傲，与妇女同居于寺院。不得不说他们发现了日本佛教真实的状况。

日朝两国各有自己的国策，他们的笔谈也是在多种限制下进行的，这是不言自明的事实。但通过带着避讳的笔谈，双方都能觉察对方国家的真实状况，这远比多吟诵风花雪月的唱酬诗更具现实感。

三　不在场的“在场者”——中国

日朝之间的通信使往来，始于1603三年江户幕府开府之初，断断续续持续到1804年，通信使是日朝关系史上被称为和平使者的重要外交使团，朝鲜通信使的派遣与接待是涉及李氏朝鲜和日本近世政治、经济、文化等各方面的一件大事。不仅如此，日朝之间的交往，即便是在笔谈、诗之唱和中都有中国的影子。新井白石与朝鲜通信使之间的《江关笔谈》是著名的例子之一[③]。而在《两好余话》中，不在场的中国，也多次成为“在

① 〔朝鲜〕曹命采：《奉使日本时见闻录》，1784，韩国古典综合数据库。

② 同上。

③ 关于新井白石《江关笔谈》的内容，请参照拙著《前近代日本人的对外认识》，中国社会科学出版社，2007。

场者”。

日本人对中朝两国的关系中的一切都怀有浓厚的兴趣，即使是具体距离、里程之类的小事，日本人也要问个究竟。日本人奥田元继问朝鲜使节道：“贵邦只通路北京，而与南京相距邈绝，其间果几日程历都邑关山几?”[①] 对此，通信使节如实地答复。

日本人最感兴趣的莫过于朝鲜与中国的关系。“年号用乾隆，服其官政，则贵国大王或自朝大清乎?”“服官政既久矣，然无自朝之事，唯南至之时互通使者耳”[②]。在这针锋相对的问答中，可以看出朝鲜使者不想让日本人知道其与中国的关系。

在明清时期日本与中国之间只存有贸易关系，不存在政治上的隶属关系，故此朝鲜对中国的朝贡关系一直是日本人用来体现其优越性的一个理由。

而下面这一问答，则直接映射出日本在对朝关系中的态度，以及朝鲜对“交邻”原则的坚持。而其背后便是朝鲜对中国的“事大”主义。

> 日人问：仆近闻之父老，天正年间正使黄允吉，副使金诚一，书记官许筬，三使相见吾国书曰方物、曰来朝，即谓是中朝待诸藩之词。不可敢受领焉，淹维舟不行。可谓能解事也。贵邦犹藏此事于盟府呼?
>
> 使者答：大抵交相信，交相敬、交相忧乐，邻国之礼也。贵邦或多类此事、在使臣则当争之。在贵邦可捡字义之岐致也[③]。

日朝交往中涉及是否对等、“国讳”等现实问题，一直日朝交往中矛盾的焦点，每提及此，日朝双方都会发生争执。争执的背后是是否对等，而在日朝交往中的不对等，甚或是日本将朝鲜视为“来朝”、贡“方物”时，已经完全背离了日朝双方的交邻原则。对于朝鲜而言，其“事大”的对象只有中国，但对于与日方之间的争执又如何向自己的宗主国言说？因此，事实

① 『両好余話』上、四丁。
② 『両好余話』下、九丁。
③ 『両好余話』下、十丁。

上，在赴清的燕行使中，朝鲜方面尽量向宗主国回避或隐匿自己国家与日本的许多交往之事。日本人针对此事的追问，既指出朝鲜与宗主国的微妙关系，又似乎在强调自己的优越感。而关键在于中国的存在。

在《两好余话》中，对于朝鲜自称“小中华”，日本敏感地问道：“贵邦一名青丘或称小中华、东华、小华，斯对中朝夏华而言之与?”朝鲜则回答道：“我国以好礼仪称故中华人目之以小中华或东华耳。青丘则禹贡所谓青州也”。

东亚三国间的国际地位问题一直是日本比较敏感的问题，朝鲜称“小中华”，中国称“中华”，日本又该如何？因此，对于日本而言，中国是一个不关乎有无外交关系，都无所不在的“在场者”；而对于朝鲜知识人而言，中朝关系是他们不可自由言说的国家大事，他们的中国认识毋庸赘言。那是因为，前近代的亚洲，是以中国为中心的朝贡体制或者说华夷秩序所构成的世界。在这个世界里，对于日朝两国，中国都是一直存在的“在场者”。

四　文化交流的丰富主题

《两好余话》笔谈内容丰富，涉及160多个主题，内容多处涉及两国文化。对两国文化的相异，双方有如下的笔谈。

> 朝：仆等手无寸铁行过万里，永无毫发之虞，君等双剑真是俗夫。拙态可笑。
>
> 日：古云男子出行不离剑佩，远行不离弓矢，吾国虽僻陋，如武官出行必以弓矢鎗甲及鸟铳随焉，其他不分文武，出行必带刀铍，君等大丈夫何不学古男子邪？亦可笑。

在日朝文化的定位上，一直有朝鲜以“文”著称，而日本则以“武国”自居的说法，上述对谈内容，可见日朝知识阶层的对各自文化的坚持，以自己文化为荣的自文化中心主义。

更为具体的，例如对于日本盛行的茶道，双方有如下问答。

> 仙楼："敝邦多嗜茶，乃至其待宾则别立礼法，其器用皆喜有古赏，守法甚严，有一乖违辄为大失敬。其徒所用茶盅，名熊川者，皆谓稀世珍玩，不爱数金购给焉。传道古制于朝鲜熊川故得名耳。如何。"龙渊："敝邦产茶甚少，且人不多嗜茶也，熊川今无制茶盅之所耳，其礼亦未闻①。"

日本的茶道，源于中国，但在发展过程中，形成了独特的礼法，同时又十分崇尚中国、朝鲜的茶具。在日本受人钟爱的所谓朝鲜"熊川"茶具，却被朝鲜使者否定。可见，在前近代的日本文化中，也有"崇洋媚外"的一面。

又如，"贵邦里数天下所未闻也。自燕京而东华西周未知有闻"。"领教，然以里程之无法为夷俗乎？""不然，千里不同俗百里不同风，何陋之有？"② 针对日本独特的以尺、间、町、里为计算距离的单位，朝鲜虽闻所未闻，却表示认可。与在涉及政治、学术、宗藩关系、文化属性等论题上的绝对坚持不同，朝鲜通信使对日本特有的国俗、民俗，表现出相对的宽容。

纵观《两好余话》，其万花筒般的笔谈内容，可以看到日朝双方的知识阶层不仅有丰富的知识，他们对异国的方方面面都抱有浓厚的兴趣。而这一兴趣所在，正是促进双方交流的动力源泉。

五　结语

《两好余话》记录了日朝两国知识阶层的笔谈现场，与一团和气的唱酬诗相比，笔谈的内容触及两国真实国情的内容不在少数，笔谈过程中，既有轻松愉快的信息交流、文化差异的对比，也不时透露出一种紧张感。

实际上，作为外交使节的朝鲜通信使，其在日行为有多种规定。朝鲜方

---

① 『两好余話』下、二丁。

② 『两好余話』上、五丁。

面的禁令中有以下内容："我国应讳事情若有漏泄者使臣回奏当示一律事；对彼人之时若有亵慢不敬者即其地重棍严治事。"① 可以看出，作为外交使节，他们既要保守国家秘密，同时又要尊重日本人。同时，日本也有相关的禁令："逗留处或路上不可与三使之召供等买卖金银诸道具，日后一旦发现，不管轻重一律重罚；三使往来之际，男女僧尼等不可聚众参观，应在屏风、障子之后设座。"②

日朝双方都在各种规定之制约下，与对方进行唱酬、笔谈。因此，在学术热情、苛求知识的驱动下，日本知识阶层与朝鲜使者之间进行着数次的笔谈，涉及内容广泛、不乏涉及两国重大事项的内容。因此，我们在研究当时的笔谈资料时，也应关注这一点。

在朝鲜通信使的研究史上，有的将朝鲜通信使认定为"传道使"，也有的将其看作"朝贡使""友好使节"等。当我们细致分析笔谈内容时，我们发现，日朝知识分子所关心的，或者说他们的视线所及远远超出了这些。笔谈所呈现的丰富内容，值得我们进一步深入研究。

借用1748年的通信使节元重举所言："盖笔谈为重，诗文次之，吾辈之忽于笔谈，甚是失着。"③ 因此，我们有必要加大对深锁于域外的汉籍的搜集与整理，加大对其的研究力度，并借此挖掘出更加丰富的东亚三国世界。

---

① 〔朝鲜〕赵曮：《晓谕员役文》，《海槎日記》。

② 「朝鮮人来聘に付申触」（正德元年元月二十日）。

③ 元重举『乘槎録』卷四、甲申年六月十四日条。

简论福泽谕吉政治思想中的皇权思想

贺　雷*

政治活动是人类最重要的社会活动之一，而探讨政治领域最基本问题的政治哲学则一直随着人类政治活动的演变而不断发展。近代以来，随着发端于西欧的工业革命的到来以及知识的普及，政治也开始了近代化的进程。这一进程中最为深刻的变化之一就是旧有皇权①思想发生的嬗变，其现实表现就是皇权的式微与民权的兴起。随着西方近代资本主义的兴起，西方开始向全世界进行殖民主义扩张，东亚亦在其中，在这一过程中，西方的政治思想也不可避免地对东亚施加了影响，皇权思想亦在其中，受此影响，东亚各国在政治思想领域也发生了深刻的变化。

在东亚各国近代政治体制演变的进程中，日本独具特色，与推翻帝制并最终建立共和制国家的中国与韩国不同，日本最后建立了天皇主权的君主制国家。然而需要指出的是，日本也与西欧各国不同，在西欧各国的现代化过程中，旧有的君权或被取缔或被虚化，而在日本以明治维新为标志的政治现代化进程中，天皇的权力不但没被削弱反而有所加强，天皇也在该进程中扮演了一个相当重要的角色。虽然在德川时代末期，天皇至少在经济上还是一个并不重要的角色，但随着德川幕府的势力日渐衰落，天皇作为象征意义上

* 贺雷，哲学博士，中国社会科学院哲学研究所副研究员，主要从事东方哲学研究。

① 皇权在此代表世俗君主的权力，在本文中，为行文方便，有时采用“王权”或“君权”。另外，需要注意的是，与西方世俗君主与宗教领袖之间的分野不同，日本天皇因被视为“天照大神”的后代，所以也带有某种程度的宗教色彩，而且这一色彩在明治维新领导者巩固天皇权威的过程中有所加深。但是与西方的基督教中的教皇相比，日本的神道教更世俗化也更为松散，因此天皇的宗教色彩也相对较弱。

最高权力拥有者的地位开始不断得到强化，并最终在明治维新中成为替代幕府建立日本现代中央集权政治体制的精神核心。

在日本确立天皇地位的过程中，明治维新时期的知识分子发挥了非常重要的作用，同时也提出了各种不同的观点，而作为当时非常有影响的启蒙思想家，福泽谕吉也就天皇的政治意义积极发言，虽然他的观点在当时并没有被当政者采纳，甚至因有悖当政者的思路而受到言论上的限制，但最终在战后确立象征天皇制的过程中重新得到了确认。可以说，福泽谕吉是日本提倡象征天皇制的先驱之一，而他所提倡的象征天皇制在略晚于他的宪法学者美浓部达吉提出的更为有名的“天皇机关说”中得到某种程度的继承。虽然这种带有自由主义色彩的天皇观直到战后才最终被普遍接受，但福泽谕吉在该领域所发挥的先驱作用不可忽视。下面，笔者试从三个侧面来展开关于该问题的讨论。

一　天皇的政治意义在日本历史中演变

在讨论福泽谕吉本人的天皇思想之前，笔者首先想简单介绍一下天皇的政治意义和背景。在此需要指出的是，虽然天皇在日本历史上已经存在了上千年，且其“万世一系”的神话被日本近代政治家利用为确立天皇崇高地位的工具，但明治维新所确立的天皇制与日本古代作为实际统治者的天皇仍存在比较明显的区别。众所周知，日本的明治维新是以幕府放弃权力并将之移交给天皇而实现的，虽然这次政权鼎革在名义上是恢复天皇久已失去的权力，因此被称为“王政复古”，而幕府向天皇转交权力也被称为“大政奉还”，但在实际上，这次变革已经受到来自西方的政治思想的影响。虽然天皇重新执政，但建立的政权却和日本古代拥有绝对权力的天皇制有所不同，新的天皇制更接近西方资产阶级革命之后存留下来的皇权制度①。当然，随

① 最为显著的不同乃是明治维新后天皇的权力在某种意义上受到了法律的约束，从而成为宪政体制的萌芽。在明治维新后颁布的宪法中虽然赋予天皇很大的权力，宣称“大日本帝国由万世一系的天皇统治”，但依然写入了“天皇乃国家元首，总揽统治权，依照本宪法之条规而行使之”，也就是说天皇虽大权独揽，但仍需依照宪法来行使权力，这就初步具有了法治的色彩。

着日本极端民族主义的兴起，天皇的绝对意义在二战前得到空前强化，即便如此，这种绝对意义也主要是象征性的。战败后，天皇作为主权象征而非权力掌握者的地位最终得以确立。

如果将日本历史上的天皇制进行简单的分期，我想可以分为如下三个时期。首先是从天皇确立，到明治维新之前。这一段时期，天皇其实是和统治权力联系在一起的，无论是掌握实权还是在幕藩政治时期仅仅作为权力的象征，天皇都是名义上最高统治权的拥有者，可以说，这个时期的天皇是作为权力的象征。第二个时期则是明治维新后到“二战”结束前。这个时期其实是一个过渡时期，天皇在此时期具有双重意义，一方面对于外国来说天皇是日本国家主权的象征，另一方面天皇同时也是国内最高权力名义上的掌握者，只不过在政府官员的“翼赞”之下，天皇的实权还是相对有限的。可以说这个时期的天皇既是权力的象征，也是日本作为一个民族国家的主权的象征。“二战”战败之后，随着美国主导制定的新宪法的颁布，天皇不再拥有实权，而成为单纯的国家主权的象征，不再在实际中干预政治事务，可以说最终完成了皇权虚化的近代化转变。

日本天皇政治地位的变化其实也和人类从传统中分离为几大文明圈的社会逐渐过渡到全球化的以民族国家为基本建制的现代社会存在着某种契合关系。在前现代，由于日本是一个岛国，拥有海洋这一天然屏障，同时近邻中国所建立的朝贡体制又是一种不具有很强的扩张色彩的国际关系秩序，因此日本除了曾一度面临来自元朝的威胁之外，基本上处于一个相对和平的国际环境中，这或许也是日本的中央集权制并没有得到稳固确立的原因之一，因为在没有外敌威胁的情况下，不同地域之间的向心力就不会那么强，自然也就不需要服从一个统摄日本整体的权威。在德川时代，直到明治维新之前，普通日本人所理解的“国”的概念还是各自所属的封建领地而非整个日本，天皇也几乎没有实权，同时其作为日本整个国家的象征也不像明治维新后那样突出且被绝大多数国民所接受。正如福泽所说：“我国人民，数百年间不知有天子，而仅仅是在传说中提到天子。因此，虽然政治体制因维新运动而恢复了几百年前的古制，但是王室和人民之间依然没有密切的感情。君民的关系仅仅是政治上的关系。若论感情的亲疏，现在的人民由于自镰仓时代以来，就受封建主的统治，所以对于封建的故主要比对王室更加亲密。”①

西方政治学从古希腊开始就对各种不同的政体展开了讨论，其中最为人们所熟知的是亚里士多德的六种分类，那就是君主—僭主，贵族—寡头，共和—民主，其中前三种是善的，体现在统治者以公众利益的实现作为施政的目标，而后三种则是恶的，体现在统治者以自身利益的实现作为施政的目标②。实际上这种分类也可以应用于前近代的日本，如果不对政权进行亚里士多德式的价值判断，则可以说前近代的日本既存在过君主政治也存在过贵族政治。这里需要指出的是，日本的前现代政治体制是一种具有复合型特征的政体，以德川时代为例，如果以整个日本为单位，可以视为贵族政治，但如果以各藩，也就是民众眼里的“国”为单位，那么各个藩的藩政又近似君主制，当然这是个非常复杂的问题，限于篇幅，在此不做进一步讨论。随着历史的不断演进，至于近代，对政治体制的划分也逐渐出现了变化。由于近代民族国家体制的确立，在政治领域逐渐出现了主权与治权的区分，在国际领域出现的是不同民族国家之间对于国家主权的界定，在国家内部则根据权力竞争性的有无而对统治权力进行界定。如果以最为简略的方式来进行划分，则按照主权的归属可以将民族国家分为两类，一是主权归于王室的王国，另一类则是主权归于全体人民的共和国。而国家内部的治权则可分为专制与民主两大类，前者认为治权应由某一固定的个人或群体所垄断，强调权力的绝对性而非竞争性，而后者则认为治权应属于民众以多数决的方式选择的执政者，更强调权力的竞争性。

这里需要说明的是，在前现代的国家中，王室通常掌握实际的治权，而且这一治权通常是以世袭的方式为王室所垄断，因此王政通常意味着专制政体，而到了近代，随着各种政治势力之间不断地博弈，在欧洲很多曾经掌握

---

① 〔日〕福泽谕吉：《文明论概略》，北京编译社译，商务印书馆，1995，第172页。

② 当然，这种分类是非常古典的，比如何谓公众利益就比较难以界定，特别是在第三种民主政体中，多数者的利益是不是可以算为公众政体的利益本身就是一个难以解决的问题。近代的政治学者已经发现，不同利益群体之间会存在着相互冲突的利益诉求，但这相互冲突的利益诉求中并不总是可以分出对错，经常都是正确的。因此，近代政治学的一个重要的转变就是更加重视对权力界限的界定，当然，这是一个非常复杂的问题，在本文中并不就此问题展开讨论。

实际治权的王室放弃实权而仅仅保留象征意义上的地位，以此来换取自己家族的延续，其中最著名者就是英国①。可以说主权与治权的分离是现代政治演进中最为深刻的变化之一，在现代政治中，这一分离已使一个国家的主权归属与其政权性质之间至少在名义上不再存在必然的联系。很多王国的治权是民主的，同时亦存在名为共和国但实际治权属于世袭君主的专制国家。

实际上，福泽谕吉已经认识到了这一点，在其著名的《文明论概略》一书中，他就这样写道："政府的体制只要对国家的文明有利，君主也好，共和也好，不应拘泥名义如何，而应求其实际。"②而在本文第三节将讨论的福泽对国家与政府进行的区分可以说正是主权与治权的分离在政治思想领域的反映。

作为一个后发现代化国家，日本在开始实现现代化的过程中面临着来自西方的挑战，而这也给当时提倡西学的知识分子如福泽等人带来了深刻的影响，其中最显著的便是使他们的思想带上较强的民族意识，使他们将国家视为实现现代化所需要的条件而非障碍。在这种情况下，可以发现福泽思想中的天皇观有趣地折射出他的自由主义思想和民族主义思想。他反对将天皇视为神的观点和前者相通，而他将天皇视为国家象征的观念则又折射出强烈的民族主义意识。下面就从他对天皇的定位以及对国家与政府的区分等两个小的侧面来讨论一下福泽的天皇观。

二　福泽对天皇的定位

作为一个积极主张向西方学习，并反对封建门阀专制的人，福泽对天皇的态度却是肯定的，可见他并没有将专制与天皇制联系在一起，他对天皇的看法带有某种虚君制思想的色彩。他的国家观也与当时比较缓和后来却越来越狂热地认为天皇是神而不是人的天皇主义者不同，福泽将天皇视为国家的象征，可以说后来由美浓部达吉（1873～1948）提出并被北一辉等人接受

① 甚至到20世纪晚期，很多英联邦国家的主权还属于英皇，尽管在现实政治中英皇几乎不会对政府行为进行任何干预。

② 〔日〕福泽谕吉：《文明论概略》，北京编译社译，第34页。

的“天皇机关说”[①] 与他的天皇观之间存在着一脉相承的地方，尽管如此，也并不表明福泽的思想与以天皇主权说为代表的天皇主义者的思想之间存在不可逾越的鸿沟，因为虽然在福泽那里天皇的存在意义在于其作为国家的象征，但他同样将国家视为至高无上的价值准则。这样在国家—天皇一体方面，在福泽和天皇主义者之间并不存在本质的区别，后者只不过更为极端更为狂热而已。

福泽对天皇的态度是现实的，当时不少人受国学的影响强调天皇“万世一系”的血统的珍贵性，但福泽却认为这并非天皇值得珍视的地方，他认为“保持皇统绵延并非难事。”[②] 他亦不主张将天皇神化，认为将天皇神化只是野蛮时代笼罩在天皇身上的一种“虚威”，而文明的新政府应该以“实威”来统治。他曾提出“百姓是人，天皇也是人”[③]，并不把天皇本人看成神，甚至还提出：“试看保元平治以来，历代的天皇，不明不德的，举不胜举。即使后世的史家用尽谄谀的笔法，也不能掩饰他们的罪迹。”[④] 但这并不表明他不重视天皇，他更重视的其实是天皇在现实政治中的功用：“并非物（指天皇万世一系的国体）的本身可贵，而是他的作用可贵。”[⑤] 在天皇的现实作用中最主要的是作为国家的象征维系国家意识，这对于开始建立近代民族国家体制的日本来说，具有非常重要的意义：“我帝室乃收揽日本人民精神之中心，其功德可谓至大。”[⑥]

福泽并不主张天皇干预政治，而是希望天皇成为超党派的存在，在其写作于 1882 年的《帝室论》一文的开篇就写道：“帝室乃是政治社会之外之物。我认为，只要是在日本谈论政治与政治相关的人，其主义不应该滥用帝

---

① 日本明治维新后关于天皇地位的观点主要分为两大派别，一派强调天皇的象征意义，以“天皇机关说”为代表，另一派则强调天皇的实际意义，以“天皇主权说”为代表，虽然两派都将天皇视为至高无上的存在，但后者主张天皇拥有实际的权力。当然，围绕天皇的地位也存在种种不同的理论，但大体可由此两者概括，本文限于篇幅，不就此进行深入的讨论。

② 『福沢諭吉全集』第四巻、岩波書店、1960、32 頁。

③ 『福沢諭吉全集』第三巻、岩波書店、1960、80 頁。

④ 『福沢諭吉全集』第四巻、64 頁。

⑤ 『福沢諭吉全集』第四巻、37 頁。

⑥ 『福沢諭吉全集』第五巻、岩波書店、1960、265 頁。

室的尊严及神圣。”[①] 但在该书的绪言中，福泽亦曾写道：“关于我日本国的政治，虽然没有比帝室更为至大至重的……” 可见在福泽眼中，帝室虽应超然于党派政治之外，但其政治重要性却并不因此而降低。可以说，虽然福泽也主张天皇是国家的象征，但在他心目中，天皇远非像战后的天皇那样只具备纯粹的象征意义，而是具有更为重要的作用。实际上，也可以从另一个侧面来理解福泽对天皇的重视，那就是在福泽心目中天皇所象征的国家是最重要的价值判断的依据。

需要指出的是，福泽的这种象征天皇论其实是与当时日本的主流政治相悖的，主持制定日本首部宪法的伊藤博文并不主张天皇仅仅作为主权象征而存在。其亲信井上毅在给伊藤的信中也为福泽所主张的天皇应该像英皇那样君临而不统治的论调得到很多人的赞成而感到“甚为遗憾”[②]。

福泽作为一个现实主义的思想家，其皇权思想也不是一成不变的，比如刘岳兵先生就指出在《文明论概略》中和在《帝室论》中的福泽的天皇观是有区别的[③]。但是，需要说明的是，在天皇问题上福泽其实采取的也是一种功利主义的态度，也就是说，对福泽来说，天皇也是服务于国家利益的，当他认为神化天皇会阻碍“文明”在日本传播的时候，他就会指出“天皇也是人”，而当他认为需要利用天皇来加强日本的国家凝聚力的时候，他就会强调天皇至高无上的作用。

福泽对天皇与法律之间关系的看法同样值得注意，福泽对津田三藏刺杀俄皇太子的事件后法院判决的评论显示了他关于该问题的看法。这个事件的简单经过是这样的，极端民族主义者津田三藏刺杀俄皇太子未遂（只伤及头部），在政府的压力下，地方法院以针对皇室的大逆罪判处其死刑，但当时的最高法院院长儿岛惟谦则认为由于俄皇太子并非日本皇族，所以不应适用大逆罪，而仅仅适用针对普通人的谋杀未遂罪，所以最后判处津田三藏无期徒刑，针对当时政府强烈要求对津田处以极刑的压力，儿岛惟谦的解释是“法治国家必须完全遵守法律”，因此顶住了压力。福泽针对该事件写了一

---

① 『福沢諭吉全集』第五卷、261 頁。

② 小川原正道『福沢諭吉、“官” との闘い』文藝春秋、2011、11 頁。

③ 刘岳兵：《福泽谕吉的天皇观及其影响》，《读书》2005 年第 6 期。

篇题为《暴行者的处刑》的文章发表在1891年5月29日的《时事新报》上，他认为："如果根据感情，这样处刑（指处津田死刑）才是一般人的希望，虽然国中谁也不会有异议，但判决如何只应该在于一片法理，那该如何看待在法理面前国民无限的感情一点力量也没有的原则呢。因此，在判决中，我法官不问一般感情如何，又不拘于政府当局者的意见，仅仅根据法律的条文将暴行者的罪行处以普通的重罪，这又是正当的处分，毫无可怪之处。"[①] 并在最后写道："我和民众一起祝贺我皇室万岁，同时祝贺我法律的独立。"[②] 可见，福泽是认同并欣赏儿岛惟谦的立场的。在法律与舆论之间更强调依据法律而非民意乃是法治基本精神的体现，可以说福泽这一主张具有明显的法治色彩。该案例的有趣之处在于虽然福泽强调法律的至高无上性，但同时又对法律中对外国皇室与本国皇室进行区别对待的这一明显有违法律平等精神的法条不予质疑。如果俄国皇室的地位与日本的平民是平等的，那为什么日本皇室的地位却超然于平民之上？福泽可能故意忽视了这个问题，可以说这从一个侧面显示了福泽思想中自由主义理念与民族主义理念之间的妥协，它既最大限度地强调了法律的至高无上性和独立性，但同时又在法律中为作为国家象征的天皇保存了超越法律的绝对地位[③]。福泽的这一态度正显示出他并非单纯从法治的角度出发来看待这一问题。国家利益至上依然是福泽始终采取的价值准则，在这一准则下，作为国家象征的天皇保持一种超然于法律的地位就是一种合乎逻辑的思路。需要指出的是，这种国家—天皇至上的观念其实为福泽同时代的很多知识分子所分享并最终影响到战后日本对天皇的战争责任的反思，虽然天皇在战争中负有不可推卸的责任，但却作为国家的象征而最终被免责。在战后虽然有大批经历了战争苦难的日本学者提出对天皇的战争责任的质疑，但实际上天皇的战争责任在日本并没有得到彻底的清算，虽然这里面包含着冷战的因素，但也和天皇作为国家象征这一深入人心的观念存在着不可否认的联系，也就是说，在当时大多数人的意识中，抽象的国家，以及作为国家象征的天皇是不会犯错误的。这

① 『福沢諭吉全集』第十三巻、岩波書店、1960、118頁。

② 『福沢諭吉全集』第十三巻、119頁。

③ 在这个意义上讲，其实福泽的思想与主持制定明治宪法的伊藤博文并无大的不同。

其实影响到日本战后对战争的反思，天皇制在战后的延续实际上标志着一种狂热爱国主义意识形态的延续，在这种意识形态下，天皇是国家的象征，而那些战犯则被认为是“爱国者”，于是，日本人在战争中遭受苦难的原因就被委以战争本身这样一个抽象的存在，这就是现今的日本人一边高唱反战和平一边参拜供奉着战犯的靖国神社的深层原因。在他们的意识中，需要为“二战”苦难承担责任的是抽象的战争而非具体发动战争的天皇及其手下的军官，因为天皇是国家的象征，而那些被判为战犯的军官则是天皇的翼赞者亦即国家的“爱国者”。

需要提到的是，福泽之所以主张天皇不在现实中涉及政治实务，恰恰是为了避免因在实务中犯错而影响天皇的权威。但福泽的这一主张却没有得到贯彻，天皇在1945年前的日本并非一个政治上的超然存在，这也导致了对天皇的战争责任的质疑。但也要看到尽管政府中主张天皇总揽大权的伊藤博文等人与福泽之间存在着观点的分歧，两者在强调天皇的权威，维护天皇至高无上的地位上又并不存在冲突，而这种对天皇地位的推崇又与“二战”前开始兴起并将日本引向战争的“超国家主义”思潮存在某种一脉相承之处，限于篇幅就不在此展开了。

三　政府与国家

和福泽的天皇观有关的是其关于国家的思想，其中存在一个非常有趣的地方，那就是他将国家与政府进行了区分，这首先体现在他对日本的“国体”及“政统”的区分上：“日本自有史以来，从未改变过国体，皇祚世代相传从未间断，但政统却经常发生极大的变革……”[①] 同时在他的写作中也经常将国家及政府并立，如在其著名的《脱亚论》中就写道：“我日本之士人，基于‘以国为重’、‘以政府为轻’之大义……”[②] 对国与政府做出了区分，同时在《文明论概略》中，也有“从目前的世界的情况来看，没有

① 『福沢諭吉全集』第四巻、30頁。

② 『福沢諭吉全集』第十巻、岩波書店、1960、238～240頁。

一个地方不建立国家，没有一个国家不成立政府的”[①] 的说法，可见对于福泽来说，“国家”与“政府”并不是同一个概念。

对国家与政府进行区分在福泽的思想里具有重要的意义，在福泽看来“国家”是至高无上的，是一切价值观的基础，而“政府”则是为国家利益服务的机构。这一二元的结构为福泽在主张国家至上的功利主义的同时留下了对政府进行批评的空间。而这也是福泽思想的重要特色之一。当然，在国家与政府间进行区分的并非福泽一个人，比他稍晚一些的重要作者德富苏峰也持类似的观点：“他们不是对富国不热心，而是只把一个政府当作国家，痴心妄想地以为富政府就是富国。”[②] 可见，在苏峰眼里，“政府”与“国家”也并非一个概念。此外，后来的北一辉也对所谓“国体”和“政体”进行了区分，显示出将国家与政府分立的思想。

福泽所使用的国家与政府相互区分开来的概念实际上延续了德川时代的皇室与幕府的区分。而福泽已经意识到这种皇室与幕府的二元权力结构对日本的现代化是有利的。他认为至尊的皇室与至强的幕府之间的拮抗为思想留下了空间：“至尊和至强的两种思想取得平衡，于是在这两种思想间便留下了思考的余地。”[③] 他认为这是日本的一种“偶然幸运”，并认为，如果“集中至尊与至强于一身，并且控制着人们的身心，则绝不会有今日的日本”。而中国就是这种状况的代表，所以他指出：“中国是一个因素，而日本则包括两个因素……在汲取西洋文明方面，可以说日本是比中国容易的。”由于这种二元的结构对日本有利，所以福泽也主张应继续保持这种结构，这里就产生了与皇学家们的分歧：“时至今日，如果仍以皇学家们所谓的祭政一体的原则来统治社会，那么也不会有后日的日本。”[④] 也就是说如果按照皇学家的思路来统治日本，日本是没有前途的。这种观点展示了福泽思想中带有自由主义色彩的一面，然而遗憾的是，日本最后却恰恰走向了祭

---

① 『福沢諭吉全集』第四巻、190 頁。

② 德富苏峰：《新日本的青年及新日本的政治》（《国民之友》，明治 20 年 9 月号），转引自〔日〕松本三之介《国权与民权的变奏》（李东君译，东方出版社，2005，第 105 页）。

③ 『福沢諭吉全集』第四巻、26 頁。

④ 同上。

政一体的皇国的道路，并最终引发了战争灾难。当然，福泽在这里并非一个具有先见之明的预言家，只能说他的早期思想中含有更多的自由主义的成分，实际上，他的思想也为日本社会的极端民族主义化提供了推力。

日本的这种将皇权与政权并立的结构很容易令人联想到欧洲现代化转型期基督教会与各王权之间的关系。如果我们将转型期的日本天皇制意识形态与欧洲的基督教意识形态加以对比，我们可以发现其中既有类似也有不同。日本的明治维新通过确立近代天皇制而实现了天皇之下万民平等的意识形态，这样就清除了原来的封建等级制度从而为实现近代西方议会政治扫清了障碍，在这里西方基督发挥的作用也是提供了一种一神之下万民平等的意识形态。但必须指出的是，与西方的基督不同，天皇虽然后来也被神化，被置于神的地位上，但却是国家的象征，虽然后来日本的军国主义者试图将天皇进一步神化为整个“大东亚共荣圈”乃至世界的统治者，但这种基于武力的“推广”却并没有获得成功。与天皇不同，负载于宗教之上的基督却是超越国家的，这种超越国家的神也使一种超越国家的思考成为可能，这就成为西方作者在思考一些哲学及伦理学上的根本问题时，往往能够做到从人类的视角出发的原因之一。但是天皇却没有超越国家，因此作为国家象征的天皇的神化从一个侧面封闭了日本将全人类而非日本人作为价值判断体系的基础的可能，这就为日本此后发展出法西斯主义铺平了道路。

此外，福泽提出的这个国家・政府・平民的三元系统，令人联想到自由主义者的理想的国家体系——法律・政府・平民。两者之间的区别其实也预示了福泽心目中的国家与古典自由主义者心目中的国家的最重要的区别，也就是说，福泽的最高价值是国家，而西方古典自由主义者的最高价值却是个人的自由权利，法律之所以被放置于一个超越一切的位置上恰恰是为了保护人的权利。在这里已经可以看出后来日本放弃了自由主义而走上了国家至上主义道路的萌芽。

四 结语

在本文中，笔者简单地介绍了天皇问题在日本近代政治思想中的演进以及福泽谕吉的天皇思想的主要观点及特点。在最后的部分，笔者想进一步强调的是，虽然福泽谕吉的天皇观与明治宪法制定者如伊藤博文等的天皇观存在差异，他所主张的天皇不参与实政，而拥有超越性的崇高地位的观点并不为政府官员所接受，但也不能完全将其皇权思想视为一种自由主义的政治观念。如果说在西欧，政治近代化的进程伴随着皇权的衰落，为了保证自己的地位，皇室往往要通过放弃实权来与新兴的资产阶级妥协的话，那么在日本，天皇的权力则呈现一个相反的过程。无论是作为实权的拥有者还是作为新出现的民族国家的象征，天皇的地位及权力在近代化的过程中不是被削弱而是大大地加强了。在西欧的很多国家，前现代的封建皇权通常代表着一种政治现代化的阻力，而在日本，作为一个后发现代化国家，天皇却成为政治现代化过程中新兴政治势力所借重的重要资源。观察东亚各国，其他国家如中国和朝鲜在近代化过程中都存在旧有皇权的崩溃，政治现代化不得不在前所未有的共和制的国家形态中展开的局面，这也为现代化的进程增加了难度。然而反观日本，政治现代化则以旧有封建统治崩溃，整个国家围绕天皇确立新的中央集权的政治体系的方式展开，可以说，在某种意义上天皇的存在减少了日本政治现代化所面临的阻力。这也是福泽谕吉积极主张拥戴天皇作为国家象征的出发点。从这个意义上来说，我们不能将福泽的天皇思想简单地类比于自由主义者或帝国主义者的皇权思想，而是应该仔细分析各种因素在其中所发挥的作用。

道心与尘缘之间

——以圣严法师的日本佛教研究为中心

朱坤容*

了脱生死、究竟涅槃的出世间性决定了佛教的根本方向，而世间性则规定了佛教修行的道场和成就的契机。《法华经》曾云，“世尊以一大因缘事而现于世”。不过，在家的求道者并没有因为知晓了一条解脱之路而立得清净，“开佛知见”，反而越发陷于智慧与烦恼的纠葛之中。盖因对于在家众而言，世俗性之境与出世间之心之间动辄失衡，两者间界限飘移不定。有时也并非道心不坚固所致，而只是“散”在世间缘中的心被诸多凡俗牵连，勾连枝蔓，很多时候外显为身与心的抗衡和对决。那么，如何在两者之间形成一个圆融无碍的通路，即世俗的人间性和出世间的道心如何智慧地结合起来，在这个问题上，中国近代高僧基于成佛依人的理解提出了一些影响深远的重要理念，如太虚法师（1890～1947）的“人生佛教”和印顺法师（1906～2005）的“人间佛教”，在振兴近代佛教上开出了新路。虽然这些理念是出于对治当时僧侣修持没落的情况而提出的，但在根本上还是道心和尘缘之间如何相融的问题。

台湾法鼓山创始人圣严法师（1931～2009）① 接续太虚法师的“人成而佛成”的思想及其弟子东初法师（1908～1977）的人间佛教精神，致力于人间弘法，进而提出了“人间净土”的理念（“提升人的质量，建设人间净

* 朱坤容，哲学博士，中山大学人文高等研究院任教，研究方向为近代中日思想。

① 下文中凡言“法师”者概指圣严法师。

土”）。法师虽受严格的学术训练，年近中年毅然东渡日本求学后获博士学位，但声明是为信仰而进行学术研究，提倡以佛学研究佛学，故在普化大众上不遗余力，“借由各种层面，将佛法介绍给现代社会”。所以其讲法虽属教理，却深入浅出。概览法师一生行谊，形式多样，内涵丰富，但归根而言不外乎宗教修持和世间弘化两种。一般来说，出家众远离尘俗，求解脱道，自然以修持深浅作为道行深厚与否的标准。那么对于世俗性浓厚的日本佛教，法师又是如何来看待的呢？

日本学界在经过了现代学术转型后，对于佛教研究同样提出了学术范型的要求。可以说，在当前的佛教研究中，日本学界形成了自己的价值标准，即对佛教的研究要建立在通行世界学术规范的基础上，这虽然在某些论题上出现了怀疑论的激辩，诸如大乘非佛说或者对某部经典的存在与否的辩疑，不可否认的是，佛教必须面对出世间修行和世间学问两面的新时代课题。而在法师的时代，留意日本学界并取得日本学术同仁认可的中国僧人可谓几乎没有①，这固然与源自中国传入的日本佛教的自尊心有关，当然也与日本佛教给人过度俗化、戒律松弛而不利于修道有关，还有就是大多数僧侣并没有意识到要从现代学术的角度去推动佛教在世间的弘化。这里绝非指佛教研究唯要日本学界认可为目标，但近代以降日本学界所进行的现代学术意义上的开拓早已具有世界声誉，鼎足一方。日本人运用西方科学方法研究汉语佛教史料，补中国和西方各自之不足，所以法师也公允地指出：“近世以来，真正要看佛教新文化的成果，实舍日本莫由。”② 中国僧界和学界如固守窠臼，故步自封，必然失去融入现代学术的时机，也会不利于佛教在新时代的弘化③。在此意义上，年近四十的法师排除万难，从提升佛教僧人水学术水准的角度出发东渡求学，的确具有相当的前瞻性。现在，台湾的佛教研究在世界学术界享有崇高声誉，很大程度与法师积极推进佛教的现代研究，以开放

① 印顺法师是因日本学者主动译介其作而获博士学位，而直到目前为止，获得日本学术界认可的学者型僧侣，尤其是获得学位的僧侣可谓凤毛麟角。

② 《教育·文化·文学》。本文所引法师著作之引文皆来自《圣严法师法鼓全集》网络版，http：//ddc. shengyen. org/pc. htm。以下引文出处页码也据网络版。

③ 当前中国大陆除了佛学院外，一些高校也开设零星宗教相关课程供宗教界人士参学，旨在提升其教理研究水平、历史文化素养等。

包容的姿态展开世界对话直接相关。而法师在日莲宗开办的立正大学求学（1969～1975）期间，除了接受严格的学术训练外，也曾多次参加宗教活动，所以其对日本佛教的认识并非只是智识层面的考证和探究，在体悟上也比一般学者更多一层。

法师对于日本佛教的论述，主要集中在两部书中，一是《日韩佛教史略》的日本部分（下简称《日本佛教史》），为一部佛教史著作；二是留学期间的文章结集（原名《从东洋到西洋》，收入《法鼓全集》时改名为《留日见闻》，下称《留日见闻》）。此外，散见其他论述中，如《大乘止观法门之研究》《教育·文化·文学》《正信的佛教》《归程》等。就目前日本佛教的综合研究而言，对圣严法师的日本佛教研究，目前较少阐述；而华语学界最有代表性的佛教史论著，当数杨曾文（1939～）的《日本佛教史》（浙江人民出版社，1995 年；人民出版社，2008 年。下简称杨著），另有日本学者村上专精（1851～1928）和末木文美士（1949～）之论著的中译本。与后三位学者所不同的是，法师以出家人之身份和体认所做的学理探究，兼具学者和行者之特色，有其学术和宗教的双重考虑。考察法师的立场和观点，对于如何理解日本佛教以及世间性和出世间性的结合，无疑具有相当的意义。故而，本文试图以此为切入点来检讨。文章分为四个部分，第一部分简述法师眼中的日本佛教；第二部分结合杨著和末木的著作来分析法师研究的独特价值；第三部分结合法师的人间净土理念来理解日本佛教在其思想中的意义；第四部分为结语。

一　法师眼中的日本佛教："在家佛教"

法师 1969 年起留学日本的经历无疑是其思想历程的分界岭，不难理解，接受了西方学术训练之后的弘化与留学前自有相当大的不同。同时，法师本人对日本佛教的态度也是在留学期间逐步改变的。就写作顺序来说，《日本佛教史》作于留学之前，《留日见闻》作于留学期间，《归程》等作于留日之后，因此可以大致通览法师对日本佛教的认识。概括而言，主要可以分为以下几点。

（一）日本佛教与本土风俗习惯及神祇信仰（主要是神道教）结合紧密。这体现在四个方面：一是将本国神灵视为崇拜礼敬的对象，与佛教信仰并行不悖，如佛教传入初期的圣德太子以及镰仓时代新兴的日莲宗。二是祖先崇拜色彩浓厚，注重死后冥福。"寺院和信徒之间的关系，不是建立在信徒的信心或寺僧的感化，乃是基于祖先崇拜的结合"[①]。早期注重现世利益的祈祷，此后在政府的制度下逐渐强化，最后形成"葬式佛教"。三是"神佛分离令"前，长期盛行神佛习合，在现实中表现为本地垂迹，虽然总体呈现佛主神从。四是国家观念强。因为是天皇制国家，在神国思想的影响下，祖先崇拜、尊皇意识以及对国家的热爱合为一体，最后使得佛教成为政治工具。法师提出，日本的佛教"到了镰仓时代，才真正地产生以日本本国民情为主流的日本化佛教"[②]。如果以镰仓新佛教（尤其是净土真宗和日莲宗）作为日本本土佛教的正式形成的话，那么我们可以说世间性和国家倾向是其基本特色。

（二）日本佛教与世俗权力结合紧密。这体现在正负两面：就积极面而言，僧侣寺院成为日本学校教育的开端；国主和贵族的护教护法态度使得佛教的发展顺畅而迅速，例如奈良、平安时期的寺院和写经活动规模宏大，可说是众生普化。就消极面来说则是，其一，政府干涉严重。最突出的表现就是织（田）丰（臣）时代和江户幕府时期，为了加强对佛教势力的控制，政府推出了本末制和檀家寺请制；明治维新后又设定了神佛分离令。前者成为日本佛教失去活力逐渐僵化的嚆矢，后者则使整个日本佛教遭受前所未有的重创。最后导致出家制度被废除，形成了"世袭的在家僧侣主持佛教寺院的形态"[③]，使日本佛教成为"家庭化的佛教"，"变了质的出家佛教"（印顺语）。其二，因为世俗权力的支持，日本佛教基本属于都市佛教，山林佛教的元素较少。法师认为，都市佛教的不利之处在于僧尼"生活易受声色所动而趋于堕落"[④]，这在江户和明治时期越发明显。其三，因为贵族

① 《留日见闻》，第293页。
② 《留日见闻》，第430页。
③ 《明日的佛教》，第210页。
④ 《日韩佛教史略》，第56页。

等特权阶层的出家，将世俗的权贵生活带到了佛教界，逐渐使得修道生活蜕变为世俗生活的延伸。

（三）日本佛教以人为中心，重视教团生活，遵从本派的宗教首脑，依人不依法。这也引发出一些日本佛教独有的现象，如平安中叶武人阶层兴起时，为门户之争，僧人动辄武力相迫，是为僧兵兴起；再如新兴宗派的产生过程也常常是围绕新的祖师而展开。法师指出，这和中国通过对经论的发挥而产生新宗派的情况不同。日本佛教发展到后来往往出现“旧有宗派之与世俗的权势结合，流于俗化及腐化，已不能恪守佛陀的遗教”①，新的宗派领袖顺势而起，信仰坚定，虽遭受旧派势力打击而不退，赢得信徒礼赞景从。净土真宗和日莲宗正是代表性的例子，而这两大宗派也是法师所认为的属于日本本土的佛教。正是因为宗派领袖的存在，一些修行制度到现在仍得以践行和保留。因为这些制度是前辈祖师的创制，不可随意更替废止，所以象征意义重于修道意义。

（四）属于学者的佛教，而非行者的佛教。随着现代学术方法的运用，日本佛教在文献的整理和分析上已经取得了世界性的声誉，法师本人也在留学时感受到普通民众对于佛教是比较亲近且了解较多的。盖因在学校教育中，宗教作为学科的内容而被纳入课程设置，所以就一般人的知识教养而言，法师对现代学术在佛教知识和文化普及中的作用持肯定态度。不过，他指出，就佛教本身的发展而言，缺少义理的突破，就宗教性而言，尚未有思想上的大师出现，“近世的日本学者之中，仅有资料排比、文字考校、系统整理和历史观点的核对，却没有一个是伟大的思想家，更没有一位伟大崇高的宗教家”②。进而，目前势力不容小觑的新兴佛教，强调的是“人生的现世利益及幸福之高调”，“至于轮回问题及久远成佛问题、求生天国问题，他们大多置而不论，甚至否认这些，而仅强调对于人间现实世界的改良和庄严”③。虽然他很感慨一些修行实践作为一种传统得到了保持，但很多践行得不彻底。简言之，在解脱道的修持上不够清净。

① 《留日见闻》，第 433 页。

② 《大乘止观法门之研究》，第 6 页。

③ 《留日见闻》，第 272 页。

可见，日本佛教走的是一条世俗化、本土化、草根化的道路。从历史上来看，日本佛教重视世俗的一面虽在圣德太子时期就已经有明显的特点了。[①] 不过，明治之前，“除了净土真宗，各宗僧侣多还是独身与素食主义者”[②]。所以，不断地在戒律上趋于俗化，最后演化为“葬式佛教”的结果与近世幕府的檀家制度及明治维新之后的神佛分离政策直接相关。在这一过程中，我们必须意识到，佛教始终是被作为外来宗教对待的。日本最初给予佛与“国神”等同的地位（“蕃神”），后因神佛习合的理念而给予高度礼遇，但随着武家兴起中世混战继而引发末世思想，佛教顺应时代进行本土化改革，从而赢得民众支持。就佛法的根本而言，修持是其基础，而这一偏移的趋势直到近代明治达到高潮，同时也为自圣德太子起的“佛法治国”这一理念画上了句号。其后，日本佛教在西方哲学和基督教的影响下，完全脱离了中国佛教的形态和观念。概言之，虽然佛教与本土的神道教，处于此消彼长的关系，但总体上来说佛教的地位是下降的。

二　建构与反省：基于薪火相传理念的佛教研究

如上所述，目前华语学界的代表性研究，从历史的宏阔角度做概述和分析的是杨曾文的《日本佛教史》，但因是学者立场的研究，所以可说是从学术的角度来勾勒日本佛教的总体历史。法师所著早于杨著 20 多年，且从佛教界的立场出发，和杨著相比重点不同。如果再比照日本人自己所著的佛教史，则更见法师所著之着眼点。当代宗教学者末木文美士曾著《日本佛教史——思想史的探索》（中译本，2002 年），继承了近代村上专精（《日本佛教史纲》（中译本，1981 年）的日本佛教研究精神，重在问题意识的探讨。其秉承村上所开启的“史论”特点，同时又加上了思想性的考察，为近百年来的一部综合性论述。所以，这两部研究著作有一定的代表性，都有宗教性不强的特点。下面以世间和出世间为角度，分别以杨氏、末木氏和法

① 圣德太子曾在四天王寺设立施药院、疗病院、悲田院和敬田院。此四院中，宣法的只有敬田院，其他都与社会救济等相关。

② 《留日见闻》，第 304 页。

师为顺序，对三者研究之特色略做比较，以明法师论著之价值。

首先来看杨氏的研究。这是一部是基于学理立场的，以文献考据为方法的编年史，对于了解日本佛教的历史脉络和宏观概貌颇具参考价值。对于佛学论争，基本采纳“论从文献出”，而不太考虑佛教的宗教性一面。例如在富永仲基（1715～1746）的“加上说”问题上。富永提出在“加上”理论的理念下“经说皆后徒所托”，进而得出“大乘非佛说”的观点。对此，杨著表示，“从整体上看，他的看法是接近于佛教发展的真实历史的”①。其将日本佛教的特点分为五个方面：佛教护国、神佛同体和一致论、鲜明的宗派意识、念佛和唱题的盛行和世俗化的倾向。如果我们将世俗化视为本土化的一个方面的话，那么日本佛教的总体特征可以归为本土化的推进。所以，在本土化的推进的过程中，世俗化也趋于强化。杨著提到，受平安中期后戒律松弛的影响，镰仓时代开始的新兴佛教注重简易的行门来吸引大众，“同时强调不固守传统戒律”②，于是将自镰仓到江户的幕府时代视为佛教世俗化发展的时期，集中讨论了世俗道德规范的日常生活、儒释道一致论等现象。总体而言，这是一部从由史而论的学理探究论著。

其次来看末木氏的研究。除了相同的学术方法外，与杨著的编年体叙事不同的是，末木是从探求日本佛教的特殊性这一视角来展开的。“在全体佛教思想史的演变中，寻找出‘日本佛教’的思想位置”③，其着力阐明的是“日本”与“佛教”之间的关系，在某种程度上也可视为对何谓日本佛教特性的回应。甚至，从作为日本人的立场而言，这也可说是一种民族自我认同的视角。所以，此书应算是日本佛教主体性层面的探讨。不过在行文分析中，这一特殊性的探讨逐渐略化为对佛教发展的“阶段性”和复杂性的定位。

就“阶段性”而言，下面举几个例子说明。(1)“佛教决不是单一的宗教，毋宁说我们可以从（佛教）呈现在各民族文化中的多样形态里面，去

① 杨曾文：《日本佛教史》，人民出版社，2008，第645页。

② 杨曾文：《日本佛教史》，序。

③ 〔日〕末木文美士：《日本佛教史——思想史的探索》代序，涂玉盏译，台北：商周出版社，2002。

寻找其特征——这也是今日学界的主流，甚至可以用 Buddhism 的复数 Buddhisms 来说明”[①]。在这里，末木已经把佛教视为一门学科，似乎认为其在发展中自然会生成多元演化，而不应僵化为唯一的形态。（2）在本土化和世俗化这一特征上，他也从学科研究对象的立场出发，认为这是日本自身的宗教发展阶段。“比起法（教理、思想）或僧（教团）来，让日本人以崇拜佛为中心，不重视难的理论，而重视现世利益（后来又加上死者供养）”[②]。简单地说，这只是一种宗教的特征，并不涉及在道行修持上的懈怠。日本佛教的相当大部分的确是“奠定在一种外来思想的接纳上”[③]，但这是日本思想的整体特征，而非仅限于日本佛教。（3）在佛教东传的契机上，他从政治思想史的角度认为传入之际就已经具有回应世俗要求的性格。“一般认为最大的理由是国家利用大陆传来的新宗教文化，来排除旧氏族社会的障碍，同时也企图藉此树立新的国家体制；也可以说是一种律令体制的意识形态的层次”[④]。也就是说，佛教是作为一种先进的大陆文明和政治体制的思想基础而被引入日本的。

至于复杂性，末木认为即便现世倾向确是日本佛教之特征，但这也并非日本佛教仅有的一面，并指出日本佛教同时也具有否定现世的精神。这里，他集中探讨了本觉思想，认为这是一种从中国传到日本的现世主义潮流。“佛教被带进重视现世的日本这一块土壤，在教理上代表这一思想的是本觉思想”[⑤]。像最澄（767～822）本人严格持戒，也与本觉思想划清界限，但仍然被认为是往本觉思想中注入现世主义的源头。对葬式佛教这一最为普遍的社会现象，甚至可说是当前日本佛教的最大现世功用，末木承认，与作为源头的印度佛教差别太大，“日本佛教的大部分很难说是佛教”[⑥]。对认真的佛教徒而言，这些做法偏离了佛教本来的宗旨，无疑是日本佛教的耻辱[⑦]。

① 〔日〕末木文美士：《日本佛教史——思想史的探索》，涂玉盏译，中文版序言。
② 〔日〕末木文美士：《日本佛教史——思想史的探索》，涂玉盏译，第 34 页。
③ 〔日〕末木文美士：《日本佛教史——思想史的探索》，涂玉盏译，第 260 页。
④ 〔日〕末木文美士：《日本佛教史——思想史的探索》，涂玉盏译，第 51 页。
⑤ 〔日〕末木文美士：《日本佛教史——思想史的探索》，涂玉盏译，第 272 页。
⑥ 〔日〕末木文美士：《日本佛教史——思想史的探索》，涂玉盏译，第 258 页。
⑦ 〔日〕末木文美士：《日本佛教史——思想史的探索》，涂玉盏译，第 226 页。

不过，他强调这是日本佛教的演变所致，且正因为其复杂多元而产生了重大的社会影响，不可忽视其存在。从根本而言，其所说的复杂性和多元性最后也可以纳入“阶段性”这一根本定位上。

总体来说，末木从日本佛教自身主体性的角度，强调了日本佛教的特征是一种历史发展的结果，是一种“阶段性”的表现，虽然变异巨大，但复杂多元，作为当前的社会现实，需要很好地正视。至于为何如此乖离或是否与佛法相合，他并没有做出相应的探讨。

最后来看法师的研究。如前述，法师以宗教思想家身份弘法，应世间需要而写作。所以，并非为研究而研究，佛教也并非研究对象。这也可以从下面两点写作意图中加以说明。第一，建构佛教的常识。这主要是针对中国人而言的。如果说《日本佛教史》是留日前为不了解日本佛教的人所写的学理文章，那么《留日见闻》则是以断片式记事的方式所做的关于日本佛教界情况的实时报道。因感慨“当时的台湾佛界，很少人关心日本佛教的发展”，法师在留日后的文章中也曾不客气地批评中国佛教界坐井观天、夜郎自大的一面。“早期华人世界缺少佛教历史的常识，也缺少反省能力，更不知佛教的盛衰”。法师后来愿意赴日留学一方面固然出于为提升僧侣之水平的愿心；另一方面也是因为他对日本在近代学术转型后所取得的成就已有关注并开始研读。第二，反省佛教发展的轨迹。这是针对日本人而言的。法师慨言：“日人所写的日本佛教史，大多强调自国先贤的成就，而轻谈中国古德所遗的功绩。”① 且“以科学观点及科学方法来研究佛教的佛教学者，大致上尚在数据学或语言学的范围中努力，对于作为佛教生命的根本思想源头再开发的工作，尚未见到明显的成绩”②。这自然是从行者的立场而言的。故而可说，法师著史，意图补缺。

综合三者，法师始终是基于行者的立场来看待日本佛教的。在尚未决定留日前，法师曾因当时赴日僧人还俗一事而拒绝去日本学习，修持的松弛令僧人产生退心，这是他所遗憾的，而他的学者工作也始终未离其行者的立

① 《日韩佛教史略》，第 13 页。

② 《教育·文化·文学》。

场。他为佛学薪火的承传，记录下佛教发展的轨迹，撰述佛教史乃至其他宗教的教史均产生自这一目的。这和杨和末木的学者立意有很大的不同，前者是以论题为切入口或契机来弘化佛教，是站在整个佛教的发展立场上；后者是以论题为关切中心，强调论题本身的意义。

三 “人间净土”：道心与尘缘的融和

如上所言，日本佛教重视在家性，尤其是丧葬死亡，即所谓的“葬式佛教”。法师留日所获得的经验是，在日本“僧俗之分，不在于修持或诵念，但在于是否住寺与信徒举行丧葬等的佛事”[①]。这种拘泥于丧葬的现象在中国佛教史上也曾出现过，但是被视为佛教衰落的表现。近代有识之士意图振兴佛教而发起改革运动，正是要去除这一弊端。知名者有太虚法师的人间佛教（人间净土、人生佛教）和印顺法师的“人间佛教”。

在太虚法师及东初法师的开辟下，人间佛教成为当今汉传佛教的一大议题和实践，而圣严法师的“人间净土”理念正是在其脉络上的一大发展。法师日本学成归之后并未马上在台湾弘法传道，而是辗转欧美，可见当时台湾社会在弘法上尚有其隔阂和距离。如何使当下世间的尘缘中人借佛法努力建设理想社会，法师通过教理的廓清和传道实践让人对“净土”这一通常意属他方极乐世界的概念产生了新的信心。朝向净土的“道心”与处身世间的“尘缘”在“人间净土”这一看似矛盾的理念中融和了起来。

“人间净土”虽非中国传统佛教的本有观点，但现在已是法师所坚持的汉传佛教的核心理念。考察法师对这一理念的阐发，可以发现有三大特色。一是，法师站在行者的立场解说“净土”，将其纳入佛教思想发展的整个脉络中。也就是说，这并非学者立场上的一个学术创新，而是一种佛陀教育的接续。虽然其本不见于传统中国佛教，但法师通过教理的梳理，明确表示人间净土的理念“来自印度的大小乘诸种经论”[②]，且是中国诸宗思想发展的

① 《留日见闻》，第304页。

② 《学术论考·人间佛教的人间净土》。

结果。故而，可以说这一理念是法师在佛教思想发展的整体脉络中开出的一条弘法利生的新路。二是，将净土这一静态的愿景转化为动态的实践，即重在朝向“净土”的世间和出世间的实践。法师指出“释尊出现此土，就是要净化此土”,[①] 但“净土”的实现要依靠菩萨的愿力和众生的业力的结合。“佛法的目的在净化世界，其根本办法，是从各人的内心开始”[②]。戒定慧三学的根本“乃在于内心的功用”[③]。“由人心清净而行为清净，由个人的三业清净而使社会的环境清净”[④]。所以，心灵的净化是基础，每个人都净化其心，整个社会也就会变得清净了。三是，法师强调净土内涵中的次第性。在传统的理解里，对于普通信众而言，净土作为他方极乐世界是一种终极结果，是一个他者，在现世中是不可见的。但法师通过梳理教义指出“净土”不是只有一种[⑤]。他将“净土”分为了人间净土、天国净土、他方佛国净土和自性净土等几个层次[⑥]。其中人间净土是最基本的，也是最脆弱的，“但却是最为亲切和基础的起点。”因为“唯人是修道之正器”[⑦]，人间也是释迦牟尼成佛之所。“从人间的立场做起”[⑧]，这正是法师所说的人间净土的核心内涵。他通过学院教育、普化教育和关怀教育等全方位的僧俗教育来提升人的质量，致力实现整个社会和自然的清净，建设人间净土。

在这一弘法利生的过程中，他通过人间净土的理念和实践开出了一条出世间（道心）与世间（尘缘）相结合的道路。其奥义就在于这是一条有次第的修行之道。前者求解脱，这是佛教之根本，但身负累世宿业的世间人想在一世之间解脱基本是不可能的，故而须要有层次地修行；后者为得道的场所，即便是五浊恶世也是佛法教化人间的机缘和可能。那么，如何实现两者

---

① 《学术论考·净土思想之考察》。

② 《学术论考·净土思想之考察》。

③ 《学术论考·净土思想之考察》。

④ 《学术论考·人间佛教的人间净土》。

⑤ “佛法既分五乘，必也有五乘不同层次的净土境界，是以人间净土、天国净土、二乘净土、诸佛净土，都应列入净土思想的范围”。之所以将净土直接与阿弥陀极乐世界相连，是因为中日对阿弥陀信仰的深厚，以及日本净土真宗的发展。《学术论考·净土思想之考察》。

⑥ 在《净土思想之考察》一文中，概括为现世净土、他方净土和自性净土三种。

⑦ 《学术论考·净土思想之考察》。

⑧ 《学术论考·人间佛教的人间净土》。

的结合，这就需要人天道与解脱道之外的菩萨道。菩萨是菩提萨埵的简称，“谓自行成就，则能觉悟一切有情众生，是名菩萨”（《三藏法数》）。自己成就且觉有情，即上求佛道，下度众生。行菩萨道就要“以无住的智慧心，生起利益社会大众的慈悲心”，来面对无常的一切现象，观察、体验、运用无常的一切现象①。人天道、解脱道与菩萨道，三者各有侧重②，但要建设人间净土，使得凡夫有成就的可能就要将三者结合起来，不可偏废。

要言之，法师的主张是以行者的立场有次第地引导世人建设净土，“人间”与“净土”这分立的两者由此无碍地融合起来。上述的各种教育和倡导示范一方面体现了对现代社会中各种问题的应对、契机契理、随缘教化，展现出世间法的一面；同时，法师又强调以佛法来建设人间净土，必须以三宝为中心③，即在推行各种世间教化活动中，根基不能离开佛教的解脱特质。以道心净化尘缘，而清净了的尘缘（人心和环境）又反过来坚固道心，促进两者之间的融合。同样，从“人间净土”这一角度来看日本佛教，其的确具有在家化和世俗化的特征，但也并不能说完全脱离了道心的修持。就法师个人的在日经历而言，除了课业之外在一些道场的参访禅修，包括受到印可等，都仍可以看出日本佛教世间性的另一个面向。

四　结语

综上所述，法师的行者立场（作为宗教家而非宗教学者）是理解其日本佛教研究的关键之处。一方面，身为学问僧的法师肯定了近代日本通过现代教育使得普通民众对佛教有了基本的认识，以及寺庙对传统修行戒律的坚

① 《学术论考Ⅱ·从东亚思想谈现代人的心灵环保》。

② “关怀人间的种种社会问题，是属于人天善法；自求出离的四谛法门，称为解脱道；以六度及四摄等法门，来利人利己的，称为菩萨道。如果不以解脱为终极目标，仅修人天善法，从事社会关怀，便成随顺世俗的福利事业，不合佛法救世的宗旨。如果只顾修行四圣谛法而自求解脱，便成缺少慈悲心的自了汉，不合佛陀说法化世的本怀。必须将出离生死之苦、证得涅槃之乐的解脱法门，结合了人天善法的社会关怀，落实于人间，分享给大众，才是正确的修行观念。”参见《学术论考Ⅱ·二十一世纪的修行观念》。

③ 佛教的三个基本条件是：以三宝为中心；以人间为本位；以信因果、明因缘为原则。参见《春夏秋冬》，第139页。

守；另一方面，身为出家人的他对于戒行不清净只重丧葬的日本佛教现状持信仰上的否定态度。这一立场也都是基于佛教中的人天道、解脱道和菩萨道三项内容。法师建设“人间净土”的理念和实践也可以说是一种慈悲心的体现，意图通过结合三者，在“尘缘”中守护“道心”，从而让慧命能在新的社会条件中得以延长下去。

“人间”在日语中有人类（human being）的意思，但更加强调人的社会属性 ，即人与人之间的关系。从这个意义上来说，“人间净土”的理念也是在努力构建和谐的人际关系。一个人的内心清净是个人成佛道的机缘，众多人的内心清净，则可以实现大的环境净化，形成善之共业，最后实现普天下与自然之净土。“佛法在世间，不离世间觉”，通过对人间的建设（净化心灵），为众生成就创造机缘。提升人的质量，正是要将世间人往觉悟的道路上提升，使人们循着“净土”的次第，朝着解脱寂乐（净土）的觉悟之道努力。把世间提升为“净土”，这样看似矛盾却相容的关怀，体现出法师在教化和接引上的方便。

日本“妖怪”研究的历史回顾

王　鑫*

近年来，日本的妖怪文化风靡世界，“妖怪”一词几乎成为日本大众文化的代名词。日本的“妖怪热”始自20世纪末至21世纪初，这股热潮很快席卷了日本全国乃至全世界。日本的“妖怪博士”小松和彦常常说日本已经不是“妖怪热”，而是“妖怪泛滥”，任何东西都可以和妖怪扯上关系。

妖怪文化为何在日本如此活跃？这不得不归功于日本百余年来的妖怪学。早在19世纪末，日本佛教哲学者井上圆了就开创了“妖怪学”这门学问，把“妖怪”作为探讨的对象展开了学术研究。如今，国际日本文化研究中心的小松和彦教授将日本以及世界各国的妖怪学研究者聚集在一起，开展起国际化、跨学科的交叉研究，取得了令人瞩目的成果。日本的妖怪文化不仅作为通俗文化风靡世界，同时作为一门真正的学问有着丰硕的研究成果与深厚的积淀。日本“妖怪热”的出现绝非偶然，其背后有着百年来深厚的学术研究支撑。日本的妖怪学研究究竟走过了怎样的历程？日本的学者为何要研究妖怪？他们的研究目的何在？研究方法、研究视角如何？取得了怎样的研究成果？

关于这些问题，我国目前仅有叶春生的《日本的“妖怪学”》以及杨超的《日本的“妖怪学”研究述略》两篇文章对日本的妖怪学做过介绍，但均并未展开详细阐述。叶春生的《日本的“妖怪学”》主要以井

* 王鑫，文学博士，北京大学医学人文研究院讲师，主要从事日本思想史、文化史研究。

上圆了的妖怪学为主，也提到了江马务与柳田国男的研究。而杨超的《日本的“妖怪学”研究述略》则以井上圆了与柳田国男的研究为主，加入了现代小松和彦的研究。而近代与井上圆了、江马务以及柳田国男相关的其他研究未能纳入视野，未能较完整地展示日本妖怪学研究走过的历程。

笔者认为日本的妖怪学研究历经了五个阶段，本文将在先行研究的基础上，对这五个阶段加以阐述，整理考察日本妖怪学的百年史，以期为我国今后开展妖怪研究提供可借鉴的研究方法与研究视角。

一　科学合理解释“妖怪”之研究

如前所述，在日本开创“妖怪学”这门学问的是19世纪末日本著名佛教哲学家井上圆了（1859～1921）。

井上圆了的妖怪研究是为了促进日本明治时期的大改革，使日本不仅在制度、技术等物质方面向西方学习，在精神方面也要剔除那些阻碍社会进步的落后思想和封建迷信，使日本在物质与精神两个方面都实现真正的“进步”。

在那样一个全盘西化、西方科学万能主义思想指导下的明治时代，井上圆了的研究可以说是进步的，是顺应时代潮流的。

他的功绩有目共睹，他出版了8卷本6册《妖怪学讲义》。为了让妖怪学通俗易懂，他又出版了插画版《妖怪百谈》《续妖怪百谈》，同时出版了《妖怪学杂志》《妖怪丛书》等著作。他自1884年开始正式研究妖怪，直至1904年的20年间他先后出版了有关妖怪学的著作13部，对日本明治社会的思想文明进步起到了不可忽视的作用。

井上圆了将几乎所有不可理解的现象全部归为妖怪之列，他说：“夫通俗所为妖怪者，何义耶？即一切不思议之义。不思议者何耶？人智所不可测者是也。然则妖怪与不思议之意义全同乎？曰否。……妖怪者异常或变态之义欤。曰：通俗所谓妖怪较近此义。凡世人于平生耳目所不惯接者，多谓之妖怪。……然则妖怪者，异常变态，而其道理不可解，属于所谓不思议者。

约言之，兼不思议与异常者也。”[①] 他运用心理学、医学、物理学、天文学、地理学等各个学科的知识对这些妖怪一一加以合理阐释，最终达到消灭假怪、伪怪之目的。

除了井上圆了之外，高岛平三郎（1865～1946）收录在其《心理漫笔录》中的《妖怪》一文也是立足于心理学视角的妖怪研究。他认为所谓妖怪大部分都可以用心理学上的“幻影”与“幻象”二作用来解释。[②]

“狐凭”这一妖怪现象一直是医学领域的一个研究课题。继1885年在东京医学校任教的贝尔兹（1849～1913）发表《狐凭病说》之后，1902年门胁真枝也出版了《狐凭病新论》一书。该书开篇便指出在文明开化的今天，“妖怪的迷信”逐渐消失的时代，狐凭病还在人们中间流传。[③] 可以说，这些研究基本继承了井上圆了“妖怪即迷信”的认识，立足于科学，对妖怪进行科学合理解释。这也是明治时期知识分子普遍的研究态度与方法。

二 肯定“妖怪”之潮流的抬头

明治44年（1911）3月发行的《新公论·妖怪号》无疑是对井上圆了妖怪学的一大挑战。该杂志中平井金三的《妖怪论》、坪井正五郎的《所罗门岛的幽灵》和石桥卧波的《妖怪的种类》值得注意。

平井金三的《妖怪论》认为，要打破不健全的妖怪并不需要物质、理论等之力，而是必须要迎来打败不健全的恶魔妖怪的健全的“化物”（bakemono，即妖怪——笔者注），即神佛。[④] 平井致力于心灵学的研究，他指出“在欧美各国都有心灵现象的研究会，而在我国，却把它作为迷信，不加以研究而全部消灭，这并不对”。[⑤] 由此可见，平井的妖怪研究乃至心灵学研究都是在批判井上对待妖怪的态度的基础上开展的。

---

① 〔日〕井上圆了：《妖怪学》，蔡元培译，上海文艺出版社，1992，第3～4页。

② 详细请参考：高島平三郎『心理漫筆録』開発社、1898、29～35頁。

③ 详细请参考：門脇真枝『狐憑病新論』博文館、1902。

④ 京極夏彦『妖怪の理　妖怪の檻』角川書店、2011、154～155頁。

⑤ 伊藤銀月『科学新潮』日高有倫堂、1908、108頁。

石桥卧波在《妖怪的种类》一文中首先突破了井上圆了的妖怪概念。他并没有分析妖怪存在与否，而是对妖怪进行了分类，他把妖怪分为7种，即幽灵、鬼、天狗、光物、其他的“化物”、百鬼夜行、付丧神。他认为鬼与天狗乃一种怪物，光物是指那些无形、无声、发光之物，其他的“化物”包括“动物、植物、金石、草木、器物”等，付丧神是指家内器物经过百年后变化之物，百鬼夜行是那些成群在夜间游行的妖怪。其次，他也打破了井上妖怪学的研究方法，他主要以历史上的文献资料为依据对妖怪的种类进行了归纳整理。

石桥在1909年出版的《鬼》一书中就已经重新认识了妖怪的价值，他说：“研究国民之文化，民族之心理的方式有很多，通过自古以来的从政治、经济、文学、美术等正面角度的研究，已经逐步清晰，但是从其反面诸如宗教、习俗乃至一般民间思想的研究却没有开展起来。然而，恰恰是这隐藏在背面的思想才是正面活动的背景、文化的精髓所在。在泰西之国已经有了这方面的精细研究，而我国却没有。梦、鬼都是我国国民思想的一部分，想要阐明我国国民思想的由来、民间思想的全貌乃是我毕生的志愿。”① 关于鬼是否存在的问题，他认为，鬼并不存在，但是以鬼为有形之怪物的思想却源远流长，且东西方皆有。他将日本与西方的神话进行了比较，认为日本由于神话的历史比较短，因此出现了神话与史实混淆在一起的情况。其后，中国、印度思想传入，日本也几乎全盘接受了外来思想，这大半是缘于日本国土气候温和、人心纯良。从石桥的阐述中可以明显地看出他受到了西方文化人类学的影响，他尝试从比较文化、比较神话的角度阐明本国文化、思想的由来。

石桥的研究可以说是江马务妖怪研究的先驱，彻底打破了井上圆了妖怪学的研究目的与研究方法，开创了全新的妖怪研究。但是，当时井上妖怪学风靡，石桥的研究并没有得到太多的关注。但他的研究可以说是妖怪学研究史上的一大转折点。

继石桥之后，江马务的妖怪研究要等到时隔14年的1923年了。江马务

---

① 石橋臥波「鬼の研究に就きて」『鬼』裳華房、1909、2～3頁。

（1884～1979）于1923年出版了《日本妖怪变化史》一书，该书与井上圆了一系列的妖怪学著作并称为柳田国男民俗学以前的先驱性研究。[①]

江马务认为世人看到妖怪便把它归结为心理因素，去讨论它存在与否，这都是犹如枝叶的无用之事。而把它作为风俗的一部分，把古代人如何看待它、如何应对它的历史描绘清楚才有助于人们更清楚地认识历史。这和石桥卧波的想法有近似之处。江马务并没有全部否定井上圆了的研究，他说："妖怪学泰斗井上圆了博士关于妖怪变化的著述多是详细记载明治以后之事，如若读完本书之后再看（圆了的著作。——引者注），则上下三千年妖怪变化的沿革一目了然。"[②]

由此可见，江马务认为他的著作可以弥补井上圆了妖怪学的不足，将两本著作一并阅读，可以了解日本整个妖怪演变的历史。江马务不仅在研究目的上突破了井上圆了的妖怪学，在研究内容、研究方法以及妖怪概念上都打破了井上圆了妖怪学的理论体系。

江马务大胆地批判了自井上圆了以来学术界对于妖怪的态度，并指出"妖怪的世界"永远不会消失。他重新界定了妖怪的概念，赋予"妖怪"以新的使命，使用新的研究方法开展了不同于井上圆了的妖怪研究，可谓妖怪学的一个里程碑。

三 "妖怪"研究的集大成

柳田国男（1875～1962）是日本著名的民俗学者，他开创了有别于西方人类学的日本独特的民俗学。妖怪作为其民俗研究的一部分，一直是他致力研究的对象。他在1956年出版的《妖怪谈义》被认为是妖怪学研究的基础性读物。

柳田赋予了妖怪新的生命、新的意义与价值。柳田认为只有在妖怪传说中才保存着没有被外来文化所取代的日本固有的文化与信仰。通过妖怪传说

① 香川雅信「解説——人文科学的妖怪学の誕生」『日本妖怪変化史』中央公論新社、2004、162頁。

② 江馬務『日本妖怪変化史』8頁。

可以窥见普通民众的人生观、自然观以及信仰的变迁，是一个民族进行自我反省时的有力工具。

柳田的妖怪学与前人最大的不同之处，如小松和彦指出的那样，柳田在他的妖怪研究中重点强调以下三点：第一，采集日本各地的妖怪种类，了解其分布；第二，界定了“妖怪”与“幽灵”；第三，把妖怪的产生看作神祇信仰的衰退，以这样的理论解释“妖怪”。①

确实如小松教授指出的，这三点是柳田妖怪学与井上圆了、江马务的妖怪学最大的区别，是柳田妖怪学的特点。除此之外，笔者认为还有两点是柳田的巨大贡献，也是其妖怪学的特点。首先，柳田赋予了妖怪新的价值与意义，以妖怪来探索日本古代人的人生观、自然观、信仰的变迁，以此来寻找日本的国民性与固有信仰。此外，柳田国男使用了不同于井上心理学、江马史学的研究方法，开创了独特的民俗学研究方法。简言之，便是“重出立证法”与“方言周圈论”的研究方法。②

柳田国男的妖怪研究并非一成不变，他经历了一个不断摸索的过程。柳田初期的妖怪论几乎都立足于“妖怪 = 异人，它们是真实存在的这一观点”之上展开论述。所采用的研究方法也多是文献学的方法，重点在于对文献资料的考察。

以 1919 年发表的《座敷童子》为转折点，柳田开始思考这些妖怪的产

① 小松和彦『妖怪学新考』小学館、1994、15 頁。

② “重出立证法”，柳田国男指出：“我们重视直接观察到的事实，而把它当作第一手资料。……历史发展至今的过程、历史发展的顺序都可以通过对这个横断面的全面观察得以了解。即使是同样的事象，剖开现代生活的一个切面来观察的话，可知各地是千差万别的。把这些事例集中起来加以观察，即使不能了解其起源或原始的状态，也至少可以很容易推测出其变化的过程。……我们的所谓重出立证法，类似于重叠，照相的手法。”

“方言周圈论”是日本民俗学研究中使用的一种比较方法，由日本民俗学创始人柳田国男在其早期著作《蜗牛考》中提出。柳田通过对日本各地“蜗牛”一词方言名称的分布调查，揭示出地方差异表现着时代差异这一规律。他认为语言变化一般从文化的中心开始，呈环形波状向四周传播。距中心越远，新产生的词语也就影响越小。因此，在边远地区往往保留较多古语。柳田认为，这个方法也可用于方言之外其他民俗事象的研究。运用这一方法，阐明日本文化向地方浸透的过程，探讨文化传播的规律，就发展成为“文化周圈论”。这一理论认为，在一个文化区域内，距离文化中心越远，古老文化因素的保留就越多。这种研究方法，也是日本民俗学研究的一个重要理论（引自彭克宏《社会科学大词典》，中国国际广播出版社，1989，第 348 页）。

生与平民信仰之间的关系。此后，柳田的妖怪研究从“山人实在说”转为“心意研究”，目的在于了解平民信仰与其历史。

柳田在妖怪的定位、研究内容、研究方法上与先行研究相比都有了颠覆性的突破。他所提出的“妖怪与幽灵的区别”以及“神沦落说”虽然在现在遭到了批判，但在他之后的几十年中这些都是妖怪研究的权威学说。他所提倡的民俗学的研究方法至今仍然被沿用，仍然是日本民俗学区别于西方甚至中国的一个独特特点。

但是，柳田的记录比较杂乱，文章的结尾大多没有明确的结论。正如他自己所说，记录的目的在于在这些传说消失前将其记录保存下来，留待后人研究。此外，柳田不愿将日本文化与中国联系在一起，他说：“不知道幸还是不幸，我们的国家自古从旁边的大国输入了很多文化。”① 这样的认识基于柳田想要研究日本特有的国民性、固有文化，但是却缺少了异文化交流的视点。此后日本民俗学领域的妖怪研究也多继承了柳田的思想，仅仅集中在对日本的考察上。

四 “妖怪”研究的低谷

柳田国男之后，日本的妖怪研究一度陷入低谷，在 20 世纪 50～80 年代，日本的妖怪学研究再度“沉默”，虽有一些妖怪研究著作问世，但基本继承了前人的研究思路与方法。如井之口章次的《妖怪与信仰》（《日本民俗学会报》34，1964 年）就采用了柳田语汇分类的方式，从与信仰的关联的角度分析了妖怪。1968 年 9 月号《传统与现代》杂志发了一期妖怪特辑。谷川健一的《魔的系谱》描绘了一个在作为死者的“魔”的支配下发展的日本历史。他说：不研究“魔”传承的历史就无法叙述日本的历史，它展示了一个弱者、失败者死后成为怨灵攻击强者的历史。

“凭物”② 研究有 1959 年未来社出版的石塚尊俊的《日本的凭物》，分

① 柳田國男『妖怪談義』講談社、2001、80 頁。

② “凭物”，日语汉字词，即被认为可以凭附在人身上使人生病的妖怪，如狐狸、天狗等。

析了日本诸如犬神等所谓“凭物”的分布、属性、社会作用与历史，阐明了民俗社会中存在的动物型妖怪的实态。1972 年，文化人类学者吉田祯吾的《日本的凭物》运用了英国社会人类学曼彻斯特学派提出的“扩张事例法”分析了日本的“凭物”。

具体妖怪的研究有 1974 年时事通信社出版的石川纯一郎的《河童的世界》。文学方面的研究有马场明子的《鬼的研究》，考察了说话文学与谣曲中的鬼，分析了被压抑的人的情念变为鬼的人的内心世界。佐竹昭宏的《酒吞童子异闻》，通过物语绘卷等考察了酒吞童子的传说。

此外，还有以哲学思想阐明妖怪的文章。如发表在 1968 年 9 月的《传统与现代》“妖怪号”上的高桥铁的《性与妖怪：幽灵模式的精神分析》就试图以弗洛伊德的精神分析法来解释幽灵。该杂志另一篇论文，种村季弘的《现代的妖怪》则引入了荣格派的“原型”概念以及超现实主义的“肉体部分的解剖学孤立”概念来解释妖怪的神秘形态。

这一时期的成果较少，且多数沿用前人的概念与研究方法，并没有巨大突破。

五　“妖怪”研究的新高潮

小松和彦于 1984 年出版的《凭灵信仰论：妖怪研究之探索》一书彻底打破了这种局面。小松重新审视了民俗学中的妖怪研究，特别是柳田的妖怪学，对其提出了批判。小松认为日本民俗学有两点不足。

首先，它最缺乏的一个视野就是“社会”“全体性”这样的概念。我们所说的社会是由社会性事物、经济性事物、政治性事物、宗教性事物等诸要素相互影响、相互关联而构成的一个结合体。而民俗学并没有这样的认识。①

其次，从社会人类学的视角看，分析调查收集到的信息是研究的真正开

① 小松和彦『憑霊信仰論—妖怪研究への試み』ありな書房、1984、15 頁。

始，而对于大部分民俗学者来说，这却基本意味着研究的结束。[①] 也就是说，小松教授认为民俗学者仅仅限于信息的调查与采集，而并没有认真地去分析这些收集到的资料。而社会人类学填补了这一空白。

小松和彦对于柳田及其后民俗学领域的妖怪研究也提出了批判。小松指出柳田受到了19世纪进化主义人类学的影响，他提出的妖怪学的“初步原理”是“一系列的妖怪进化（退化）说”，把全部的妖怪都作为神沦落后之物来把握，因此排除和否定了例如人→妖怪、动植物→妖怪、妖怪→神的可能性。这样一种变化趋势并不适用于所有妖怪。而民俗学者对于柳田的这种观点毫无批判地加以继承，几乎没有人对此进行实证研究。[②]

柳田这一假说最大的问题就是把日本整体信仰的历史看作一个从繁荣到衰退的变化过程，每个妖怪的历史也是从繁荣到衰退，各个时代有各个时代的神与妖怪，他在没有准确把握和区别这点的基础上展开论述，因此出现了这样的问题。

除此之外，宫田登也对柳田界定妖怪与幽灵的方法提出了质疑：“我们认为恐惧的东西，一般把它称作妖怪……恐惧这种感情对于妖怪与对于幽灵是有些不同的。幽灵是特定的个人性心意的反应，只有当事者才能感到真正的恐惧。而妖怪是在共同感觉这个层面上大家都感到恐惧。……将妖怪与幽灵在现象层面完全区分开进行说明，按照柳田的说法在一定程度上是可能的。但是，关于这个恐惧的内容，是否完全区分开了是个问题。我认为是不是有必要把人们认为恐惧的内容进行比较。因此，有必要把自古就有的妖怪与新产生的妖怪，更加细分进行讨论。”[③] 由此可见，宫田登在柳田学说的基础上，认为有必要把人们的恐惧心理进一步进行分析比较。此外，宫田登还指出，妖怪不仅关系到古老过去的世界以及逐渐消亡的农村世界，还与现代人的问题相关。宫田登认为，妖怪的产生反映了人与自然的关系，通过妖怪传说可以窥见人与自然的关系。

在《妖怪文化入门》一书中，小松教授进一步详细阐述了“妖怪”的

① 小松和彦『憑霊信仰論—妖怪研究への試み』15頁。

② 小松和彦『憑霊信仰論—妖怪研究への試み』211頁。

③ 宮田登『妖怪の民俗学』筑摩書房、2002、25頁。

定义。他指出，“妖怪一词，对于一般人来说，甚至对于研究者来说其含义都很模糊。按照字面意思理解的话，是那些可以用神秘的、奇妙的、不可思议的、有些令人毛骨悚然的等等形容词来形容的现象、存在以及生物。我想这是妖怪最广义的定义”。[①] 此外，小松进一步按照具体内容将妖怪分为三类，即事件性妖怪、超自然存在的妖怪以及造型化的妖怪。事件性妖怪是指作为事件性或现象性的妖怪，即现象妖怪，诸如古代的各种怪异现象。超自然存在的妖怪是指人类不可控制的作为超自然存在的妖怪，即存在妖怪。妖怪一词本身不仅是一种怪异现象，而且意味着引起这样的现象的神秘存在（如生物）。造型化的妖怪是指被造型化、视觉化的妖怪。在古代，人们还没有将这一存在和妖怪进行视觉上的造型。但是到了中世纪后，人们开发了绘画和诗词一体的“绘卷”，并开始将有名的故事、政治事件的经纬、寺庙设立的经过以及灵验记等放入“绘卷”。妖怪的图像化、造型化是日本妖怪文化具有划时代意义的事情。也许享受作品的贵族们开始对夜间潜行的妖怪具有强烈的恐惧心。另一方面，妖怪也开始成为大众娱乐的对象。通过绘画师之手，其造型为人们所接受，并出现了妖怪的固定化模式。如果妖怪的造型种类过少，也会使妖怪失去新鲜感。可以肯定的是，通过绘画师，妖怪的种类发生了飞跃性增加。为此，妖怪的形象固定化后，开始成为人们的娱乐对象，从而使得妖怪文化变得丰富多彩起来。[②]

小松教授的定义目前被日本妖怪学研究者普遍认同。同时，小松教授对妖怪学进行了重新定位，指出“妖怪是探索日本人精神构造的重要研究领域，因此一直具有低级印象的‘妖怪学’其实是‘人之学’”。[③] 小松教授指出了妖怪学作为研究“人”的学问的可能性，并提倡开展综合性、跨学科的妖怪学研究。

1997 年开始，小松教授组织全国的妖怪研究者成立了跨学科的妖怪研究会，研究课题为“日本怪异、怪谈文化的成立与变迁之跨学科研究”。

---

① 小松和彦『妖怪文化入門』角川学芸出版、2012、7 頁。

② 详细请参照小松和彦『妖怪文化入門』（角川学芸出版、2012、7～16 頁）以及小松和彦《日本文化中的妖怪文》（王铁军译，《日本研究》2011 第 4 期，第 42～44 页）。

③ 小松和彦『妖怪学新考』小学館、1994、26 頁。

此后，相继出版了《日本妖怪学大全》（2003 年）、《日本人的异界观》（2006 年）、《妖怪文化研究的最前线》（2009 年）、《妖怪文化的传统与创造》（2010 年）。此外，还制作了两个妖怪数据库，“怪异·妖怪传承数据库”与“怪异·妖怪画像数据库”，收录了日本自古代以来的妖怪故事与妖怪画。通过这样的共同研究，日本全国的妖怪学研究者聚集在一起，定期召开研究会，发表自己最新的研究成果，成为大家交流研究成果的平台。该研究会也积极吸收国外的研究者，包括法国、美国、韩国、印度、越南等各个国家的研究者。本人也有幸作为中国研究者的代表加入了该团队。小松教授希望，通过国外研究者的参加，以“外部”的视角审视日本的妖怪，同时与他国的妖怪文化进行对比，进一步揭示日本妖怪的特点。同时，他十分关心外国人如何看待日本的妖怪，对日本妖怪的哪些方面感兴趣。“外部”视角、“他者”视角的妖怪研究目前还处于起步阶段，小松教授希望今后能进一步深入开展这方面的研究。

日本现代的妖怪研究，视角丰富、内容多样，既有概述性质的著作，诸如菊地章太的《妖怪学讲义》，也有以断代或以个别妖怪为研究对象的研究著作，诸如香川雅信的《江户的妖怪革命》、横山泰子的《四谷怪谈很有趣》、中村祯里的《狐的信仰史》等。不仅仅是历史上的妖怪，也有诸多学者对现代的妖怪展开研究，诸如有关日本以“妖怪”发展地方经济这一现象的研究。日本天理大学的教授安井真奈美还在课上让学生画出自己心目中的妖怪形象，以此来探讨现代日本人的妖怪观等。

日本现代的妖怪研究可以说已经进入高潮，它对于周边国家甚至全世界都有着很大的影响力。但是，日本的妖怪研究多局限于本国，缺少“他者”视角与比较视角，而以柳田国男为首，日本很多民俗学者不愿也不想尝试把日本的妖怪与中国拿来比较，然而，日本文化深受中国文化影响，通过“妖怪”一定可以点亮中日思想文化交流史中被我们忽略的那一个角落。日本的这百余年来的研究史也一定会为我国今后的妖怪学提供值得借鉴的研究视角与方法。

西周的启蒙思想活动与儒学思想*

张　慧**

一　引言

西周（1829～1897）是幕末明治时期的著名的启蒙思想家、哲学家。自幼修习儒学，并在藩校及大阪等地学习儒学，打下了坚实的儒学基础。后在江户（今东京）先后学习荷兰语、英语，接触兰学，并受幕府之命于1862年留学荷兰，1865年归国后任开成所（东京大学前身）教授。明治维新后在兵部省任职。1874年与西村茂树、加藤弘之、福泽谕吉等人成立明六社，通过《明六杂志》向日本介绍和普及西方思想，被称为"日本近代哲学之父""百科全书式的学者"。作为启蒙思想家，在日本近代思想与学术文化界的地位不可否认。但在西周的思想构成中儒学要素为他的启蒙活动起到了非常重要的作用。他通过对儒学进行不彻底的"批判"来介绍普及西方的思想，同时为儒学在近代日本找到了新的存在空间与未来的发展方向。因此日本有学者将他的儒学批判也称为对儒学的救赎。本文就针对此问题，结合西周的著作展开细致的探讨，来对西周思想中儒学要素所起到的具体作用进行分析。

* 本论文是国际关系学院基本科研业务费项目"近代日本思想中的儒家思想"（项目编号：3262016T11）相关研究的阶段性成果。

** 张慧，北京外国语大学日本学研究中心在读博士，国际关系学院外语学院副教授，从事日本近代思想文化研究。

二 西周的儒学修学与作为教育者的西周

西周出生于日本山阴地区的津和野藩的御典医之家，四岁起便跟随祖父时雍接受儒学启蒙教育。根据《西家略谱》记载，其祖父是在当时藩里宿儒山口刚斋的高足，在学统上师承暗斋一派。在祖父的亲手教导下，西周的儒学修习始于《孝经》的素读，在《履历》中西周谈到当时的学习称“今犹记之”。6岁时循序修习四书，“略听尧舜孔孟之讲解”。祖父在西周九岁时离世，西周表示自己的好学之志出自祖父的熏陶。12岁时，西周进入藩校养老馆开始了正式的儒学修习。对于此间经历，西周自己回顾称“少长从慎斋先生得与闻其说。自谓。程朱得孔孟之正统。其传确乎。千古不可以易也。乃沉潜反复于二程全书正蒙语录语类文集等之书。有年于此。尝得其居敬惺惺之法。而日行之。”① 西周在养老馆是以怎样的方式来接受这些程朱之学说的呢？

养老馆是津和野藩8代藩主龟井矩贤于1786年（天明六年）所设之藩校，1849年（嘉永二年）完善了各项规定与体制，设置文武教场。根据《日本教育史资料》（二），在养老馆使用的教科书中，“素读”所使用的依次为《孝经》《大学》《中庸》《论语》《孟子》《小学》《易经》《诗经》《书经》《礼记》《春秋》，以上皆以无点书为主，训读则应依据校正改点；而“独看书”则分为六类，分别涉及经类、史类、文章规范类、政论类等广泛内容。授课的形式有“说经式”“轮讲式”“素读式”“复读式”“内会式”“训导式”“训蒙式”“诗文会式”等②。从教科书的选用以及授课方式来看，都是在暗斋派的学统影响下，以正统的孔朱为宗③；“讲义以朱注为主”，严禁“唱卑谚杂话奇诡怪诞之说”及“牵强附会诽议时政”。在这样的环境下，西周在藩校里精于学业，对于当时的情景可以借助森鸥外《西

① 森鴎外『西周伝』西紳六郎、1898、7頁。

② 文部省『日本教育史資料』（二）、冨山房、1903～1904、503～506頁。

③ 「青宮勉学詩十首」之一「治必期尭舜学須宗孔朱百家皆小道不是聖賢書」文部省『日本教育史資料』（二）、512頁。

周传》中当时同在藩校学习的小柴速水的回忆来略加了解。当时馆内进行轮番讲经时，旁人都得日夜研钻才得以在众人面前开口，唯独西周对此不甚介意。但每当被抽中讲经之时，所说却颇中肯，出人意料。“虽讷而不辩，质而不华，然能以彼宿构令后人瞠若”①。由此可见，西周在经过幼年时期祖父的启蒙以及少年时期藩校的暗斋派学统下的儒学教育后，对儒学的理解已达到相当程度，这也使得他在17岁时已经可以加入与藩主兹监一起“会读”的行列。另外同样是在西周于17岁所作的《养材私言稿本》一文中也可窥见其在此前儒学修养之成就。西周在这篇长文中借引“西土”中国之历史，向藩主力陈“养材”即教育的重要性②。可以推测此文也许是西周在加入会读之后写就的。当然此时鸦片战争的影响还没有波及日本，中国还保持着良好的示范作用。

20岁时西周受藩命，弃医专心修习儒学，先后在大阪的松阴塾和冈山学校游学。返回后便被任命为藩校培达塾的塾头，同时兼句读教官署番。此间还负责为藩主进行《孟子》的御前讲学。可以说在1853年培利来航之前西周都是一心投在儒学之上的。以1853年为节点，不少幕末志士认识到仅仅靠兵学不能够解决当时的问题，而西方的社会制度、学问与教育才是日本当下需要引入的内容。于是西周也开始了他学问的新探索，进入洋学领域。经过脱藩，先后学习荷兰语、英语，在蕃书调所担任教授手传③，之后终于在34岁时与津田真道一起踏上了荷兰留学的道路。1865年底，西周结束了三年的留学生活经巴黎回国，抵达横滨港。之后就在末代将军德川庆喜的幕府中开始对西方的文明制度进行译介、移植并进行将之“本地化”的探索。其间，经由他翻译创造出的大量译语至今依然在各个学科中发挥着重要的作

① 森鴎外『西周伝』11 頁。

② 大久保利謙編『西周全集』第2巻、宗高書房、1961、436 頁。西周在这篇名为《养材私言稿本》一文中称“且夫彼方有州学县学，大小相维，以培养人材，吏士不学则无得选举，是其所以文学拔出于四国而人材济济与”，指出西土之所以“人材济济”是在于中国有各种层次的学校培养人材，在科举制度的选拔下人材能够“有补于治道”。而日本当时在德川治世二百五十多年后，渐出疲弊，“治化穷乎上，而弊风萌乎下，士气萎靡，学业不实，有志之士深忧焉，苟有有为之主观于此，何更革法度，釐正学政，辨明学术，以变易乎其弊风也”，希望藩主能够重学政，重视人才的培养。

③ 蕃书调所中位于教授一职之下的职位，相当于教授助理。

用，以“哲学”一词的首译者被称为“日本哲学之父”。在日本近代化的进程中，西周所起到的启蒙作用是显而易见的，他作为近代日本的启蒙主义的重要人物，在近代日本的学科体系建设方面也发挥着不可磨灭的作用。

西周在教育方面也投入颇多精力，除此前在津和野藩校的相关经历之外，在西周留学归来之后，先后曾任开成所教授，“更雀寺”“育英舍”主宰，沼津兵学校头取文部省御用挂，东京师范学校校长事务主理等，还担任当时日本最高学术团体东京学士会院的第二代会长。作为教育者的西周，儒学思想在其所参与的教育活动中也扮演着重要的角色。虽然在明治维新之后的日本，展开了全面西化的教育普及，但是儒学的内容作为一种渗透到基础教养层面的成分依然在明治时期的各层次的教育中发挥着基层与土壤的作用。明治政府在五年学制中大量使用翻译教材，开始大力推广西方的文明。但在西周所参与的几次教育活动中，特别是在明治五年学制发布之前的教育活动中可以清晰地看到儒学思想的身影。首先是在明治元年在沼津成立的德川家兵学校，这是一家以安置武士为目的的，类似于原来的培养藩士的教育机构。根据由西周起草的兵学校掟书来看，在兵学校的学习科目中，基础的“资业生”要修习的科目有书史讲论、外语、数学、究理、地理、天文历史大略、图画、调马、试铳炮、操练等。其中的书史讲论中所涉及的除《孙子》外并没有更多与中国传统文化有关联者，包括有基础的《博物新编》（此为英国人在清朝时期的中文著书），《瀛环志略》、《纲鉴易知录》（此二册为清人著书），《日本外史》、《皇朝史略》（此二册为日本史书）等。但兵学校以 14 岁至 18 岁的青少年为对象，并不是基础教育。兵学校又设有附属小学，在其规定的课程之中有素读、手习、算术、地理、体操、剑术、乘马、水练、讲释听闻，其中素读分三级，内容分别为启蒙的《三字经》《孝经》《大学》《中庸》；二级为论孟与五经；三级为《十八史略》《国史略》《元明史略》。而讲释听闻的内容是循环讲解小学论孟。由上可见在基础阶段的小学教育中，儒家的经典、《论语》、《孟子》依然是基础教育的主角。后来兵学校加入了文学专攻后又再次发布《德川家沼津学校追加掟书》，补充增加了与文学专攻相关的规定。在文学专攻的课程中明确规定轮讲的内容还是四书及《书经》。《文武学校基本并规则书》是西周在回津和野省亲时，为原藩主兹监就学政的咨询而写下的。这个文武学校以一所初级教育的小学为基础，在小学上另设国学（并非本居、平田流的国学，而是与武学相对而言的文学科）、武学，这一体系反映了西周在当时对于学校的构想。在这份规则书中，依旧按三个级别为各门课程设置了相应的内容。在素读课程中，四书中除《孟子》外都被安排在最基础的三级阶段，《孟子》与易、诗、书、礼、春秋被安排在二级阶段，而史类的则安排在三级阶段。素读为每天一小时。另外每周休息日安排一小时讲释，内容也是小学论孟，目的是让童生们通过听闻讲释的内容而遵从“德义之经”，要授之以“修己接人之要诀”，同时注意结合和书、外书，以巧妙比喻通俗易懂地让儿童理解。

通过以上的梳理，我们可以看到在西周早年的修习过程中儒学起到了浓厚的熏陶作用，这样的儒学式思维在后来西周接受西方哲学及社会、法律、经济的相关学科内容的过程中时时发挥着重要的作用。虽然一直以来往往认为明治时代是日本资本主义化的时期，是一个去除封建因素、大幅接受西方文明的时期。这时儒学的内容与思考方式与国学思想一同，作为代表着封建落后的思想成为当时启蒙思想家们批判的对象。启蒙似乎就意味着要将以儒学为代表的传统思想的“蒙”昧开启并去除，所以儒学思想不可避免地成为以福泽谕吉为代表的启蒙思想家们批判的对象。下面我们就从西周的著述中来分析了解西周的所谓儒学批判的理路与效果。

三　儒学在西周学问中起到的作用

（一）哲学译词中的儒学成分

当今在论及西周在日本哲学史上的重要地位时也必会谈及其翻译介绍西方哲学的工作与成就。众所周知，现在我们所使用的“哲学”一词是最早是由西周确定的。除此之外，在西周对西方哲学等相关近代知识体系进行翻译介绍的作品中，如《百学连环》《生性发蕴》《致知启蒙》《心理学》等作品中出现了大量的二字或三字汉语词，这些词语有的作为学术专业用语，有的作为普通词语依然在今天的日语语言活动中发挥着生命力[①]。

在西周的译语选择和创造的过程中，儒学和汉学的素养依然为其提供了不少思路。

首先，是对 Philosophy 一词的对应译词的选择与确立过程。有关西周最早开始关注哲学这门学问的文字记载可见于 1861 年他为津田真道的《性理论》写的跋文以及 1862 年在启程前往荷兰留学之前写给好友松冈邻的信。但从上述两文中可以看到当时西周是将“ヒロソヒ”（Philosophy）分别理解为“希哲学”和“性理学”，认为此学问是与“性理学”同类的学问，但与以往所学之汉学有不同。之后，在《西洋哲学史讲义片断》中解释说希哲学的开端始于毕达哥拉斯这位贤人使用“ヒロソヒ”之语，并称其徒弟、社友为“ヒロソフル”（Phylosopher），语意为喜好贤德。林美茂指出[②]西周在翻译 Philosophy 一词的过程中，“由于没有认识到西方哲学传统中对‘知’的形而上学的独特追求”，且没有发现“贤”与古希腊 Philosophy 中所追求的“智慧（真知）”根本不同，使得他“只能在‘理学’的框架内对二者进行对应性说明，从而出现理解上的偏差和误读”。同时西周在接受引进 Philosophy 这一概念时是通过“西方近代实证主义和功利主义的经验论哲学……即不能从哲学最本质的“知”的独特性来把握 Philosophy，而只能从其自身的汉学素养出发……”，只能从其坚实的汉学、儒学底蕴中的中寻找“希贤”“求圣”等与 Philosophy 相对应。至于“哲学”第一次见诸纸端则是在 1874 年出版发行的《百一新论》中。

其次，在《生性发蕴》《生性杂记》中的“生性”“性理”等词的使用也可以看到很强的儒学痕迹。《生性发蕴》完成于 1873 年（明治 6 年），

---

① 据手岛邦夫的博士论文《西周的译语研究》（手嶋邦夫『西周の訳語の研究』東北大学、2002），在西周的译语词中二字汉语词为 1894 个，其中确定为西周所创的译语词为 699 个，83% 为在近世以来的汉籍或佛典中未曾使用的新词，至今依然被作为学术用语使用的还有 44 个，占其新造译语词的 6.3%。此外，还有一部分译语词虽然在学术用语方面不再被使用，但是还依然作为普通词语在日常生活中使用，这样的词语总共有 35 个。二者相加，至今依然有一成的由西周创造出的新的译语词保持着生命力。

② 林美茂：《“哲学”抑或“理学”？——西周对 Philosophy 的误读及其理论困境》，《哲学研究》2012 年 12 期，第 71～78 页。

展示出了当时西周在哲学上所达到的高度。文中首先论述了哲学的性质，进而对西方哲学史做了概括性的描述，接下来将最重要的部分留给了西周最为青睐的孔德（也译作坤度）的实证哲学，表明了自己的哲学立场。在开篇“溯源开宗”中便将英语的“サイコロジ”（Psychology，心理学）、法语中的“プシコロジ”（Psychologie，心理学）采用“性理学”来与之对应，虽然二者在所指上还存在区别，即西语之词专论“灵魂之体”，而“性理”二字是论“心性之用”，但西周认为二者“大要相似”，故以“性理”译之。这里的性理之学是指自古兴于孔孟的学说，所谓孔子说仁智论性习之远近，子思讲喜怒哀乐的发与未发，孟子说性善述四端，之后荀、杨、韩子的各种性论，及至宋学诸家将性理作为学问之一大要旨，此为东洲性理学之渊源。

而《生性杂记》这篇论文可以说是西周倾注精力完成的代表性著作之一。根据其原稿封面上的注记，西周晚年在大矶隐居之际（1892 年）还带此稿在身边，以期对其进行最后的完善。此论文是继《生性发蕴》（1873 年）之后的就心理学展开的表明自己见解的文章。而较早问世的《生性发蕴》则多数是对孔德学说的翻译或引用。

对于此二篇中共同使用的“生性”二字的出处，在《生性发蕴》原稿的头书部分第一条西周特别指出“生性之字，取自孟子之告子生之谓性”。《孟子·告子》中在论及人性部分中有“告子曰：‘生之谓性。’孟子曰：‘生之谓性也，犹白之谓白与?’曰：‘然。’‘白羽之白也，犹白雪之白；白雪之白，犹白玉之白与?’曰：‘然。’‘然则犬之性，犹牛之性；牛之性，犹人之性与?’”这里是孟子在与告子就人的本性进行的讨论。按照告子的理解，人与生俱来的素质即为本性，这其中暗含了告子的人性观没有善恶的区别，但孟子通过对“白”的讨论推及对本性的讨论，指出告子理解的偏颇之处。

两文之标题中共同使用了主题词“生性”。这里的“生性”应该说是西周思考的东亚思想史中与哲学相关的议论的一个主题。“人的本性如何”这一传统的哲学主题，自孔子、孟子开始，经过了本性论、心性论等很长的论争史。那么对于西周这位自幼年起便沉浸于儒学经典，青年又留学荷兰接受了西方实证主义、功利主义哲学思想的“明治人”来说，本文可以说是西周试图将西洋哲学与传统思想相结合的一个尝试，他在《生性杂记》中陈述了自己对于“生性”的理解。

此文最早刊行于由麻生义辉主编的《西周哲学著作集》，麻生在解说中指出此文是“将儒佛思想加入西洋的心理学之中，在经验论的基础上”对西周的心理学见解进行披露的文章。此文不仅是一篇相对自成体系的心理学的论述，而且可以说是在西周所有论文中凝聚了最多心血的一部大作。自1872年（明治5年）开始起草，直至1892年（明治25年）还在继续完善。此文可以说是代表了西周自己的思想精华的一部著作。

在此文中，西周将心理分解为智、情、意三大部分，以意为心之主，智情为心之辅佐。所谓意就是Will，是“人心之主”，是“心城之君主”，而智（Intellect）为“采纳之官”，情（Emotion）为“宣达之官”。意的作用是产生“意识”（Consciousness，孔修斯尼士）。虽然说此作集西周对于西方心理学的理解之大成，但通读全文不难发现，此作始终在以儒学之性善说为媒介与参考来思考西方的心理学。这一点在日本同期的启蒙思想家以及中国的康有为、梁启超等启蒙思想家身上也都可以看到相似的痕迹。

（二）《百一新论》中的儒学批判

《百一新论》的书稿完成于1867年（庆应三年），刊行于1874年（明治7年），是日本近代最早介绍哲学的论文，同时也是最先开始对“儒学”进行批判的文章①。这一时期西周正在京都，当时曾开设育英塾为慕名而来的塾生讲论西方的学问。

在《百一新论》中西周对于“教”与宗教（道德与宗教）、政与教（政治与伦理道德）、礼与法（德礼之化与政刑之治）以及教与法（伦理与法律）等在传统的儒学思想中相关相生的概念进行了区别与分类。

这里的“教”专指使人之所以为人之道的教，而不是一般教人技能的教

① 後藤愛司「西周『百一新論』における儒学批判」『聖徳学園女子短期大学紀要』30号、1998年3月。

导。正如《孟子·滕文公》中所说的“人之有道也；饱食、暖衣、逸居而无教，则近于禽兽。圣人有忧之，使契为司徒，教以人伦——父子有亲，君臣有义，夫妇有别，长幼有叙，朋友有信。放勋曰：‘劳之来之，匡之直之，辅之翼之，使自得之，又从而振德之。’圣人之忧民如此，而暇耕乎?”这个“教”相当于拉丁语中的“モス”（mos），法语的“モラル”（moral），起源于拉丁语中表示“风俗习惯”的词语。

同时这个“教”不同于英语、法语以“レリジウン”“レリジオン”（religion）表示祭祀宗教的“教”；所谓“政教一致”中的“政”（治民）与“教”也不是同样的内容，只不过二者目的相同，是孔子之道、儒家之道将政教混淆了。

在说明教与政之关系时，西周以孟子著书立说之背景来入手，称孟子学说之性善、仁义礼智信对于当世无有功效，才退而著书《孟子》七篇。孔子的学说传至子思，再至孟子，其主业（本店，指仁义道德之说）早已消失，只传下副业（内職の店，指治国之说）。

在这里指出了儒者之混同“政”与“教”的做法是源自《大学》中将修身、齐家、治国、平天下合而为一的思想，后儒对此理解有了偏颇才使得由修己可以实现治人，由格物致知、正心诚意可以最终实现治国平天下的错误思想。所以后儒的不当之处在于泥古二字，“若是在其顶上施以一针，则必然开化，足以与西方一较高下”。从此可以看出西周对于“儒学”的思想还抱有改良的心态。

同时，“教”也不同于“法”，教是人之善恶的分别，法是人之正与不正之界限。法用来“治人”，“法显于外，就形而立制”；教是“使人入善美能好之域”，“教存于内，示心之则”。

政教虽然是“二途”，但二者所归是唯一的，即达到“人间世界之大同”，洋语所说之“和谐”。这个“大和之域”是什么呢？西周依然提出了儒学的理想国——“所谓君君臣臣父父子子之处”。

关于儒学中的“理”的问题，西周在此文中提出了“物理”与“心理”两个概念，“物理”对应的是“ア・プリオリ”（a priori），即“先天之理”，指自然界的道理；“心理”对应的是“ア・ポステリオリ”（a posteriori），即

“后天之心理”。先天之理是不可犯分毫的，有严格的范围，而心理则不如物理那般有严格的规定，是千人千样的，故此才产生了义与不义、道与不道的区别。也正因如此，同时与之上的“教”的论述相关联，指出“教”之所以成立是以“心理”为依据的，这样将“教”从自然科学中分离开来。

在文章最后谈及“教”与“物理”的关系问题时，西周认为人作为天地间一物，涉及人的“观门”之问题时必须参考物理的内容，同时参考心理，以论明“天道人道”。也就是说最终将心理与物理进行统一，归在了“ヒロソヒー”之名下，并在此首次将其译为“哲学”，提出百教一致。

虽然《百一新论》被认为是日本近代最初对儒学进行批判的书，体现了西周的根本思想[①]，但通观全篇不难发现，西周在其中的确对传统的儒学思想中的一些概念、观念进行了分析、批判，但并不能断然地认为他对于儒学采取的是全盘否定的态度。在《百一新论》中西周并没有提出他全部的哲学理念，这项任务是在后来的《百学连环》等一系列著作中完成的。西周在此文中以一种将东西方的世界观中相互关联的一些概念进行重新组合、重新定位，对于二者共有的部分中属于儒学的思想进行再思考。正如藤田正胜所指出的那样，“与那一时代开始关注哲学的大多数人一样，西周也借助儒学的各个概念来作为理解哲学的支撑点”[②]。

（三）西周的儒学批判中的“儒学救拔”

通过以上的分析，我们可以看到西周在理解、接受以及引进介绍西方哲学的过程中，是以其早年的儒学、汉学的素养为理论框架进行的。通过以朱子学为核心的儒学基础这把尺去测量、去观察、去比较，又借助西方哲学的视角再反过来对儒学的理论框架、观念等重新审视，为儒学思想寻求合理性，去除掉不合理的成分。过去一直强调西周的儒学批判思想，但渡边和靖在《西周的儒学与洋学——明治启蒙思想的结构分析》一文中则强调了西周学问构成中“儒学”思想的重要作用，指出西周进行的相关批判绝不是

① 大久保利謙編『明治啓蒙思想集』西周巻解題、筑摩書房、1967、441 頁。

② 〔日〕藤田正胜：《日本是如何接受“哲学”》，《日本问题研究》2012 年第 1 期，第 71 ~ 78 页。

意图于对“儒学”本身进行否定，而是担负着实现和完成西周的“哲学”理念的任务。

回到《百一新论》来看，西周用二分法将儒学思想加以区别。“将孔孟之学一分为二，其一始于对三代以来二十二代典章文物律令格式之讲究，另一则专以孔孟为祖只从道德仁义而讲究攻心之法。若积世立定论、诚四千年前文化既开之国事非不及彼希腊罗马……”[①]，随后又将上述二者分别规定为治天下国家之“法”与攻人心之“教”。

《复某氏书》是西周对当时一位国学者的回信，在文中西周明确表达了自己对于国学、儒学和西学的态度，认为三者各有其短，不要偏于其中一派，应广泛汲取各种学问[②]。其中在谈到儒学时，西周指出儒学中存在着一些后儒对于孔孟学说的理解上的谬误，指出孔孟之说中对“人人当行之事实所立之道”是不应批评的，“唯其涉及形气家之理往往出自妄想，禹之洪范五行之说素不足取，易之谓阴阳观天地之理颇得要，唯其四象以下专由虚数不可取”，又将儒学之中的实践伦理的部分与自然哲学中的不合理的“虚”的部分区别开来。并且认为孔孟之说与“西洲哲学相比大同小异”。并且从西周的文中依然可以看到当时的藩士们还是从一种“士大夫”的视角出发，从儒家治世的角度来陈述对未来的设想，指出东洋西洋的各般学问都是用来“经纶天下，发育万物，升生民永往和熙寿康之域”，“以待将来真圣人出而四海共和”。从中可以窥得儒学思想在其思想深处留下的烙印。

西周继而在《生性发蕴》中通过与西方哲学发展的历史相比较，提出哲学发展的一般规则。指出儒学的发展进步也是“其初必夫仰观天象，俯察地法”，从对宇宙万有的道理的思考即“尧舜以来观察上的彼观”发展到对于“主已之心”的“性理”的思考，即“至孔子一变转而至仁智之说”。[③]

① 大久保利謙編『西周全集』第1巻、宗高書房、1960、276頁。

② 对于此文大多数意见认为这是西周对当时的国学者进行批判的一篇文章，但笔者认为西周在此文中并没有单独针对国学展开批判，而是对包括儒学、洋学在内的学问都表明了态度，是一种折中的、中庸的态度。

③ 大久保利謙編『西周全集』第1巻、38～39頁。

于是，西周通过将儒学二分为“心理”与“物理”，将其合理的部分用西方哲学中的“心理”相对应，指出儒学中有关实践伦理的侧面是可以继续存立以适应新的时代需求的。而将其中有关“物理”的与西方哲学中的自然哲学相应的儒学对于自然之理的思考去除掉，从而为今后儒学作为“道学”在近代日本思想中的成为伦理道德的主要角色创造了条件。

综于以上，日本学界对于西周在哲学上的成就的评价也有所不一。相对于麻生义辉早年在《西周哲学著作集》中将西周作为日本哲学的革命者这样的积极评价①，狭间直树则指出西周“一生都是在以朱子学为核心的东亚学术体系作为基础，在此之上为了接受西洋近代文明、主要是其学术内容而倾注了全部的精力”，对于西周做了较为保守的评价，这一点或许与中江兆民的“日本无哲学”的说法有着某种相通之处。

四　结论

在内忧外患之中，日本经过一场自上而下的明治维新，不仅逐步摆脱了与西方列强的不平等的被动地位，而且成功地走上了近代化国家建设的道路。在这一过程中，西方的文明所起到的作用是不容忽视的。但在思考日本近代化的过程中，一直被视为封建思想的代表——“儒学”思想往往被作为日本在接受西方思想时的落后思想而被批判，其所起到的积极作用通常被“矮小化”。近年来已有不少学者针对儒学思想在日本近代化进程中所起到的作用开始从不同阶段和不同侧面进行重新审视。本文则从西周的相关思想入手，分析了儒学思想在其启蒙思想以及其在日本的西方学问体系的建立的发展过程中所起到的积极作用，并分析了其局限性②。

---

① 麻生義輝編『西周哲学著作集』岩波書店、1933、402 頁。文称西周为幕末明治初期的“哲学界的代表”“唯一可称之为哲学家的唯一一人”“哲学界的陈胜、吴广”。

② 《西周全集》第一卷除了录有西周完整的著作、论文之外，还将西周认真保存下来的片断式的笔记收录在内，被认为是“研究西周学问思想的形成的重要资料”。但由于是笔记形成较早，尚且缺乏印证时间关系的相关证据，对于这些资料的研究较少。但是其中的某些部分很明显是西周在思考儒学思想的片断，特别是与孟子思想相关的内容。但以笔者目前能力，尚不能为此部分内容与西周的具体思想之间的联系找到线索。

西周与其他同时期出生于幕末年间的藩士出身的启蒙思想家一样，青少年期都是他们教养的核心。儒学的素养不仅成为他们终身的思想基础，而且是他们理解和接受西方政治文化思想的基础。因此有学者也指出明治的文明开化在推动日本向西洋靠拢的同时，也是一个“朱子学化”的过程；甚至还指出“在日本，儒学的推广，毋宁说是自明治时代开始的”①。这样的观点显然有它所表达的语境，但我们必须认识到，儒学思想在传入日本之后，特别是经过了德川近三百年的接受与发展后，确已成为日本的传统文化中不可或缺的一个部分，并以这种立场在又一次地接受外来思想的过程中发挥了主动的作用，成为外来思想进入的媒介。同时，越是具有深厚的儒学素养的思想家们越会在他们接受西方思想的过程中同时受到儒学思想带来的束缚与局限。但是，正如渡边和靖指出的，在思考日本接受西方思想的过程时，如果缺乏了儒学思想的视角，就会使这个过程变得“扁平化”、过于简单。必须充分考虑到他们“在意识上锐意与之对决和排斥的儒学，在意识下依然深深地捕获着他们的心不曾离去”② 的思想上的内在的一种紧张。

这种紧张体现在西周的启蒙活动中，表现为通过儒学的知识结构来理解、消化西方知识，在对儒学体系中一些不合理的部分进行批判的同时，客观上为其“道学”成分在日本的近代化过程中找到了其作为伦理道德思想的这一可能性。

---

① 小島毅『靖国史観——幕末維新という深淵』筑摩書房、2007、155 ~156 頁。

② 渡辺和靖「加藤弘之の初期思想——西洋的政治学原理と儒学」『日本思想史研究』1972、59 頁。

梁启超与进化论

葛奇蹊[*]

一　绪论

清末中国与明治维新前后的日本面临着相似的外部环境，如何摆脱半殖民地半封建社会的现状、建立近代化中国成为知识分子们最关切的问题。他们通过译介西方的经典著作、发起自上而下的改良运动、倡导资产阶级革命、赴国外留学等多种途径摸索挽救中国的道路。在这场救亡图存的运动中，进化论思想成为他们关注的焦点之一，它所内含的生存竞争、优胜劣败法则也让人们意识到国际社会的残酷现实，从而促使很多知识分子把进化论思想作为“救国理论”，与现实的政治主张紧密结合在了一起。

梁启超便是这场运动的领军人物之一。戊戌变法失败后，梁启超流亡日本，先后创办杂志《清议报》和《新民丛报》，在撰文时大量使用了诸如“进化”“生存竞争”等日本人翻译的进化论术语，这些术语瞬间成为中国知识界耳熟能详的关键词。不过他在流亡日本之前就已接触过一些进化论思想。本论文主要探讨其流亡日本后在进化论认识上发生了哪些变化，这些变化又是如何在他的政治主张中体现的。

二　流亡日本之前的进化论认识

如果说严复是近代中国第一位系统地将进化论介绍到中国并从此改变

* 葛奇蹊，文学博士，国际关系学院日语系副教授，从事日本思想史研究。

了中国人的世界观的知识分子的话，梁启超在进化论的普及工作上的贡献在清末知识分子当中则是最大的。戊戌变法失败后，他流亡日本，先后创办杂志《清议报》（1898 年）和《新民丛报》（1902 年）并担任主笔，在中国的政治改革问题上积极发表言论。两份报纸在中国国内也被广泛阅读，特别是在年轻人当中引发了巨大反响。同时，梁启超在撰文时还大量使用诸如“进化”“生存竞争”“优胜劣败”“适者生存”等日本人翻译的关于进化论的术语，这些术语顷刻间取代了严复使用的术语，成为中国知识界耳熟能详的关键词。在梁启超言论活动背后的最大理论支柱便是进化论[①]。不过梁启超在流亡日本之前就已经接触过一些西方的进化论思想（以下称为梁启超的前期进化论思想），在维新派的机关报纸《时务报》上也发表过一些言论。

梁启超首次接触到进化论是通过阅读康有为《大同书》中的三世进化理论，并非直接来源于汉译洋书，之后又读了严复的《天演论》，这意味着他流亡日本之前的进化论认识无疑受到了二人的影响，是一种经康有为和严复消化过的进化论。据《梁任公先生年谱长编（初稿）》记载，1895 年梁启超在康有为创办的万木草堂学习时接触到了康有为的《大同书》。梁启超回忆，“先生（康有为。——引者注）著《大同书》，其条例悉与君（陈千秋。——引者注）商榷，其他门弟子莫能与也”[②]。次年，梁启超于上海参与创办《时务报》，撰写代表作《变法通议》和《西学书目表》，前者关乎政治，后者关乎学术，因此其言论活动的性质可以归结为“以政治救时”“以学术救时”。[③] 贯穿这一系列改革主张的理论便是康有为的“三世进化说”，以下分别从学校制度、科举制度和政治制度三方面来逐一分析。

在《时务报》第五册上发表的《论学校・变法通议三之一・总论》是梁启超首次根据三世进化说的理论撰写的文章，在文中他提出对学校制度进行改革的主张，主要基于以下理由：

---

① 佐藤慎一「梁啓超と社会進化論」『法学』59 巻 6 号、1996 年 1 月、1070 頁。

② 丁文江、赵丰田编《梁任公先生年谱长编（初稿）》，中华书局，2010，第 29 页。

③ 丁文江、赵丰田编《梁任公先生年谱长编（初稿）》，第 31 页。

吾闻之《春秋》三世之义，据乱世以力胜；升平世智力互相胜；太平世以智胜。草昧伊始，蹄迹交于中国，鸟兽之害未消，营窟悬巢，乃克相保，力之强也。顾人虽文弱，无羽毛之饰，爪牙之卫，而卒能槛絷兕虎，驾役驼象，智之强也。数千年来，蒙古之种，回回之裔，以虏掠为功，以屠杀为乐，屡蹂名国，几一寰宇，力之强也。近百年间，欧罗巴之众，高加索之族，藉制器以灭国，借通商以辟地，于是全球十九归其统辖，智之强也。世界之运，由乱而进于平。胜败之原，由力而趋于智。故言自强于今日，以开民智为第一义。①

梁启超依据《春秋》三世说，认为在“据乱世”中以武力争高下，在“升平世”中智、力参半，在“太平世”中变为以智力争高下。并将由战乱到和平、由武力向智力的转变视为社会进化的表现。因此，在“升平世”的当今应改革学校制度，以提升民众智力为第一要务，最后达到自强的目标。此外，梁启超还在《论科举》中提出关于科举制度的改革：

科举弊政乎，科举法之最善者也。古者世卿，《春秋》讥之。讥世卿，所以立科举也。世卿之弊，世家之子，不必读书，不必知学，虽騃愚淫佚，齐循例入政。则求读书、求学者必少，如是故上无才。齐民之裔，虽复读书，虽复知学，而格于品第，未从得官，则求读书、求知学者亦少，如是故下无才。上下无才，国之大患也。科举立，斯二弊革矣。故世卿为据乱世之政，科举为升平世之政。②

梁启超认为科举制度是比世袭制度更公平的人才选拔制度，也有利于国家的发展，因此正适合“升平世”。另外，在《论君政民政相嬗之理》中，

① 梁启超：《论学校·变法通议三之一·总论》，沈云龙主编《时务报》第三册，台北，文海出版社，1987，第271页。

② 梁启超：《论学校·变法通议三之二·科举》，沈云龙主编《时务报》第七册，台北，文海出版社，1987，第413页。

又按照“三世进化说”阐释了政治改革的基本方向：

> 《春秋》张三世之义也。治天下者有三世：一曰多君为政之世，二曰一君为政之世，三曰民为政之世。多君世之别又有二：一曰酋长之世，二曰封建及世卿之世。一君世之别又有二：一曰君主之世，二曰君民共主之世。民政世之别亦有二：一曰有总统之世，二曰无总统之世。多君者，据乱世之政也；一君者，升平世之政也；民者，太平世之政也。此三世六别者，与地球始有人类以来之年限有相关之理。未及其世，不能躐之；既及其世，不能阏之。[①]

梁启超认为，政治改革的方向应该是逐渐从专制向民主过渡，既不能有跳跃（“未及其世，不能躐之”），也不会出现倒退（“既及其世，不能阏之”）。

在“三世进化说”上，梁启超与康有为的不同之处在于划分三世的标准。康有为仅以政体形式来划分“三世”，据乱世即君主专制，升平世即君主立宪，太平世即民主共和。梁启超在此基础上丰富了衡量三世的标准，加入了竞争方式和君主的人数，按竞争方式，据乱世即武力竞争，升平世即智、力两方面的竞争，太平世即智力竞争；按君主的人数，据乱世即多君，升平世即一君，太平世即无君。除此以外，基本承袭了康有为“三世进化说”的观点。比如，二人都认为三世的进化应该是渐进、平稳的过程，不可发生跳跃甚至倒退的现象。此外，二人的进化论认识从源头上来说虽然都来自西方，但梁启超与康有为一样，将西方的进化论与中国古时的春秋三世说相结合，认为促进社会进化、实现大同理想是对孔子“微言大义”的践行。

> 世之贤知太过者，或疑孔子何必言小康。此大谬也！凡由多君之政

① 梁启超：《论君政民政相嬗之理》，《饮冰室文集点校》第一集，云南教育出版社，2001，第84页。

> 而入民政者，其间必经一君之政，乃始克达。（中略）此孔子立三世之微意也。[①]

换句话说，二人都认为，进化论思想在中国历史上早已存在。因此，可以认为“三世进化说”从本质上来说是西方进化论思想与中国传统的春秋三世说的结合。

另一方面，关于严复在进化论思想上对梁启超的影响，根据现存史料来看难以判断，只能从双方的书信往来中窥其一斑。严复在1896年10月写给梁启超的信中提到“拙译《天演论》，仅将原稿寄去”[②]。对此，梁启超则在“与严幼陵先生书”（1897）中回应：“幼陵先生：二月间读赐书二十一纸，循环往复诵十数过，不忍释手，甚为感佩，乃至不可思议”[③]，并且在之后的文中明确提到了《天演论》。据此可以推测，梁启超在《天演论》出版之前就已读到了严复的草稿，时间应该是1896年10月到1897年2月之间。关于《天演论》草稿所讲的内容，梁启超基本给予了肯定评价：

> 承规各节，字字金玉。数月以来，耳目所接，无非谀词，贡高之气，日渐增长，非有先生之言，则启超堕落之期益近矣。（中略）书中之言，启超等昔尝有所闻于南海，而未能尽。[④]

梁启超称《天演论》“字字金玉”，若没有读到此书，可能自己在思想上的“堕落之期”不远，还将《天演论》中的进化论思想视为与康有为“三世进化说”相似，并对后者有所补充的思想。

综上可知，梁启超的前期进化论思想主要来源于康有为的“三世进化说”，本质上是西方进化论思想与中国古代的春秋三世说的结合体，其主要

---

① 梁启超：《论君政民政相嬗之理》，《饮冰室文集点校》第一集，第86页。

② 严复：《与梁启超书（一）》，王栻主编《严复集》第三册，中华书局，1986，第515页。

③ 梁启超：《与严幼陵先生书》，《饮冰室文集点校》第一集，第177页。

④ 梁启超：《与严幼陵先生书》，《饮冰室文集点校》第一集，第177、179页。

特点是相信社会是从低级到高级以平稳、渐进的方式不断上升的过程，在这个过程中不可出现跳跃甚至倒退的现象。

三 流亡日本之后的进化论认识

1898 年，戊戌变法失败后，梁启超在日本公使馆的庇护下流亡日本，在日本先后创办《清议报》和《新民丛报》，继续以一名言论人的身份为宣传改革思想而努力。通过学习日语，阅读日文文献，开辟了知识领域的新天地。自从到了日本之后，梁启超才真正体验到与进化论的面对面接触，而关于进化论的知识主要是通过阅读日本人创作和翻译的著作获取的：

> 哀时客（梁启超。——引者注）既旅日本数月，肄日本之文，读日本之书。畴昔所未见之籍，纷触于目，畴昔所未穷之理，腾跃于脑。如幽室见日，枯腹得酒，沾沾自喜，而不敢自私。乃大声疾呼，以告同志曰，我国人之有志新学者，盍亦学日本文哉。①

另一方面，在报纸上积极介绍西方的进化论思想和日本人的进化论著作也成了梁启超言论活动的一个重要组成部分。可以说进化论思想是其在日言论活动的基石，这一点可以从以下一段引用中看出，梁启超在《清议报》发行百册的祝辞中就《清议报》的性质进行了如下总结。

> 《清议报》之特色有数端：一曰倡民权。（中略）二曰衍哲理。（中略）三曰明朝局。（中略）四曰厉国耻。（中略）一以天演学物竞天择、优胜劣败之公例，疾呼而棒喝之，以冀同胞之一悟。此四者，实惟我《清议报》之脉络之神髓。一言以蔽之曰：广民智，振民气而已。②

---

① 梁启超：《论学日本文之益》，《清议报》第 10 册，中华书局，1991，第 579 页。

② 梁启超：《〈清议报〉第一百册祝辞并论报馆之责任及本馆之经历》，《饮冰室文集点校》第二集，云南教育出版社，2001，第 755 页。

在进化论的认识上，与流亡日本之前相比，出现了几个明显的新特点。

第一，不再一味单纯地鼓吹社会进化，而开始意识到“生存竞争”“优胜劣败”“适者生存”“自然淘汰”等要素是进化论的重要法则，是推动社会进化的原动力。

比如在《天演学初祖达尔文之学说及其略传》中详细介绍了达尔文的生平及其学说。梁启超在开篇首先提到“竞争也，进化也，务为优强勿为劣弱也，凡此诸论，下自小学校之生徒，上至各国之大政治家，莫不口习之而心营之”[①]，即竞争与进化是同一个概念，应争做优强，避免沦为劣弱，已成为全民共识。接下来分别解释了达尔文进化论的几个关键概念。①自然淘汰。“所谓天然淘汰者何也？”“与天然界之境遇相适，则能自存焉，能传种焉”。②生存竞争。“万物同竞争，而异类之竞争，不如同类之尤激烈”。③适者生存。“夫所谓适者生存，非徒其本体之生存而已，必以己之所以优所以胜之智若力，传之于其子，子又传诸其孙”。最后在结尾部分提到“苟明此理，则知现今庶物之樊然殽列者，其先必皆有所承袭而来。（中略）即吾人类，亦属生物之一种，不能逃此公例[②]之外”。即人类与其他物种一样，源于同一祖先，是由下等动物进化而来，促发这种进化的原动力是生存竞争、优胜劣败。

将进化论的各要素真正纳入思想体系中的梁启超开始意识到中国所处的国际环境是一个受“生存竞争”“优胜劣败”法则支配的“修罗场”，其改革方案也逐渐摆脱了过去的“三世进化说”那种单纯地寄望于实现大同理想社会的乐观主义色彩，而具有了更多的现实认识和国际视野，以下将梁启超赴日之后的进化论认识称为“梁启超的后期进化论思想”。

《新民说》很好地反映了梁启超后期进化论思想与其政治主张的融合。该文分 4 次连载于《新民丛报》1 ~ 4 号，主要讲述了中国人意识觉醒的必要性以及当代国民应该具备的条件和准则。其中在第四节“就优胜劣败之理以证新民之结果而论及取法之所宜”中，通过比较世界上各大种族的优

① 梁启超：《天演学初祖达尔文之学说及其略传》，《饮冰室文集点校》第一集，第 399 页。

② 在前文，梁启超已提到，“公例”即生存竞争、优胜劣败，生物变迁之原因，皆由生存竞争、优胜劣败之公例而来。

劣，来呼吁中国人民审视自身。梁启超认为，世界各民族孰优孰劣本来并不重要，“皆可以休养生息于其部分之内”，“然天演物竞之公例，既驱人类使不得不接触、不交通、不争竞，一旦接触、交通、争竞，而一起一仆之数乃立见”①。进而断言，白人是各种族中最有势力、最优强的种族。白人为何优于其他人种，因为“他种人好静，白种人好动；他种人狃于和平，白种人不辞竞争；他种人保守，白种人进取”，即白种人强在其竞争意识和进取精神，“白种人所以雄飞于全球者，非天幸也，其民族之优胜使然也”。在第六节“论国家思想”中，又提到“夫竞争者，文明之母也。竞争一日停，则文明之进步立止”。可见梁启超已经清醒地认识到竞争是促进民族进化、文明进步的原动力。

第二，超越了前期只将进化论视为关乎社会进化的理论，结合当时中国所处的国际环境和自身对进化论更深入的理解，梁启超为进化论赋予了新的定位——“强权”的理论。如前所述，“三世进化说”将大同社会视为致力于实现的理想，从政体上来看相当于民主共和，在“大同世界”中需要最大限度地削弱甚至杜绝君权的存在，代之的是民权的最大化。可以想象，对于流亡日本之前的梁启超来说，就像“民者，太平世之政”所说的那样，社会进化无非意味着在开民智的基础上，伸张民权，实现人民主政。然而，这种理解在梁启超流亡日本之后发生了质的改变。他在《国家思想变迁异同论》中如是说：

> 于现今学界，有割据称雄之二大学派，（中略）一曰平权派，卢梭之徒为民约论者代表之；二曰强权派，斯宾塞之徒为进化论者代表之。平权派之言曰：人权者出于天授者也，故人人皆有自主之权，人人皆平等。国家者，由人民之合意结契约而成立者也，故人民当有无限之权，而政府不可不顺从民意。是即民族主义之原动力也。（中略）强权派之言曰：天下无天授之权利，惟有强者之权利而已，故众生有天然之不平等，自主之权当以血汗而获得之。国家者，由竞争淘汰不得已而合群以

① 梁启超：《新民说》，《饮冰室文集点校》第一集，第551页。

对外敌者也，故政府当有无限之权，而人民不可不服从其义务。是即新帝国主义之原动力也。[①]

梁启超充分肯定了前者，称“民族主义者，世界最光明正大公平之主义也”，“使能率由此主义，各明其界限以及于未来永劫，岂非天地间一大快事”。但他认为这与当今的现实不符，理由在于：

虽然，正理与时势，亦常有不并容者。自有天演以来，即有竞争，有竞争则有优劣，有优劣则有胜败，于是强权之义，虽非公理而不得不成为公理。（中略）故曰：两平等者相遇，无所谓权力，道理即权力也；两不平等者相遇，无所谓道理，权力即道理也。[②]

民权论虽然是一种理想的“公理”，但只能建立在平等的基础上，但世界自进化以来便伴随着生存竞争、优胜劣败，这决定了国与国之间不可能处于平等的关系，在这个弱肉强食的世界上，强权才是公理。梁启超进而解释道，以民权论为原动力的民族主义归根结底仍旧要走向以强权论为原动力的新帝国主义，而中国现在甚至尚未步入民族主义阶段，因此当务之急是培养民族意识，抵御外国侵略。

第三，对竞争环境和竞争内容的认识发生了变化。在流亡日本之前，梁启超依据“三世进化说”，认为当今社会处于“升平世”，竞争比拼的是智力和武力双方，随着进入“太平世”，将只存在智力的竞争，社会也将逐渐从战乱趋于和平。而在梁启超的后期进化论思想中，竞争的环境和竞争的内容都发生了变化。从环境来说，梁启超认为当今世界竞争的焦点正在向中国聚集，“亚洲竞争界之第一期，在于印度”，“大势所趋，愈接愈剧，及竞争之第二期，而重心点专集于中国矣”[③]。在这种形势下，中国再没有什么和

① 梁启超：《国家思想变迁异同论》，《饮冰室文集点校》第二集，云南教育出版社，2001，第766页。

② 梁启超：《国家思想变迁异同论》，《饮冰室文集点校》第二集，第767页。

③ 梁启超：《论民族竞争之大势》，《饮冰室文集点校》第二集，第796页。

平可言，面临着被“四大帝国”（英、德、俄、美）瓜分的危险，因此“夫竞争之剧烈而不可止”[①]。从内容来说，当今世界已不单纯是武力或智力的竞争，还包括政治的竞争、经济的竞争、民族的竞争、国家的竞争[②]，而归根结底是“国民的竞争”。梁启超强调，中国人自古没有国民的意识，只有国家的意识。“国家者，以国为一家私产之称也”，“国民者，以国为人民公产之称也”，“以一国之民，治一国之事，定一国之法，谋一国之利，捍一国之患，其民不可得而侮，其国不可得而亡，是之谓国民”[③]。因此，真正的竞争不是国家的竞争，而是国民的竞争：

> 由此观之，今日欧美诸国之竞争，（中略）其原动力乃起于国民之争自存。以天演家物竞天择、优胜劣败之公例推之，盖有欲已而不能已者焉。故其争也，非属于国家之事，而属于人群之事。[④]

中国的当务之急是唤醒国民意识，“以国民之力抵抗以国民来侵者”。很明显，梁启超在这里讲的“国民之力”指的是爱国精神，具体来说就是真正将国家和人民视为命运共同体，将国家的存亡与自身的安危紧密联系在一起的认同感。梁启超认为这种精神层面的爱国意识才是当今竞争的主旋律，也是拯救中国的关键所在。

四　对进化论者加藤弘之思想的继承与评价

日本人创作和翻译的进化论著作对于梁启超在进化论认识上的变化产生了巨大影响，与此同时，梁启超对于日本进化论者的进化论思想抱有怎样的态度，以下就这个问题简要进行一下分析。

在梁启超的著作中，涉及对日本进化论者评价的文章不多，关于加藤

① 梁启超：《论民族竞争之大势》，《饮冰室文集点校》第二集，第795页。
② 梁启超：《论民族竞争之大势》，《饮冰室文集点校》第二集，第802页。
③ 梁启超：《论近世国民竞争之大势及中国前途》，《饮冰室文集点校》第二集，第810页。
④ 梁启超：《论近世国民竞争之大势及中国前途》，《饮冰室文集点校》第二集，第812页。

弘之的占绝大多数。在进化论思想上，加藤弘之是日本思想家中对梁启超影响最大的。从整体来看，梁启超对加藤弘之的进化论思想非常推崇，但也不失公正客观的态度，在《自由书》中，他这样评价加藤弘之：

> 日本文学博士加藤弘之，德国学派之泰斗也。专主进化论，以爱己心为道德法律之标准。其言固多偏激有流弊，然持之有故，言之成理，故其影响及于日本学界者甚大焉。余夙爱读其书，故不欲绍介其学术于中国，盖虑所益不足偿所损也。虽然，今日学术思想勃兴之时代，终非可以人力阻止某种学派，不使输入我国，苟强阻止之，是又与顽固之甚者也。况能成一家之言者，必自有其根柢条理，苟其能理会其全体，而不藉口其一端，则不论何学派而皆有裨于群治。①

梁启超客观评价加藤的进化论“多偏激有流弊，然持之有故，言之成理”，但自己“不欲绍介其学术于中国”。这不代表梁启超否定加藤进化论的学术价值，而是担心其不适合中国实情。然而又评价其“能成一家之言”，“自有其根柢条理”，“有裨于群治”，也就是认为加藤弘之的学说虽有瑕疵，且对于中国弊大于利，但从客观来说是成一家之言的学说，有着深厚的学术底蕴，因此对于治国具有积极作用。

《自由书》中的《论强权》和《利己心之三种》是梁启超具体评价加藤弘之进化论思想的两篇文章。《论强权》一文是在承袭了加藤弘之《强者的权利竞争》基本观点的基础上撰写的②，因此梁启超在文中的观点也可以视为对加藤弘之的评价。该文分为三个部分——“强权之界说”“论强权与自由权之关系”“论强权之发达”。在第一部分，梁启超就“强权”的定义进行了说明，他提到，“强权云者，强者之权利之义也”，“何云乎强者之权利？谓强者对于弱者而所施之权力也。自吾辈人类及一切生物世界乃至无机

① 梁启超：《自由书（续前）：加藤博士“天则百话”》，《饮冰室文集点校》第四集，云南教育出版社，2001，第2308～2309页。

② 佐藤豊「梁啓超と功利主義—加藤弘之『道徳法律進化の理』に関連して」『中国：社会と文化』第13号、1998年6月、169頁。

物世界，皆此强权之所行，故得以一言蔽之曰：天下无所谓权利，只有权力而已，权力即利也”①。这与加藤弘之在《强者的权利竞争》中所讲的“强者的权利是‘天赋的权利’，无外乎指的是强者的‘权力’。天然赋予吾人及动物的唯一权利是强者的权利，但此强者的权利实际上不可称为‘权利’，而只应称为‘权力’”如出一辙。接下来梁启超又将强权分为两种，“一曰大而猛者，一曰温而良者”，“概名之为强权也”。加藤弘之在《强者的权利竞争》中的表述则是“在野蛮未开化的人民当中，强者的权利往往会变为粗暴猛恶的权力，在文明开化的社会中与此相反，往往会变为高尚优大的权力。因此学者不可仅将粗暴猛恶的权力视为强者的权利”。在第二部分，梁启超论及强权与自由权的关系，认为“强权与自由权，其本体必非二物也”，但“自由云者，平等云者，非如理想家所谓天生人而人人畀以自由平等之权利云也”，也就是说强权和自由权是一个意思，但自由平等不是人生来便拥有的，从而否定了天赋人权的说法。梁启超强调“强者常制弱者，实天演之第一大公例也。然则欲得自由权者，无他道焉，惟当先自求为强者而已”②，即强权的存在是进化论中最大的法则，要想获得自由必须先成为强者，只有强者才有自由。这与加藤弘之在《强者的权利竞争》的第三章“论强者的权利与自由权同一之事以及强者的权利与真诚的（法定的）权利之间的关系”当中论述的观点完全一致。在第三部分，论述了强权的发达。梁启超首先提出“凡一切有机之生物，因其内界之遗传与外界之境遇，而其体质心性，生强弱优劣之差。此体质互异之各物，并生存于世界中，而各谋利己，即不得不相竞争，此自然之势也，若是者名之为‘生存竞争’。因竞争之故，于是彼遗传与境遇，优而强者，遂常占胜利，劣而弱者，遂常至失败，此亦当然之事也，若是者名之为‘优胜劣败’”，并强调“生存竞争，优胜劣败，此强权之所由起也”③。这与加藤弘之的表述“凡万种的生物都是通过遗传和应化来获得身心的资质，遗传和应化在各个生物体中不尽相同，因此产生身心资质的不同也是理所当然的。凡生物在身心的资

① 梁启超：《论强权》，《饮冰室文集点校》第四集，第 2268 页。

② 梁启超：《论强权》，《饮冰室文集点校》第四集，第 2269 页。

③ 梁启超：《论强权》，《饮冰室文集点校》第四集，第 2269 ~ 2270 页。

质上存在不同时，也必定会产生身心的强弱优劣，就其结果来说，生物界经常发生强者的权利竞争，身心优强的一方会战胜劣弱的一方”基本相同。接下来梁启超又结合自己历来主张的三世进化理论，对强权的发达进行了说明。他认为强权的发达也要经历“据乱世”“升平世”“太平世”三个阶段。在“据乱世”中，统治者相对于被统治者没有足够的强权；在“升平世”中，统治者拥有更大的强权；在“太平世”中，被统治者也能拥有更多的强权，与统治者进行对抗，双方的实力对比趋于平等，此为强权发达的极致。

综上可知，梁启超全面肯定了加藤弘之关于强权的解释，在表述上也与加藤保持一致。但这同时意味着他在观点上也很难避免存在着与加藤弘之同样的问题。二人都认为自由平等非天赋，强权才是天赋（对于强者来说的强权），这是由有机体生来在体质精神上的差异导致的生存竞争和优胜劣败决定的。虽然起初是强者通过强权统治弱者，但随着社会的进化，处于劣弱的一方可以获得越来越多的强权，而让社会趋于平等。然而，处于劣弱的一方如何才能获得越来越多的强权？即使处于劣弱的一方获得了足够的强权，是不是就意味着社会真的趋于平等了？如果按照强权的定义来说，是强者对于弱者的压制，那么当劣弱一方获得了足够的强权后，其将不再“劣弱”，此时的“压制”将发生于哪两方之间？关于这些问题，加藤弘之和梁启超都没有给出回答。

“利己心之三种”则是在借鉴加藤弘之的观点的基础上阐述了自己对于利己心的理解。梁启超将利己心分为三种：第一，“无限纯全之利己心”；第二，“有限纯全之利己心”；第三，“变形之利己心”。进而解释，“所谓无限纯全之利己心者，即下等动物之利己心，惟尽己力所及，以谋自利，毫不顾其他者也；所谓有限纯全之利己心者，即稍带群性之高等动物，虽谋自利而稍有限制，不妄害其他者也；所谓变形之利己心者，即寻常人所称为利他心者也。此种利己心，高等动物虽稍有之，然至人类界而始进步，盖其目的本非为他人计，但欲自谋真实之利。其利他也，不过其一利己之手段也，故谓之变形之利己心”。然后强调，“此三种之利己心，自有高下之别，显而易见者也。即第一种行于普通动物界，第二种行于高等动物界，第三种行于人类界也”，并认为利他心是逐渐从利己心当中衍生出来的，“此实天演大圈转移变化之情状也”，即利他行为的产生是社会进化的结果①。梁启超进而提到，利他心不能脱离利己心而单独存在，其实从本质上来说利他心只是变形的利己心，但却是一种高尚的利己心，“利己心必非可恶可贱者，若其第三种、第二种，实人类生存所不可缺之具也”。梁启超认为关于利己心的理论是“加藤博士学说之要点”，并评价“日人推尊之者，以为发泰西学者未发之蕴；其反对之者，则以为正义之公敌，人道之蟊贼。盖日本学界诸先辈中，其受毁誉最剧烈者，未有若加藤氏之甚者也”。在这里，梁启超特别强调，加藤弘之将利他心归为利己心附庸的说法不宜行于今日之中国，但吾人读其书，不可不将着眼点放在“利他”上。因此要发掘加藤弘之学说当中的可取之处，不可将所有错误归咎在他一人身上②。

五　结语

中国对进化论思想的接受主要有两个途径：一是通过译介西方进化论学者的相关著作而直接摄取的西方进化论，二是知识分子们东渡日本后通过阅读日译西方相关著作和日本人著述的进化论著作而摄取的经日本“过滤”后的进化论。明治时期的日本对清末中国留日学人的进化论认识的影响是广泛而深远的，清末中国的知识分子们通过对日本进化论相关著作、译著的涉猎和在日活动，加深了对进化论思想的理解。以梁启超为例，他在流亡日本之前的进化论认识主要来自康有为的“三世进化说”，单纯以一种乐观主义的态度鼓吹社会的进化；而赴日后，他对于进化论的整体理论框架有了更丰富的理解，包括生存竞争、优胜劣败、自然淘汰这些进化论的基本法则。可以说，如果没有日本这个文化语境的媒介作用，梁启超在进化论的认识上是不可能发生这些变化的。

---

① 梁启超：《利己心之三种》，《饮冰室文集点校》第四集，第 2311～2312 页。

② 梁启超：《利己心之三种》，《饮冰室文集点校》第四集，第 2312～2313 页。

参考文献

1.《严复集》，中华书局，1986。
2.《饮冰室文集点校》，云南教育出版社，2001。
3.《康有为全集》，中国人民大学出版社，2007。
4. 丁文江、赵丰田编《梁任公先生年谱长编（初稿）》，中华书局，2010。
5. 小野川秀美『清末政治思想研究』みすず書房、1969。
6. 伊藤秀一「清末における進化論受容の諸前提—中国近代思想史における進化論の意味　その一」『神戸大学文学会研究』第22号、1960。
7. 木下英司「近代中国における社会進化論の受容について」『社会学年誌』第27号、1986年3月。
8. 佐藤慎一「梁啓超と社会進化論」『法学』6巻59号、1996。

关于广松哲学的意趣、结构与评价*

邓习议**

一　广松哲学在中国的传播

广松哲学在中国的传播以及中国学术界对广松哲学的介绍，始于 1994 年。在把广松哲学译介到中国的过程中，南京大学的张一兵先生和中国社会科学院哲学研究所的卞崇道先生起了极为重要的推动作用。卞崇道先生于 1994 年和 1996 年先后就广松涉的哲学与马克思主义的关系做了初步及较为完整的介绍；张一兵先生于 1994 年和 2002 年先后发表了《马克思哲学初始地平线中的关系本体论——析广松涉的马克思主义原像观》及《广松涉：关系存在论与事的世界观》这两篇文章，对广松涉（ひろまつ わたる，Hiromatsu Wataru，1933～1994）的哲学研究成果做了全面的介绍，使广松哲学在很大程度上为国内学术界所熟知。2002 年，由张一兵先生主编、南京大学出版社出版的"当代学术棱镜译丛"推出了"广松哲学系列"，出版了广松著作的第一个中译本《物象化论的构图》，标志着国内广松哲学的译介的正式启动。此后，《事的世界观的前哨》（2003）、《文献学语境中的〈德意志意识形态〉》（2005）、《存在与意义》（第 1～2 卷，2009）、《唯物史观的原像》（2009）和《资本论的哲学》（2013）也相继出版。至今，已

* 本稿是作者 2015 年作为东京大学大学院人文社会系研究科客座研究员的研究论文，原载东京大学哲学研究室『論集』第 34 号，2015 年度，第 56～93 頁。由于版面所限，此处发表有删节。

** 邓习议，湖州师范学院马克思主义学院副教授，南京大学哲学博士，主要从事日本哲学、国外马克思主义哲学的研究。

分别于2002年5月（南京）、2005年4月（南京）、2007年4月（东京）、2009年11月（南京）、2015年11月（广州）举办了五届“广松涉与马克思主义哲学”国际学术研讨会。

2006年12月，张一兵先生主编的《社会批判理论纪事》（第1辑）[①]出版，其中刊登了中日学者关于广松哲学的十多篇文章。2008年2月，出版了张一兵先生的博士生杨思基的博士论文《拨开“物象化”的迷雾》[②]，这是国内出版的第一部关于广松哲学的博士论文。该书以史、论、逻辑相结合的方法，论证了广松涉物象化理论的思想渊源及其与他的马克思主义哲学研究的关系，阐述了历史唯物主义的“物”也就是广松涉所讲的社会实践关联关系的“场”。

就个人来说，我是从2004年在湘潭大学读硕士研究生期间开始接触到广松涉的著作，两年之后提交的毕业论文即是《广松哲学研究》。2006年，再考入南京大学哲学系师从张一兵先生攻读博士学位，毕业时提交的论文为《四肢结构论：从实体主义到关系主义的新推进——广松涉〈存在与意义〉的文本学解读》[③]。在此之后，还翻译了上述广松涉的《唯物史观的原像》、《资本论的哲学》这两本书。目前，其《马克思主义的哲学》一书也已译完，由南京大学出版社出版。

二　广松哲学的意趣和方法

20世纪30年代末，冯友兰先生在其《新理学》一书中谈到，对于宋明理学，自己大体上不是“照着讲”，而是“接着讲”。“照着讲”是注疏家的讲法，“接着讲”是哲学家的讲法。注疏家是“我注六经”，没有自己的主见，而专门转述别人的观点的人。哲学家是“六经注我”，有自己的真知灼见，能够讲出别人所未讲。冯先生提出的这两种不同的哲学境界，我想大致分别对应张一兵先生在1999年和2007年提出的“文本学”和“后文本

① 张一兵主编《社会批判理论纪事》第1辑，中央编译出版社，2006。

② 杨思基：《拨开“物象化”的迷雾》，人民出版社，2008。

③ 出版时名为《四肢结构论——关系主义何以可能》，中国社会科学出版社，2015。

学”（思想构境论）这两种不同层次的马克思主义经典著作的解读方法。那么，在马克思主义哲学研究领域，对照冯先生的区分标准，广松哲学是“照着讲”还是“接着讲”？根据这11年来对广松哲学的研究与体会，我倾向于将广松涉定位为日本哲学史上继西田几多郎之后的第二大哲学家。而用大森庄藏先生的话来说，“除去一部分狂热的广松崇拜者以外，广松涉的名字一般鲜为人知。但是，有许多人都同意这一点，广松是西田几多郎之后，恐怕还要超越西田的哲学家”[①]。与冯先生的《新理学》一样，广松涉也是“接着讲”。

广松生前出版过著作40余部，其哲学源头主要有马克思主义哲学、现象学（及新康德主义）、马赫哲学（及现代物理学）。读者也许要问：可是，沿着这三大哲学源头，广松哲学要“接着讲”什么？我想，这大致可以用张一兵先生总结的五个字来概括，即“关系存在论”[②]。那么，广松“关系存在论”的思想背景又是什么？在广松的众多著作中，未必提供了关于这一问题的现成答案。不过，我们可以通过广松涉发表于1994年3月16日《朝日新闻》的《以东北亚为历史的主角——建立以中日为轴心的“东亚”新体制》这篇文章，来了解广松哲学的基本意趣。如果说《精神现象学》是黑格尔哲学的秘密，那么这篇文章亦是广松哲学的秘密。纵观广松的整个哲学，可谓围绕上述意趣而展开其哲学运思。

要言之，广松哲学的根本意趣可归结为致力于“三大转换”的实现。（1）政治上，寻求从“脱亚入欧”到“脱欧入亚”的转换，以中日关系新体制超越西方中心主义。引发广松涉思考关系主义这一理论问题的现实契机，是他在20世纪末东欧剧变和苏联解体之后的新的世界格局下，关于新的世界观、新的价值观的思考。作为广松的思考结果和哲学秘密，他倡导“建立以中日（关系）为轴心的‘东亚’新体制”，这当是古往今来哲学与社会的密切联系在当代日本的最直接表现。（2）经济伦理上，倡导从“消费主义”到“生态主义”的转换，以东方天、地、人三者和谐统一的生态

① 何鉴：《广松涉小传》，《博览群书》2002年第10期。

② 张一兵：《广松涉：关系存在论与事的世界观》，《哲学动态》2002年第8期。

观超越西方消费至上的资本逻辑。在生态伦理问题上，广松痛感“必须从根本上重新追问过去五百年间以欧洲为中心的产业主义”，指出“从消费主义到生态主义的转换，是未来发展的趋势”[①]。从今天日渐兴起的绿色消费与生态伦理来看，广松大约10年前就有着如此的目光穿透力，这在当时亦可谓空谷足音。（3）哲学上，推进从“实体主义”到“关系主义”的转换，以东方式的“事的世界观”超越西方传统的“物的世界观”。对广松来说，这一转换，以通过直接阅读马克思从早期具有人本主义色彩的《1844年经济学哲学手稿》，到后期秉持“三大拜物教”批判立场的《德意志意识形态》及《资本论》等经典著作，发现其中蕴含的从“异化论”到“物象化论”的逻辑转换为理论背景。

广松哲学的理论目标，旨在克服与超越西方哲学的主客二分的实体性思维方式，将其推进到以龙树为代表的东方式的主客统一的关系性思维方式，为上述三大转换提供哲学奠基。

“物象化论”的方法，是在广松的《物象化论的构图》《事的世界观的前哨》《唯物史观的原像》《资本论的哲学》及《以物象化论为视角读资本论》等著作中逐步形成的。以广松之见，所谓物象化，“是对人与人之间的主体际关系被错误地理解为‘物的性质’……以及人与人之间的主体际社会关系被错误地理解为‘物与物之间的关系’这类现象……的称呼”[②]。简单地说，“物象化”就是“把关系看作‘物’。”物象化论机制的成立，首先有赖广松关于“对于我们”的学理反思意识（für uns）和“对于他们”的当事者直接意识（für es）这两种不同立场的把握。

三　“四肢结构”的基本结构

在《存在与意义》两卷本中，广松系统地论证了认识世界和实践世界的“四肢结构”。“四肢结构”是广松用于论证其事的世界观的一个比喻性

---

① 『廣松涉著作集』第14巻、岩波書店、1997、499頁。

② 〔日〕广松涉：《物象化论的构图》，彭曦、庄倩译，南京大学出版社，2002，第65页。

术语，是广松函数式地对认识世界和实践世界的四个存在契机的精到把握，旨在论证“主－客”“心－物”的不可分性。具体而言，所谓认识世界的四肢结构，即“现象的所知的二肢二重性（现象的所与－意义的所识）和能知的主体的二肢二重性（能知的个人－能识的人类）不是彼此独立的，而是以一种独特的方式相互关联，共同形成四肢性的连环结构。”① 实践世界的四肢结构，即“用在的财物态的二肢二重性（实在的所与－意义的价值）和能为的主体的二肢二重性（能为的个人－职位的人类）不是彼此独立的，而是以一种独特的方式相互关联，共同形成四肢性的连环结构。”② 其中，现象的所与、能知的个人、实在的所与和能为的个人是场所的、个别的、易变的、现实的东西，意义的所识、能识的人类、意义的价值和职位的人类是超场所、普遍、不变的理念－理想的东西（见表1）。

表1　四肢结构（二肢二重结构）

	存在性格	现实的东西	理念－理想的东西
认识世界	客观（二肢）	现象的所与	意义的所识
	主观（二重）	能知的个人	能识的人类
实践世界	客观（二肢）	实在的所与	意义的价值
	主观（二重）	能为的个人	职位的人类

广松强调，四肢结构中的每一肢各自仅仅是函数中的一个变数。也就是说，并非首先存在四个分肢要素，然后各要素之间结成关系，而是作为总体的关系从根本上先于要素而存在。在广松看来，欧洲哲学中的诸如“个体”“自我”“普遍”“超越论的主观”等基本概念，都是“物象化的误视”的产物。举例来说，我发现手头的这张X光照片的某个部位有癌症影像，此时，在近代的“主观－客观”或以胡塞尔为代表的“对象－内容－作用”的三项图式的认知模式看来，不外是“主观的我”观察“客观的癌症影像”，主客观被直接置入“感觉・知觉－判断”的二项图式中。然而从学理

① 『廣松涉著作集』第15卷、岩波書店、1997、181頁。

② 『廣松涉著作集』第16卷、岩波書店、1997、181頁。

的反思的物象化论的视角来看，真实的事态是“我从X光照片”，“读取某种特定的影像”，“我作为掌握21世纪医学的医生”，“将某种特定的影像认知为癌症”，由此呈现着“我（能知的个人）作为医生（能识的人类）”和“作为某种特定影像（现象的所与）的癌症影像（意义的所识）”的“四肢结构”①。反之，把主观的“我”和客观的“癌症影像”先在地、单独地直接置入“感觉·知觉－判断”的二项认知模式中，把作为关系的“事”简单化，这正是由来已久的“物象化的误视”的形成机制。

在中外哲学史上，类似“四肢结构论”的系统论思想，其实并不鲜见。譬如，亚里士多德的“整体大于它的各部分总和”，卢卡奇的“总体优先于部分”的总体性范畴，以及中国古代公孙龙的“右不谓二”“左不谓二”“左与右谓二”的观点。广松坚持，欧洲哲学中的“个体”“自我”“普遍”“先验的主观”等基本概念，都是“物象化的误视”的产物。胡塞尔的“意识对象－意识内容－意识作用”的三项图式，实际上可以简化为“主观（意识内容－意识作用）－客观（意识对象）”的图式，他所谓的“主观－客观”的一致，实际上是主观内部的一致，即“意识内容－意识作用”的一致。正是这种主观内部的一致，使得近代认识论越发走向闭塞，最终引发现代认识论的危机。广松的解决之道是，将“意识对象－意识内容”这二项改造为“现象的所与－意义的所识”，剩下一项“意识作用”，则继续引进胡塞尔的“主体间性”（交互主体性）的概念，亦即将“意识作用－主体间性”这二项改造为“能知的个人－能识的人类”。在拒斥或克服主观内部即意识内容之间的一致的含义上，广松在其“四肢结构论”的系统阐发中，确实可以说是试图将现代哲学的“主观”或“客观”的单孔镜，置换为“主观”和“客观”的双孔镜。

四 “四肢结构”的扬弃对象

“四肢结构”是广松涉《存在与意义》两卷本中的一个核心概念，是广松

① 日山纪彦「『物象化論の構図』を読む—解題と解説に代えて」『情況』第3号、2002年3月。

哲学的认识论和实践论的理论基石，对于我们深入理解与把握广松涉随处强调的认识世界和实践世界的关系辩证法这一理论旨趣，起着至关重要的作用。“四肢结构论”的提出，缘于广松在社会历史观方面主张“脱欧入亚”，主张由西方以物质福利为中心的物的世界观（实体主义）转换为东方以生态学价值为中心的事的世界观（关系主义），反对以欧洲为中心的产业主义，倡导以生态学价值为中心的价值观。作为这种社会历史观在哲学上的表现，就是广松明确拒斥以胡塞尔现象学的“意识对象－意识内容－意识作用”的三项图式，而提出以超越近代哲学的“主客二分”为理论目标的“四肢结构论”。

在《世界的主体间性的存在结构》一书中，广松从胡塞尔的“主体间性”概念入手，对近代哲学的“主客二分”的认知图式进行条分缕析的批判与扬弃。广松指出，作为近代认识论的根本前提的“主观－客观”图式的特点是，（1）主观的“各自性”；（2）认识的“三项性”；（3）条件的“内在性”。其基本理路是，认识归根结底是“同型”的各种个人的意识，个人在“意识对象－意识内容－意识作用”的三项图式中把捉对象，而直接出现于主观面前的条件，不是客体本身，而是内在于意识的内容即表象或观念。由这一根本前提，引发了近代哲学中“外界存在”或“他我认识”的难题，进而使得意识内容与客体本身的对应即认识的客观有效性，在原理上成为不可能。为了走出这一认识论的隘路，打破这种认识论的闭塞状况，20世纪前半期发生的所谓“语言学的转向”，就试图消解这一问题本身（1979年，罗蒂在其《哲学与自然之镜》一书中，宣告了“近代认识论的终结”）。在广松看来，分析哲学试图在语言的层面阐明与消解认识的问题，这无异于是在回避问题。在这一哲学背景下，广松的解决之道如下。第一步，以“主体间性”的概念，拒斥或取代主观的“各自性”。“主体间性”，也译“共同主观性”，这是现象学为克服他我问题而使用的一个概念装置，胡塞尔试图以此重新确立复数的超验论的自我。胡塞尔的错误在于，与笛卡儿一样，首先确信有一个确切无疑的主体，然后各个主体之间才形成主体间性的关系。广松坚持，把这种单元性的超验论的主观性“实体化”，恰恰是一种物象化的误视。换句话说，所谓“主体间性”，并非如胡塞尔所设想的那样，首先存在各种“主观”，而后通过对“主观”之间的感情移置等操作，而事后形成相互关系。实际上，“主体间性”指的是历史地、社会地形成的共同性或共同关系本身。“马克思、恩格斯早就主张，意识的主体间性，是感觉或感情的历史的、社会的共同主观化，并基于这一观点而构筑了唯物史观”①。在此意义上，主体间性的源头，在于马克思主义哲学，而不在于胡塞尔现象学。这样，“主体间性”，就不是一个“实体概念”，而是一个“过程性”“功能性”的形容词或副词的概念，是基于社会交往而形成的“我”及“我们”的“同型化”。这一观点，显然是广松将格式塔心理学中“似动现象”关于物理现象与心理现象的同型性，在哲学上的挪用。第二步，用“四肢结构联系”拒斥或取代“三项图式”及其“内在性”。具体而言，是把“意识对象－意识内容”这二项改造为“现象的所与－意义的所识”（现象的对象的二肢性），剩下一项“意识作用”，则继续引进胡塞尔的“主体间性”的概念，亦即将“意识作用－主体间性”这二项改造为“能知的个人－能识的人类”（能为的主体的二重性）。这样，“意识对象－意识内容－意识作用”的三项图式，最终被置换为一种“四肢结构关系”。这种双关性对应或四肢结构关系，即广松所谓的“反照的关系规定性”或“事的世界观”，广松试图由此克服并超越传统哲学以实体性的“主客二分”为特点的“物的世界观”。在胡塞尔的“意识对象－意识内容－意识作用”的三项图式中，作为意向作用抵达意向对象的中介的意向内容是先行给定的，意识对象与意识内容之间，不是一致而是对立；如果说确实存在一致的地方，那也仅仅是意识内容之间的一致（内在性）。这样，意识对象与意识内容之间，就被存在性地截断开来，二者之间始终横亘着一条鸿沟，近代认识论也因此而日益陷入狭隘与闭塞。在广松看来，现象世界中人们所感知的音、色、形、味等，绝不是感性的集合体，即绝不是现象学中实质上的意识内容之间的一致，而是具有深度与厚度的有形事物，是负载着“图书”“钢笔”等读写的意义的具体事物。这种某物作为某物的意识的“作为”结构，正是世界的初始的存在方式。这是因为，“意识不是原封不动地接受现象赋予的东西，而是作为现象赋予的东西之外的某物、现象赋予的东西之上的某

① 『廣松渉著作集』第1巻、岩波書店、1997、21頁。

物而被意识”[①]。比如，我们用粉笔在黑板上画了一个圆，此时我们不仅仅感觉到黑板上粉笔的痕迹这一真实的“现象的所与”，而且将该所与以“圆”这一非现实的“意义的所识”来把握。广松将这一事态称之为“自为的‘对象的二因素’的非现实－现实的二肢性的统一结构”[②]。“现象的所与”与“意义的所识”不是空间性地分离的存在，非现实的“意义的所识”的黑板上的“圆”在现实的“现象的所与”粉笔的痕迹当中被赋予生命。广松强调，一切现象都是这两个契机的浑然一体的统一态。与此相应，主体方面也具有“现实－理念”的二重性。例如，在语言交往中，无论我要理解他人的语言，还是要使他人理解我的语言，我都不能是独自言说“私人语言”的唯我论者，而只有作为“某国语言的主体一般”才能够彼此交流。诸如笛卡儿所谓的“自我”或费尔巴哈所谓的“自然的人”这种处于与他人的交往之外的“人”，实际上是不存在的。所谓主体的“现实－理念”的二重性，通俗地说，就是人的“自然性－社会性”、“肉体性－精神性”或“具体性－普遍性”的二重性。其中，自然性、肉体性和具体性具有场所的、现实的存在性格（作为“我”的我），社会性、精神性和普遍性具有超场所的、理念的存在性格（作为“我们”的我）。广松强调，这种主体的“现实－理念”的二重性，并不是类似费希特眼中那种先验的结构，而是与主体的主体间性的自我形成是表里一致的。所谓“现象世界，即是作为‘我’的‘我们’去认识‘现象’之外的‘意义’”[③]。我们知道，任何结构都具有类似“整体大于部分之和”的功能性、关系性的特点，而广松更是将这种“四肢结构”看作一种“关系态”或“事态”，称自己的这种认识论为“事的世界观”。回过头看，在仅仅是意识内容之间的一致性（主观内部的一致，而不是主客的一致）的意义上，我认为，广松的“四肢结构”确实实现了对胡塞尔“三项图式”的超越。就此而言，胡塞尔现象学的“三项图式”显然是触发广松提出“四肢结构”的一个至关重要的理论机缘。

① 『廣松涉著作集』第1卷、34頁。

② 『廣松涉著作集』第1卷、37頁。

③ 『廣松涉著作集』第1卷、54頁。

“四肢结构”的实质，是一种关系存在论。但在表达上，广松却不得不随处借用传统哲学的“主客二分”的表述方式，指出自己之所以把四个契机区分为客观与主观，主要是为了叙述的方便，或者说为了照顾近代范畴背景下的思维定式，并反复强调现实的东西有两个（二肢），理念－理想的东西有两个（二重），这四个契机中的任何一个都不能独立自存。关于现实与理性的关系问题，读者或许很容易想起黑格尔著名的“凡是合理的东西都是现实的，凡是现实的东西都是合理的”“主体即实体”之类的论断，不同之处在于，黑格尔那里实体性的一肢一重的“现实”、“理性”或“主体”、“客体”，到了广松这里已转换为一种关系性的二肢二重结构。“现象的所与－意义的所识”“实在的所与－意义的价值”属于世界存在结构的客观层面，是现实的东西，具有场所的、个别的、易变的存在性格；“能知的个人－能识的人类”“能为的个人－职位的人”属于世界存在结构的主观层面，是理念－理想的东西，具有超场所的、普遍的、不变的存在性格。因此，作为认识世界和实践世界的存在结构的“四肢结构”，也可确切地称作“二肢二重结构”。这种对四肢结构的“横向分割”和“纵向分割”而形成的四个“项”的契机，不是各自封闭的独立存在，而是一个“开放系统”，每个“项”都是关系性的“反照的结节”。

五　对广松哲学的评价

按照“费力最小”的原则，若有人要求以最少的文字概括广松哲学的中心内容，那么，“关系”[①] 二字是再恰当不过的。“关系的基始性”这种本体论，对日常观念（für es）而言，也许近似悖理。为此，广松希望读者千万不要误认为他所说的“关系的基始性”，首先是确立关系项之后，“物”才得以自存。假如“关系的基始性”以“关系”在先还是“实体”在先这种方法论意义上的“实体的基始性”的对立面的面貌出现，那显然毫无意义。要言之，关系的基始性旨在阐明，作为“事”的关系性是普适性的存

① 张一兵：《广松涉：关系存在论与事的世界观》，《哲学动态》2002 年第 8 期。

在机制，是基始性的本体规定，从异质于实体本体论（物的世界观）的角度而言，可谓之为关系本体论（事的世界观）。以物象化论为方法，通过对从亚里士多德到海德格尔的西方实体论哲学的深入批判，广松以有力的论据和严密的逻辑，揭示了以异化论逻辑为特色的实体论哲学的悖理性、荒谬性，阐明关系主义何以可能（以及实体主义何以不可能）。

广松生前曾为东京大学教养部科学史、科学哲学教授。毋庸置疑，作为一种认识论，“四肢结构论”有着浓厚的相对论、量子力学、系统论等现代科学的背景。相对论和量子力学已证明，世界并非机械力学所主张的僵死客体的简单堆积，认识客体不能离开认识主体而独立自存。因此，为了摆脱实体主义在认识论上所陷入的闭塞境地，“以不同的方式抛弃绝对实体观，已成为当代世界哲学的一个带普遍性的特征”①。作为从哲学上对新物理学做出的回应，20 世纪初英国数学家、哲学家怀特海从“事件”是世界有机体的基本要素的视角，提出了其著名的新实在论思想，即“有机体哲学”。“在新物理学看来，世界不是物体的堆积，而是一定时空关系中事件的统一体。所谓事件是指多种关系的综合”②。20 世纪末，美国实用主义哲学家罗蒂亦从其反本质主义的立场，将物体看作“关系网络”，强调“反本质主义者并不怀疑，在存在关于‘树’和‘星星’的陈述很久以前就已经存在着树和星星。但是这个先在存在的事实对于回答如下问题是无用的：‘脱离了它们与其他事物的关系的树和星星是什么？即脱离了与我们关于它们的陈述的树和星星是什么？’”③ 很明显，罗蒂是要提醒人们应从客体与主体的关系中去把握诸如“树”和“星星”的事物。

以广松之见，在实体主义的“主观－客观”认知图式中，主观是“自

① 罗嘉昌：《从物质实体到关系实在》，中国社会科学出版社，1996，第 6 页。

② 杜娟：《怀特海：时代的异数》，《中国社会科学报》2013 年 5 月 20 日。16、17 世纪的哲学实在论者似乎承认有实体和事件两种事物。以笔者之见，在实体、属性与事件的关系中，实体为永恒不变的，属性是实体的特征，事件则是属性的持续运动或变化。从马克思主义的哲学视角看，怀特海的《过程与实在》所讨论的主题可简要归结为物质与运动的关系。若以“事件”一词比照广松关于“事的世界观”或“关系主义”的阐发，我们很难断言西方观念是与之截然绝缘的一以贯之的实体主义。

③ 〔美〕理查德·罗蒂：《后形而上学希望》，上海译文出版社，2003，第 41 页。

我性”意识，主观（“意识作用”）根据“意识作用－意识内容－客体本身”的三项图式而认识对象，它直接反映表象和观念等“意识内容”，间接认识“客体本身”。结果，“外界存在”和“他我认识”成为近代哲学框架中的一大难题，难以走出“唯我论”的死胡同，近代世界观因陷入闭塞而面临解体的危机。要打破这种思想的闭塞状况，就必须超越“主观－客观”的图式，建构新的认识论。广松哲学的理论目标就是要试图克服或超越西方哲学中这种主客二分的实体性思维方式，而将其推进到以龙树为代表的东方式的主客统一的关系性思维方式。广松的《存在与意义》两卷本，意在为这一理论目标奠定哲学基础。从《存在与意义》的核心即“四肢结构论”来看，广松解决了“实体”与“关系”谁更具有基始性的问题，并将“关系的基始性”的观点，通过对以胡塞尔为代表的西方哲学的主客二分性的深入剖析而体现于“四肢结构”的每一具体论证中。通过四肢结构论，广松推开了一扇由实体主义转向关系主义的视窗。

卞崇道先生认为，“就日本而言，尽管它是一个岛国，但在漫长的历史演化中也形成了自己的文化语境和话语方式，打造了独特的文化特色。从纵向的文化史的考察中，日本文化的发展走的是‘共存→融合→共生’的道路；从横向的文化内容的考察中，日本文化的最显著的特征可以概括为‘生活文化’，即在日常生活的层面来理解事物，并且在个体的层面上加以展开”①。四肢结构论中的“肢”，正是这种日常化、生活化的文化语境和话语方式的体现。与传统“实践－认识”的认知模式不同，四肢结构论可以说正好与黑格尔的上述正反合的观点相契合。在广松那里，“现象与意义－能知与能识”及“实在与价值－能为与职位”，不是实体性的项的无穷的联结，而是关系性的项的无穷的包容或融合，是一种功能性的四肢结构。这一新的视角，对于我们今天建构有中国特色的面向21世纪的马克思主义哲学新形态，对于贯彻落实党的十八大提出经济建设、政治建设、文化建设、社会建设和生态文明建设的“五位一体”的战略布局，具有重要的启发与借鉴意义。

按照关系主义的应有理路，当说到从实体主义到关系主义的新推进时，

① 卞崇道：《融合与共生——东亚视域中的日本哲学》，人民出版社，2008，前言，第3页。

我们无法回避的一个问题是"关系本身与实体的关系"。如果说实体主义更注重于二分法，看问题的角度是从局部到整体，喜欢把复杂的事物分解为相对简单的部分，关系主义则更侧重于合一法，看问题往往从宏观的角度出发，在总体上去把握事物发展的规律，但不管怎样，二者都是人们科学地把握世界的不可或缺的方式。实体主义的特点在于，容易走向极端的客观性或极端的主观性，现代西方哲学中的科学主义与人本主义以及理性主义与非理性主义的思潮，便是这两种极端性的产物。

如果存在一条对西方哲学的终极超越之路，那么这条道路或许应将"实体"本身作为"关系"的一个"结节"。

参考文献

『廣松涉著作集』第 1～16 巻、岩波書店、1996～1997。
广松涉：《物象化论的构图》，彭曦、庄倩译，南京大学出版社，2002。
西田幾多郎『日本の名著 47 西田幾多郎』中央公論社、1970。
〔日〕西田几多郎：《善的研究》，何倩译，商务印书馆，1965。
〔日〕中村雄二郎：《西田几多郎》，卞崇道、刘文柱译，北京三联书店，1993。
〔日〕中江兆民：《一年有半 续一年有半》，吴藻溪译，商务印书馆，1979。
大森荘蔵『時は流れず』青土社、1996。
大森荘蔵『物と心』筑摩書房、2015。
檜垣立哉『日本哲学原論序説——拡散する京都学派』人文書院、2015。
熊野純彦編『日本哲学小史——近代 100 年の20 篇』中央公論新社、2009。
卞崇道：《融合与共生》，人民出版社，2008。
张一兵：《广松涉：关系存在论与事的世界观》，《哲学动态》2002 年第 8 期。
张一兵主编《社会批判理论纪事》第 1 辑，中央编译出版社，2006。
罗嘉昌：《从物质实体到关系实在》，中国社会科学出版社，1996。
《五十奥义书》，徐澄梵译，中国社会科学出版社，1995。
〔印〕毗耶娑：《薄伽梵歌》，王志成、灵海译，四川人民出版社，2015。
奥古斯丁：《忏悔录》，周士良译，商务印书馆，1963。
刘放桐：《新编现代西方哲学》，人民出版社，2000。
钱穆：《国史大纲》上册，商务印书馆，1994。
星云大师：《三八二十三》，上海书店出版社，2009。
邓习议：《四肢结构论——关系主义何以可能》，中国社会科学出版社，2015。

特邀日本学者论坛

三木清的《构想力的逻辑》

〔日〕藤田正胜* 黄世军**译

一 引论

三木清有着众多的面貌。他是倾倒于马克思主义，并以此为出发点对日本的思想界施与极大的影响的思想家，但其最初的著作是《帕斯卡的人类的研究》（1926年），同时在1945年，战争结束一个月有余在狱中去世的三木所残存的遗稿是《亲鸾》。作品包括《唯物史观与现代的意识》《历史哲学》《亚里士多德》《构想力的逻辑》《哲学入门》《人生论笔记》《技术哲学》等多种，如果要在这些作品中举出一部代表作，恐怕非《构想力的逻辑》莫属吧。

首先，这本书是在三木生涯的后半长期持续写作的作品。具体而言，第一章“神话”的最初部分是在1937年5月的《思想》杂志发表的，三木时年40岁；第四章“经验”的最后部分的发表时间是1943年7月，是三木去世前两年。三木在这部著作中尝试将当时尚未完全解决的课题，或者说尚未充分论述的问题重新补充论述，这一点也可以认为将《构想力的逻辑》评

* 藤田正胜（Fujida Masakatsu，1949～），京都大学名誉教授，大学院综合生存会馆特定教授，专攻哲学及日本哲学史。著作有『若きへーゲル』『現代思想として西田幾多郎』『西田幾多郎の思索世界——純粋経験から世界認識へ』『哲学のヒント』『西田幾多郎：生与哲学』等，另有编著『京都学派の哲学』『世界のなかの日本哲学』『西田幾多郎全集』（新版）等。

** 黄世军，中国人民大学哲学院2014级博士研究生在读。研究方向为东方哲学、日本近代哲学。

为他的代表作得以成立的原因。

但是另一方面，《构想力的逻辑》是断续式地发表于杂志的论文群，虽然在1939年，到第三章为止的部分作为《构想力的逻辑 第一》以单行本的形式刊行，但必须指出的是本书并不是以统一的形式出版的。而且，在第四章“经验”的结尾，还有类似“接下来要处理‘言语’的问题”这样的预告。这样的将进一步继续探讨问题的预告也表明，《构想力的逻辑》是一部未完成的作品。

而且，三木自己也在《构想力的逻辑 第一》的“序”中留有这样的记载，书中所收录的诸论考最初是“以研究笔记的形式写成的”，这些论述成为“错综”的作品。也即是说，这些论考从最初开始并不是全体结构一气呵成，有意识地建构各部分的有机关联后执笔的。而在同一“序”中，三木还有如下的记载。“完全的体系性的叙述必须始于这一研究最终达成之处。在此处，叙述首先要在现象学式的形态下进行，在经过批评之后才再进为纯粹的理论性的形态吧。”（8，3）① 如同从这段话所窥知的那样，笔者认为，三木将业已发表的论考作为“现象学式的”叙述加以把握，而“理论性的”考察是需要建立在其基础上再作业的（可以说在第四章中三木已经着手于这样的考察了吧）。在这一意义上看，《构想力的逻辑》也是一部未完成的书。

尽管如此，我们还是能够说《构想力的逻辑》在三木思考的历史中是一部具有重要意义的著作。首先——前文已经稍有触及——虽然迄今为止的工作有尚未充分解决的课题，但因三木将解决对于自身思索而言有着极为重要意义的问题的意图包含在《构想力的逻辑》之中。这一问题，若一言以蔽之，即是“逻各斯（logos）与激情（pathos）的统一”的问题吧。关于这一点，在《构想力的逻辑 第一》所附的“序”中三木有如下的文字，“《历史哲学》发表之后，在我脑海中不断出现的是客观性的事物与主观性的事物、合理的事物与非合理的事物、知性的事物与

① 所引三木的著作，都出自『三木清全集』（岩波書店、1966～1968），本文只标明其卷数与页码，“8，3”代表第8卷第3页，后同。

感情性的事物的结合如何可能的问题。当时的我将这个问题作为逻各斯与激情的统一问题加以定型，我的主要工作则是分析所有历史性的事物中的逻各斯性的要素与激情性的要素，论述其辩证法的统一”（8，4）。在言明他在《历史哲学》（1932 年）以后的目标为何的同时，对于这些考察“过于形式性的”这一点，也即是说，对于无法明确地指出其具体“何处可发现”逻各斯性之物与激情性之物的统一这点，三木也有所反省。因此，他添加了如下的说法，“追寻这一问题，我一边回想起康德认同将悟性、感性与构想力结合的机能，一边思考并达到构想力的逻辑”（8，5）。我们能够说，是在这样的希望完成残留在《历史哲学》之后的思想进展过程中的课题的意图之中，《构想力的逻辑》被构想出来了。

接下来要指出的是，三木的构想力论中注入了他自身迄于当时的种种考察这一点。具体而言，《构想力的逻辑》的执笔是和他的人论（“人間論”）、逻各斯—激情论、技术论、制作论、身体论、历史论、文艺论等相遭遇并以这些理论为基础的。或者说，基于这些理论接续的方式，该书开始撰写。我们大概可以说，《构想力的逻辑》含有综合这些的意味吧。

进一步，笔者希望指出的是，《构想力的逻辑》一书诚然是一部未完成的作品，但其中满含的各种构思倾注着众多可能性。例如，在《构想力的逻辑》中所贯彻的并不仅将人单纯地作为知性式的存在，而是作为身体式的存在来把握的姿态。也即是说，由身体式的，或者说作为激情性的存在的人的观点出发，讨论行为或制作（poiesis）、技术等的问题。而三木关注这一行为或制作（poiesis）之中像乃至表象的形成具有的重要意义这一点也是颇为有趣的。而且，这个像或者表象——这些也被三木用“形”来称呼——不是纯粹的事实，毋宁说是被作出的事物，是拟制（fiction）。但三木在《构想力的逻辑》中最为强调的是，正是在这个拟制中存在现实。这里也可以看到三木即使从现代看也是极为新鲜的思维的跃动。

本文要全面地论述（三木）思想的全部自然是不可能的，本文将尝试解读并说明三木在《构想力的逻辑》中构思的是什么，他通过《构想力的逻辑》尝试将什么作为问题，《构想力的逻辑》中所蕴藏的三木的什么意图。本文将再度就这些思考中所含有的可能性及意义进行论述。

二 主体性中的身体

在《构想力的逻辑》第一章“神话”的开头部分，三木一面举出了鲍姆嘉通（Alexander G. Baumgarten）的“构想力的逻辑”（logik der einbildungskraft）乃至“幻想的逻辑”（logik der phantasie），或者帕斯卡尔的“心情（心）的逻辑”（logique du coeur）及法国心理学家里博（Théodule Ribot）的“感情的逻辑”（logique des sentiments）等言论，一面确立“区别于抽象性的思维逻辑”“与理性的逻辑相异的逻辑”是否存在的问题，并说出类似“正是这一问题才是此处所疑问的”这样的话。总之，我们可以说所谓“构想力的理论”首先是目前所说到的“区别于抽象性的思维逻辑的逻辑”。

为何必须将异于抽象性思维逻辑或者说形式逻辑的逻辑当作问题呢？关于这个质疑，三木做了如下的论述。“我们是凭借身体与‘物’这一事物，在物质性的层面上的‘物’，相遭遇的。我们作为‘物’与‘物’相遭遇。现在，如果以情欲命名其主体性层面的身体的话，物的逻辑就不是单纯的逻各斯性的逻辑，同时还不能不与情欲性的事物相关联”（8，15）。

从此处开始，我们能够说三木所寻求的不单是作为思维规则的逻辑，而且是将有身体、作为以身体为媒介的行为的存在的人和（人）在行为场中相遇的现实作为对象的、试图明了其本质的逻辑乃至哲学。这个意义上可以说，“构想力的逻辑”不单是“知识的逻辑”，还是“行为的逻辑”（8，15）。

像从之前的引用中也能了解到的那样，“构想力的逻辑”是与三木对人类的理解，或者说三木独特的人学（“人間学”）紧密地联结着的。虽然，在《构想力的逻辑》之中我们也能读到三木的人学，而在《构想力的逻辑》之前三木实际执笔的作品也即是题为《哲学式的人学》的著作。但是，这部《哲学式的人学》并未公开刊行。尽管从 1933 年到 1937 年，（这部作品）被多次改写，甚至到了出现校正印刷版（的地步），但实际上还没有达到出版（的程度）。我们可以说，《构想力的逻辑》的第一章“神话”的最初部分在《思想》杂志发表是在 1937 年 5 月，从此三木便放弃了出版《哲学式的人学》的念头并转而开始执笔写作《构想力的逻辑》。

在这本《哲学式的人学》第一章“人学的概念”部分中，三木就这本书的主题人学，用以下的言论表现了与其他学问区隔的它的特征。相对于其他各种科学——比如生理学或心理学——将人的一部分当作对象，人学有在人的整体中抽取的特征，三木如此叙述道。而这意味着“不将人从身体中抽象出来”比任何视角都重要。“不将人从身体中抽象出来”，也即是说，这意味着不停留在仅朝着意识或者精神还原人。此时，身体当然不是指从人抽象出的、仅作为客观性的分析对象的身体，是“赋予灵魂的身体”（18，149）。用之前引文中的话来说，就是“主体性中的身体”。也可以说身体，换言之作为人的身体，在这样的身体性之中把握人是三木构想的人学的课题。

从这样的立场出发的三木在“人学的概念”章中对梅恩·德·比朗的人学有所言及。与笛卡儿仅从知性的观点出发将自觉作为问题对应，梅恩·德·比朗认为唯有意志乃至意欲才是“原始的事实”（le fait primitif），且论述了它们与外界的连接。“意欲是精神的单纯的、纯粹的、瞬间性的作用。在它之中，或者凭借它，这一作为知性的能动性的力量在外部显现，且在自身中内面性地显现”（18，140～141），以《人学新论》的言辞为指引①，（三木）对有意志并努力的自己并非单单存在于自我关系中，还可以在与对自我的抵抗之物的关联中被发现这一点给予了很高的评价。

需要注意的是，对梅恩·德·比朗的评价，三木与西田几多郎是共通的。与马克斯·舍勒的《宇宙中人的位置》（1928年）和赫尔穆特·普莱斯纳的《有机体及人类的发展阶段》（1928年）等出版的同时，围绕着哲学式的人学各种讨论交互进展。西田，虽然被认为受此刺激，在1930年的《朝永博士花甲纪念哲学论文集》中发表了题为《人学》的论文。而且在几乎同时期所执笔的论文《作为场所的自我限定的意识作用》（收录于《无的自觉性限定》）中，西田也对梅恩·德·比朗的《人学新论》有所言及。关于西田人学的基本思考，从《作为场所的自我限定的意识作用》之后的文

① Maine de Biran, *OEuvres*, publées sous la direction de F. AZOUVI, t. X-2., Paris, 1989, 179.

章中可以了解。“我将哲学看作是一种，不，是含有真正的人学意味的（学问）。但是，这种学问必须成为自觉性的人的人学，不是外向性的人（homo exterior）的学说而是必须成为内面性的人的学说”①。在此处稍前的部分中，虽然有像“哲学是以作为无的自我的自身限定的自觉这一事实为基础而成立的”这样的说法，但我们可以认为这样的西田自身的哲学理解的根底是：哲学是“真的人学”，或者说“自觉性的人的人学”。而（笔者认为）西田对梅恩·德·比朗的“内面性的人的学说”的同感也是从这样的立场中生发的。

而西田一方面对梅恩·德·比朗展示出强烈的同感，另一方面又看到了其片面性。在题为《人学》的论文中有如下文字。“人的人之所以为人的缘由在于成为内面性的人，由内面性的人的事实出发为初始，从这个意义上说这是必须从梅恩·德·比朗处学习的东西。但人不仅仅是于其自身中而是于其肉体中存在，不，不仅仅是于其肉体中，我们是于社会中存在，不仅仅是于社会中而是于历史中存在。我们人类是不能单单仅从内来思考的。因此，人学必须从两个方向上观察。与从内为初始的人学相对，必须令以从外为初始的人学得以确立”②。这里的“肉体”这一表现，清晰地言明了对于人，必须作为“身体性的存在”——进而言之，作为“社会性的”乃至“历史性的存在”——而加以把握。

三木对梅恩·德·比朗的关注可以说是基于西田这一对人学理解的。因此，三木针对梅恩·德·比朗的批判也可以说是以西田的这些理解为依据。《哲学式的人学》中载有三木的如下言论，“他的（梅恩·德·比朗的）人学也不能说是还确立在现实的行为的立场中的理论，他的研究是置身于内面性的感觉，或者说内面性的经验的立场，被局限于在此显现的内面性的人的分析。……现实的行为超越意识，从内面性的世界脱出。行为凭借此由内面性的世界脱出之物便是身体，不能无视身体性的原理而思考行为”（18，141）。

这一批判与西田的如出一辙，在此处三木这样叙述，“与我是独自地变

① 『西田幾多郎全集』第5巻、岩波書店、2002~2009、89頁。

② 『西田幾多郎全集』第7巻、岩波書店、2002~2009、230頁。

为反省性的、自觉性的这样的说法相比，依托客观的抵抗而向自我自身还原的是具体性的事实”（18，143），三木强调了我们作为身体性的存在通过行为（这一动作）与“客观的抵抗”相遭遇这一点。梅恩·德·比朗虽然已经将借自我抵抗之物而出现的自觉作为问题，但真正意义上的与抵抗遭遇、确立自觉是借由“身体”这一点是在（三木）这里才说到的。我们可以说三木在西田的梅恩·德·比朗批判基础之上，进一步干脆地明确了在自觉中身体所包含的意义。三木以“在人学中我们的立场是行为性的自觉的立场。这不是将人从身体中抽象出来，而是主体性且社会性地把握”（18，147）这样的言辞表现了这一点。

三 激情与身体

那么，如之前所引用的文章中说到的那样，三木是将激情放置在与“主体性中的身体”的关联中理解的。关于两者的关联笔者希望在下文中考察。

在《哲学式的人学》的第一章“人学的概念”中三木认为激情之中有两个方向，或者说两个侧面。激情（παθος）这个希腊词语最初是由表示“受到……”的动词“πασχω”而来，接受承受从他处的影响这一意味，三木一边将激情（pathos）这一词语理解为它原本意味着我们受取某物，并由此在某种一定的心情和情绪中置入（某些东西）的受动性。作为这种状态的激情所产生的场所除“身体”外别无他物。可以说这个意义上身体是“受动性的场”（18，152）。在这个“受动性的场”中生发的某种一定的受动性即成了激情。

但与此同时，三木在激情之中看到了“根源性的能动性”。“受动性的场”中生发的状态性的变化并不停留于变化，而是有着向外表现自己的力量。用别的方式说的话，激情含有“冲动性的”特性。通过身体以行为追逼我们。身体并不仅是物体，“主体性中的身体”可以说是因为它背后有激情的能动性。关于这一点三木有如下表述，“激情是与身体相结合之物，这样的思考是因为由激情而始的身体作为人的身体心化了，而心作为人的心身体化、具体化了。人类性的行为的底层是激情”（18，399）。身体不仅仅是物体，“心化的”身体，亦即“被心活化的身体”；也因此同时，我们的心不再仅仅是意识，而是“身体化的”心，亦即“具体化的”心。应该认为这两者都是由激情而来的。

在谈到激情中以上两个侧面时，这两个侧面又是怎样联系在一起的呢？换而言之，两者的接续点在何处呢？从这样的观点出发，饶有趣味的思索是在三木先行执笔的《关于激情》（1933 年）和《今日伦理之问题与文学》（1933 年）等论文中持有“内在性的身体”的概念的这一点。发表《历史哲学》之后，具体地说是从 1932 年直到 1936 年，三木对艺术尤其是关于文艺的问题发表了诸多论考，而这一篇《关于激情》的论文作为主题的内容也是文艺上的创作乃至创造的问题。与此相关联的是三木在这篇论文中将“二重的超越”这一观点作为问题。具体而言，有如下的说法。“二重的超越存于与意识相对中。如果向外的意识被超越、依借外在性的存在而生的意识所规定的关系被称作‘反映’或‘模写’的话，那么内的意识被超越、依借内在性的身体所规定的关系就能够被称作‘表现’或‘表述出’”（19，582）。三木如此思考，意识一方面是超越其外的存在，亦即有着外在性的存在，并由此被规定，但另一方面，在其内也有着超越的存在。依借其被规定之物，或者换而言之，依借其“从意识中渗出”之物，“表现”得以可能。大概可以说“内在性的身体”在此处是艺术性的创造作用的根据，被认作作为其得以可能之物而考量。

这一向内超越的存在被三木用“内在性的身体”——也有“内在性的物质”的说法——这样的词语所表达，因为在此处他认定有某种物质性乃至质料性。可以说，作为“表现”在选取具体性的形态之前的无形的质料在此处成了“形像”（image）。对于“形像”的质料的根源性，三木在《关于激情》之后执笔的论文《意识形态与激情》中有如下的表述。“与希腊人的思考方式相反，有形之物，质料性之物、物质性之物（这一层面）较之于理念性之物，是更为原理性的。较之有形的身体，动物精气是更为物质性的”（11，210）。

“动物精气”（esprits animaux）自然是笛卡儿为了说明“情念（灵魂的

受动)”而设想的支撑“身体的能动”的物质。三木在说到“内在性的身体”的时候，可以说恐怕是将这个“动物精气”作为一个模型进行思考。当然三木并不是原封不动地接纳笛卡儿的“动物精气”的概念。在笛卡儿的论述中，“动物精气”是物质的一部分，而三木对这样的观点明确地表明了反对：它不属于外在性的身体，始终是“内（的）”，是支撑艺术性的表现作用的“无形之物”。在与这一“内在性的身体”相关联的层面，三木做了如下的定义：“依借（或凭借）超越内面向意识之主体，进而被规定的、限定的意识即是 pathos，亦即激情、情绪、热情”（19，582）。

那么在《哲学式的人学》中同样将“二重的超越”，或者说“对主体的超越”当作问题，但“内在性的身体”这一表现被慎重地回避了。这毋宁说是表达了其为“无”的意涵。比如在《哲学式的人学》的第四章“人类存在的表现性”中有如下的论述。

> 较之行为是凝固的（这种认知），作为行为始终含有他（人类）去做的含义，同时还始终必须含有于他而言（行为）被做出的含义。换而言之，人的行为是从“他物”而被规定的。现在，如若这一“他物”是客观性的存在或者“有”的话，就变为不存在行为中主体性的意义，因此不能称之为行为。……而且，如若这一“他物”是如同观念一样的物的话，就变为不存在行为中的创造性的意义，因此也无法思考像艺术性的活动一类的事物。于是，“他物”除了是“无”之外别无他法。（18，348～349）

此处，三木主张不仅仅是艺术性的创造作用，行为一般也同时兼具意志性的、主体性的侧面和非意志性的、非主体性的侧面。可以说是看到了依借某物而迫向行为的冲动性的侧面。此处所说的“他物”，在论文《关于激情》或者《意识形态与激情》中除了被称作“内在性的身体”之外别无他法。为何在此处其被作为“无”被校正而把握，虽然没有谈及 explicit，但（三木）接触了赫尔穆特·普莱斯纳的人学，可以认为这是契机之一。

从其引用中可以明确，三木在执笔《哲学式的人学》过程中参考的文献之一是普莱斯纳的《有机体及人类的发展阶段》。在这部著作中，普莱斯纳规定了各植物、动物、人类在各自世界中具有的称为性格位置（positionalität）之物，尝试从这一结构的不同出发辨明人类的本质。如果依照其论述，植物没有统合生命体的中心（或中心器官）。也即是说，不具备从环境世界限定自身主体之物。从这个意义上说，对于外部世界植物以开放性的状态应对。与此相对，动物有中心器官。依借此，动物从外部世界限定自我，（其状态）与闭锁性相关。但动物对于这样的自我的状态没有自觉。普莱斯纳如此表述这样的情况，对于动物而言，“现时与此处”是作为绝对性的物存在的。没身于“现时与此处”而生是动物唯一可能的存在样式。

对于此，人类通过反省，从这样的绝对性的“现时与此处”，或者说单纯地作为“中心”的状态中解放自我。也即是说，不仅仅存在于中心，同时还超出其中心，在其背后确立。普莱斯纳如此论述道，这一“背后”不能以时间性的、空间性的“何时、何处”这样的形态特别限定。毋宁说是“无时、无处”的地点。这除了“无”之外别无他物。人类是向“无”而超出自我，从“无”而凝视自我。在这一点普莱斯纳看到了人类的位置性格的特殊性，并以“脱中心性”（Exzentrizität，三木译作“离心性”）这样的词加以表述①。

基于这一主张，三木在《哲学式的人学》中进行了如下论述。“必须说，世界于我们而言是在无的意识中开启、显现的。作为向无的超越的人类是主体”（18，267）。对于惯常存在于“中心”的动物而言，客观是存于自身周边的某物，作为卷取中心之物，不过是单纯的“环境”（umwelt）而已。与之对应，能够超出中心、在其背后确立的人类，唯有面对向无超越的主体方能令世界（welt）作为世界显现，在此处（三木）传达了这样的思考。

可以说三木是在用“无”表述存于激情的根底处、迫我们行为的“他物”这一背景下，才有这样的对普莱斯纳的人学的接受。但三木的

---

① Helmut Plessner, *Die Stufen des Organischen und der Mensch*. 3. Aufl. Berlin 1975, S. 292.

“无”并没有停滞于普莱斯纳所说的“无”的范围内。换言之，应当认为三木是将不停留于面对客体之主体的单纯的性格位置之物作为“无”的基础而理解的吧。

在《哲学式的人学》的第三章中，三木为了思考人类存在的“状况性”而持用雅斯贝尔斯说的“极限状况”（grenzsituation）的概念。在将“极限状况”——比如死——放置于前的不安中我们直面“无”，这一“无”不过是从有的方向上作为界限而被意识的无，即“虚无”；这尚不能说是“真的无”，换而言之，即，作为人类的“存在的根据”之物的无，三木如此主张道。如同从这里明白的，“无”在三木的思想中不仅仅作为位置性格，而是作为成为其“存在的根据”之物而被把握。

关于这个，三木以如下的方式进行表述。“这（依借立足并超越极限而到达之物）是真正的超越人类的存在的人类存在的根据。这样的根据即是无。但这并不是如考量有的极限的相对性的无，相反，是同样包含着客观性的有的无”（18，293）。如此意义上的“无”可以说早已无法用“内在性的”这样的词来形容。可以说，它毋宁说是“超越了作为整体的用内在性的·外在性的概括的人类之物”（18，292）。

因此，与这样的“无”相关联，三木再次为“激情”下了定义。“无是超越主观性的·客观性的物并包含其在内之物。从这样的无出发的规定性是我们称为激情之物，在表现作用的根底处有激情。创造有一切皆是‘从无而始的创造’的意味，从无而始的创造常常被激情性地规定”（18.340）。依借我们的存在的根底的“无”所规定之物即是“激情”，创造性的行为——比如并非依借单纯的模仿——是依借于这样的激情的，进一步说，可以说此处所说的即是依借于存于根底的“无”所支撑、担负之物吧。

四　“形像”的逻辑

那么，当我们认定我们是有身体的存在、激情存于行为的根底时，此处为何一定要将“构想力”作为问题呢？三木在独有的人学理论上必须构思“构想力的逻辑”的理由又在何处呢？

对这一问题的回答，三木在《构想力的逻辑》的第一章“神话”中，以对法国社会思想家乔治·索雷尔（Georges Sorel）的批判的形式进行了阐释。在此处，三木引用索雷尔的《暴力论》中“创造行动的并不是构想力（想象）。它是希望或者恐怖、爱或者憎恶、欲望、利己主义（等）的自我的冲动”的言说①的同时，对其提出如下相对立的主张。“不能以从身体性中抽象来考量构想力。构想力确实与希望或者恐怖、爱或者憎恶、欲望、激情、冲动等相联系，正因如此笛卡儿和帕斯卡尔才把构想力也看作谬误的根源。构想力与感情相联系，从中造出像。依借于构想力感情被转化为对象性之物，作为这一物也能够被强化、被永续化”（8，49）。

如同在此处所明确读到的那样，三木并没有将人类的行为当作感情和情绪、冲动的单纯流露，而是作为由此而创出像的行为，换而言之，即作为赋予无形之物以形的行为来理解。将激情视作对象性之物，即向有形之物“转换”的乃是构想力。应该说，三木的考量在于人类的行为之所以成为真正的人类的行为，并不仅是激情的流露，而且是因为在此处被赋予了别的秩序吧。

三木所考量的像的形成的具体性例子——如《构想力的逻辑》第一章中所论及的神话——一般而言，神话并不是感情和情绪的直接性的表现。这是在自然性的世界之上描出新世界（现实性）的行为，没有知性是不可能成立的。在这一章中与其说三木反对将神话当作科学代用物，即单纯的非科学式的代用物这一18世纪的启蒙哲学式的、或者说19世纪的实证哲学式的神话观，毋宁说是表明了对马林诺夫斯基的“神话既不是无用的狂想曲，也不是空虚的、毫无创造目的的流出物，而是困难工作的颇为重要的文化性的力量。……是未开化的人的信仰及道德性的智慧的实践性的宪章”（8，20）的神话理解②的赞赏之意。神话不是激情的单纯流出，而是宗教性的或者说道德性的“智慧”，亦即逻各斯性的营为，这一观点在此处清晰可见。

① Georges Sorel, *Réflexions sur La Violence*, 6. ed., Paris, 1925, 45。但此处所引，如三木所记，采用的是纽曼（John Henry Newman）的《同意的语法》（*An Essay in Aid of A Grammar of Assent*）所引的内容。

② B. K. Malinowski, *Myth in Primitive Psychology*, London, 1926, 14～15, p. 23.

对于作为支撑激情向着像，或者说有形之物的转化这一人类的行为之物的“构想力”这一特别能力的存在三木予以假定，这是由于激情在原有状态下必然要成为有形之物。其为了成为有形之物，就必须在此处打开感性与知性交错的场。我们可以说构想力是切分打开这样的场，从其交错中产出像的能力。

在这样的意义上，可以这样说，“构想力不仅仅是感情，同时还是可创出知性的像的能力”（8，49）。《构想力的逻辑》并不仅仅是感情或者说激情的逻辑，必须如是说它是“形像的逻辑”（8，46）。但另一方面，这一形像化并不仅由来于知性。因为构想力所生出的“形像不是纯粹的理念，说起来是持有身体的理念”（8，62）。可以说其有获得形的欲望、冲动。

我们可以说，恰似康德将构想力作为感性与悟性相关联之物加以把握那样，三木所说的构想力也是定位于感情性之物与知性之物之间，作为两者相关联而作用之物来把握。

最初，在《构想力的逻辑第一》所附的“序”中可以看到三木在《历史哲学》刊行之后他思考的中心是，“客观性的事物与主观性的事物、合理的事物与非合理的事物、知性的事物与感情性的事物的结合如何可能的问题”，也即是逻各斯性之物与激情性之物的“辩证法式的统一”的问题。他在论文《意识形态与激情》中对举的对应意识形态的激情的研究，而在《新人文主义的问题与文学》（1933 年）中关联社会性与人性、提倡“新的人文主义”，可以说这两者都是关注这一问题的表现。

但三木在《构想力的逻辑第一》的“序”中，关于这一逻各斯性之物与激情性之物的统一的尝试是“过于形式性的”，换而言之，对于无法明确地指出其具体性的“何处可发现”逻各斯性之物与激情性之物的统一这点，三木自身也加以反省。可以说《构想力的逻辑》正是在这样的反省之上构筑起来的：作为身体性的存在，因而我们抱有激情性之物，因此其冲动性被赋予逻各斯性的表现，这种被赋予的力量（能力）可以在构想力中见到。而这种“力量”论可以说使得三木独有的哲学的展开有了可能。

西田哲学的再解释

——作为行为的直观的面部表情

〔日〕上原麻有子[*]　赵　森[**]译

图1　西田几多郎

这张于1943年（昭和18年）2月拍摄的照片①是上半身姿态的照片，这张照片难得地从右上方捕捉了为西田哲学研究者所熟识的这张哲学家的面孔。他执笔写作时严肃的表情和运笔的右手，使看到的人对"思索"这一姿态留下了强烈的印象。如果是耐心读过西田几多郎的读者的话，面对这个思索的哲学家时，他们会很自然地想起，譬如下文以后期思想为特征的一节。

笛卡儿说过，我们自我的本质是思考，没有身体的自我是可以存在的。但思考这件事也必须是一种作用。对于作用来说，必须有作用者。不用说，它当然不是物质性的东西。……我所想的是，既然是时间性、空间性的作

* 上原麻有子，哲学博士，京都大学教授，从事哲学和伦理学研究。

** 赵森，中国人民大学哲学院中国哲学专业在读博士。

① 『西田幾多郎全集』第12卷、岩波書店、1979；『新版　西田幾多郎全集』第24卷、岩波書店、2009。

用，那么它就必须是历史的事件。……如果说在存在之前就有当为的话，那么，对此进行思索的自我又是何种存在呢？对价值和存在的严格区别进行思索的自我必须是在自我中包含矛盾的东西。与此相关的存在我称之为历史的身体性。①

思考的自我这一存在，对西田来说本质上是身体性的。“我思考我这件事也是一样，如果身体没了，那么意识也就没了，考虑到这一点，可以说它也是身体性的事实”②。从而，拍摄照片的西田自身，在那时也应当是在进行“身体性的”思索的，因此手握笔与思索一体化，进而产生出思索这一行为。那么，关于严肃的面部表情又怎样呢？如果说面孔也是身体的一部分的话，那么在西田的语境中，也应该是“身体性的”。可以说，严肃的表情集约地表现了思索现场的情况。正因有了面孔，才有能传达的东西，这是手所不能表现的。

关于面孔，和辻哲郎也说道“面孔对人的存在有着核心意义”“它不止是肉体的一部分，也是肉体能服从自我主体性的位置，也就是人格的位置”③。本论文试图从西田的“行为的直观”，或者可以说进入身体哲学所关涉的范围来讨论这种面孔，尤其是其表情的问题。

一 “西田哲学”研究的发展与再解释

为了紧扣本文所专注研究的课题，关于背景中与我思考相关的部分，有必要首先进行一下说明。西田的思想涉及多方面的课题，对于研究者来说或许是探索的丰富源泉吧。先行研究的题目和方法的多样性就显示了这一点。一直以来，在与宗教、逻辑或其他哲学对话这类主题下，每个研究者作为西田哲学的一个开拓者，各自再三努力着发展出其独特的解读与方法。

作为知的源泉的西田哲学之所以吸引着研究者，原因之一不正是在于它

① 『西田幾多郎全集』第 11 卷、岩波書店、1979、301 ~ 302 頁。以下将全集旧版略记为 NKZ。

② NKZ 11、294 頁。

③ 坂部惠編『和辻哲郎随筆集』岩波文庫、1995、27 頁。

的难解吗？为了理解西田极其困难的思索以及作为这种思索之记录的文本而在这过程中深入险峻之路。但理解的准确性却没有保证，只有在别处进行反复和深入的解释这一个方法。通往哲学书籍第一义的门径除此之外并无他途，西田哲学的难解性不仅没有击退研究者，可以说反倒吸引了研究者。下面是 1943 年，西田收到柳田谦十一郎的信件后写的回信。

> 关于您编订字典的考虑
>
> 对于像我这样，长年以来以不同写法写作的人来说，从长远来看是有必要的。如果人们对我的哲学有如此高的兴趣能够持续下去的话，字典还是有可能出现的。但果真会这样吗？①

当然，西田对自己的哲学的未来并不确定。虽然今天的西田哲学或许失去了当时那种威力，不过如果了解一下国内及国外的研究现状②的话，我们马上可以知道其新的发展状况十分稳健。至少西田在绝笔《关于我的逻辑》（1945 年起草）中所表明的，“我的逻辑并没有被学界所理解”③ 的失望感放在今天并不恰当。

这里，我试着从日本哲学的视角对西田哲学的研究做出思考。更为正确地，反而应该说是来论述孕育形成日本哲学这个领域之部分的一系列思索成果。再次研究西田的书简，我注意到西田在他去世前约一年，即 1944 年给泷泽克己的信中的用词。“关于哲学的情况，不论今后如何，在日本必须发展出宏大的日本哲学”④。在当时，“日本哲学”这个称呼还被认为是很稀有的，西田却有着要承担起伟大飞跃、舍我其谁的自负。他告知泷泽《思想》7 月号中《关于笛卡儿哲学》一文的主旨，说道“对自古以来的哲学，我已

---

① 「書簡 1810」（昭和 18 年 8 月 24 日）、NKZ 19、1980、254 頁。

② 虽然近年来国外日本哲学研究极其活跃，但直到 20 世纪 50 年代开始，整个哲学界才通过有限的研究者在质的层次上迎来了美国西田哲学研究成熟期。仅举一例，Place & Dialectic, *Two Essays by Nishida Kitaro*, trans. by John W. M. Krummel and Shigenori Nagatomo（Oxford University Press, 2012）是近年来刊行的《场所》及《逻辑与生命》的高质量译本。

③ NKZ 12、265 頁。

④ 「書簡 1959」（昭和 19 年 7 月 20 日）、NKZ 19、313 頁。

经表明了我的立场”[①]。我们可以看出被表述为“我已经表明了我的立场”的这种西田对待哲学的态度为下文所展现的气概所支撑。从他给高本正显的信中，有如下表述：

> 学问之道无论如何是不能自欺的，无论如何也要怀疑，无论如何也要战斗，而不能苟且安于小成。当自己的思索滞塞时读读别人的书籍也是可以的，但无论如何也必须要切合现实走出自己的路。[②]

这或许正是日本哲学或西田哲学研究者们必须时常认真去理解的教诲。日本哲学的研究，在尽可能忠实地解释和解说的基础上，同时还必须自我超越[③]。当然没有这个基础，就不可能有自我超越，但如果不脱离基础的构造区域，就会引起日本哲学领域的停滞。正是通过自我超越这一研究的新展开即新的哲学形成的积累，日本哲学或西田哲学都不再是变样的过去的学问，而是不断创生“现实”的学问。

我从西田的教诲中所学到的，归根结底就是做哲学即是从“解释”到“再解释”的自我超越。像德勒兹（Gilles Louis Réné Deleuze）和加塔利（Felix Guattari）所说的，所谓哲学就是“以制作概念为本质的学问领域”这种看法也是可能的。“常常制作独创的概念，这就是哲学的目的”[④]。像这样将重点放到其创造性上来看时，哲学才能超越“解释”的境界而扩充到“再解释”的水平。所谓“再解释”，换言之即“重新解释”“更进一步解释”，不过我更想尝试从自我超越的意义上来看待“再”字。这也是哲学性创造的意义。这有点类似于本雅明在说起通过翻译原作得以“延续生命”

---

① 「書簡 1959」（昭和 19 年 7 月 20 日）、NKZ 19、313 頁。

② 「書簡 1046」（昭和 11 年 9 月 30 日）、NKZ 18、1980、575 頁。

③ 小林敏明以较为严格的眼光把握到西田哲学研究的现状。“西田哲学还没有被充分开放。绝大多数关于西田的论述集中在类似‘西田哲学中的某某概念’，或者‘西田受到某某人的影响’等问题上，可以看出自始至终似乎都是在西田的文献中片面地选取而使之符合一定逻辑。可以给后进的我们提供教训的是，……通过对西田思索的彻底化而探索直面了的临界点，从中探索出更为开放的道路”。

④ Gilles Deleuze et Félix Guattari, *Qu'est-ce que la Philosophie*? Paris Les Éditions de Minuit, 2005, p. 10.

时提到的“翻译者的使命”。在“延续生命”中，“原作有了改变”。“只要语言被恰当定义，就在不断成熟”①。当然，这并不是说“翻译者的使命”和“哲学学者的使命”是一样的。哲学学者以忠实解释原著作为路径，通过穿过这条路径来超越它。总之，必须以原著中论述的哲学作为原动力产生自己独有的话语。

这样，终于算是阐明了“西田哲学研究的发展与再解释”和我自己所关注的课题之间的关联。面孔虽然是与西田哲学没有关系的问题，然而本文的用意则是硬要将其纳入“行为的直观”以及身体论之中，同时想要哲学性地把握面孔的表情。同时，指出“行为的直观”的逻辑没有明确地处理好通过主体间性的身体与身体的交涉和身体的意识性与无意识性的表现等问题，指出其后期实践哲学中的盲点。当然，对西田哲学来说，盲点这一说法并不恰当，本文中的指摘可能会被反驳为“只不过是不成问题的问题”。但是无论如何，在这一点上，我想尝试进行身体论和行为的直观的从“解释”到“再解释”的自我超越。

二　西田对“身体”的关心

（一）“面孔是身体的一部分”并非自明的道理

就像和辻哲郎所说，面孔是表现人格的地方。通俗地说，面孔是人个性特征的象征。比如证件照必须是人面孔的照片。这样说来，如果将人的面孔这种肉体的形象进行可视化，是不是那个人的个性特征也就确定下来了呢？和辻在《面孔与人格》（1935）里，曾经对面孔进行过考察，他说道：面孔具有“对人的存在来说核心的意义”。但是，他并没有回答被可视化的面孔究竟是怎么一回事。

① 此处对本雅明的引用参照和译本和法译本，深入理解内容后将法译本翻译成了日本语。“翻译者的使命”出自：『ヴァルター・ベンヤミン著作集』6、円子修平訳、1996、267 頁；Walter Benjamin，*La Tâche du Traducteur*，Euvres I（Paris：Gallimard Folio Essais，2000），p. 249。

面孔进行表现的方法，和身体其他任何部位都不一样。因为当我们面对一张面孔时，会努力从这张面孔上看出表情，或者至少被动接受这张面孔上的表情，因为这种表情受到某种影响。叔本华在《论人相学》中写道："脸比嘴说出的东西更多"①，而欧洲的相术则是从作为信息宝库的面孔上"通过外在表象看出内在意义，也就是构建记号和记号表现对象间关系的实用技巧"②。面孔上能表现出语言，甚至肢体动作都表达不出来的东西。在这种表达面前，作为存在的我们首先不得不感知到我们面对的其他存在。而且，虽然我们努力读取面孔上表情的含义，但是越看越知道，自己能看出的只是一些不确实的东西。

鹫田清一提出了"面孔真的是'观看者'、'被观看者'吗?"这种关于面孔的可视化根本性的问题，他说道：

> "面孔"是不可能成为对象被观看到的。尽管如此，面孔可以被强烈地感受到。"面孔"在大部分场合都是没有任何先兆地突袭我们、将我们的意识紧紧地箍起来。一种不确定的东西用这样暧昧和不可控制的方式鲜活地冲向我们，这也许就是"面孔"这种现象的特殊性吧。③

关于"暧昧和不可控制"，鹫田在引用段落之前的论述中曾经谈过，他的意思不只是说面孔上表情的内容是不确定的这种认识层面的问题，而是包含了他者的存在本身的含义。鹫田说，"对他者经验的结构由'我'这边进行有意识地重新构建"的行为，他者"作为身体（=物体）出现在我们面前"这件事，绝不是不言自明的事实。也就是说，包括面孔的活生生的身体是不能作为他者被"看到"的。这里说的，是没有将我对象化的"注视"的他者，与我的视线交叉的他者。面对这样的面孔的我，"在被对

① 「人相学によせて」秋山英夫訳『ショペンハウアー全集』14、白水社、1973、280 頁。

② 浜本隆志、柏木治、森貴史編著『ヨーロッパ人相学—顔が語る西洋文化史』白水社、2008、60 頁。

③ 鷲田清一『顔の現象学—見られることの権利』講談社（講談社学術文庫)、2003、22 ~ 30 頁。

方观看的气氛中感受他者”。这种“被动的体验”，可以理解成与他者建立关系的开始①。从这里开始的主体间的事件，是通过两者间不可预测的语言和表情进行相互应答的过程。但是关于远不具备自明性的“面孔”的考察，列维纳斯（一般认为鹫田的研究建立在他的研究基础上）说，“作为面孔形成的显现和其他所有存在构成的方式都不一样。因为，这种显现是在‘启示’无限的东西。……赋予意义是无限的事情，或者说是‘他者’”②。

上面说的是扎根于主体间性的“面孔”问题。我想把这个问题引到“身体”上，和西田对身体的讨论联系起来。用日常经验一看就明白，“面孔”不管怎么说，都很容易被拖进主体间性的讨论中来。但是在这里，我想先讨论西田在1930年以前构建认识论（成为当时西田哲学的特征）时所做的，即怎样把握和避免像与自己发生关系的身体那样来把握与他者的关系。

（二）身体论的发展

1937年11月，西田刊行了包括《逻辑与生命》《行为的直观》的《哲学论文集·二》。9月，他把在“信浓哲学会”的系列讲演的一部分以《历史的身体》为题，其中提到迄今为止的哲学虽然探讨了“精神和身体的相互关系”，却没有考虑过“身体本身”。“考虑到现实世界是我们实践的世界时，身体开始具备了重要的意义”③。如果在西田哲学中考虑身体，研究者一般会理解成这个时期西田说的“历史的身体”。但是，与其说西田突然开始关心身体，并赋予它重要的位置，不如说西田一直保持着对身体的关心。在《善的研究》（1911）中，西田已经注意到身体同时具备外在运动和内在意志的双重属性。此后，西田逐渐深化了他的身体观。在前期研究中没有研究者注意到，《一般者自觉的体系》（1930）所收的《自觉的一般者中某种东西以及和它背后的东西的关系》（1929，《思想》刊登）。我想强调的是，

---

① 鷲田清一『顔の現象学—見られることの権利』22～30頁。

② レヴィナス『全体性と無限』（下）雄野純彦訳、岩波書店（岩波文庫）、2011、60頁。

③ NKZ 14、1979、272頁。

西田在这里进行了对身体的系统性论述[①]。在这里，西田通过引入胡塞尔的noesis、noema对身体进行了探索。不过，一般认为比起胡塞尔，西田对身体的关注更多地来自伯格森（Henri Bergson）和康拉德·菲德勒（Konrad Fiedler）。

那么，对于西田来说身体是什么呢？在这篇1929年的论文中，西田的行文非常令人费解，但我想就其中的要点进行解说。西田首先指出，“被认为是身体的东西具有多种含义”：“通过自然科学”看，“只是自然的一小部分”，“通过物理学看只不过是物质”，“通过生理学”看，不过是“一种合目的的自然物”。这样的身体“不包含任何精神性的内容”。并且西田对“只是作为自然的一部分合目的地看待”和“作为自我的内面限定地看待”两种对身体的看法进行了区别[②]。西田的意图是区别精神界（意识界）和脱离意识的、睿智的世界中的身体。西田的基准是精神界的身体观，不是我们日常生活中理所当然地接受着的自然界这种基准。身体“不是从外面看到的，是从里面看的”。

> 像这样noema式的内容是同所谓自然界接触时我们看到的自己的身体。所以我们的身体不是从外面看到的，而是从里面看的。通过与睿智的自我的noema式的限定面接触，我们……将自我本身的内容客观化。在这种意义上，我们的身体是睿智的自我noema式的影像[③]。

解释一下这部分，意识界的有意识的自我，用“场所”的逻辑看，是通过“自我限定”确立的。这个自我同时也是观看自我本身（不是观看外在对象），对它的内容进行直观的主体。在限定意识作用的极限，也就是在与脱离了意识的睿智世界接触的边界上与自然界接触。为了理解这一点，请设想我们陷入自我意识中时的感受。不经过借助语言进行思维的路径，直接

---

① 「身体とは何か」（山形頼洋、三島正明『西田哲学の二つの風光—科学とフランス哲学』萌書房、2009）这篇文章是难得的有关本文所处理的身体问题的研究。

② NKZ 5、1979，272、280 頁。

③ NKZ 5、295～276 頁。

观看内容，即身体。在这里我们看到身体。进一步，正是通过看到身体，接触睿智界，将自我作为自我本身的内容进行客观化。身体，简单地说，是无限延伸的精神界的自我化，或者是无形的精神界的可视化，我是这样认为的。

另外，身体可以作为动性把握。

> 我们的身体在 noesis 的方面反映了自我本身，我们的动作在限定自我本身的同时将自我对象化，它的极致就是看到自我本身[①]。

刚才说的是从自我的角度看到的身体，把观点移到身体上的话，身体可以运动、动作、行为，而且通过这些进行自我限定。这些都是“意志行为”。推向极致的话，身体“深深进入观看自我本身的立场”，进而脱离身体，成为“纯精神的自我”，这是睿智的世界[②]。在睿智的世界，自我是“超越身体直接看到自我自身的自我”。

到这里，我们重新来考虑面孔的现象。他者的面孔的出现，按照西田的身体论，是在睿智世界感受的东西，应该注意的，这不是他者而是自我自身的认识。这样就出现两个问题，“看”自我的身体这样的事态，是怎样的事情？和看他者的面孔有怎样的区别呢？

三　从行为直观到身体表现

（一）行为的直观与身体

20 世纪 30 年代，西田的身体论迎来了新的局面。他的关心转向了自他关系，或者说在社会、世界中行动的人。《无的自觉限定》（1932）出版以后，西田开始引入活着的人这样的“生命”的视角。这和“生物意义上的

① NKZ 5、277 頁。

② NKZ 5、276～285 頁。

生命”是同一含义，这是西田在20世纪20年代之前没有明确使用过的概念。至于“生命”，虽然西田在此之前多少有所提及，但是他对生命的看法，一直只停留在非常缺乏现实性的程度上。具体来说，西田曾经把“生命”作为“客观的现象”①，与“被称为精神的主观现象”相对，并且相结合。但是，在《哲学的根本问题》（1933）中，利用“生物意义上的生命”这样的概念，西田区分了生命本身和物质环境（在区分的同时，西田认为两者是不可分离的）②。也就是说，“与生命相对的东西任何情况下都不能脱离物质”，“生命不能与生命相对”③。

“生物意义上的生命”不是像上一节说的，在智慧的世界达到“精神界的自我实现”的身体，而是属于自然界的，生物意义上的身体。西田就像这样，从带有浓厚理念论色彩的身体论转变成不排斥“生物意义”的身体论。当然，只有服从西田哲学所指向的睿智世界的逻辑，在客观世界站立在“真实生命”的“基础上”，“生物意义上的生命”④ 才是有意义的。

西田的身体论似乎是在探讨“生命”这个问题时，沿着现象学克服笛卡儿身心二元论的方向发展的。西田自身在考虑身体时，也许不是有意识的，但在事实上带有克服“我思”带来的主客对立问题的色彩。1917年，西田已经像“意志是精神界的身体，身体是物质界的意志”⑤ 这样，把握身体的二重属性，并且在20世纪30年代后半，提出了创造而且制作的“历史意义上的身体”这样的概念。后者的要点是，“自我在制作的同时被制作物所制作”，“制作物成为公共”，“历史的事物成为我们的动因”，这些看法，都不是主观主义能够达到的⑥。

身体不仅是生物意义上的，而且是创造和制作的，这是怎么回事呢？按照讲演录《历史性的身体》所述，参考亚里士多德和霍尔丹（John Scott Haldane），西田应用了“功能”这个概念。根据霍尔丹的说法，“生命是形

---

① 「自覚に於ける直観と反省」（1917）、NKZ 2、1978、237 頁。

② NKZ 7、1979、125 頁。

③ NKZ 7、129 頁。

④ NKZ 7、130 頁。

⑤ NKZ 2、239 頁。

⑥ 「歴史的身体」「信濃哲学会のための講演」NKZ 14、272 頁。

式”，“形式和功能是相同的”[①]。西田说，功能是作为生物学现象的生命对环境的改造，在这个意义上，生物意义上的生命发挥功能。所以“功能性的就是生命性的”，“生命性的就是将环境生命化而形成环境”。生物学意义上的身体、生命、环境的相互关系通过功能成为可能。西田进一步将这个环境形成范式扩展到人类历史世界中，使用了“语言学意义上的身体”这样的概念。语言的功能是人类身体进行制作的功能，这种功能制造了知识世界。“创造新东西的是身体”，“历史性的东西也是人的身体所产生的”[②]。到这里我们可以说，综合意义上的身体包括了生物学的意义，它和它的生活场所一起形成了“历史性现实的世界”[③]。

上述“历史性的身体”这样的身体概念，和“行为直观”这样的逻辑一起形成了西田后期思想的框架。所谓“行为”，从下面引用的地方看，可以说正是保证“历史性现实的世界”的辩证性和历史性的力量。

> 世界作为历史性的现在，任何情况下都既是被决定的东西，同时在自身中包含了自我否定，在超越自身从现在走向现在的过程中，所谓行为得以存在。因此说行为是实践，是制作[④]。

在西田的用法里，一般来说“行为”这个词的含义是相当广泛的，比如《行为的主观》（1922）中，“行为”还只有很暧昧的含义，即发挥认识作用的主观的一种，从根源上使知识的客观性得以成立。但是上述“历史性的世界”中的“行为”，既保留了“认识作用”，同时“从动物的本能直到人类的行动”[⑤]，包含了外在的行为。并且，人类的制作行为是一种特别高级的行为。

---

① 在「論理と生命」（1936）中，西田也引用了 Haldane 的 The Philosopical Basis of Biology 中的说明：“所谓生命，是某个种族特有的标准的结构与其环境的能动维持”（NKZ 8、1979、288 頁）。

② NKZ 14、276～277 頁。

③ NKZ 14、283 頁。

④ 「行為的直観」（1937）NKZ 8、543 頁。

⑤ 「行為的直観」（1937）NKZ 8、545 頁。

像“我们的身体在活动的同时也在观看”[①] 说的那样，正是因为以身体为载体“行为”和“直观”才能表里一体，并且产生“历史的辩证运动”[②]。这种表里一体性，从前述的意志与身体的两面性这样的身体观应该也是可以得到的。西田的“直观”是“身体性地具体地把握事物”[③]，如果以身体为界划分内外，从外开始把握时，可以说是“事物”。上面是从身体的角度对“行为”和“直观”进行的说明。

行为的直观是“通过行为观看事物，在事物限定自我的同时，自我也限定事物”[④]。这里的“事物”和“自我”的关系并不是抽象的知识层面上的关系。“自我”既处在把握“事物”的地位上，同时被“事物”主导，同时作为“自我”使“事物”具体呈现。这里说的“事物”不是生物学意义上的，而是社会和历史意义上的“事物”[⑤]。不是在知觉世界看到的事物，而是通过“在知觉世界作为个体限定而确立的”身体看到的“事物”。在知觉世界，身体成为“历史性的身体”，此时此处的身体是“理解的、思维的同时，也是意志的和行为的”[⑥]。此外，西田对行为直观还有如下的描述：

> 行为的直观对事物的观看，包含了事物在被观看的过程中被否定的含义。主体的形成包含了自我否定。比如被制作的事物并不只是制作者为了制作而被制作的，离开了被制作的事物，也就没有制作者了。我们的身体在被制作的同时也在制作，被观看的同时也在观看[⑦]。

“被制作的东西”也就是事物，在被观看时已经被否定了。“制作者”也就是“主体”，制作者自我否定的东西，也就应该是“被制作的事物”。这里的“否定”不是说维持原样，而是说制作、创造新的事物。“历史发展

---

① 「論理と生命」NKZ 8、345 頁。
② 「行為的直観」NKZ 8、546 頁。
③ 「行為的直観」NKZ 8、549 頁。
④ 「行為的直観の立場」（1935）NKZ 8、131 頁。
⑤ 「行為的直観」NKZ 8、549 頁。
⑥ 「行為的直観の立場」NKZ 8，169、171 頁。
⑦ 「行為的直観」NKZ 8、547 頁。

的世界里，被制作的事物应该是为了制作制作者而被制作的”。这里西田在用词上反复使用了“应该”，可以说，其中包含了形成作用中主动与被动合一的“行为习惯”的含义。“具体的事物”，比如身体，“不只是惰性的，也是能动地制作事物”“观看事物”的。西田说，在行为的直观里“事物偶然出现”是不可能的[①]。现实世界中，“从被制作的事物到制作的事物”，“从制作的事物到被制作的事物”是历史的发展。身体在作为主体的同时也是对象，在历史的辩证运动中发展。可以说在上述论点中，包含着面部表情的问题。

（二）手和脸

西田重视作为制作器官的“手”。以康德和亚里士多德为参考，西田说，手是“分析与综合的器官”，并且结合了“理论能力与实践能力”，手是在“构成事物外形的过程中形成的”。与手制作身体以外的事物相对，脸似乎不能说在它的表面制作某种形象。并且“手的作用不是固定在一种目的上的，而是中立的，作为工具的工具、特殊目的使用的工具，这是手具备理性的原因。手是将自身特殊化的，活生生的一般概念”[②]。手被看成和逻辑思维一体化的器官[③]。在身体的各种功能中手具备制作的功能，正是手把人和动物区分开来。西田把手作为制作的身体的象征。与手相对，脸是表现情绪的器官。虽然手实际上不只是理性地制作东西，而是和面孔一样，有表达自我的方面，但是西田对手的这种表现性不关心。这方面的例子有达·芬奇的肖像画，通过描绘手，达·芬奇成功地表现了微妙的内在世界[④]。

让我们再回到面孔。既然西田说身体和意志是表里一体的，那么通常说

① 参照「行為的直観の立場」，西田受到 Maine de Piran、Bergson 的影响，将“习惯”的概念纳入行为的直观（「行為的直観の立場」NKZ 8、200～208 頁）。

② 关于道具，西田有如下论述。物与历史的身体之间有着“断续”，同时有着“连续”。历史性的身体是“将物作为道具使用，又由此造物”，这就是“技术”，“技术是我成为物，物成为我，主客一如地、自然地产生物”（「論理と生命」NKZ 8、321 頁）。

③ 「生命」（1944）NKZ 11、299～300 頁。

④ 「レオナルド研究」『下村寅太郎著作集』第 5 巻、みすず書房、1992、337 頁。

的，脸上的表情表达内心，在西田那里是否可能呢[①]？或者说，脸上所表达的，究竟是不是内部的主体？对梅洛－庞蒂来说，身体的运动和运动的意识也是不可分的，而且一切运动自身都有“内在的、为运动赋予生气、支持运动的”背景。这个背景就是世界。我给对方“打手势让他过来”，这个运动“通过世界”传递到对方所在的“场所”。对方对手势的反应和两者的距离，“直接反映到我的动作中去”[②]。如果用梅洛－庞蒂关于运动的考虑作参考，表情不只是对主体内部的表达，也是对包括对象在内的他者和一切环境的反映。就像上一节提到的那样，面对“我”的表情的他者，只有在不确定的状态下读取表情的含义。就像对面孔的研究经常指出的，表情包括了有意识做出的和无意识流露的表情[③]。

在这里，我把行为直观和表情的问题放到一起，整理之后要考察的论点是，用行为直观的逻辑看自他关系中的脸上的表情，能否用“从被制作者到制作者”来进行说明？面孔能不能说在制作什么？西田说的“制作事物”中的“事物”到底是什么？进一步，行为是有意识的吗？无意识的活动不是行为吗？

（三）身体表现

通过探讨以行为的直观为特征的西田的身体论，我们发现西田似乎没有注意到在身体上形成形象的身体表现。我们来确认一下《行为的直观》(1937) 中的一节。

① 矢内原伊作支持西田的内外一体的身体论，表达了意味深长的见解：“表情并非感情的表现，而是表面的感情，在此之外应该是没有感情的。……人们通过表情来模仿感情。但由于表情以外没有感情，因此模仿感情无非就成了模仿表情”（『顔について』みすず書房、1986、12 頁）。

② M・メルロ＝ポンティ『知覚の現象学』I、竹内芳郎・小木貞孝訳、みすず書房、2012、191～192 頁。

③ 根据心理学领域的代表性研究者，P・Ekman 和 W・V・Friesende 的观点，表现感情的面部表情有着服从社会规范的统治的倾向，并且面孔传达的是“真实与虚假的感情信息”，即不同感情的混在（『表情分析入門—表情に隠された意味をさぐる』工藤力編訳、誠信書房、28～29 頁），可以理解为真实的表情是无意识展现的东西，而虚假的表情是对真实有意识的隐藏或变更的东西。

> 如果要实践地和主体地把握对象或者现实，必须是行为的直观地进行把握。通过身体观看事物是行为的直观地观看事物，在历史形成作用中观看事物。实践既是在身体以外制作事物，同时必须具体地成为历史形成作用中身体运动的继续。[①]

在这里需要注意的是，“在身体以外制作事物”。西田说，行为的根本是“制作事物”“改变外界”[②]，行为的“全部必须是具备表现作用的性质的”。据此，西田虽然没有直接说，但我们可以认为，他说的表现是制作“事物”。比如，历史形成作用是“我们制作事物，事物制作我们”，同时也是世界的自我形成和自我表现，对于身体表现，我们也需要沿着这一逻辑进行探索[③]。在行为的直观那里，“我们把事物作为工具，我们把我们的身体作为工具，事物具备了身体的属性”这样来看待“事物”[④]。如此理解事物、工具、身体三者的相关关系以后，自然会想到，新制作的“事物”在某些场合不也是身体的一部分吗？即身体上的表达，或身体的姿态。但是，西田所指向的制作的逻辑、创造的逻辑，并没有指向身体姿态的创造性和表现性。

不可否认，木村素卫的思想明显以西田哲学为基础[⑤]。木村本人，在《身体与精神》（1938）[⑥] 中详细展开了他的身体论，谈到了西田可能没有涉及的部分。木村比西田更明确地重视身体作为物质的方面，同时把身体的本质定义为人类“形成表现的存在”。

> 我们日常通过身体能够将内在的活动和态度如此具体和明确地进行把握和表达，是因为人本来就是精神物质一体的，表现的存在，内在的东西通过物质的侧面反而用更具体的形象呈现出来。……耳语的时候和

---

① NKZ 8、550～551 頁。

② 「論理と生命」NKZ 8、279 頁。

③ 「行為的直観」NKZ 8、146 頁；「図式的说明」（1973） NKZ 8、573 頁。

④ 「行為的直観」NKZ 8、165 頁。

⑤ 根据岩城见一的看法，与其说其具有独特性不如说“适用”于西田哲学（岩城見一「解説」木村素衛『美のプラクシス』燈影舍、2000、260 頁）。

⑥ 同上、182～214 頁。

别人促膝而坐，给人递眼色，对人嗤之以鼻等等。不只是嘴和手是表现机构，眼睛也经常“像嘴一样述说”，全身活生生地表现内在的东西。像这样，内在的生命首先是直接通过身体表现自我。这是我们生命表现的第一阶段。①

木村所说的第一阶段，也就是生命表现的“自在”阶段，应该是包含了面部表情的。木村通过对面部表情的研究，提出了对我们有帮助的论点。“对于在根本上不断形成的表现者的人类来说，比身体直接表现内心更本质、更重要的是过程性”，表情在第一阶段是无意识的、直接的表达；在第二阶段，身体的过程性有意识地产生表情。木村说“坐正身体，递眼色这些，不只是表达内心的态度，同时是一种技术”。递眼色可以说是表情的一部分，是一种技术。在这里，技术也就是过程性，或者说“作为生命表现第二阶段的自为”。在第二阶段做的是“被制作的事物”。下一步则“达到生命表现自在且自为的阶段”，这是“内与外辩证互动”的过程性的综合。在这里，我们可以找到“自觉的创造活动”②。我们可以把这个过程，说成西田的“从被制作的事物到制作的事物”的行为的直观，是被观看的事物，也就是历史的事物的创造过程。就像木村说的，身体自身的表现，比如像面部表情这样的日常的例子，也包含着更高阶段的创造性。木村说，身体表现的本质，也服从行为直观的逻辑，当然应该沿着西田开创的道路继续探究。

四　面部表情

探寻面部表情的奥秘，不外乎身体性存在的主体间的自他关系的领域。这种表情观虽然未被包含于西田的身体观之中，但联系到至此所考察的内容，从行为性直观来导入二元的身体性是完全可行的。在《我与汝》

① 木村素衛『美のプラクシス』、200～201 頁。

② 同上、201～202 頁。

(1932）中，西田论述了主体间的自觉，但并没有论及面对面的两个主体的身体的观点。但在其后的《逻辑与生命》一文中，西田在插入本文的一段话中提及了“汝之身体”。

> 我与汝通过表现的媒介而相对。并非相对表现性的我的东西就是汝，相对表现性的汝的东西就是我。表现性地相对于我的东西是物质性的汝之身体。但所谓事物是表现性的存在这件事，必须是世界成为辩证的生命的自我限定的世界。所谓辩证法的生命的世界，必须是一事物与另一事物保持既独立又统一的矛盾性的自我同一的世界。在这样的世界中，事物才可称之为表现性的。相对于个体的我，个体性的汝之身体才不会成为我的道具，才真正称得上是汝之身体。①

我想到了前一章论及的关于“我们的身体既是被制作的事物又是制作的事物”这一问题。身体是被制作的事物，但同时也是制作的主体。当这种造与被造的关系被置于人际关系中时，“表现性地相对于我的事物”就是“汝之身体”，也就是所谓的“物”。这一情况下的“物”并非客观化的物体，亦非“道具性的物”。根据西田的定义，所谓“物”是指“客观的一般性的东西”“由其自身而变的东西”②。总之，相对于“我”这一主体不仅不陷入对象，自身亦能成为主体的东西才可称为“物”。为此，“我”当然是作为“身体”的我，但必须对作为身体的“汝”而相对化。这样，西田将论点集中在“汝之身体”，并在插入部分对此做了说明。

事物被称作“历史性事物”。既然叫作事物，那么它不能仅产生于内在世界，也必须在外部世界以某种形式表现出来。所谓表现由于仅通过物来实现，因此可将物称作表现的媒介。举例而言，表现的媒介可以被认为是语言③，或者也可认为是构成身体一部分的表情。上田闲照通过将“我与汝”与鞠躬

① NKZ 8、290 頁。

② 同上、277 頁。

③ 虽然《我与汝》中有“所谓人与人的关系就是所谓相谈”（NKZ 6、392 頁）的说明，但按照一般的理解，这或许就是将语言作为媒介的意思。

这一身体性的礼仪动作相重合，对两者的相遇进行了考察。他的分析焦点并非在于形式上的鞠躬，而在于真正意义上的自他间的具体交际。通过相互的鞠躬致意，无自他分际的深层交流消弭了彼此的区别，彼此作为“我与汝”相互面对①。上田应该是从“面对”这一点上联想到了人与人面孔的正向相对这一姿势吧。问候时，无论双方视线相交的那一刻何等短暂，双方自然会面面相对。若此时发生表情，这刹那间我与汝之间就会有某种表露。

西田并未把通过面部表情而展开的微妙的人际交往作为哲学问题来处理。但是，一种可以相互称为“我与汝”的人际关系的确立，难道不就是从身体的彼此相对开始的吗？并且，由于有了面孔，使得自我与他者的对面成为可能。比如，自我与他者通过语言这一由肉体发出的声音媒介，从内部产生出我与汝之间“制作的事物”与“被制作的事物”的相互变换的共通项。所谓“共通项”，是在对话中被语言诱导出的，它是由所谓“语言以前”的面部表情传达出来的。

我与汝之间直观性的面面相对频繁地发生在日常生活中。第一步，双方会面，彼此认识后相互观察对方。人们通过面部来识别对方并决定是否接受对方。往往根据对方的面部表情来选择用语和话题。只有通过构成身体部分的面孔，才能打开我与汝的关系。“面孔”的意义完全被西田的主体间性论所忽视，但其实从此处考察“面孔”的意义是完全可行的。

五　结论：被制作与制作的面部表情

将表示主动与被动意义的动词“制作”和“被制作”的复合表现运用于有关行为的直观的论述中是极为有效的。西田通过“从被制作的事物向制作的事物”这一表现，强调了这一观点，即事物并非只是客观对象，而且是“据自身变化”或进行主体性变动的。当然，所谓“制作”的主体性并未被弱化。

---

① 上田閑照『私とは何か』岩波新書、2006、108～136頁。

如果参考木村关于形成表现性存在的说明，所谓“制作与被制作”是指相辅相成的、自发性的形成。最后，对所谓“制作与被制作的表情”这一问题，我们通过对行为的直观的再解释来做一讨论。

可以将“物”视作面部表情，面部所现的表情即形式，这张相对的面孔正是向他者传达的信息。虽然西田如何具体地认识“物”这一概念，这一问题尚不明确，但他以艺术作品或种子产生的“历史的个人”[①]为例进行了说明。所有的例子都可谓实际存在于“制作的事物”之外，那么如果以表情为例又是如何呢？这将会变得复杂。表情中存在若干契机：主体自身表情中所现的契机，对方面对主体表情时的契机，对方解读表情并通过表情、体态及语言等做出反应的契机。若遵从行为的直观的逻辑，作为“物”的表情是一种历史性事物，是时刻都在变化的。因此，表情是不可能留下痕迹的。若向对方展示自身的表情，对方也瞬间反应，那么双方或许表现相同的表情，或许还会产生其他不同的语言、动作或行动。这样考虑的话，或许可以说一个主体性的表情可以在其自身的表面制作事物，但那只是主动性的制作。既存在有意识的制作的契机，也存在无意识的被制作的契机。另外，有意识的表露与无意识的表露相互交融构成的表情也很常见。这种表情能够被他人解读吗？不，这种混合的表情只是主体自身极偶然的产物。所谓“制作与被制作”已不是西田哲学意义上的行为。因为，西田并不认为在行为的直观中“事物会偶然地出现”。只是，在日常生活中，我们又以何等明确的态度来运用表情与身体呢？这一点不仅适用于面部表情，亦适用于整个身体。如果变化的表情与动作并非行为的直观，那么，所谓历史性世界，只不过是在无视其形成基础的前提下探讨的产物。在虚无中消失的身体的外在表现，诸如表情与动作，正支撑着被西田称为“行为”的背景。笔者认为，日常的身体表现对于行为中的个体产生着难以估量的影响。行为的直观应被再次向身体间的创造生成性逻辑的方向解读阐释。

① 「行為的直観」NKZ 8、546 頁。

明治中叶的宗教感觉

——以《善的研究》的执笔期为中心*

〔日〕水野友晴** 吴光辉***译

一 序言

岛崎藤村（1872～1943）在小说《樱桃成熟的时候》中，曾描写青年时代自己参加基督教青年第二期夏季学习班（1901 年/明治 34 年，于角筈女学校）的情景。

> 夏季学习班的学术讲座几乎网罗了日本基督教界的最高知识层，如今也进入佳境。学员们在上午和下午接触到数位演讲者，听取了数次学术演讲，而今皆走出小教堂，开始了小憩。
>
> “菅（户川秋骨）君，我们就在这里吧！”舍吉（岛崎藤村）邀请朋友来到了二楼走廊的墙壁一侧。自小教堂的门外，到楼梯的下楼处，站满了休息的学员。
>
> 不久，讲堂楼下的入口处再次响起了铃声。讲堂之外的学员们都踏

* 本文乃是基于在石川县西田几多郎哲学纪念馆举行的“西田几多郎哲学讲座”（2012 年 9 月 15 日）上发表之演讲而增改的文稿，最初发表于『文明と哲学』杂志（日德文化研究所，2013 年第 5 号）。

** 水野友晴，京都大学日德文化研究所事务主任，关西大学文学部非常勤讲师，从事日本哲学史研究。

*** 吴光辉，厦门大学外文学院日语系教授，博士生导师，从事日本思想史、比较文化学研究。

上台阶，涌向讲堂。一位走向教堂的讲座者从舍吉等人的眼前走过，他就是任职于文科大学、担任心理学讲座课程的教授，也是一位与管带有了亲缘关系的人。

“M（元良勇次郎）！”

管低声告诉捨吉。基督教界竟然也有这样的人物，如此沉着的学者！舍吉不禁两眼放光，一直凝望着他的身影渐渐远去。

（中略）

担任该日讲座的S（大西祝）学者还未到场。S是一位少壮派哲学家，是第一个将批评是什么的真正内涵加以升华的人物。这位哲学家的演讲才是舍吉等人满怀期待的。就在这个时候，一位额头宽阔、轻抚软发、眼神炯炯的学者穿过人群而走来。

（中略）

唯有S学者，才会将汇编的演讲要旨的印刷材料分给众人。一下子，教堂内就响起了令人兴奋的翻阅材料的声音。在宽阔的小教堂内，左右设置了数个长方形的窗框，并安装了粗线框的大窗户。窗户玻璃一片透明，下午的阳光渗进了教堂，令人禁不住联想到山冈夏季学习班。

印刷材料也传到了舍吉等人手中。管拿起来一看，禁不住小声对舍吉说道：“自希腊道德到基督教道德的变迁。真是一个不错的标题！”

恍惚、感叹、微笑，这样的复杂表情在学员们之间不断传递。就在这一时候，S学者登上了讲坛，站在文明史的立场，开始讲述起希腊道德走向衰退的根源，基督教道德得以兴起的缘由。时不时地，S学者会从男士礼服的隐袖之中拿出白手巾，擦拭一下额头的汗水，而后继续讲座。时不时地，S学者也会突然挪到舍吉身旁。学者的声音清晰而柔和，且带有了力度，听到这样的声音，捨吉感到自己的脸颊一会儿突然热起来，一会儿又冷下去，心情澎湃，激荡不已。①

① 島崎藤村『桜の実の熟する時』春陽堂、1919、36～38頁。

岛崎藤村的这一描述再现了这一时期的青年对于基督教所抱有的真挚憧憬。例如，针对学者大西祝，岛崎提到了“清晰而柔和，且带有了力度”的声音，“额头宽阔、轻抚软发、眼神炯炯”的神情，并对“男士礼服”等进行了细致的描写——与之不同，岛崎在描述之中采取对比的方式将自身命名为“舍吉”——在这样的描述中，岛崎或多或少也进行了一点润色。但是由此而演绎出来的，则是这一时期的基督教徒们成为整个思想界的领导者。正因为如此，他们才为岛崎这一批青年人所尊敬，并获得了他们的崇拜的目光。

但是在此，我们可以了解到，这一批青年人对于基督教的憧憬并没有停留在将之视为舶来品这样的单纯认识。例如，铃木大拙（1870～1966）就进行了这样的阐述：

> 我忘记了究竟是在学校还是自己阅读过，《西国立志编》（“Self help”）的日译本与英语原文，皆是令我青年的心无比感动的著作。尤其是对于为西南战争所影响，银行遭遇危机，整个家庭陷入了破产境地的贫穷士族子弟而言，“Heaven helps those who help themselves”（天助自助者）这一段箴言令人印象深刻。这一时期的小学课本之中，尽管也教授“世事维艰辛，使汝磨成玉”，“天欲使人成功，必先令其艰苦”。但是，自英文著作中而获得感动，可谓更具有了强大的力量。[①]

换言之，我们可以这么认为，即对于铃木大拙而言，《西国立志编》一书所记载的“Heaven helps those who help themselves”（天助自助者）与东方自古以来的格言在内容上并非截然不同，倒不如说它更为直接地阐述了传统格言的内涵。也就是说，它以一个清新的方式，将排斥了封建社会制度习惯的“糅杂之物”反映出来。若是我们可以这么考虑的话，那么这一批明治青年与基督教，乃至与西方近代文明之间的邂逅，也就可以把握为一个“精炼性的契机”，以至将他们引导到最具根本意义的“东方性”。

基于这样的思考，本文聚焦“明治青年”尤其是在宗教这一领域的艰

---

① 鈴木大拙「明治の精神と自由」『新編　東洋的な見方』岩波文庫、1997、275 頁。

辛追求，在考察这一领域的时代变迁的同时，尝试挖掘出潜在的“共通性”的可能性。之所以如此，是因为我尝试站在一个发展的立场来考察这一“共通性”，它亦可以被称为日本人的“宗教性的基础”。

但是在此，我亦想确认一点，即尽管我主张这样的“共通性”，但是并不会一味强调所谓的“日本性”或者“东方性”，如果这样的话，就会陷入一种狭隘的民族主义的立场。“明治青年”所追求的，首先是“近代文明”，就此而言，他们亦可谓在摸索着世界性或者同时代性。但是另一方面，这样一批“明治青年”辛苦追求的目的绝不是模仿西方。不言而喻，他们也并不是要复古明治维新之前的封建社会，但至少与所谓的“独创性”（original）的西方存在着不同的旨趣。

我认为，这一事实表明，“近代文明”试图以“西方近代”的方式来统括全球性的一切在根本上是不可能的。换言之，不仅是在西方社会，即便是在东方社会，被称为“近代化”的一连串的社会运动事实上是如何发挥作用的，是如何被诱导性地得以树立起来的，如果我们不对此详细地加以考察的话，我们就不能完整充分地论述“近代文明”这一问题。本文之所以关注“日本”乃至“东方”，就是基于对这一脉络的把握与整理，并尝试揭示在这样的概念之中潜在地涵盖了实质性的世界性的问题。

二 内村鉴三的基督教

面对汹涌而来的西方近代文明与知识，日本的“明治青年”是如何与之对应，如何与之相处，如何构筑自身的立场？在探讨这一问题之际，内村鉴三（1861～1930）可谓一个绝好的素材。

在《我是如何成为一名基督徒的?》一文之中，内村提到：“在故国接受洗礼大约十年之后，我在新英格兰[①]得到了彻底的回心，也就是相信自己实现了彻底的转向。”[②] 在此所谓“转向”，乃是来自内村的宗教体验，即

① 此处新英格兰指美国大陆东北部地区。

② 内村鑑三「余はいかにしてキリスト信徒となりしか」『内村鑑三集』（『明治文学全集』第39卷）、筑摩書房、1967、99頁。

“半辈子的漂泊烦闷，使你从自己的意念之中完全解脱出来，成为完全不依据自我的存在。令你痛苦的就是你自己。让我来承担吧！救赎你的罪，将你从善引导至善，让你为了我来成为拯救世界的力量”①。换言之，内村在此所提到的“回心”，第一就是基督背负人类的罪而被钉上了十字架，也就意味着基督同时也承担了内村个人的罪。正因为如此，故而第二，作为“拯救世界的力量”②，我们可以将神的福音转化为自身的力量，由此而带来双重的自觉。

对于回心之后的自己的“生”，内村还曾提到“日复一日，面对自我 = 死亡 = 事实（die-to-self-ing day by day）”③，这也就是前文所提到的，在“让我（ = 神）来承担吧！”这一基准下，我们可以挖掘到一个带有双重性的巨大契机。

内村提到：“基督教不只是为我们提示了道路，还为我们提供了生命。不仅为我们准备了铁轨，还准备了动力机车。”④“围绕生命的真切知识，唯有通过生命的体验才能够得到”⑤。在此所谓的“生命”，与《约翰福音》所记载的基本一致，“福音就是生命之道，神为了将无所不在的生命给予我们，故而将其独子送到了人间”⑥。在此所提到的“无所不在”，也就带有了“永恒”之意。

就基督教徒内村而言，这样的“生命”首先是指基督教的“神”。但是，在此我们亦可以指出，基督教正统派的“神”的观念与内村鉴三所理解的确实存在着不同之处。在《日本人的代表》一书之中，内村提到：

> 神选之业，自两千多年前就在我国民之中开始了，最终我也被选为

---

① 内村鑑三「贖罪の原理」「求安録」『内村鑑三全集』第2卷、岩波書店、1983、248頁。

② 与之相关的发言，内村提到：“善人之所以为善人，即在于此，在于自己为了他人而消耗殆尽，却没有为自己留下任何东西。”参考内村鉴三「自己に関するイエスの無能」（『内村鑑三集』279頁）。

③ 内村鑑三「余はいかにしてキリスト信徒となりしか」『内村鑑三集』94頁。

④ 内村鑑三「余はいかにしてキリスト信徒となりしか」『内村鑑三集』110頁。

⑤ 内村鑑三「余はいかにしてキリスト信徒となりしか」『内村鑑三集』109頁。

⑥ 内村鑑三「基督教とは何ぞや」『内村鑑三集』（『明治文学全集』第39卷、筑摩書房、1967、267頁）。

了耶稣基督的仆人。我并不是跟随基督教的传教士学习了宗教是什么，在这之前，日莲、法然、莲如等一批既无比虔诚、又令人尊敬的人教会了我的祖先与我宗教的真髓是什么。①

换言之，内村是跟随被基督教视为“异教徒”的“日莲、法然、莲如”等一批人那里学到了基督教。内村主张这样的学习，必须具备一个基本前提才会成为可能，即基督教本质性的“生命之道”并不是为了某一个基督教徒，而是为了万人皆可行而准备的大道，是不管是基督徒还是非基督徒皆会为之打开的大道。

反过来言之，内村所谓的“神”，本质上就是不管宗派之别的，具有了明确的绝对性、无限性的“神”。若是为此附加上了“基督徒与异教徒”这样的限定的话，那么它也就不过只是人的一种操作性的行为而已。因此，内村界定的“基督教”，就是每一个人皆立足于这样明确的绝对性视角来面对人生，由此或许我们才可以说耶稣基督的福音作为每一个人的路标而被他们内在地接受了吧！而且，我们亦可以转换一个提法：每一个人皆要站在明确的绝对性的视角来面对人生，如果其他宗教的信仰者亦抱着这样的人生态度的话，那么就可以与内村这样的“基督教徒”之间形成一个对话的平台。我认为，内村的思想就提示了这样一个对话的可能性。

三 纲岛梁川的“与神同乐，与神共动”

内村所提示了这样一种人生态度。在与之同时代，且为人关注的宗教思想家之中，我认为纲岛梁川（1873～1907）亦是一个采取了这样态度的人。1890年（明治23年），纲岛在高梁教会接受了古木虎三郎牧师的洗礼，成为一名基督教徒。但是，而后他进入东京专门学校（早稻田大学前身），并有机会接受大西祝教授“合理性的思维方法”，开始追求理性与信仰的一致

① 内村鑑三『代表的な日本人』岩波文庫、1995、跋。

性，从而排斥了言说复活论或者奇迹一类的基督教思想，深化了以道德层面为核心的思想考察。

首先，纲岛站在合理性的信仰这一立场，尝试将“神”内在地把握为“真我”。例如，纲岛提到：“神并不是基督教所讲述的作为人格而存在的客观存在，如果世界出现了神的话，那么他就只能是潜存在我们的主观（心）的、作为道德理想的‘真我’。人生的意义不外乎一步步地、无限地填充以这样的形式化原理而潜存于我们心中的道德理想，而后将之转化为作为客观事实的向上的行动而已。”① 纲岛的这一段话，可以说充分地表明了自身的立场。

但是，对于站在道德的立场来追求“真我”，纲岛亦感到了“一种难以言状的、深度潜藏的寂寞”②。大概是因为纲岛所谓的“真我”只是停留在理想的阶段，尚未成为现实的主观性行为的根本。因此，“真我”与现实之间就产生了鸿沟。这样的鸿沟无法填埋，也就产生了寂寞之感。纲岛的这一鸿沟，而后则被其所谓的“见神体验”加以克服。

1904 年（明治 37 年）的 7 月、9 月、11 月，纲岛经历了三次自己认为的“见神体验”。③ 7 月的神秘体验，而后以《宗教的光耀》（明治 37 年 9 月）为题发表；11 月的体验，则是以《我的见神体验》（明治 38 年 5 月）为题而发表。在《我的见神体验》之中，纲岛对于他的神秘体验进行了如下的介绍。

> 迄今为止，我是作为现实的我在从事写作，就在思索的刹那之间，我意识到自己仿佛一下子成为天地最为内在的存在，意识到我消失了，感觉到当下是神在执笔写作。④

---

① 綱島梁川「枕頭の記」「回光録」『梁川全集』第 5 巻、1921、361 頁。
② 綱島梁川「枕頭の記」「回光録」『梁川全集』第 5 巻、362 頁。
③ “体验”（原文为“実験”）若是视为现代社会使用的“在实验室这样的一个封闭的环境下从事实验”，则难以把握这一范畴，纲岛梁川在此把握为“实际的体验”。
④ 綱島梁川「予が見神の実験」「病間録」『梁川全集』第 5 巻、214 頁。

值得关注的是，纲岛经由这一体验，开始构筑“神之子的自觉”或者“与神同乐，与神共动”[①] 的信仰上的立脚点。“见神体验”这样的自我否定的体验存在于纲岛的内心，这一体验并不是将主体性还原到神或者人的一端，而是将之把握为“神与人”或者“神之中的人”这样的主体间性的问题[②]。换言之，这象征着在纲岛的内心，“作为神”的视角与“作为人”的视角乃是作为双重性的反映而得以呈现。也就是我们如果在行动上失去了对于掌握自然的神的一种谦虚的、崇拜的态度的话，那么倒不如将这样的崇敬之情加以彻底化，我们自身率先参与到神主导的宇宙的掌控之中。纲岛提到：“所谓动，就是推动现在也。推动今之一念也。（中略）汝充实现在，现实汝就是全宇宙也。不，汝自身也。真正的动者，就是最为切实地立足于现在，希望使现在不断充实。真正的动者会将当下的一事一念打入整个心魂，而不顾其他也。”[③] 经历了“见神体验”之后，纲岛可以说并不是将“真我”作为抽象的概念来加以把握，而是在主宰一切的神的意境中来把握它。为了实现理想，每一个人皆会采取行动，这一事态本身就是参与到整个宇宙，即神的主宰的活动之中。因此，这样的行为绝不会缺失自我的意义，而是可以界定为整个宇宙的一部分。正因为如此，我们才可以在自我之中感受到永远性、无限性。纲岛所谓的“与神同乐，与神共动”的话语之中，可以说就蕴藏着这样一种觉悟。

令人深感兴趣的是，纲岛在阐述“神”的绝对性的时候，我们难以将之限定为就是基督教的神，亦难以将之限定为佛教的佛性。倒不如说，正是

① 綱島梁川「如是我証」「回光録」『梁川全集』第5巻、275頁。

② 行安茂在『綱島梁川——その人と思想』一书中，曾就纲岛的信仰进行了这样的阐释：“梁川之所以可以做到‘与神同乐’，是因为通过见神，而进入到‘天功亮动’的心境。所谓生，并不是自己一个人生，而是参与到‘天功’这一大自然的运行之中，与之同乘，与之同助。乘自然而动、而生之意也。由此，就既无焦躁之感，亦无竞争之心，唯见安定之活动。（中略）由此而视万物，则‘无一不为善’（一切皆善）。那么，为什么会提到‘与神共动’？（中略）一切皆善乃是通过见神而实现的世界观；另一方面，依照这一信念来认识现实界之际，这一世界确实呈现为‘存在而不为善’、‘百非，百不完’的现实之态。自一切皆善的信念出发，到认识到现实的恶与非的时候，也就会试图去改善它，这也是基于同一信念。梁川就是这样思考的。”参考行安茂『綱島梁川——その人と思想』（大空社、1997、135～136頁）。

③ 綱島梁川「労働と人生」「病窓雑筆」『梁川全集』第5巻、593頁。该文亦为纲岛绝笔。

通过这样的言说，“神”这一概念失去了自身的本源性。

> 我不断地发挥作用而产生的来自神恩的自觉，与伴随它的“法悦”（即接触佛法而无比兴奋），将这样的自觉与“法悦”带给我的，就是神。因此，这样的“神”被称为人格或者称为非人格，这样的称谓的问题究竟关涉了什么？若是有所关涉的话，不妨将之假定为生命，或者为活物，或者为灵，或者为人格，实质上不存在什么差异，故而就不必执着于语言的符号。[①]

由此可见，纲岛尽管在一开始是作为基督教徒而出发的，但是其信仰的归着点却并没有限定在基督教的“神秘的灵魂交往”这一层次。不言而喻，这样的直接性的信仰与之前考察的内村鉴三的信仰可以说比较接近。不过，正因为如此，它最终也超越了基督教的藩篱，开启了与其他宗教产生共鸣的可能性。有了这样一个带有“共振式”的事例，接下来我拟就与纲岛同一时代的佛教主义者清泽满之（1863～1903）为对象来展开阐述。

四　清泽满之的“有限无限”

作为佛教界的革新派宗教思想家，清泽满之与基督教的信仰者内村鉴三齐名。清泽创作的《宗教哲学骸骨》（1892 年/明治 25 年）一书被誉为“日本最早出版的宗教哲学研究书”[②]。不过，清泽思想的真髓却不是站在抽象的、思辨的立场来加以论述，而是经常将现实的信仰生活纳入视野之中，尝试追求将宗教性的实践贯以逻辑化的解读。清泽曾担任真宗大学（如今的大谷大学）的校长，并建立了佛教信仰的共同生活场所——“浩浩洞”，这亦是反映清泽的“行”的一面的绝好事例。接下来，我将以清泽的《宗教哲学骸骨》为依据，以清泽围绕有限与无限的问题的讨论为对象来展开

---

① 綱島梁川「人格のこゝろを思ふ」「病間録」『梁川全集』第 5 巻、1921、64 頁。

② 藤田正勝「解説」清沢満之『現代語訳宗教哲学骸骨』法蔵館、2002、128 頁。

参照性的研究。在此，我想提醒留意的是，有限与无限的问题并不只是被思辨性地论述，而且作为“行”即被视为佛教的实践性救赎的问题而被加以探讨。

在《宗教哲学骸骨》第二章“有限无限”之中，清泽为“有限”进行了这样的界定：“所谓有限，不外乎存在其他的有限，故而二者形成的相互间的限定也。因此，甲的有限，也就是依存于乙的有限为界限；乙的有限，也就是依存于甲的有限为界限。这样一来，甲依存于乙，乙依存于甲也，是谓之为依立也。”① 清泽认为，一切万物皆是通过这样的相互依存的关系而构成整体。这一整体可以定位为“无限”。因此，清泽针对“无限”进行了这样的界定：“因此，所有的有限的整体性，即无限究竟是什么？也就是它是一个整体，因此在它之外无一物可依存，故而其体毫无依立而独立也。因此，有限即依立，无限即独立。”②

“有限即依立，无限即独立”，清泽在此将二者区别开来。与此同时，清泽还主张有限与无限实则是同一体③。为了提示这一主张，清泽采取了“主伴互具”这一独特的概念。“宇宙之间，每一个有限成为主公的时候，其他一切的有限皆会成为它的伴属，互相具足也。因此，若是列举出一对主伴，则经常是彻底的无限的整体。[以甲（父母）与丙（子）的关系为模型来说明之，略] 自甲开始，会生起作为父母而疼爱子女的意识行为；自丙开始，会生起作为子而孝敬父母的意识行为。（中略）彼此既平等亦差别，尽管各自将自身的无限的整体性加以彻底化，但是每一个皆有所不同，遍布各个法界（世界）而相互间可以无碍融通。我们应以此来加以推解，故而这一关系可以命名为主伴互具的关系”④。换言之，存在于宇宙之内的一切事象，与宇宙内的一切或明或暗地构成了一种关系性，它们各自将自身的本分彻底化，也就是直接地参与到宇宙整体的形成作用之中。一个主体可以发挥出自身的主体性，这一事象的背后会存在着支撑它的整个宇宙的有机性的

① 清沢満之『現代語訳宗教哲学骸骨』87 頁。
② 清沢満之『現代語訳宗教哲学骸骨』87 頁。
③ 清沢満之『現代語訳宗教哲学骸骨』88 頁。
④ 清沢満之『現代語訳宗教哲学骸骨』91 頁。

关联。因此，一个主体的主体性的发挥同时也就是在此被不断叠加的整个宇宙的主体性的发挥。在此，我们亦可以认识到一个预设前提，即有限与无限的二重性的并存关系。

基于有限与无限的关系，清泽究竟提倡了什么样的信仰？清泽曾指出："安心的要点在于有限确信无限。"[①] 指出在我们的宗教信仰生活之中，我们应该让自己处在一个"无限界"。清泽提到："不仅要不忘认识无限，还要经常在心里充满着无限的观念，不断弥漫，仿佛成就它的本质，施行它的悲智的行为，直到无一不无限、无一不圆满的境地。唯有由此，才能说停驻在了无限界。"[②] 而且，清泽还采取比喻性的话语，认为它就犹如"婴儿不仅擅长讲述理哲学，而且还更会自我体验穷理，终于得以构成一家独到的系统"[③]。从而具体地指出"无限就是自己以万有全体为己任，以万有之痛苦为己之痛苦，以万有之欢乐为己之欢乐，以万有之本体来构筑己之本体，以此而经营无限美妙之灵活"[④]。也就是说，清泽的宗教生活的特征，即在于将自身把握为与无限之间的关系，将自身作用于世界的行动归结为无限作用于无限自身的方向性，使之归而为一。

对于清泽这样的主张，或许会有人抱有一种惊惧之感，即自我在不知不觉之中被无限替代，会陷入一种自我欺瞒的危险之中。但是，在清泽提示这一主张的明治30年代，乃是一个不安与烦闷不断蔓延的时代，日本社会的整个世态正如藤村操在日光华严瀑布自杀（1903年/明治36年）所象征的，清泽的主张应该说也带有反映这样的不安或者烦闷的一面吧！鉴于此，清泽试图主张的正是：有限与无限未能被正确地把握，故而无法逃离不安或者烦闷，也就会在生活之中形成一种羸弱之感，正因为如此，正确打通一条自有限到无限的道路也就成为必要。因此我认为，将有限性错误地把握为无限性的谬误如今既然作为事实已然呈现，那么究竟如何才能脱离这样的现状且对之展开正误判断，也就成了清泽的宗教哲学所致力解决的课题。

---

① 清沢满之『現代語訳宗教哲学骸骨』119頁。

② 清沢满之『現代語訳宗教哲学骸骨』122頁。

③ 同上。

④ 同上。

承前所述，为了解决这样的课题，清泽认为，应该采取一个不断地发挥自我能动性的主体性态度，即觉悟到自我的有限性的境界，由此而形成反观，谦逊地感悟到自我的根基，也就是绝对的无限性。清泽认为这一点尤为重要。换言之，清泽的宗教态度并不是毫无批判的自我扩张的唯心论，倒不如说正好相反，是自我可以接受如来（即无限）的大悲，彻底排除利己性的欲望的一种“严格主义”。对于这样的严格主义的主体性态度，清泽将之称为“行”。

清泽这样的宗教态度，是在自我与绝对性的关系之中，以绝对性为本，自我反过来通过绝对性而得以确定下来的。这一方式可以说与内村主张的“生命”、与纲岛主张的“与神同乐，与神共动”保持了一致。而且，通过找到这样的共通性，我们可以认识到在明治中后期的宗教运动之中，其根基之处存在着基督教无法企及的一种普遍性。西田几多郎（1870～1945）的《善的研究》（1911 年/明治 44 年）中的宗教论，应该说就是以这样的普遍性为对象的哲学性研究。

五　西田几多郎的宗教论的“神人同性”的关系

《善的研究》第四编第二章“宗教的本质”之中，西田进行了这样的阐述：“我们皈依于神，虽然从一方面看来似乎是丧失了自己，但从另一方面看来却是得到自己。耶稣说，凡是要拯救自己的生命的人，一定会丧失生命；凡是为我丧失生命的人，生命一定能够得到拯救。”[①] 这是宗教的最纯真的东西。我们可以把这一段话视为象征，由此来把握《善的研究》宗教论的要义。西田将宗教视为“神与人的关系”[②]，也将之把握为“对于自己的要求”[③]，那么，“对于自己”与“神与人”究竟是如何嫁接在一起，这样一个问题在我们理解西田的宗教论之际成为具有决定性意义的重要问题。之前我所引用的一段文字，可谓是解读西田立场的一段绝好文辞。

① 西田幾多郎『善の研究』岩波文庫、2012、230 頁。
② 西田幾多郎『善の研究』229 頁。
③ 西田幾多郎『善の研究』223 頁。

西田将“神与人的关系”把握为“神人同性”的关系，或者“父与子的关系”①。西田认为，“神与人”的关系不应该把“神”理解为超越宇宙之外，从外部来支配世界，也是从外部来进行活动的存在。“我们信仰耶稣的神性，是因为他的一生包含着最深刻的人生真理”②。也就是在我们的自我的最深处，如果可以凝聚出纯粹的人性本身的话，那么这样的人性也就是遍及万人同时也是遍及万物的，带有了一贯的“遍通性”的存在。因此，它也可以被称为“宇宙的根本”。这样的“宇宙的根本”，同时也是“我们人类的根本”,③ 西田将之称为“神”。

因此，在西田的论述之中，我们自身与万物在根本上皆与同一的“神”相关联。这样一来，“对于自己”与“神与人”的问题也就嫁接在了一起。对此，西田曾形象化地比喻指出：“三角形的概念能够分化为各种三角形”④，即神与万物之间的关系可以界定为普遍性与具体事例之间的关系。在此，普遍与具体并不是处于逻辑性的、矛盾性的相互排斥的地位，倒不如说是处在了“相即的”，也就是具体为更为灵活地发挥出自身的具体性，由此而必然不可缺少一种奠基石式的本质性，西田将这样的本质性把握为“普遍”。与此同时，为了这样的“普遍”实质性地拥有普遍性，与之相关联的各个事例也就成为西田视野下的“具体”。西田就是站在这样的定位来把握普遍与具体。

基于这样的关联性，西田在《善的研究》之中提到了“所谓自我，既是个人，同时也与神相通”。尽管如此，我们也不可以将之理解为一种充满欺瞒的、自我夸大性的表述。倒不如说，在西田的眼中，所谓自我之中的神，是在将自我与他者或者万物皆均一化地把握为“神的表现”(manifestation)⑤。只有在这样一个谦逊的引导下才能真正地找到神。在这样一个引导下来推导出自我，也就象征着在自我这一方面脱离了一种“恶”

① 西田幾多郎『善の研究』229～230 頁。
② 西田幾多郎『善の研究』232 頁。
③ 西田幾多郎『善の研究』230 頁。
④ 西田幾多郎『善の研究』247 頁。
⑤ 西田幾多郎『善の研究』236 頁。

的意义下的、独我论式的主观主义，从而将自我存在的场所构建为一个真正与他者同在的场所，也就是实现了使场所成为真切的存在本身这一结果。在这样的场所之中，自我处在作为存在的场所，获得了自身的存在之所，也就成为真正的自我。因此，西田主张："离开了有的无就不是真正的无，离开了一切的一就不是真正的一，离开了差别的平等就不是真正的平等。没有神就没有世界，同样，没有世界也没有神。"[①] 如前所述，西田的这一主张就是在这样的自我与世界的真切化自我实现（self-realization）的文脉关联下才能被加以理解与把握。

这样一来，在《善的研究》之中，"对于我"与"神与人"就可以被把握为：自我作为真切的存在不断走向发展与完成，自我内部的神的层次进入我们的视野之中，这样的两个事态实质上保持了同步性。因此，西田提到："我们的个性也是神性的分化物，每个人的发展就是神的发展，在这个意义上，可以说我们的个性具有永久的生命，而且能够永远在发展。"[②] 也就是说，我们的一举手一投足，皆是神性的分化，皆是世界的创造。这一事实伴随着真切的事实性而不断地被我们所感受、所领悟。只有这样的自觉显性地体现出来，我们才有可能在自我之中将具有意义的生命不断地引导到自己，不断地体验它。

最后，西田所谓的"神人同性"的关系与我们所考察的内村、纲岛、清泽的宗教思想，究竟处在一个什么样的框架之下？西田的"神人同性"将自我的价值与大宇宙的作用把握为不离相即的关系，这一特征可以说比较接近于清泽的"主伴互真"的思想。而且，西田不是站在一个纯粹的、同一的立场来论述有限与无限的问题，而是将之把握为存在的相即性的表里关系这一立场。就此而言，二者应该说亦存在着一种彼此呼应的关系。

而且，西田提到："实在是精神性的，而我们的精神不过是它的一小部分，那么我们突破自己的小意识而感悟到一个大精神，是丝毫也不足怪的。估值我们的小意识的范围反而是迷误的。我认为伟人必须如上所述，比通常

① 西田幾多郎『善の研究』251 頁。

② 西田幾多郎『善の研究』254～255 頁。

一般人有更深远的心灵的经验。"[①] 西田在此提到的"心灵的体验"，可以视为与纲岛的"见神体验"如出一辙的实质性的感觉[②]。这样的"心灵的体验"对于我们的人生究竟带来了什么样的影响，对此西田提到："神是宇宙的根本，同时又必须是我们人类的根本，我们皈依于神就是皈依于我们的根本。并且，神、万物的目的，即必须又是人的目的，人从各种神那里发现自己真正的目的。如同手足是人东西那样，人就是神的东西。"[③] 就此而言，西田的这一立场应该说比较接近纲岛所谓的"与神同乐，与神共动"的立场。

不仅如此，西田还提到："神是生命的源泉，我只是因神而生。正是相信这个道理，宗教才充满生命和产生真正的虔诚的信念。"[④] 西田的这一主张，与内村提到的"信仰之心"比较接近。内村曾围绕"生命"这一概念提到："死与生命是正相反的，缺乏了生活力，死亡就会降临。因此，基督教提供了丰富的这样的生活力，试图永久地拯救人类。（中略）基督教，一言蔽之，就是神的生命。"[⑤] 在此，西田主张的整个旨趣，与内村所提到的"生命"，应该处在同一个阶梯。

以上，我就内村、纲岛、清泽、西田的宗教立场进行了比较性的考察。不可否认，他们之间存在着一个"通底性"。作为同一个时代的思想家，我认为他们之间与其说存在着充满激情的论坛式的相互批判，倒不如说他们在另一个战线，即在针对以井上哲次郎为代表的国家主义道德论者的批判这一方面而形成了一个共同战线。这样的一种"团结"实质上并没有成为一种可能，或者说没有构成一种相互间的批评。但是，这一点令我感受到他们的立场极为接近，犹如河流深入到了地下，而后分别溢出地表一样。

---

① 西田幾多郎『善の研究』249 頁。

② 或许一部分人会惊诧我将纲岛梁川所谓的"体验"（日文原文为"実験"）称为感觉，不过对于梁川而言，重要的并不是获得神秘的体验，而是在于将这一体验的神秘性，在还原到其他的东西的时候毫发无损地、可以让我们感受到这一神秘性本身而生活下去。因此，世人要做的，也就是经常向这样的神秘的存在伸出一个谦逊的天线，使自身的感触可以发挥出作用，故而在此采取了"感觉"一语。与西田的立场联系起来，或许采取"直觉"或者单独的"觉"这一术语更为专业，但是在此我还是选择了接近于日常性的"感觉"一语。

③ 西田幾多郎『善の研究』230 頁。

④ 西田幾多郎『善の研究』230 頁。

⑤ 内村鑑三「余はいかにしてキリスト信徒となりしか」『内村鑑三集』268 頁。

不仅如此，正如内村提到自身信仰的前辈人物，即“日莲、法然、莲如”一样，清泽亦将“停驻于无限界”的祖型解释为“他力信仰”。就此而言，这样一条地下河的水源可以自明治时代一直追溯到镰仓新佛教时期。内村、纲岛、清泽、西田等一批人物是在迎接明治维新的新时代，自西方舶来的文明与知识之中发现了新奇之处的“明治青年”，但是我认为，正是通过与西方文明与知识的邂逅，他们才同时关注到了去除不纯之物的、纯粹的日本式的宗教心。

参考文献

鈴木大拙「明治の精神と自由」『新編　東洋的な見方』岩波文庫、1997。

内村鑑三「余はいかにしてキリスト信徒となりしか」『内村鑑三集』（『明治文学全集』）第 39 巻、筑摩書房、1967。

内村鑑三「基督教とは何ぞや」『内村鑑三集』（『明治文学全集』第 39 巻）筑摩書房、1967。

内村鑑三『代表的な日本人』岩波文庫、1995、跋。

綱島梁川「枕頭の記」『回光録』（『梁川全集』第 5 巻）、1921。

綱島梁川「予が見神の実験」『病間録』（『梁川全集』第 5 巻）、1921。

綱島梁川「如是我証」『回光録』（『梁川全集』第 5 巻）、1921。

行安茂『綱島梁川——その人と思想』大空社、1997。

綱島梁川「労働と人生」『病窓雑筆』（『梁川全集』第 5 巻）、1921。

綱島梁川「人格のこゝろを思ふ」『病間録』（『梁川全集』第 5 巻）、1921。

藤田正胜「解説」清泽满之『現代語訳宗教哲学骸骨』法藏館、2002。

清沢滿之『現代語訳宗教哲学骸骨』法藏館、2002。

西田几多郎『善の研究』藤田正胜注释新版、岩波文庫、2012。

西田几多郎的“宗教哲学”与清泽满之的“宗教哲学”*

〔日〕杉本耕一** 吴光辉***译

一 序言

作为近代日本的具有代表性的宗教哲学家，清泽满之与西田几多郎皆是在“哲学”以前，以自我的存在这一问题意识为出发点来接近“宗教”的哲学家。正因为如此，站在“哲学”的立场来阐述“宗教”，我们也不能满足于只是将“宗教”填入“哲学”这一既有范畴之内来加以研究的立场。清泽与西田的“宗教哲学”，应该是在彻底地思索“宗教”问题的前提下，亦对“哲学”问题展开不断思索的“宗教哲学”①。如果这一判断可以确立的话，那么要理解二者的“宗教哲学”，就不能以通常的“哲学”立场为前提，而应该将问题转向“哲学”这一立场本身，去质疑他们的“宗教哲学”究竟最初是基于什么样的立场而构建起来的“哲学”，亦是如何得以展开的

---

* 本文最初发表于『現代と親鸞』（第33号2016、150～171），应本论文集编辑委员会要求进行了删减。

** 〔日〕杉本耕一，1977～2016，京都大学日本哲学史博士，爱媛大学文学部助教授，从事日本哲学史研究。

*** 吴光辉，男，厦门大学外文学院日语系教授，博士生导师，从事日本思想史、比较文化学研究。

① 参考杉本耕一『西田哲学と歴史的世界——宗教への問いへ』（京都大学学術出版会、2013）与「清沢满之の『宗教』および『宗教哲学』における『哲学』の意味」（『現代と親鸞』第31号、2015、152～199頁）。

问题。与此同时，清泽与西田的“宗教哲学”向我们这样的阅读者展示的，究竟是一个带有什么样的态度或者要求的“宗教哲学”，在此我们亦可以提出这样的问题。

本论试图通过考察清泽与西田的“宗教哲学”中的“哲学”与“宗教”的重层性结构来展开探索。因此，本论会采取一种比较性的、平行式的阐述。之所以采取这一方法，第一，是因为清泽与西田在众多之处，尤其是围绕“宗教”的问题，始终是将它与“自我”本身的问题结合在一起来进行讨论的①，通过这一方法，或许可以阐明二者的差异性，尤其是在重点之处的差异性。其次，本论的第二个目的，即在一种宗教哲学之中未必会显著地呈现的契机，通过导入另一种宗教哲学的视角就会得以呈现，由此我们就可以站在一个更具动态的立场来理解他们的宗教哲学。

二 清泽满之的“哲学”与“宗教”的区分

众所周知，青年时代的清泽满之学习西洋的“哲学”，利用哲学方法来论述“宗教”。这也就是清泽满之的以《宗教哲学骸骨》为结晶的“宗教哲学”。在这之后，清泽经历了“明治二十七八年的养病时期，为此而改变了人生的思想，彻底更正了自力的迷惘”（清泽，8～441）。② 在经历了这样的思想转向之后，开始走向“他力”信仰的确立。在此，被清泽加以否定的“自力的迷惘”之一，也就是被其视为“学问”的“哲学”的立场。晚年，清泽提示了“精神主义”立场，并站在这一立场对于青年时代自己曾一度沉迷的“哲学”立场进行了自我反省。清泽提到：“何谓善何谓恶，何谓真理何谓非真理，何谓幸福何谓不幸，我一点也不清楚，我一无所知。就在这样的困境下，我把一切悉数交与如来，信仰如来。”（清泽，6～332）这也

① 关于清泽与西田的关系，参考藤田正勝「清沢満之と西田幾多郎」（『清沢満之　その人と思想』法藏馆、2002、119～136 頁）、名和達宣「西田幾多郎と浩々洞——『宗教論』の成立背景」（『場所』第 14 号、2015、101～116 頁）。

② 关于清泽满之的引用，出自『清沢満之全集』（岩波書店、2002～2003）；关于西田几多郎的引用，出自『西田幾多郎全集』（岩波書店、2002～2009），文中标示了卷号与页码，“8～441”表示第 8 卷第 441 页，后同。

就是依照过去的“哲学”立场下的“逻辑或者研究”所无法企及的“宗教”信念。不言而喻，这一信念始终是清泽自身的主体性的信念，它并不是通过“哲学”的论证而推导出来的。不过，站在这一立场来重新解读清泽最初的“宗教哲学”，应该说在此也明确地提示了一个逻辑性的证据，即清泽晚年通过将自身的“宗教”立场加以彻底化，故而也达到了将“宗教”与“哲学”加以区分，归结为“信仰如来”这一事实。

《宗教哲学骸骨》之中，清泽曾提出一段著名的话，“如果道理与信仰出现了背离，倒不如抛弃信仰而选择道理”（清泽，1～7）。针对“信仰”，清泽提示了“道理”；针对“宗教”，清泽选择了“哲学”，故而该书也给人留下了一个印象，即清泽尤为突出道理或者哲学的立场——这一立场可谓与清泽晚年的宗教的信念截然相反，且形成了彼此映照——但是，清泽的“宗教哲学”绝不是要将“宗教”单纯地消解在“哲学”的立场下。倒不如说，正如该书所明确的，这一“宗教哲学”所突出的，就是清泽晚年直接面对的，即“哲学”的界限的问题，或者说“哲学”在终极之处必然走向“宗教”的归结的问题。

针对使“哲学”得以成立的“道理”，清泽曾这样阐述它的性格：“所谓道理，就是临事物而就其理，常求不止也。（中略）到底无休止之处，即道理之原性也。”（清泽，1～7）所谓“哲学”，就是围绕各种各样的事象，探讨它们如何成立，并依照“道理”去质问其理由、其根据。在此，若是我们获得了一个解答，那么就会基于此，进一步追问其理由、其根据，由此而不断追索下去。这也就是“哲学”的性格。因此，依照哲学的方法，不管最后走到何处，皆不可能找到一个最终的结论。倒不如说，将一个解答视为最终的解答，由此而放弃进一步的追求，恰恰就是“哲学”这一范畴必须对之加以否定的。与之不同，“宗教心在第一步就要确信无限的存在，而后与之相对，以接受其感化”（清泽，1～6）。就这样，超越依据“道理”而展开的无休止的追索，一举实现确信，获得最终的解答，这也就是“宗教”的“信仰”的立场。清泽认为，要消解无边无际的追索，获得最终的立足之地，就不能通过“道理”，而唯有通过“信仰”才能得以实现。“哲学的终结之处，可谓是宗教的事业的开始之所”（清泽，1～6）。在此，清泽利用哲学的语言，再现了自身晚年走向归结的立场。

就这样，《宗教哲学骸骨》明确地提示了“哲学”的立场与界限的问题，由此而依据“哲学”来尝试对“宗教”展开了论述。清泽尽管非常了解“哲学”的界限，但是认为，在“宗教”领域未获得信仰的人，一旦被疑问包围，或者宗教与宗教之间可能出现冲突的时候，“哲学”的“道理”依旧是必不可少的。即便到了晚年的他力信仰时期，清泽也不曾改变自己的这一思想。对于清泽而言，指出“宗教”与“哲学”之间的差异性或许并不是什么了不起的事。但是，在展开“宗教哲学”之际，清泽并没有将这一问题暧昧化，而是明确地提示了“哲学”的界限，并站在“哲学”的立场来论述超越“哲学”领域的“宗教”问题，由此我们可以认识到清泽“宗教哲学”的意义之所在。

针对清泽“宗教哲学”的课题，学者今村仁司归纳为：“哲学的言说的、一般论证性的理性的、境界与界限究竟在哪里？针对超越了理性界限的领域，哲学对它究竟可以阐述到一个什么样的程度，可以如何进行阐述，是否可以进行阐述，对于这样的一系列问题，采取严谨严密的、首尾一致的态度来加以探讨，就是前期清泽的哲学活动的核心课题。”[①] 在此，今村站在“哲学”的立场，就清泽始终基于“哲学”的界限的问题，如何阐述超越这一立场的内涵（阐述了不可阐述之物）且不断追索下去的态度进行了高度评价。在此，我们也可以推测出今村之所以对近代日本宗教哲学之中的清泽的宗教哲学——而不是西田的宗教哲学[②]——加以高度评价的理由之所在。

三　西田几多郎的“哲学”与“宗教”的一致性

西田的“哲学”的立场，是以“哲学”与“宗教”的一致性为立足点。

① 今村仁司『清沢満之と哲学』岩波書店、2004、6 頁。

② 今村极少言及西田哲学，不过在对谈之中亦曾消极地提到西田哲学。参考今村仁司、竹内整一、本多弘一、田村晃德的「鼎談　理性と信仰——清沢満之は現代に何を語り得るか」（『現代と親鸞』第6号2004、192～246 頁）或今村仁司的『清沢満之と哲学』（岩波書店、2004，215、218 頁）。

在《善的研究》之中，西田明确地提示了这一点，即试图“把纯粹经验当作唯一的实在来说明一切”（西田，1～6）。所谓“纯粹经验”，西田界定为：“例如在看到一种颜色或听到一种声音的瞬息之间，不仅还没有考虑这是外物的作用或是自己在感觉它，而且还没有判断这个颜色或声音是什么之前的那种状态。”（西田，1～9）而且，西田还举例指出：“例如爬山者拼命攀登悬崖时和音乐家演奏熟练的乐曲时。”（西田，1～11）因此，“纯粹经验”作为个人的经验，就是如同举例一样的在一个特别集中的状态之下，忘记了主观与客观、自我与非自我的区别，一瞬一息的事实如实地得以再现出来的境界。

值得注意的是，在《善的研究》之中，这样的经验并不只是作为个人的经验而存在，同时也被赋予了作为“哲学”的原理——由此可以“说明一切”的原理——的意义。这一思想，乃是根植于西田的思索——“宇宙万象的根基里有唯一的统一力，而万物是同一的实在所显现出来的东西”（西田，1～63）。我们通常将主观与客观、物与心、我与他人、自我与世界等区别开来，将呈现于这一世界的多姿多彩的各个现象视为各自的存在。但是，西田却对于这样的认识抱有怀疑，并质疑它是否可以称之为“无可置疑的、直接的知识”（西田，1～40）。不仅如此，西田试图寻找的，就是存在于这样的区别的根基下，并将它们统一在一起的“某物”；存在于这样的区别的根基下，且它们还会根据自身的自我发展而得以呈现的“某物”，这也就是西田所提到的“唯一的实在”。

西田思想的特色之处，即在于西田并不是在一个超越经验世界的其他的世界来寻找“唯一的实在”，而是通过处在这个世界之中的我们的直接经验，即“纯粹经验”来进行探索。依照西田的思想，“在看到一种颜色或听到一种声音的瞬息之间”，看的主观与被看的客观的区别得以成立之前的“纯粹经验”之下，我们可以接触到先于一切区别的，且一切区别由此而产生的“唯一的实在”。在这一经验下，“我”与“非我”没有区别，我们的小我与作为宇宙统一力的“唯一的实在”保持一致。

通过这样的方式，西田尝试将“纯粹经验”视为“唯一的实在”，并将之作为原理来试图“说明一切”。而且，西田还提到：“真正的善只有一个，就是认识真正的自我。我们的真正的自我是宇宙的本体，如果能认识真正的自我，那就不但符合人类一般的善，而且会与宇宙的本体融合，并与神意暗相符合。”（西田，1～134）西田认为，在“纯粹经验”下，我们的自我与“唯一的实在”合而为一，也就是与宇宙的统一力保持一致。而且，我们在此可以知晓宇宙的真理，可以实现与整个人类皆相通的善。

西田的“哲学”的立场，应该说在根本之处亦存在着超越狭义的“哲学”范畴之处。作为“唯一的实在”的“纯粹经验”，由此才可以作为“说明”一切的原理。不过，“纯粹经验”自身却无法展开论证性的“说明”。西田提到：“实在的真景应该只是我们自我觉悟的活动的心，而应该不是可以对之加以反省与分析，将之表述为语言的东西。”（西田，1～52）在此，西田将之把握为“自得”之物。因此，即便它作为“无可置疑的、直接的知识”（西田，1～40），也并不会通过逻辑性的证明来排斥怀疑，而是在经验之中被“直接”地——是通过一种无须进行“逻辑性的证明”的直接性——加以把握。

西田的这一立场与“宗教”的立场亦重合在一起。正如西田所提到的“实在的根基就是神”（西田，1～78）一样，在西田的思索之中，宗教立场下的被人信仰的“神”，并不是与我们探讨的“唯一的实在”截然不同。西田认为：“神是宇宙的根本，同时又必须是我们人类的根本，我们皈依于神就是皈依于我们的根本。”（西田，1～139）在西田看来，不管是我们的自我还是世界，在根基之处皆是“神”。无论是自我还是世界，皆是被分化为各种各样的形态而存在的。这一事实在西田看来，就是处于根基的地位、作为“唯一的实在”的“神”的分化呈现。作为“宗教”活动，我们的小我皈依“神”，也就是象征着在“哲学”立场下，我们的自我在“纯粹经验”之中与作为“唯一的实在”的宇宙的统一力保持了一致。如果我们把自我与“神”保持一致视为一个“宗教”活动的话，那么西田在“哲学”的根基之处设定“纯粹经验”这一方法，也就相当于在“哲学”的根基之处设定了“宗教”活动。

在《善的研究》之中，西田曾提到：“我一向把宗教的问题视为哲学的终结”（西田，1～6）。这一表述与我们之前引用的清泽满之在《宗教哲学骸骨》所提到的“哲学的终结之处，可谓是宗教的事业的开始之所”（清泽，1~6）极为相似。但是，二者的重心应该说存在着巨大的差异。正如前文所述，清泽原则上——这一立场而后出现了动摇，围绕这样的可能性留待之后再来探讨——将“哲学”的领域与“宗教”的领域加以明确区分，即便前者的领域走向了终结，而后才会进入后者的领域，也并不意味着“宗教”的立场就进入了“哲学”的领域。

与之不同，《善的研究》提到“宗教”是“哲学的终结”的时候，应该说亦存在着更为深远的内涵。西田尝试将“纯粹经验”把握为“唯一的实在”来“说明一切”，在这样的独特的哲学之中，“哲学”领域通过不断扩张，从而与“宗教”领域相互渗透，我们的自我与作为“唯一的实在”的宇宙的统一力即“神”保持一致。因此，“宗教”成为“哲学的终结”并不意味着“哲学”的领域走向终结，其他的领域重新开始。“宗教”的活动——并不是特定的“宗教”的活动，而是指各个宗教皆由此而呈现这一现实的根基之处的事实——也就作为“终结”而被置于了根基的地位。

四　西田的立场：给“哲学”的立场带来动摇的“宗教”与基于此的“哲学”的可能性

《善的研究》立足于“哲学”与“宗教”相一致的立场。这一立场下的“哲学”应该说与清泽满之觉悟到了“哲学”与“宗教”的区分的宗教哲学形成了对照。清泽在区分“哲学”与“宗教”的背景之一，我们可以提到清泽的个人体验，即作为有限的人类无法接近无限的困境。按照净土真宗的表述方式，也就是清泽觉悟到了“自力”的无效。站在人的有限性这一立场而言，我们可以就《善的研究》的宗教哲学提出各种各样的疑问。例如，所谓“纯粹经验”，是否唯有艺术家或者宗教家这样的特殊者才能受益，而一般人就无法获得这样的体验？如果是这样的话，那么以此为出发点来探索哲学的原理是否合适？[①] 尽管西田在《善的研究》之中强调了“纯粹

① 围绕这一点，可以参考杉本耕一「『善の研究』はどうすれば読める」（『点から線へ』石川県西田幾多郎哲学記念館、第61号、2013、91~105頁）。

经验”是一种“无可置疑的、直接的知识”（西田，1～40），但是没有从正面来回答这样的质疑。

但是，一般人是否无法获得这样的根本性的体验？应该说西田在最初的时候亦尤为重视这一问题。西田在构思《善的研究》的时候，留下来的断片13，即《宗教的修养》一文，可以让我们找到来自清泽满之的影响。西田写道："不管我们如何深切地思考，如何大为振奋地奋斗，最终也不能克服各种各样的诱惑。我们不能实现自己的理想，由此就会感到失望，感到惊惧。不管是任何人，都会陷入深刻的厌世深渊之中。（中略）唯有真挚的人才能在这样的困境之中找到一条活路与光明。”（西田，16～154）“如何才能找到一条活路，我们竭尽自己的力量，竭尽自己的技能，最终都无法达到自己的理想之境的时候，才会深切地感受到自己的无力之感，就会在一扫迄今为止的安排计较之念的同时，会感受到存在于自己的心底且一直在正大光明地发挥着作用的一种磅礴伟大而不可思议的力量。因此，就会乘着这样的巨大力量，任意而行，昂首阔步于天地之间，为一种清新雄大之气息所充实”（西田，16～155）。西田在此提到的内涵，与晚年清泽提出的“宗教的信念”这一范畴基本一致，在此通过引用文献的“乘着”“任意而行”一类的言辞，可以找到在西田的思索之中存在着清泽满之的思想的影响。

作为这样的有限的人类的知识行为，也就是“哲学”，它不可能为“宗教”的关怀提供一种最终的决定权。承前所述，如果说《善的研究》的“宗教哲学”的目的，是树立起一个与“宗教”合而为一的“哲学”立场的话，那么我们由此就可以认识到，这一立场与关注到清泽满之的思想，也就是初期西田的内在的关注的立场之间，应该说存在着一定的偏离。在此，西田针对有限相对的自我的关注，退转为了《善的研究》这一著作的背景。但是，初期西田的内在的关注的立场是否就此完全消失了？我认为未必如此。在《善的研究》这一著作之中，我们也间或可以看到西田对内在的关注。不言而喻，这样的关注与清泽之间亦存在一定的关联。

西田《善的研究》第四编第一章“宗教的研究”尤其值得我们关注。“宗教”是贯穿整个《善的研究》的一大论述内容，而且作为与“唯一的实在”相一致的终极性的立场，宗教在各编之中也是作为实在的根本或者伦理的根本而被直接地加以阐述的。这样一种论述方式乃是宗教与哲学相一致的“哲学”立场下的一种论述方式，也构成了《善的研究》的基调。不过，与这样的整体性的基调不同，在第四编第一章之中，西田提到：“宗教的要求就是对自我的要求，也就是关于自我的生命的要求。我们一方面知道自我是相对有限的，同时又想同绝对无限的力量结合，以求由此获得永远的真正生命，这就是宗教的要求。”（西田，1～135）以这样的“宗教的要求”为出发点，也就是将目光指向自下而上的方向，不断地去阐释“宗教”的问题，这就是西田第四编第一章的论述方式。

如果说《善的研究》是将“纯粹经验”把握为“唯一的实在”，由此展开与“宗教”相一致的“哲学”并尝试一以贯之的话，那么作为“哲学”，它应该可以成就为一种更具体系化、更具完整性的“哲学”。但是，对于试图“把纯粹经验当作唯一的实在来说明一切”的“哲学”课题而言，第四编第一章过度强调“有限相对的自我”，这一点亦有可能动摇“把纯粹经验当作唯一的实在”这一根本原理。之所以如此，是因为“有限相对的自我”的立场并不能把“纯粹经验”——自我与“唯一的实在”合而为一的经验——视为自我本身的立场来接受，故而潜藏着一种与这样的根本原理相背离的倾向。

不过，或许正因为如此，反过来却可以给《善的研究》的“宗教哲学”的立场带来一种新的契机。西田的“哲学”是“把纯粹经验当作唯一的实在”，以此为原理来试图说明一切。这样的“哲学”大概也会将“宗教”纳入范围之内，且带有了一贯性“说明”的庞大“哲学”。反过来，这样的“哲学”也孕育着一种危险性，即会陷入一个脱离我们眼前的整个世界呈现为分裂、冲突、苦难的现实，只是一味地阐述“绝对”的观念论式的讨论之中。第四编第一章的有限相对的自我的立场，就会让读者经常地回归现实的自我的问题，在一个“哲学”的范围内——与狭义的“哲学”不同，亦将“宗教”也包容进来的“哲学”立场的范围内——尝试走向终结。这样一来，《善的研究》的“哲学”就会免于陷入观念论式的讨论，也可以维持“生的哲学”的性格。

五　清泽的立场：给“哲学”的立场带来动摇的“宗教”与基于此的“哲学”的可能性

承前所述，清泽的宗教哲学是站在了一个将“哲学”与“宗教”区分开来的觉悟之上，这也是清泽的宗教哲学一贯坚持的基本立场。如果以西田的宗教哲学为参照来映射清泽的宗教哲学，我认为就可以在清泽的一部分思索之中，找到“宗教”与“哲学”呈现为相互重合的意象的可能性。值得注意的是，清泽在《宗教哲学骸骨》之中曾提到“真正的道理与真正的信仰毕竟会归于一致”（清泽，1～7），也就提示出“哲学”与“宗教”在根本之处会走向“一致”的可能性。正如清泽亦曾提到“他日”的“希望”（清泽，7～223）一样，这一立场未必是清泽所提示的前提。如今我试图探讨的，就是在清泽的宗教哲学之中是否可以推导出实现这一立场的可能性，或者说，我们是否可以推导出使之呈现的可能性。

为了探讨这样的可能性，接下来我要回到《宗教哲学骸骨》与《他力门哲学骸骨试稿》之中。清泽认为，在宗教的立场下，作为有限的存在的我们“其展开之极可以进达无限”，或者说反过来，无限“一旦发动，就会展现为有限的万象”（清泽，2～54）。由此也就出现了一个有限与无限的转化的问题。而且，宗教立场下所提到的“安心”，也就是“我们的有限觉悟到了无限的存在，由此而确信可以自有限的境界上升到无限的境界，从而得到一心之安泰”（清泽，1～28）。在“哲学”领域，有限与无限始终是有所区别的。但是，作为“宗教”的事实，它们尽管始终被区别开来，却不能被完全割裂开来。“有限”会趋向“无限”，“无限”会下降为“有限”，一定会发生这样的转化。问题的关键在于，作为“宗教哲学”将如何阐述这一事实。

清泽在《他力门哲学骸骨试稿》之中，通过导入“逻辑的必然”与“实际的事实”的视角来阐述这一问题。依照清泽的思索，只要我们依据“逻辑的必然”来思考这一问题，那么“有限”与“无限”就必然隶属不同的领域，且不得不承认二者之间必然会出现“根本性的对撞”。为此，针对“逻辑的必然”，清泽提示了“实际的事实”的立场。“有限就是我们知其为有限，而不能知其无限；无限就是我们可以思考其无限，而不能思考其有限。（中略）不过依照逻辑的必然，我们不得不承认有限无限同体表里，二者必然会出现根本性的对撞。不过在此却存在着实际的事实”（清泽，2~53）。从有限到无限，从无限到有限，站在“逻辑的必然”的视角来审视这样的转化，只能说是陷入了矛盾之中。但是，作为“实际的事实”，我们却不得不说它是一个如今正在宗教领域发生着的事实。在此，清泽采取了一个与“哲学”（“逻辑的必然”）完全区别开来的“宗教”（“实际的事实”）立场，并限定于此阐述与“无限”相关的“宗教”活动。可以说，这就是清泽将“宗教”与“哲学”加以明确区分的论述方式，也是清泽的宗教哲学的特点之一。

不过与此同时，在清泽的宗教哲学之中，这一“宗教”的事实亦会被极具“哲学”性的语言来进行表述。例如，清泽曾提到“无限的因果”（清泽，2~72）、“无限的自觉还原”（清泽，1~36、57），就是将无限下降为有限的“宗教”事实，采取“哲学”语言来加以表述的一群概念。在此，清泽也提示出一个结构，即无限通过自身与有限之间的关系性而发挥作用，通过限定自我本身而朝着有限拓展，进而还原到无限本身。在此所呈现的事实，应该说就是通过“哲学”性的“逻辑的必然”而无法把握的，“宗教”立场下的“实际的事实”。但是，清泽在此所使用的语言，却始终是“哲学”语言。换言之，可以直接地讨论“宗教”的“实际的事实”的人，唯有在实质上获得了这样的体验的人，而始终处在有限地位的我们，则必须通过“逻辑”来进行表述。在此，清泽亦展现了自身宗教哲学的一个基本立场。

在此，我们必须考虑的一点，即针对超越“逻辑的必然”的“宗教”立场下的“实际的事实”，对此加以阐述的“哲学”的“逻辑”究竟是什么。围绕这一问题，我们可以关注到清泽提到的“比说”（清泽，1~22）。所谓“比说”，就是采取有限的语言来描述无限的活动，为了不让它陷入谬误之中，就有必要明确地区分有限与无限。对于清泽明确区分有限无限的行为，今村仁司积极地予以高度评价：“佛陀学在言说一种不可言说之物，即一种‘神秘’的时候，自哲学借用了一种‘知识的形式’，但是这样的借用之语，而且它的‘知识的形式’并不是原本的哲学式的推论，而是一种集合了知识的形式的‘比喻性的言说’。清泽在《宗教哲学骸骨》之中将‘比（喻）’视为了问题，应该说是一个了不起的认识。这也是清泽充分地了解哲学的言说的有效范围，充分地了解它与宗教的言说的范围之间的本质性差异的证据之所在。”①

正如今村所说的，明确区分“哲学的言说”与“宗教的言说”非常重要。不过，我们也必须承认一点，即利用有限的语言来言说与关涉无限的活动，也就是“比说”必须成为可以表述“宗教”活动的形式。与此同时，“哲学”领域被“宗教”活动所浸透，由此而被加以利用的“哲学”语言，也必须通过一种以“宗教”的事实为背景的活动才能成为一种通用的语言。承前所述，通过“哲学”而进行逻辑性的探索，在面对无限的问题之际无法得到最终的解答，最终的解答必须委托超越“哲学”的“宗教”领域的信念。由此，我们才能获得面对现实问题的立足之地。在依据道理无法决断究竟选择哪一个的时候，清泽曾提到：“不管是选择哪一个，正是因为维持信仰，才能获得实践的基础。”（清泽，2～48）基于这样的“实践的基础”，哲学上我们可以解决有限与无限究竟是同体还是异体的问题，宗教上我们却可以解决究竟是要站在自力门的立场还是他力门的立场的问题。

利用“哲学”语言来“比说”这样的“宗教”问题，清泽提出了“无限的因果”这一概念。但是，同是借助这一概念，自力门的立场与他力门的立场所阐述的“宗教”事实却不尽相同。无限潜存于有限的自我的内部，通过展开自我本身，从而将有限的自我引导向无限；无限超越了有限的自我，不断地对自我发挥作用，将有限的自我包容在无限之中。这样的两个活动尽管在根本上彼此相通，但是其内涵却大相径庭。如果我们没有关注到这样的不同，而只是讨论“无限的因果”这一概念，那么也就不可能阐释“宗教”事实。只有基于“实际的事实”，“比说”这一方式才不会成为空论，才会成为可以表现“宗教”事实的“哲学”的语言。这一时候的“哲

① 今村仁司『清沢満之と哲学』15 頁。

学”，就被视为与“宗教”完全不同的领域，也是通过“宗教”而被赋予“实践的基础”之际才能成立的“哲学”，乃是通过“逻辑的必然”而无法知悉的“实际的事实”所感动下才能成立的“哲学”。

通过这样一个方式，我就清泽宗教哲学的“哲学”与“宗教”的重合之处进行了解读。这样一种解读方式或许会弱化今村氏的评价指出的清泽宗教哲学的长处①。不过，在此我将清泽的宗教哲学的特征把握为明确区分“哲学”与“宗教”，且绝不“混同”，由此才能一贯性地把握清泽的宗教哲学。不可否认，本节尝试指出清泽的宗教哲学带有一种整合性的、不可分割的立场，由此或许亦可以开拓出一种动态地把握它的可能性。

六　结论

尽管清泽与西田皆主张“哲学”与“宗教”相互重合，且“哲学”被“宗教”不断浸透，但是，西田在《善的研究》之中所主张的立场，与本论深入清泽的文脉，尝试寻找一种新的可能性的解读，二者可以说未必完全一致。借助清泽的表述，西田的《善的研究》是一种在自我的内部承认无限的自力门的立场；清泽的立场则是无限站在自我的外部来发挥作用的他力门的立场。他力门的立场乃是立足于自我的有限性，故而或许难以推导出作为有限的自我的行为的“哲学”与关涉无限的“宗教”相重合的可能性。但是承前所述，决定自我是有限的存在的问题本身，并不只是依靠有限的行为的“哲学”才能实现的。我们不断地追索根据的根据，最终却无法实现最终的决断。这样的“哲学”对于自我是有限的存在这一论断亦无法实现最终的判定。这样的判定不应该基于道理的推论，而应该基于信仰的决断。就此而言，在自我是有限的存在这一判定之中，无限也可以说会再现于我们自身。

---

① 今村氏本身亦对清泽在该处的重复之处采取了批判的态度，指出：“我对于清泽的书写方式还是带有了若干的批判的，……清泽确实采取了哲学式的书写来进行了概念性的展开，但是在一开始实质上是不断重复觉悟的逻辑来进行言说。……在此我认为过于重复了。”参考今村仁司「清沢満之における『宗教哲学骸骨』の思想的意義」（『現代と親鸞』第6号、2004、83頁）。

只有基于这样的“实践的基础”，言说“宗教”的“哲学”语言才不再沦为单纯的形式的逻辑，而是成为内涵与俱的语言。

在这一状态下，“哲学”言说“无限”也就象征着超越有限的世界，在一个有限绝不可能企及之处来进行言说。不仅如此，这样的言说也应该是就呈现在有限的自我眼前的事物而进行的如实的言说。如果说“哲学”是为了如实地阐明我们生存的现实世界的构造的话，那么，在现实之中不断发挥作用的“宗教”事实也就会必然被加以言说①。即便是站在他力门的立场，我们也可以思索与“宗教”相重合的“哲学”的问题。

参考文献

杉本耕一『西田哲学と歴史的世界——宗教への問いへ』京都大学学術出版会、2013。

杉本耕一「清沢満之の『宗教』および『宗教哲学』における『哲学』の意味」『現代と親鸞』第31号、2015。

藤田正勝「清沢満之と西田幾多郎」『清沢満之　その人と思想』法蔵館、2002。

名和達宣「西田幾多郎と浩々洞——『宗教論』の成立背景」『場所』第14号、2015。

清沢満之『清沢満之全集』岩波書店、2002～2003。

西田幾多郎『西田幾多郎全集』岩波書店、2002～2009。

今村仁司『清沢満之と哲学』岩波書店、2004。

今村仁司・竹内整一・本多弘一・田村晃徳「鼎談　理性と信仰——清沢満之は現代に何を語り得るか」『現代と親鸞』2004年第6号。

杉本耕一「『善の研究』はどうすれば読める」『点から線へ』石川県西田幾多郎哲学記念館　第61号、2013。

今村仁司「清沢満之における『宗教哲学骸骨』の思想的意義」『現代と親鸞』第6号、2004。

① 西田曾提到：“我不是依据宗教来讨论哲学，不过，我认为，我们的历史的实在的世界的逻辑性结构的深层剖析，可以自动地接续我们自古以来所谓的宗教的真髓。”（西田幾多郎『西田幾多郎全集』8岩波書店、2002～2009、250頁）

从原点重新思考：反核与和平思想[*]

——论平塚雷鸟、丸山真男、森泷市郎

〔日〕嘉指信雄[**]　陈诗雨[***]译

平塚雷鸟、丸山真男、森泷市郎是日本战后反核与和平思想领域的重要人物。本文通过多角度梳理和呈现这三位知识领袖在反核与和平事业中占据的思想意义及遗留的问题，并通过着重考察核问题错综复杂的现状及其前景，重新思考“核与世界和平”的问题。

一　平塚雷鸟：“母性主义”的力量与陷阱

新宪法的条文使我胸中敞亮。尽管它出于联合国军对日本的占领政策，到底不也是汇聚了日本男女全体国民意志的无血革命吗？多么伟大，多么漂亮的转身呀！崭新的日本，将穿过战败这苦难与屈辱的窄门，在真理中诞生……（平塚，1984c：33）

明治四十四年，26岁的我哀叹：“女性原本是太阳，而今的女性却是月亮，依靠他人而生，由反射他人之光而发光，有着病态脸庞的苍白月亮。”37年后的今天，我则是满心欢愉地呐喊了：“正是此刻，解放了的

* 原稿发表于日本期刊『平和研究』第45期专刊『「積極的平和」とは何か』（日本平和学会編、早稻田大学出版社、2015）。

** 嘉指信雄，哲学博士，神户大学教授，主要研究方向为现代哲学、近代日本思想、和平研究等研究。

*** 陈诗雨，神户大学哲学系在读博士。

日本妇女内心升起一轮巨大、巨大的太阳。看啊！这一天终于到了。”

我内心洋溢着无尽的喜悦。”（同上：43～44）

——《我的梦想实现了吗》（1948）

1.“母性方乃和平之力”

发表上文时，生于1886年（明治19年）的雷鸟已年逾六十。之后的四分之一个世纪，她始终投身反核、和平运动，直至85岁去世。她的专注与奋斗可从下面这份年谱中窥见一斑。

1947年3月，雷鸟从疏散地茨城返京，四处收集并阅读康德、内村鉴三等人关于和平问题的著作。1949年加入世界联邦建设同盟①，开始学习世界语。

1950年，与野上弥生子等人联名，向访日美国国务卿顾问杜勒斯（John Foster Dulles）提交《关于非武装国家日本的女性和谈问题的几项希望》，翌年再度提交同款声明。

1951年12月，组织成立“反对再军备妇女委员会”并担任会长，（翌年1月，向美国参议院全体议员提交《非武装国家日本的女性向参议院诸位的申请》）编著出版《基于母亲的立场》。

1953年4月，成立“日本妇女团体联合会”并担任会长。

1954年9月，向国际民主妇女联盟提交呼吁废除核武器的申明——《日本妇女的申诉》，并以此为契机，于翌年召开了第一次日本母亲大会②和世界母亲大会③。

1959年12月，向联合国提出关于全面缩减军备的联名申请。

1965年5月，成立“越南对话会”，组织参与反战运动“卡片

① 1948年结成并保留至今的的世界联邦建设同盟，被认为是始于1946年的世界联邦运动（World Federalist Movement）在日本的反应。该团体之下设有诸多分会，每年在日本主要城市召开世界联邦日本大会。——译者注

② 首届于1955年6月在日本东京召开。——译者注

③ 首届于1955年7月在瑞士洛桑召开。——译者注

波”，筹款设立“越南妇幼保健中心”。

1970 年 6 月，又与市川房枝等人发表了以《时值 6 月 22 日安保条约固定期限结束之际的呼吁》为题的公开声明。（参考：小林，1994；米田，2002）

日美安保条约、核试验、越南战争……雷鸟坚持直面战后世界形势的一系列迅速恶化，从“母性”[①] 角度出发，对一切阻碍和破坏生命之物予以坚决反对。其轨迹之鲜明，立场之强硬，在这篇写于 1952 年的短文《母性方乃和平之力》中有着集中的体现：

> 发生于广岛和长崎的核爆洗礼，日本的母亲是绝对、绝对、永远无法忘记的吧。就算那是迫使愚蠢的人类放弃战争的最后、最情非得已的手段，母亲的心也绝不认同。
>
> 日本的母亲在此向世界的母亲呼吁：以神的绝对命令，将这一破坏地球生命，令人类走向灭亡的核武器予以废除。（平塚，1984c：212）

雷鸟正是怀着上述心情向比基尼环礁核试验提出强烈抗议，进而集结了以“保护儿童、远离核战”为诉求的日本母亲大会。在反核运动中掀起的巨大浪潮可谓雷鸟在战后的首要功绩[②]，然而这一系列声势浩大，堪称日本战后妇女运动“标志”的工作却未得到全面肯定。究其原因，正如有学者指出的，雷鸟在战时所持的皇国史观和民族中心主义的优生思想，及直至战后都缄口不提这些“应当清算的过去”，这一切，在即使试图高度评价她的人那里，也投下了混沌难解的阴影。

---

① 即 moderskap、motherhood。——译者注

② 根据井手的描述，“1955 年第一次母亲大会的气氛之热烈，恐怕是参与者自身都未曾预料的。雷鸟的手书绢帕热卖十三万份，她本人虽未亲临现场，但其后在电影院看到新闻上的情景，感动得‘热泪盈眶’。应该就是那时让她感觉到时代真的变了”（井手文子『平塚らいてう——近代と神秘』新潮社、1987、268 頁）。

2. 作为“国家性存在”的母亲

就上文内容兹举几例典型：

> 帝国议会开院即日，政府部门人员及两院议员发布前所未有之敕语，惊惧泣涕，归于无我忘我之清净心，诸政一新……万民之心，归于天皇，奉以人神，众星拱辰。生于此国，实为大幸。（《女性之感激》，《读卖新闻》，1936 年 5 月 7 日专栏）

> 大正时代，我一方面强调恋爱乃婚姻一大要素，另一方面，也主张站在今日民族优生及母性保护之立场，对婚姻自由予以限制。具体而言，我主张禁止劣等人群（如精神病患、智能障碍者、传染病人群、酗酒者等）结婚，并要求国家对育儿母亲给予生活上的补助和保障。……我的诉求几乎被无视了。……无论国家或个人，通过战争这一无法逃避的现实认识到婚姻和母性的社会意义，我以为毕竟是件好事。（《婚姻·家庭·儿童》，1940，刊载出处不明）

> （亡父对）天皇之敬重与忠诚，半刻未敢怠慢，此乃直至今日方才有感于日本国体之尊贵，首肯于天皇陛下作为天照大神子孙的我们，所根本无法想象的。（《追忆亡父》，《妇女公论》，1941 年 5 月号）

根据米田的说法，雷鸟遗物中的剪报里，最后一段引文加点处“被涂到几乎难以辨认，推测为战后修订”（米田，2002：220）。此外，1942 年 4 月被疏散到茨城县北相马郡避难的雷鸟，在直至 1947 年返京的五年间一直过着不问世事的农耕生活，则恐怕是出于“对战争时局之危险的直觉性回避”（米田，2002：332～333）。使人们对雷鸟思想全貌的把握变得更为困难的是，同样根据米田所说，即使在战后，雷鸟的言论也与战时的思考显示出某种根源性的关联，而这一理论进路背后隐含的问题，恐怕是从早年

《青鞜》时期就开始了[①]。

“无限生成”——这是雷鸟生命垂危之际写在色纸上给亲朋好友的寄言。这概括了雷鸟全部思想的特长与魅力的短语，意味着对无限生命的创造生成的绝对信赖与绝对肯定，显然，这一信念从《青鞜》时代直至其晚年，都丝毫没有动摇[②]。然而，也正是这包含了个体、自然乃至整个宇宙的泛神论思想中，正是这一指向融合的愿景中，潜藏了她不彻底的国家论这一重大弱点。

1910年代后半，在同与谢野晶子关于“母性保护争论”的笔战[③]中，雷鸟提出：

> 母亲乃生命之源。女性通过成为母亲超越了个人性，成为社会性乃至国家性的存在。因此，对母亲的保障不仅旨在保障女性个人，更是通过对儿童的保护，从而保障全社会的幸福、全人类的未来。（小林、米田编，1987：110）

然而，所谓“国家性的存在”究竟指的什么呢？雷鸟的主张，这一本该带有所谓能力进路（capability approach）意味的颇为先进的问题意识，其之所以露出破绽，在于它过于轻易地乞灵于“性”这一明治以降开始

---

① 兹引几处文章为例。如，“年轻的朋友啊，请务必了解：你就是无限的生命，你就是神”（「あなた自身を知れ」『平塚らいてう著作集・第七巻：私は永遠に失望しない（1946～1970）』大月書店、1984、20～21 頁）。又如，“存在于自我根底的，不是神的观念，而就是神本身”（「学校を出たころのわたくし——自我を通して神に入る」同上、25 頁）。再如，“如今，试图将我们狭小有限的国家建设为和平与文化的理想国的我们，应该去思考如何少生优生的问题——换言之要尽可能高效。教育家常说‘建设日本从教育开始’，但再往前一步，将威胁社会人类之生存的不当、劣质、低效之流斩断于源头，岂非更好？我向来相信，女性之恋爱本能与民族的利益和幸福本不矛盾”（「民族の未來のために」同上、63～64 頁）。

② 雷鸟拒绝回答关于信仰的问题，“关于妇女运动的问题您尽管提，但灵魂或宗教是我内部的问题”（井手文子『平塚らいてう——近代と神秘』270 頁）。

③ “母性保护争论”指 1918～1919 年发生在平塚雷鸟、与谢野晶子、青山菊荣和山田若等人之间，以对“女性”“母性”等问题的界定为主题展开的争论。该争论涉及诸如女性主体性内涵问题、妇女参政问题等许多重要方面。——译者注

流行的接尾词，并最终归结到“国家性”这一异常暧昧的表达上①。当然，语言到底能多大程度地把握住实际，这一根本问题也并不单单发生在雷鸟身上。

二 丸山真男：“20世纪最大的悖论”

核战争教给我们的悖论性真理是：最为现实之物也恰恰是最理想主义的。

这就是我们面前最为活生生的现实。时刻谨记这一现实之意义，判断纷繁复杂的时局，方是最为现实的态度。这也正是我们新宪法之下的日本国民，在向全世界做出放弃战争及非武装原理的严肃承诺中，所必然推导出的态度。

《三论和平》（1950）（丸山，2010：213）

8 月 15 日的意义在于，我们后世的历史学者们终于可以说：最后进的帝国主义国家日本，那个总咬在欧美帝国主义身后穷追不舍的后进国家日本，通过败战这一契机，成为最先进的主张和平的国家。这就是 20 世纪最大的悖论。我们将为实现这一悖论而努力。

《20 世纪最大的悖论》（1965）（丸山，2010：441）

1. 多元的实用主义批判

如果说国家论是平塚雷鸟的最大弱点，丸山真男（1914～1996）的《超国家主义的逻辑与心理》（1946）则是战后将国家问题迅速推上台面的名作。在对战时日本国家集权主义体制的相对化分析中，丸山指出：现代欧

① “昔日母性保护论争时，关于向国家寻求母性保障的问题，当时的雷鸟一度并不认为这一‘保障’的性质必然与国家有关，在种种摸索后，甚至表现出否认资本国家体制，同情无政府主义的倾向。然而……她最终还是退回到了‘国体’这一国家意识中去”（米田佐代子『平塚らいてう——近代日本のデモクラシーとジェンダー』吉川弘文館、2002、219頁）。战后开始转向世界联邦主义和世界语的雷鸟是否已经在相当程度上认识到了国家的问题，这是她留下的疑问之一。

洲国家“在真理或道德等内容价值方面保持中立，而将对此类价值的选择和判断交给其他社会团体（如教会）乃至个人的良心，国家主权由此从内容价值中抽象出来，成为纯粹的形式上的法律机构”；与此相对，明治以降的现代日本却从未“明确这一技术的、中立的国家主权形式”，而将其作为“内容价值的实体和自我支配的根据”（丸山，2010：61）。这是一种比较国家论视角，同时也是主张将社会、政治、文化等不同方面分开加以讨论的多元主义现实主义的方法。

正是从这一方法出发，丸山才高度评价了福泽谕吉和中江兆民。他认为福泽“不强加给人民任何绝对价值，而将促使其在各种价值面前自己思考、选择，在通向自由的道路上自主地前进为己任”（丸山，2010：109）；兆民“的最重要之处，在于从多角度出发认识政治，从情、理等不同方面观察事物；通过主张各异的三人向读者展现三种不同的观念，可谓《三醉人》[①] 最可贵之处”（丸山，1998b：321）。由此可见，一些批评仅将丸山谴责为以欧美为范本批判日本的现代主义思想家，乃是忽略了其多元主义的实用主义的面向。

丸山以《超国家主义的逻辑与心理》显赫登场，在围绕“旧金山和约”的论战中，作为“和平问题谈话会”的中心成员提出“全面和谈、中立、反军事基地、反再军备”的和平四原则，更在其后的安保斗争中受到学院之外社会各界的广泛关注。然而，这一日本战后民主主义思想多年的意见领袖，却在20世纪60年代后半期被指为“虚妄的战后民主主义”之代表，受到“全共斗”一代的猛烈抨击，直至1971年抱恙离开东京大学。丸山的思想可以从许多方面评价和批判，本论文则试图探讨其中一个角度，同时也是丸山本人曾予以承认的问题，即作为“被爆者”[②]，他为何从未对核问题做出正面回应。

① 中江兆民的寓言小说《三醉人》，全名《三醉人经纶问答》，初刊于1887年（明治20年）。故事的主体是就明治初年的日本应实现怎样的现代化道路这一问题展开的论争。参与辩论的三名醉汉，一般认为一人代表军国主义扩张思想，一人代表激进的和平主义思想，一人代表温和渐进主义立场。他们各抒己见，讨论热烈，直至作品结尾也没有得出所谓正确结论。——译者注

② 被爆者，日语名词，原指一切空袭受害者，后多指核武器受害者。更严格地说，专指直接经历核爆炸的人群，而不应该包括核爆炸过后，因各种间接原因受到核辐射危害的人群。——译者注

2. 作为“被爆者”的忏悔

1945 年 4 月，作为二等兵被指派到广岛市宇品陆军船舶指挥司令部参谋部情报班的丸山，于数月后在距离核爆中心地约 4 公里的地方亲历了原子弹爆炸。8 月 9 日，丸山被班长带到广岛市内巡查，整日目睹受灾地惨状，9 月中旬回京。丸山无疑算是被爆者之一，他的病和白血球过低的症状也很难说与核辐射毫无关系。但他不仅没有申请被爆者健康手账，即使在公开场合发表被爆体验，也是到 1965 年的 8 月 15 日的事了。①

明明长期从事战争和和平研究，为何却对反核运动保持沉默——这个问题或许可以从 1969 年丸山真男与鹤见俊辅的一次对谈中找到答案：

> 现在想来，我做的最少的事，就是将核爆体验思想化。再怎么说，原子弹爆炸，我几乎亲身体验过啊。……那样惨绝人寰的光景，我亲眼见过啊。然而核武器究竟意味着什么，我至今没去考虑。所以说，战争终于结束了，不堪忍受的时代终于过去了，还是这类感觉要来得强烈些。……作为观念的民主主义呀，基本人权呀这些东西，我对他们的关注几乎是本能的。但对核武器却不是。至少在比基尼环礁问题（1954 年）之前，我都未曾像今天这般考虑过什么。哎，这算是忏悔吧。就是这种负罪感，让我至今很难觍着一张被害者的脸参加被爆者运动。（丸山，1998c：106～109）②

丸山又说：

> 朝鲜战争后，我写了《三论和平》绪论部分的草稿，然后开始考虑怎么给和平共存论建构一个理论基础。当时我说，因为核武器的出现，战争

① 并且，这还是丸山参加东京九段会馆集会时应台上主持人邀请的即兴发言。其后，此次发言以「二十世紀最大のパラドックス」为题刊登在杂志『世界』上。关于丸山的被爆体验的详情，请参考：林立雄編『丸山眞男と広島—政治思想史家の原爆体験—』広島大学平和科学研究センター、1998。

② 在林立雄編『丸山眞男と広島—政治思想史家の原爆体験—』中也可看到类似回顾。

> 的形态完全不一样了。一切关于战争的大义名分都将被核武器的出现消解。现在的战争很可能只是一种手段的过剩，跟它本身诉诸的目的完全相反。不过这也只是我出于全球视角的一种十分“抽象的”观察，和我在广岛经历核爆炸，遭遇原子能放射的经历并无关系。（丸山，1998c：107）

然而，本章开头引用的《三论和平》中，丸山所谓“最为活生生的现实”“最为现实的态度”，说的难道不是核时代的“现实”吗？或许正如石田雄所言，“写这一部分时，丸山的脑中想必浮现出了1945年8月广岛的景象”（丸山，1997：169）。但也有另一种可能，即至少在1950年这个节点上，丸山或许正是感到了核爆和被爆的现实离自己有多么遥远，才加上着重号予以强调，同时也为了说服自己吧①。

根据丸山的自述，可能是因为“核爆炸过后，紧接着是日本投降，再是美军登陆，一系列大事接踵而至，一想到日本以后会怎样，注意力就被转移了”；加之三天后方才得知东京的母亲已在8月15日那天去世，从战争结束的解放感瞬间掉入深深的悲哀，恐怕也是原因之一（林，1998：33）。然而更为内在的原因，或许与丸山以学术为业的选择，及其做学问的方法不无关系。众所周知，丸山认为政治思想史研究是自己的“总店”（专业），而现实政治分析则是“夜店”（副业）。所谓政治思想史研究，不外乎以回溯这一方法为轴心，其对象则是江户甚至上古时代，本身就与当下缺乏直接的问题意识的勾连。又或也有丸山本人性格气质的原因，毕竟对他来说，借以“脱离感性的自然”的“精神媒介力”是如此薄弱，乃至对于战后所谓的“肉体文学”，他也无法给出任何正面评价②。

---

① 不过，在1983年与一名广岛医生的笔谈中，面对类似发问，丸山回复道：“对于露骨卖弄自己‘体验’的日本文化（自恋!），鄙人向来厌恶至极。原子弹体验则越发展现出这一倾向。若您在我文章中感到一种有意的克制，请您权当我是一介路人，莫要再纠缠下去。然而不光是我，许多被爆者甚至连再去广岛这件事都要回避。我也是直至六年之前才第一次鼓起勇气访问广岛大学和平研究所，鼓起勇气谈及原子弹和和平的问题。但我不想以被害者自居，乃至于至今仍未领取或申请过被爆者手账”（林立雄編『丸山眞男と広島—政治思想史家の原爆体験—』49頁）。这段话体现了丸山对于广岛极为强烈的心结。

② 杉田敦编『丸山眞男セレクション』平凡社、2010、192~193頁。

虽然疑问尚未解决，不过丸山以下的说法至少表明，以“广岛”为中心的思想研究将成为他永远的心结：

> 关于广岛和长崎，我所说的东西，远远无法穷尽其实际发生的千万分之一。……原子弹每天都在落下……每天都在向我们提出新的问题。……每天发生的新的现实中，广岛都源源不断地向我们提出新的问题。（林 ，1998：35～36）

三 森泷市郎：人类必须活下去

> 我们这些广岛、长崎的幸存者，即便有过那般恐怖的经历，却也都不免想过：原子能的军事使用也就是原子弹固然可怕，但如果能将其和平使用，将会带来多么美好的未来啊。这真是让人羞愧得恨不得找条地缝钻进去的空想（森泷，1994：11）。

1. 核时代的伦理——人类必须活下去

回顾战后反核运动的先驱哲学家森泷市郎（1901～1994）的一生，可以发现不少引人注目的特征。其中最意味深长的一点，是他自1927年起在京都帝国大学文学院哲学系就读这一经历。这是1928年西田几多郎退职、1929年九鬼周造担任讲师的年代，也就是20世纪20年代到30年代，以西田和田边元为中心的所谓“京都学派”的全盛时期。

森泷比三木清（1887～1945）和九鬼周造（1888～1941）等人小一轮，而和西谷启治（1900～1990）、高坂正显（1900～1969）、高山岩男（1905～1993）等人同代。从广岛高等师范学校毕业后的两年间，森泷任教于三次中学，27岁考入京都帝国大学就读。从经历上看，三年本科、一年硕士，毕业后随即返回广岛教书的森泷，与西谷启治等西田的弟子、京都学派的灵魂人物的关系似乎并不那么紧密。然而，从森泷的日记和著作中却可以读出西田和田边的巨大影响，在这个意义上，他仍旧是京都学派的后裔。他与同样出身广岛、师承京都学派、战后任尾道市立图书馆馆长的美学家、社会运动家中井正一（1900～1952）一同受到关注，为战后日本思想的展开提供的新的坐标轴[①]。

例如，《广岛四十年：森泷日记的证言》一书中，他这样描写 1945 年 8 月 15 日的情况及自己的心情：

> （核爆继而终战。这一历史的分歧点，使作为广岛高师教授的生活、研究工作与自己的价值观之间产生了极大的断裂。）
>
> 教哲学的西田几多郎先生曾对我说，搞伦理学和哲学的人得时刻具备自我否定的觉悟才行，因为保不齐踏进棺材的那一刻突然发现自己先前的所有观点全得要推翻。事到如今我才明白这话的含义。
>
> （战前和战时写的论文，教给学生的伦理学统统错了吗？——他感到灵魂被剜去了一块。）（中国新闻社编，1985：17，括号内的前后文为编辑所加）

1965 年 2 月 20 日，在广岛大学退休前最后一课的日记中，森泷这样写道：

> 阴雨。下午一点，在充满回忆的文学院大教室里上了最后一课，题目是《我的路》。从师法西[②]、西田、田边三位教授的经历讲起，到我自身伦理学体系的概要，再讲到战后如何批判力量文明，而强调爱的文

---

① 例如，丸山真男在给务台理作所著『社会存在論』（1939）写的书评中，对西田和田边这类“积极关注具体历史社会存在的纯粹哲学家”给予高度评价，同时也不满地指出“但从社会科学的角度看，还是不免觉得他们的发言玄之又玄”。（丸山真男『戦中と戦後の間』みすず書房、1976、43～48 頁）如此可以说，森泷以对具体历史社会问题的实际参与为出发点展开思索，和中井正一、户坂润等所谓京都左派的工作同样有着正面意义。

② “西”指在所谓国民道德论领域著作颇丰的西晋一郎（1873～1943）。其人生前作为日本哲学会的重镇，与西田几多郎并称“两西”。森泷在广岛高等师范学校时代就与西晋一郎过从甚密，1931 年成为教授时更是迎娶了西的次女茂。西的儒学素养对森泷影响之深远，一直持续到战后。森泷将新宪法之下的天皇评价为“真实的统一原理‘无即爱’的象征”，这一问题意识也与京都学派的观念有所互通（森瀧市郎「現下道徳教育の根本問題——人間像・徳目・人間性」『学校教育』No. 402、学校教育研究会、1951、7 頁）。

> 明。我讲了原子弹体验如何迫使我从西伦理学意义上的国民道德的‘种’的立场进入‘类’的立场；讲了研究并实践以‘人类必须活下去’这一至上命令为立足点的和平伦理的毕生愿望。（中国新闻社编，1985：204）

森泷与西田和田边在思想上的联系，可以从这本名为《迈向核的绝对否定》一书中收录的《慈的文化》中窥见一斑。这篇论文是森泷思想一个简单明快的总结，其中出现的“无的场所”“忏悔”等术语，甚至标题的“绝对否定”[①] 一词中，都可以看见京都学派的面影[②]。

需要进一步强调的是，森泷的“核的绝对否定”思想，意味着核与人类“无法共存，不是人类否定核能，就是核能否定人类；我们只有否定了核能才能活下去”。这一无比激进，只能二择其一的主张，比战后同样提出“作为死时代的核时代”的老师田边元更加具体和迫切。而这一认识的根源，即将森泷逼到不得不背水一战之境地的，是他在核爆炸中失去右眼的经历，也是他对曾担任过三菱重工江波造船厂学生派遣队队长，从而“将许多学生引上了歧途”的悔恨。

以核武器为顶点的“力量文明”终将毁灭人类自身——在老家双三郡（现三次市）疗养期间，森泷痛感于这一事实，探索着超越现状的道路。写于当时的《疗养记》的卷末“出现了以‘思索’为题的一节，并罗列了诸如‘悲念的世界’、‘存在与恩’、‘慈的文化’、‘慈爱国家’、‘政教’、‘信之回复’等主题”（中国新闻社编，1985：23）。

被爆后半年，森泷开始就“慈的文化”的重要性展开论说。1946 年 2 月 25 日，他接受了在战后激进民主化进程中感到迷失的母校君田小学教职员的邀请，并于 3 月 14 日，在高等师范学校贺茂教室的授课结束后，与他

---

① “无的场所”出自西田几多郎，“忏悔”出自田边元，“绝对否定”出自西谷启治。——译者注

② 参考：“抵达力量之巅的一刻同时遭遇了力量之破灭。我们须直面这破灭的危机而忏悔自省，在超越自身力量之处寻找救赎的原理。……否定自我而爱使他之为他之物，绝对自我否定者即绝对爱。所谓绝对慈悲的世界指自身的绝对无化，而无的场所却生出万物”（「慈の文化」森瀧市郎『核絶対否定への歩み』渓水社、1994、103～106 頁）。

们“在办公室燃起篝火，夜谈直至天明”（中国新闻社编，1985：26）。一个学生这样回顾：“我昭和 22 年（1947 年——译注）4 月考上广岛高师，当时我们伦理学概论的讲义就是《慈的文化》。……那时候的讲义应该是老师从事反核和和平运动的起点吧”（海老田，1991：70）。

也有学生对森泷这一基于强烈悔悟和危机意识的思想转向表示无法理解。一个学生说：“被炸了，打输了，当时只觉得特别不甘，还想炸回美国去。第二年森泷老师回学校做的关于和平的演讲我压根没法听进去”（中国新闻社编，1985：18）。

2.“和平使用”——同语言的戏法战斗

1958 年 7 月，在向《中国新闻》的投稿中，森泷详述了“人类必须活下去”这一著名论题。他的思想核心，是基于科学技术的发展将导致人类灭亡这一现实可能性的当代伦理的第一命令，比同样提出“让人类活下去”的汉斯·约纳斯（1903～1993）的《责任原理——试论以科学技术文明为目的的伦理学》（1979 年）的出版还早了数十年。

从 1955 年美国对广岛的所谓“核能礼物”计划[①]引起的骚动，到 1956 年“和平使用博览会”[②] 的召开，就这一系列情况，森泷表现出对放射性废物处理问题和微量核辐射问题的强烈担忧。不过事实上，直至核爆后的 20 周年，“核的绝对否定”一词还仍旧“只是‘核武器的绝对否定’的简略表示，而并非我们今天主张的‘核的绝对否定’的字面意思”（森泷，1994：18），也就是说，森泷明确表示反对包括一切形式核原子能在内的“核的绝对否定”，其实已经是核爆后 30 周年，在世界禁核大会·广岛大会之时的事了。

这是为何呢？无独有偶，约纳斯的《责任原理》的出版同年的 1979 年，森泷在名为《人类必须活下去——从我的被爆体验谈起》中坦白：“语言着实是可怕的戏法。军用是不好的，和平使用就很不错，我自己也这么想

① “核能礼物”指 1955 年由美国参议院议员提出在广岛设立核电站的计划。该计划声称旨在通过对原子能的正确、和平使用，以补偿广岛曾遭受的核武器浩劫，故称为“礼物”。——译者注

② “和平利用博览会”，全称“广岛原子能和平利用博览会”，召开时间为 1956 年 5 月 27 日至 6 月 17 日。——译者注

过”（森泷，1979：29）[①]。他的问题意识基于这样一个现实，即所谓“积极的和平的”或“和平安全法制”等标语是如何不断诱导着和实际情况完全相反的想象。

使森泷意识到“核能的和平使用”等说法是明显的欺骗和错误的决定性契机，是从与国外科学家的交流中，具体理解了微量核辐射的风险后开始的。1971 年 5 月到 6 月，森泷做了一次环球旅行，其目的之一，就是“访问对核问题持忧虑态度的学者，倾听并收集他们的意见”。《迈向核的绝对否定》收录的《科学家的良心》一文中，森泷写道：“旧金山去华盛顿的飞机上，我读了鲍林博士〔Linus Carl Paulin〕给的论文摘要。他认为并不存在一条划清原子能容许范围的‘门槛’，至少在遗传问题上如此。……欧美圈学者是怎样认真考虑原子能的和平使用导致的公害问题，又采取了怎样的行动，这一点，我在这次旅行中是直接感受到了的。”（森泷，1994：21～23）另一篇《反核理论》记录道：“核爆炸 28 周年（1973 年）的禁核大会时，坦普林博士〔Arthur R. Tamplin〕代替考夫曼博士〔John William Gofman〕来日。他强调了原子炉散发的大量放射性物质问题，放射性废物无法最终处理的问题，以及最重要的，钚的军事转用和核扩散自不必说，钚元素本身那令人绝望的剧毒性，及其管理将带给我们后世子孙不可估量的压力的问题。在此，几乎所有的反核基本原理都得到了清楚的解释。”（森泷，1994：25～27）

森泷回忆起 1978 年伊方核能诉讼案中，松山地方裁判所“一口咬定核能是安全的”这件事。“实在难以忘记那一刻愤懑至极的心情。……伽利略因主张‘地球围着太阳转’的日心说……遭到宗教裁判。此后，人们被命令不许再提这档事。但裁判下来的瞬间，伽利略喃喃自语：‘可是，真的是

① “有种思考定式，认为核武器被看作‘恶’与‘死’，而它的‘和平使用’被看作‘善’与‘生’”（森瀧市郎『核絶対否定への歩み』渓水社、1994、12 頁）。吉冈齐也通过对物理学家武谷三男的「日本の原子力研究の方向」（1952）的批判进而指出：“‘和平使用’（民用）是‘光’，军用是‘影’，对原子能的这一简洁明快的二分法使日本人产生一种想法，即我们被投下过太多阴影，因此拥有享受光的某种特别的权利和义务。……所以武谷将‘被爆者’的存在作为论据试图促进原子能的‘和平使用’，这一见解在当时不仅不是异端，反而是司空见惯的。但这一提法极为不妥，军用和民用本就有诸多重合，能彻底区分两者的大前提首先就是错误的”（吉岡斉『新版　原子力の社会史　その日本的展開』朝日新聞社、2011、77 頁）。

地球在转啊。’伊方的人也是一样吧。无论对着怎样的白纸黑字，他们也一定会喃喃自语着‘可是，核能真的危险啊’并继续反对下去吧。他们留下这些话回到了广岛”。“况且，不管裁判所如何坚持，居民们担忧的危机不已经在三哩岛原封不动地发生了吗？不是已经得到证实了吗？那是极端不幸，但毕竟确凿的证明啊”（森泷 ，1979：34）。

森泷对自己曾长期止步于“反对核武器”这一立场而生出的羞愧甚至“忏悔”之情，已经是40多年之前的20世纪70年代的事了。如果看到今天福岛核电站的遭遇，他又该后悔难过到如何的地步。他的“核的绝对否定”思想，在当下无疑有着更为明确的意义（参考：嘉指等人编 ，2003）。

四 结语

2015年7月15日，众议院特别委员会强行通过承认集团自卫权的《安全保障关联法案》。丸山所谓的“20世纪最大的悖论”——日本和平主义理念，被“和平安全法案”蒙上一层阴翳，推上了历史的歧路和危机的风口浪尖。从这一刻起，本文纵览的三名思想家留给我们的课题将变得更加沉重而紧迫。

晚年的雷鸟曾被问及一个问题。“您说要‘保卫日本’，那么现在首当其冲应该保卫的是什么?”我想以她当时的回答结束全文：

> 是日本宪法。尤其是宪法第九条。宪法九条是日本的理想，也是使命；是日本的存在价值，也是日本的荣耀，是最不容许侵犯的，我们最后的一个据点。（《最后的据点是第九条——关于“如何保卫日本”的问题的回答》1966，平塚 ，1984c：427～428）

参考文献

井手文子『平塚らいてう——近代と神秘』新潮社、1987。
嘉指信雄・森瀧春子・豊田直巳共編『終わらないイラク戦争——フクシマから問

い直す』勉誠出版、2003。

川村邦光『セクシュアリティの近代』講談社、1996。

小林登美枝・米田佐代子編『平塚らいてう評論集』岩波書店、1987。

小林登美枝『陽のかがやき——平塚らいてう・その戦後』新日本社、1994。

杉田敦編『丸山眞男セレクション』平凡社、2010。

鈴木裕子『女性史を拓く1—母と女—平塚らいてう・市川房枝を軸に』未來社、1989。

中国新聞社 编『ヒロシマ四十年——森滝日記の証言』平凡社、1985。

林立雄編『丸山眞男と広島—政治思想史家の原爆体験—』広島大学平和科学研究センター、1998。

平塚らいてう『平塚らいてう著作集　第五巻/婦人戦線に参加して（一九二九～一九三五年）』大月書店、1984。

平塚らいてう『平塚らいてう著作集　第六巻/娘に母の遺産を語る（一九三六～一九四五年）』大月書店、1984。

平塚らいてう『平塚らいてう著作集　第七巻/私は永遠に失望しない（一九四六～一九七〇年）』大月書店、1984。

丸山眞男『戦中と戦後の間』みすず書房、1976。

丸山眞男『丸山眞男　戦中備忘録』日本図書センター、1997。

丸山眞男『自己内対話——3冊のノートから』みすず書房、1998。

丸山眞男『忠誠と反逆——展形期日本の精神的位相』筑摩書房、1998。

丸山眞男『丸山眞男　座談7』岩波書店、1998。

森瀧市郎「英國倫理研究」広島文理大学、1950。

森瀧市郎「現下道徳教育の根本問題——人間像・徳目・人間性」『学校教育』No. 402、学校教育研究会、1951。

森瀧市郎『反核三十年』筑摩書房、1976。

森瀧市郎「記念講演/人類は生きねばならない——私の被爆体験から」『部落解放』No. 139、解放出版社、1979、24～37頁。

森瀧市郎等『非核未来にむけて——反核運動40年史』績文堂、1985。

森瀧市郎『核絶対否定への歩み』渓水社、1994。

森瀧市郎『核と人類は共存できない——核絶対否定への歩み』七つ森書館、2015。

海老田輝巳「森瀧先生の倫理学・道徳学講義の思い出」行安茂編『森瀧市郎先生の卒寿を記念して』大学教育出版、1991。

ヨナス、ハンス『責任という原理——科学技術文明のための倫理学の試み』加藤尚武監訳、東信堂、2002。

吉岡斉『新版　原子力の社会史　その日本的展開』朝日新聞社、2011。

米田佐代子『平塚らいてう——近代日本のデモクラシーとジェンダー』吉川弘文館、2002。

青年论坛

西田哲学之思想渊源考略

赵　森*

出生于明治3年（1870）、去世于“二战”结束前夕（1945年6月）的日本近代哲学家西田几多郎，其人生经历了明治、大正、昭和三代天皇，跨越了几乎整个日本近代时期①。而提到日本近代哲学（人们也常将明治初期的启蒙思想以及明治中期的学院派思想等囊括其中），不论是初期的西周（1829～1897）、津田真道（1829～1903）、福泽谕吉（1835～1901）等启蒙思想家，还是井上哲次郎（1855～1944）、大西祝（1864～1900）等学院派的思想家，都没有一位像西田一样，能够毫无争议地被冠以“哲学家”之名。西田在日本思想史上的特殊地位在于，他的学问被认为是纯粹意义上的哲学。在许多关于日本近代思想史的论著中，他都是以日本近代“最大的哲学家”或者“第一位真正意义上的哲学家”的面目出现的。不同于之前的近代思想家对西学的简单移植，西田的学问之所以能够被毫不质疑地称为“哲学”，是因为他四十年的著述生涯都在孜孜不倦地对自身的思想进行逻辑化、体系化的尝试。他的哲学论著不仅在思想上具有与西方哲学进行对话的高度，在概念的定义、阐释和推论的环节也都保持了严谨的哲学形式。通过这种严格的哲学表达，西田哲学成功地与从古希腊到近代的西方哲学流派和思潮进行了对接和对话，进而较为成功地实现对自身思想的哲学化诉求。正如我国的日本思想史家卞崇道先生在《西田哲学研究的当代意义》一文中

* 赵森，中国人民大学哲学院中国哲学专业博士。

① 日本的近代，一般是指从1868年明治时期开始到“二战”结束（1945年）。所谓日本近代哲学，便是指这一时期的日本哲学。

评价的那样："如果说日本有哲学，其代表非西田哲学莫属。"[①]

从1911年发表第一部论文集《善的研究》，到去世前开始起草的绝笔《关于我的逻辑》，30多年间，西田的思想发生了数次立场上的转换[②]，这与当时关注西田著作的许多学者或后辈提出的中肯批评息息相关[③]。这些西田著作的热心读者无疑对其学术研究抱有深深敬意，有甚者几乎每个人在提出批评意见之前，都会首先由衷地对西田的哲学研究赞叹一番[④]。是什么原因让这些明治到大正时期的有识之士对西田的学说抱有如此崇高的敬意和由衷的热爱呢？西田哲学的哪些特质使它成为当之无愧的日本近代哲学的鼻祖

① 卞崇道：《西田哲学研究的当代意义》，《日本问题研究》2010年第2期。

② 根据西田在1936年的《善的研究》新版序中的自述，他说："我的纯粹经验的立场，到了我写《自觉中的直观与反省》一书时，就通过费希特的'本原行动'立场，发展成为绝对意志的立场；到了写《从作用者到观看者》一书的后半部时，又通过希腊哲学转变到'场所'观点。到那个时候我才感到获得了对我的思想进行逻辑化的开端。于是'场所'的观点，就具体化为'辩证法的一般者'，同时'辩证法的一般者'的立场就直接化为'行为的直观'的立场。"（NKZ 1、6~7 頁。NKZ 指代岩波书店1978年版『西田幾多郎全集』）

③ 比如，《善的研究》出版后的第二年，高桥里美（1886~1964）便在论文《意识现象的事实及其意义——读西田氏的〈善的研究〉》中，对《善的研究》中的核心概念"纯粹经验"的多义性和模糊性提出了批评；左右田喜一郎针对代表中期西田思想的两篇论文——《作用者》（「働くもの」）和《场所》撰写了《关于西田哲学的方法——求教西田博士》，从新康德主义的立场出发对西田的《场所》进行了毫不客气的批判；田边元针对西田1930年出版的论文集《一般者的自觉体系》发表了论文《尊西田先生之教》（「西田先生の教えを仰ぐ」），对西田这部著作的主要内容进行了准确的归纳进而提出了批评和疑问。

④ 高桥里美在《意识现象的事实及其意义——读西田氏的〈善的研究〉》中称赞道："若要问《善的研究》出版前，有出自日本人之手的独立、像样的哲学书吗，又是哪部呢？我对到此为止的暧昧回答也不得已经历了许多困惑。从《善的研究》一出现，我很快就有了这种自信能接受这些质问并怀着自豪感。因为无论如何，暂时排除了其他著作，只有本书是像样的哲学书，这件事至少我自己是清楚明了的。"左右田喜一郎在论文《关于西田哲学的方法——求教西田博士》中的批判是建立在对西田哲学的认同感之上的，他在西田的论文《作用者》中所说的"一个体系"的基础上，将西田的学说冠名为"西田哲学"。此后，西田的学说被广泛地称为"西田哲学"。另外，田边元在《尊西田先生之教》中，亦不吝用诸多赞美之词赞扬西田对日本哲学的贡献。而日本剧作家、评论家仓田百三（1891~1943）对《善的研究》的赞美则更为热烈，在著作《爱与认识的出发》（1921年）中，仓田说："我无意中开始阅读该书的序言，不久我的眼球就被它的文字所吸引住了。'不是有了个人才有经验，而是有了经验才有个人，而且经验比个人性的区别更具有根本性，通过这样的思考，我得以超脱了唯我论。'这一段文字如此清楚、如此鲜活地写在了那里，'超脱了唯我论'——这一行字醒目地映入了我的眼帘，犹如烙印一般深刻，我禁不住怀疑自己的心是否停止了跳动。……我合上书，凝神地坐在桌前，忍不住泪流双颊。……这一著作使我的内心发生了翻天覆地的变化。"

呢？作为日本哲学代表的西田哲学以及他所开创的京都学派，目前不论是在西方还是在我国，都聚集了一批研究者，近年来甚至在南美的研究者中间也开始盛行起来。那么当代学者研究西田哲学的意义何在呢？要阐明这些问题，就必须从西田哲学的思想渊源说起，进而理解西田哲学及其开创的京都学派的特质，以及对哲学界的贡献。

有关西田哲学的思想来源，主要有这样三个方面：一是德川时期的宋学传统对明治时期知识分子潜移默化的影响；二是明治维新以来对西学的吸收，以及开放、革新的时代精神对明治人精神生活的巨大冲击；三是西田人生中遭受的苦难和他对佛法的学习以及精进的禅修实践。

一　德川时期以来宋学传统的影响

儒教在德川时代的日本达到了鼎盛，而主流则是宋学。具体而言兼有以《易经》为基础的“太极图说”所揭示的自然哲学，以及以《论语》《孟子》《大学》《中庸》四书为基础的实践伦理，同时，还包含了宋代风靡的佛教禅宗和华严宗，乃至老庄思想，由此形成了极为思辨的形而上学体系①。而明治维新初期，宋学的传统仍然深刻地保留在“明治人”的记忆深处。此一时期的教育模式，除了开设以“学制”为基础的新式的学校教育外②，传统的私塾教育在民间不但没有因为教育改革而被消灭，反而有急剧增加的倾向。根据西田的描述：“我们小孩的时代，是读小学校以上要阅读十八史略等书籍的时代。在故乡金泽等地都有几个小的汉学塾。”③ 汉学塾的教学方式主要是跟随近世以来幸存的老儒者一起直接对经史子集等进行“素读”④ 和讲译。这个时期的汉语仍然可以说是日本人的第二语言。在那样浓厚的汉学氛围下，对于西田来说，汉学素养并不是刻意培养出来的技能，而是来自潜移默化的熏陶和发自内心的喜爱，这种热爱是自孩提时代起

① 井上克人『西田幾多郎と明治の精神』関西大学出版部、2011、124 頁。

② 明治 5 年（1872）的“学制”发布后创设了小学。

③ NKZ 13、153 頁。

④ 所谓“素读”，意为不去理解意思，只照字面朗读。

便充塞内心的情怀。西田出生于明治维新伊始，是一个几代担任村长职位的富裕世家的长子。西田读完小学来到金泽，在金泽的私塾里学习汉学和数学，后来又考进师范学校。在一篇名为“读书”的文章中，西田回顾到自己的少年时代时说：“我肯定是很喜欢书籍的。我想这是从小就养成的癖好。在我很小的时候，虽然觉得孤独不安，但仍然喜欢独自待在仓库的二楼，阅读昔日祖父读过的四五箱汉文书籍。当然这些是不一定能看懂的，只是喜欢打开细看这些写着严谨大字的书籍，感觉到里面似乎写着某些伟大的事情。”① 从这样的文字我们可以感受到，西田童年时代的汉学学习并非刻意而为的培养，毋宁说是一种直接的体验，这种体验或许只是长期沉浸在汉字的字形、发声或书写之中，而没有复杂思想侵扰的纯粹的经验。

在一定时期，西田对于汉文的直接感知进而与对于生命的直接体验连接在了一起。西田一生除了哲学上的贡献外，还创作了许多汉诗、和歌和俳句等文学作品。13～14岁，是西田汉诗创作的高峰期，这一时期西田写过许多汉诗②。而随着年龄的增长，西田对于汉学的理解不再止于朦胧的体验和诗意的欣赏。西田对于汉学开始有了更为深刻的思索和理解，这种思索和理解集中体现在他对儒教伦理观以及宋学的形而上学体系的接受和反思上。根据竹内良知和井上克人等学者的研究，在西田第一部著作《善的研究》发表之前，其哲学的出发点，从儒学的角度来看主要是深受《孟子》和阳明学的鼓舞，而从西学的角度来讲，主要是在格林（T. H. Green）的《伦理学绪论》中找到共鸣，而这共鸣的基础则仍然是在格林的学说中找到了与阳明学的共通之处。虽然对于西田思想与宋学之关联的史料不多，西田在著作中直接提到的文字也不多，但《孟子》及阳明学之于西田的意义，在他青年时代的两段重大挫折期得到了体现。一次是西田在四高上学时，由于反对学校的教育方针，而抱定自学的信念主动退学。退学不久，父亲在事业上失败致使家道中落。母亲期待西田重振家运，劝说他“屈节”进入东京帝国大学哲学系选科。由于西田不是正式的学生，而是选科生，因此在大学期间

① NKZ 12、228 頁。

② 参见顺真《西田哲学的儒教来源》，《“理性、信仰与宗教”全国学术研讨会论文集》，2006。

经常受到歧视而处境艰难。而此时的西田正是靠着汉学特别是阳明学的鼓舞和支撑忍受着苦境的折磨，努力钻研哲学①。

而西田对儒教伦理观的接受首先体现在他对儒者人格的敬佩上。在一篇名为“三宅真轩先生”② 的小文中，西田回忆起在高等中学读书时的汉文老师，表达出对这位老儒者的深深敬畏之情。而在他的恩师，亦是劝他禅修的北条时敬的遗文集《廓堂片影》的“年谱后附”中，作为本书编者的西田将他的老师比作明道先生，以彰显其恩师在儒教伦理观中得到印证的高尚人格。此外，还表现在他对风行于明治初期思想界的功利主义的排斥上。在西田初期的草稿《英国伦理学史》中对功利主义有着严厉的批判。比如在谈到边沁的学说时说：“且不论边沁的伦理学在快乐计算的困难等种种问题上，应该受到责难的地方很多，首先一读起来便令人感到其野鄙苛刻，毫无伦理学中重要、高尚、值得崇敬的因素。计算快乐大小这种事，简直跟守财奴算钱的心情没有两样。”③ 西田对霍布斯的人为说和边沁的功利主义完全不认同，对于西田来说，伦理的根据是“万古不易”、永久不变的东西，必须是以“人意”“人性”为基础的东西。作为明治初年出生的人，西田伦理意识的深层是传统宋儒学的伦理观④。

总之，虽然 18 世纪以来，各式各样的西洋事物输入日本，从明治开始，日本迅速进入近代化的阶段，明治政府标榜文明开化、富国强兵、殖产兴业，推进脱亚入欧的路线，但在当时人们意识的深处，仍然根植着自德川时期以来的宋学价值观和伦理观。表面上看来是从理性精神出发来批判并试图超越存在于封建时代的前近代的世界观，但其思考的方式却依然是以儒教和汉学为根据的。并且，与明治初期的启蒙思想家们着迷于移植实证主义和功利主义的新思想形成对照，也有许多人在对抗着这种时代潮流，仍然秉承着传统的宋学伦理观，西田就是其中一人。

---

① 〔日〕竹内良知：《西田几多郎》，〔日〕铃木正、卞崇道等：《日本近代十大哲学家》，上海人民出版社，1989，第 162 ~ 163 页。

② NKZ 12、212 ~ 215 頁。

③ NKZ 16、78 頁。

④ 井上克人『西田幾多郎と明治の精神』62 頁。

二 明治精神的影响和对西学的接受

与此同时，我们也不能忽略明治时期特有的“明治精神”对西田的影响。提起明治精神，我们会列举出“文明开化”“富国强兵”“国家主义”等一系列词语来描绘。的确，明治时代作为日本谋图近代化的时代，富有思想史、政治史、经济史的特色，这些是从外在的角度对“明治精神”的把握。西田作为典型的“明治人”，其自身内在的精神气象也是具有时代共性的。“明治精神”一词最早出现在夏目漱石的小说《心》中[①]。书中所描绘的“明治精神”表现出一种独立、自由，却又充满孤独和怀疑的特质。这种孤独和怀疑，是西方市民社会所标榜的自由、独立、自我的现代精神出现后，以儒教思想为主流的日本传统文化的素养与时代潮流碰撞而产生的无可奈何的感受，这种同时代两种文化背景的碰撞使得当时的年轻人心绪更为复杂、矛盾，而急于找到一种出口，将这矛盾的两面统一起来，西田也不例外[②]。即使西田笃定地秉承着传统的儒家伦理观念，我们仍然可以从西田少年至青年时期的求学历程看到这种时代精神的影响。

根据上田闲照、藤田正胜等学者对西田生平的研究，西田早年就读于金泽的石川专门学校（后改称为第四高等学校），这一时期的西田表现出那种追随当

---

① 《心》的主人公“先生”在自杀之前的遗书中写道：“在盛夏时节，明治天皇驾崩了。那时，我似乎觉得明治的精神，始于天皇，也终于天皇。……我对妻说：‘如果我殉死的话，那是打算殉明治精神而死的呢！’”

② 正如和辻哲郎对自己青春时期心境的记录那样：“我感到我自己的问题和他（克尔凯郭尔）的问题是极为相似的，归根结底只是看到了自己内在的问题。这个问题概括起来就是关于‘如何活着’。自己的性质与要求之间的焦躁。为了使自己真实地活下去的种种纠结。有关自己价值与命运的信念、热情、不安。一面相信个性的尊贵，一面又不能完全舍离与社会势力妥协的苦闷。（因金钱、地位、名声等产生的种种情绪。）爱之心与重个性之心的斗争。（关于女人、肉欲、爱、婚姻生活、亲子的关系、自己的事业等等的种种心情。）为了扩大个性与爱的私欲的苦闷。因为不能征服私欲而日日升起的耻辱和烦恼。私欲根底的强大力量与想要委身于其中的冲动。爱与恨。如实肯定自己之心与在要求面前耻于自身缺陷之心。诚实与自欺。努力与无力。想要高尚的生活之心与投身于欲望而追求乐欲之心。——这些东西不断地唤醒杂多的问题。我的努力在于深深构筑与此彻底战斗的自己的生活。我的心夜不能寐。我承认自己内在有许多丑陋孱弱和罪恶的东西。我必须通过自我锻炼将这些东西燃烧殆尽”（『和辻哲郎集』第一卷、岩波書店、1976、409～410 頁）。

时自由之风、放眼世界的“明治青年”的无忧无虑、豪放不羁的气质。他不满于当时四高武断、墨守成规的校风，不时与校方发生着冲突，最后抱定在家自学的决心，主动托病退学了。到了1891年（明治24年），由于半途退学，西田没有取得大学正规学生的资格，经过母亲的劝导，最后才前往东京，进入文科大学（后为东京大学文学部）的选科学习。西田在这段长达三年的选科生生涯中感到一种人生落伍者般的凄凉，同时又反而感受到一种“发自内心的快乐”和“超然的自我矜持”之感①。在东京求学期间，哲学方面，西田受教于井上哲次郎，以及时任哲学研究科教师克贝尔（Raphael von Koeber，1848～1932）。克贝尔培养出了波多野精一（1877～1950）、九鬼周造（1888～1941）、和辻哲郎（1899～1960）等一批日本重要的思想家。克贝尔非常重视古典文献的精读，但他的教学有种古典的、避世的风格。而当时的西田却是充满生命热情、追求自由奔放的。因此，西田虽然非常尊重克贝尔崇高的人格，但同时也意识到自己的思想倾向与这位老师截然不同，与克贝尔重视古典，以及由此培养出来的哲学素养不同，可以说西田重视的始终是一种主体性的思维②。

同时，随着西方思想的著作大量输入，西田接触到了从古典到现代的众多西方哲学的著作，并通过自身的勤奋学习，掌握了英、法、德、拉丁、古希腊等研究西方哲学必备的多种语言，尤其是对德语达到了精通的程度。但西田对西方思想的接受是选择性的，他对西方思想的接受，很大程度上是由于在这些思想中找到了与他所持的东方传统契合之处。西田在写作《善的研究》之前，对当时思想界流行的格林的《伦理学绪论》进行了深入的研究。这可能是由于在哲学系选科时，西田通过伦理学教授中岛力造接触到了格林的伦理思想，开阔了眼界。格林的伦理学在当时的哲学系学生中十分流行，西田也不例外③。西田写作了《格林氏伦理学的大意》一文，连载于明

① 上田閑照『西田幾多郎とは誰か』岩波書店、2002、3頁。

② 参见藤田正胜《西田几多郎的现代思想》，吴光辉译，河北人民出版社，2011，第6页。

③ 明治25年（1892）十二月到翌年二月，中岛力造在《哲学杂志》上以“关于英国新康德学派”为题，介绍了格林（1836～1883）的“智识论”和“伦理说”以后，格林的自我实现说成为思想界的一种流行。格林的伦理学说具有一种“自我实现”的基调。格林研究了康德、黑格尔等德国古典哲学，不久成为英国新康德主义的代表人物。他从一切现象出发设想超越性的精神原理，实在的世界通过这些原理而贯通，由此提倡个人的“自我实现说”。

治28年的《教育时论》第362～364号。对于格林来说，人类精神不外乎是宇宙本来的超越性精神的显现，因此在每个人的意识中经验的统一就是这种显现的实现，由此个人之我达到绝对精神的显现的统一时，自我才开始成为真正的自我。与这种统一接近的是人格，真正的自我实现不仅是自我的善，同时还是公共的善。格林的这种想法与标榜“性即理”、提倡向“本然之性”复初的宋学伦理极为类似。自我实现同时成为公共的善的想法，与《大学》中“修身齐家治国平天下”所表示的个人的持静归根结底通向公共世界的伦理责任感的想法类似①。

另外，从西田不同时期的著作中，与西方思想的对接来看。与明治初期到中期的思想界中，西周、津田真道、福泽谕吉等人大力移植当时盛行于西欧的实证主义与功利主义不同，西田对西方哲学思想的吸收着眼点几乎不在于实现社会的改造和重组这些政治使命，而是如同井上哲次郎和大西祝等人那样，在于实现东西方文化的综合。从这个意义上讲，西田可谓承袭了井上、大西等所开创的学院派哲学。但西田哲学体现出一种更加逻辑化、体系化，同时也更为哲学化的表现方式，使其成为那个时代当之无愧的开创式的哲学家②。明治初期日本所接受的西方近代哲学，以科学革命以后的哲学为主，此阶段西方哲学的一大特点便是所谓二元对立，即人与自然的对立、主

---

① 参见井上克人『西田幾多郎と明治の精神』127～128頁。

② 早期西田哲学强调纯粹经验的意识性。在《善的研究》中，西田关注的是詹姆斯、柏格森等人带有心理主义色彩的意识之流和绵延（纯粹持续）的思想。到了早期第二主著《自觉中的直观与反省》，由对新康德主义所关注的事实和价值的讨论切入，吸收费希特的事行（本原行动）观念，进而到达绝对自由意志的高峰。西田多次提到布伦塔诺和胡塞尔的观点，并且对意向性（能思 Noesis）和意识对象（或所思 Noema）的讨论贯穿整个中期哲学。在从早期向中期过渡的著作《意识的问题》中，西田依据《自觉中的直观与反省》所奠定的立场来讨论意识的问题。西田在这本书中对冯特和布伦塔诺的心理学立场进行了反省，对出于心理学立场，并受到心理学立场极大影响的胡塞尔的学说进行了批判。中期西田哲学，则借用亚里士多德的“基体”（ὑποκείμενον，hupokeimenon）概念，来表示超越一切作用的作用本身。通过对亚里士多德的基体进行柏拉图式的还原，将其与场所联系在了一起。在《从作用者向观者》中，西田借用柏拉图在《蒂迈欧篇》中提到的 χώρα（拉丁写法为 chora）概念，称之为“场所”，场所逻辑成为整个西田哲学最具代表性的创造。到了后期，西田哲学受到马克思主义的影响，在其哲学思想中逐渐增加了辩证法及实践的内容，从而使“场所”发展到“辩证法世界”和“行为的直观”的思想。

观与客观的对立，这是与西方思想接触初期，日本人所面对的思考方式[①]。然而在西田的哲学中，始终贯穿着对主客未分的统一状态的追求。这种追求与儒家思想中追求人类、自然相统一的“天地一体的仁”的想法是一致的，同时与主客对立、人与自然对立的西方近代认识论完全不同。西田哲学中对于西方哲学的接受、引用和批判，都是为了从不同角度来阐释这种统一。

三　人生中的忧虑、宗教与禅的实践

或许是一个时代的迷茫和动荡，对于人生问题的忧虑在明治时期的知识分子中间广泛地蔓延着。西田在参禅期间的日记中曾写道：“大拙居士来信。以众生誓愿度的话语安心，胸中的高洁伟大令人羡慕。而我却日日为了私欲身心劳顿。惭愧惭愧。我思道的意志薄弱，也不知多少次，为了小欲或者微不足道的肉欲而忘失了大道。今日想来真是大谬。今后应当猛省。我缺乏克己的意志力也是一个因素。”像这种反省和自我警戒的记录散见于日记中。根据小坂国继的分析，西田的苦恼主要是由于私欲和功名心的强烈和意志力的薄弱而产生的。这是妨碍他精神安定的不稳状态。从以上的日记中可以看到，西田此时的名誉心和功利心是异常强烈的，对此的自我警戒和反省也是异常执拗的。因此为了压住这些妄念，获得精神的统一，此时打坐的实践也是异常猛烈的。进而成为一种恶性的循环[②]。

除了这些因自身欲望而引起的内心焦虑外，西田人生还面临着另一重更为深沉的悲哀，那就是面对家庭成员接二连三地病故所产生的对生命无常的深深哀伤。西田在退休后，曾给昔日的同事和辻哲郎写信提到：“这十年来，我过的并非宁静的学者生活，而是遭遇了各种各样的家庭不幸。作为一个普通人，我就是在这样一种痛苦煎熬中勉励自己从事学问研究的。而且我可以坦言相告，如今的我从心底唯一感到的是深深的孤独与无尽的悲哀。”[③]在担任四高教师时，西田的两个女儿出生后不久便相继夭折，弟弟战死于旅

---

① 井上克人『西田幾多郎と明治の精神』。

② 小坂国継『西田哲学と宗教』大東出版社、1994、35 頁。

③ 〔日〕藤田正胜：《西田几多郎的现代思想》，吴光辉译，第 7 ~ 8 页。

顺。担任京都大学教授期间，才23岁的长子以及妻子寿美又相继去世。早年因父亲反对与妻子寿美离婚，后又复婚，生活中经历了数次自己和家人的重病。这些生老病死在生活中的不断重复上演，让西田的内心感到绵长的悲戚，也对他的思想产生了深远的影响。在1930年发表的论文《作为场所的自我限定的意识作用》中，他总结道："哲学源于我们自身自相矛盾的事实。哲学的动机不在于'惊诧'，而必然是源自深刻的人生悲哀。"①

自身的矛盾与人生的悲哀，这两者在西田的生命中联系在了一起，以至于终其一生，他都在寻求一种"统一"，这种统一不仅是自身意识的统一，更是内在生命的统一。对统一的追求在西田的哲学中表现得淋漓尽致。但不得不提的是，西田早期参禅的直接动机亦是对这种统一的追求。在第一部著作《善的研究》完成之前，西田在生活中就已进行了十余年勤奋的禅修。从明治30年（1897）到43年（1910），西田一直跟随洗心庵的雪门禅师参禅②，号寸心居士。在西田的生活中参禅打坐一度占据了最主要的位置。在金泽任教期间，他从每年末到次年初在雪门禅师门下参禅，每年夏天还会去京都跟随妙心寺的虎关老师等禅僧参加接心③。这一时期西田随时往来于洗心庵，并且日日毫不懈怠地坐禅，因此在他的日记中常常能见到"上午打坐。下午打坐。夜晚打坐。"的记录④。进行这种长期、勤奋的禅修的动机，很大程度上是西田一度认为参禅是达到思想统一之捷径。西田认为如果凭这个捷径尚且不能得到统一的话，寻求其他途径也是无益的。

大约从明治37年（1904）开始，西田重新转入了哲学的研究。这或许是因为，西田的禅修后来似乎陷入了进退两难的困境。明治40年（1907），在致好友铃木大拙的信函中，他说道："我原想毕生坚持宗教性的坐禅修行，但如今却认为研究学问才是最适合我的工作，不知铃木君意下如何？"⑤由于埋头于禅修，很长时间里西田将学术研究搁在了一边。然而如前所说，

---

① NKZ 6、116頁。

② 小坂国継『西田哲学と宗教』13頁。

③ 日本佛教特定用语，又作接心会、摄心会。类似于禅七等禅修活动，在一定时日内，不断坐禅、摄心，令心不散乱。

④ 小坂国継『西田哲学と宗教』16頁。

⑤ 藤田正胜：《西田几多郎的现代思想》，吴光辉译，第7页。

西田参禅中有许多妨碍其见性的障碍，因此在仍然勤奋参禅的同时，他也在对参禅的动机和目的进行着反思，对禅的看法也从“把禅看作精神统一的有效途径”，变为“以生的目的来看待它”。[①] 随着思想的转变，西田开始了《善的研究》一书相关论文的写作。然而禅修对西田的思想产生了巨大的影响，也与他看重的儒家思想尤其是心学思想深深契合。在他的哲学中贯穿着对意识中主客未分的统一状态的追求，这种追求与儒家思想中追求人类、自然相统一的“天地一体的仁”的想法一致，同时也与他一开始便抱着达到思想统一的目的而参禅吻合。

西田对佛教的接受主要是对禅宗的接受，许多人甚至直接将西田哲学看作一种禅的思想与西方哲学相结合的产物。在西田的著作中，偶尔会提到禅宗公案或经文。[②] 虽然西田哲学，特别是中期的“绝对无”概念的创造，明显带有禅宗的影子，但在西田的著作中直接提到禅的地方却并不多，这正如西田著作中对陆九渊与王阳明的偶尔提及。虽然对陆王与禅宗都只是寥寥几笔带过，但我们不妨反过来想——正因为儒学与禅宗是西田思想成长的土壤，正是这些思想传统才孕育出了西田的哲学思考，因此他才会在写作中自由运用的同时又保持适度的沉默。正所谓知者不言，言者不知，要说的往往是不甚熟悉的，而无言之言则体现出心灵的默契。

由于禅的联系，西田与释宗演、铃木大拙、野村洋三等僧人和禅学家有着深交。西田与铃木都是金泽出身，并就读于金泽四高。他们除了共同深研禅学外，还同时与西方学术界保持着交流。但与铃木长居海外不同，西田始终没有出过一次国。终其一生，他都在将西方同日本和东方相对照，为了通过西方解释日本和东方，从而创造出独立的哲学而努力着。除了早年的参禅，西田晚年似乎彻底转而对净土真宗产生信仰，这种信仰表现在他的哲学上，在他完成的最后一篇论文《场所的逻辑与宗教的世界观》中，有十三次提到亲鸾和他创立的净土真宗。比如西田引用亲鸾在《叹异抄》第三条

① 小坂国継『西田哲学と宗教』38 頁。

② 比如在其著作《自觉中的直观与反省》中，西田曾用了“说似一物即不中”和“道得也三十棒，道不得也三十棒”的禅门公案来说明前认识（前概念 das Vorbegriffliche）意义上的实在（NKZ 2、278 頁）。

中所说的“连善人都能往生净土，恶人更不在话下。”① 他用这句看似毫无逻辑的逆向话语，来说明在我们自我矛盾的世界中，到处都存在将我们引向宗教的机缘。与早期到中期重视佛教中禅的修行不同，从中期到晚期，西田对净土真宗的亲近感越发明显。对此小坂国继的看法是，这种转变或许体现了饱经人世风霜的西田心中深深的绝望感和挫折感。晚年西田所持宗教观不再是自力的、禅宗的宗教观了，而转变成了他力的、净土系的宗教观。这个时期，西田心目中认同亲鸾的末法思想以及恶人正因的说法②。

与此同时，西田的宗教观也是极为平等开放的。从整个西田哲学早期到晚期的著作中，我们都可以看出他对《圣经》《古兰经》的认真阅读和思考。西田一贯将宗教看作哲学的终点，认为宗教是高于哲学的东西。可以说，除了儒教、佛教之外，基督教、伊斯兰教的经典也是西田思想极为重要的补充。在西田的思索中，一直有着融贯中西及打通各种宗教思想和哲学体系，使之在自己的思考中形成一个周遍圆融的统一体的目标。因为无论什么体系和流派，最终是为了说明“心灵上的事实”。诚如西田在《场所的逻辑与宗教的世界观》中所说的那样，“哲学家不应从自身的体系来捏造宗教。哲学家必须说明其心灵上的事实”③。亦如西田所说，“不是有了个人才有经验，而是有了经验才有个人”④。与其说是人为地从各种思想中寻求统一，不如说在思考之前人就已经活在这种统一的经验之中了。正如他在《善的研究》的新版序言中诗意地写道：“还是高等学校的学生时，一边在金泽的街上走着，一边像做梦似地沉湎于这种思考，这样的事情现在还能被想起。”⑤ 在这种前思考的经验下，才有了西田一生中的哲思。

① 〔日〕唯圆房：《叹异钞》，毛丹青译注，台北，文津出版社，1994，第10页。

② 小坂国継『西田哲学と宗教』66~67頁。

③ NKZ 11、371頁。

④ NKZ 1、4頁。

⑤ NKZ 1、7頁。

浅析中江兆民与卢梭对自由的理解之异同

——以《民约译解》为中心

常潇琳*

一 中江兆民对卢梭思想的批判继承

在日本以及整个东方努力吸收西方思想完成近代化的漫长历史进程中涌现出了许许多多的思想家，中江兆民便是其中杰出的一位。中江兆民（1847～1901），本名笃介，作为自由民权运动的理论指导者，他用优雅的汉文译介了卢梭的《社会契约论》（译名：《民约译解》），在日本乃至中国都产生了极大的影响，而被称为“东洋卢梭”。

中江兆民的思想与卢梭的关系可以说是显而易见的。中江兆民一生对卢梭的思想极为推崇，在《社会契约论》之外，还曾翻译《论科学与艺术》（译名：《非开化论》）。安永寿延、山口光朔、井上厚史、彭姗姗等众多论者都曾就中江兆民与卢梭的承继关系加以论述，譬如安永寿延即说道：兆民“宛如砂地吸收水一般”对卢梭的思想进行吸收，“仅仅在两年内（指中江兆民在法国留学的两年时间。——引者注）就能够理解卢梭，可见兆民对卢梭是极为倾倒的”①。不可否认，中江兆民确实是在法国留学期间开始接触并倾倒于卢梭思想的，然而不当忽视的是，中江兆民同时自觉地对卢梭思

* 常潇琳，东京大学法学政治学研究科博士生。

① 安永寿延『安藤昌益と中江兆民』第三文明社、1978、184 頁。转引自米原谦『日本近代思想と中江兆民』（新評論、1986、150 頁）。

想进行了批判和改造。

中江兆民留学法国的时间是1871～1874年，这时的法国刚刚进入第三共和国时期（始于1870年，结束了始于1852年的“第二帝国”），与狂热的大革命时期和狂热地崇拜卢梭早已时隔有年，而大革命狂热后的独裁，也使人们早已开始反思卢梭思想中可能招致“独裁”和“多数的暴政”的隐患。而中江兆民在法期间也接触了第二帝政至第三共和国初期活跃着的许多共和主义者的思想，如富耶原（Alfred Jules Émile Fouilleée，1838～1912，中江译著的《理学沿革史》的原作者）等人的思想。这样的中江没有理由对于百余年前流行的卢梭思想完全服膺而未加批判①。

可以说，中江兆民正是在了解对卢梭思想的批评责难的基础上，选择对卢梭的思想批判地继承的。而如果说在法国留学期间接触到卢梭思想和对其进行批判的思想是他这种选择的外部契机，那么在对其批判的基础上仍然选择卢梭的内部原因则应当是原本内化于中江自身的汉学修养。

留学法国之前，中江兆民曾长期在土佐藩藩校文武馆学习，而在土佐藩南学（日本朱子学派的一支）盛行的氛围下，中江兆民得以系统地学习儒学，打下了坚实的汉学基础，对于汉学有极深的造诣。

或许正是有这种作为中江兆民思想根基的汉学修养作为受容器，在接触到西方思想时，中江兆民很容易地对卢梭的思想产生了亲近感。在明治初年，日本社会上功利主义、激进主义流行，人们往往惑于实利而偏于理义，而对东方道德有所信仰的中江兆民则坚定地说道：“甚而迂阔地坚守理想，是小生的自傲之处。”② 对中江而言，卢梭的思想正是他高扬理想、调和东

① 事实上，在每期《政理丛谈》刊载《民约译解》的同时，也刊载了持相反观点的文章，譬如中江兆民专门选取了基佐《欧洲代议政体起源史》（中江兆民译名为『ヨーロッパ代議制体起源史』，1851年）中批判卢梭代议制的部分进行翻译刊载。再如在明治17年（1884）二月中江兆民提交的《法学塾开陈书》中提到的法学塾使用教材中，与卢梭的《民约论》并列的有巴尼（Jules Barni，1818～1878）的《民政道德论》，蒂鲁西门的《从政自由论》（1872年），阿尔弗雷德的《共和纯理》（1876年）等，这些书都是作于19世纪中叶的法国，对卢梭思想是有所批判的。

② 幸德秋水『兆民先生・兆民先生行状記』岩波文庫、1960、25～26頁。

方道德和西方思想的接合处。如同王家骅所指出的："中江兆民认为卢梭的主张不同于边沁等功利主义者的政治论（所谓的'西土艺术'），是以人类的善行和道德资质为依据，通过对民众的'道义'教化来实行的理想政治。他说：'娄骚（即卢梭）著书，颇讥西土政术，其意盖欲昌教化而抑艺术也。'"① 不难想象，中江兆民正是看到了卢梭思想与传统思想注重本末关系、强调德性轻视工技的联系，故而极自然对卢梭思想产生好感，并将之与边沁等人的功利主义作为对比，认为一本一末。

不过，传统的汉学思想与卢梭的思想之间必然会产生龃龉。如何将东西方的思想进行统合原本就是近代以来一个有趣的课题。在中江兆民的场合，在与他立场不同之处，他通过选择改译、另加注解等方式对卢梭的原义进行了不着痕迹的改造，而最集中体现这种改造的就是《民约译解》一书。

以下笔者将以自由思想为中心，对中江兆民对于卢梭思想的创造性理解和改造进行分析。

二　两种自由

作为中江兆民代表作的《民约译解》同时也是对卢梭最具代表性作品《社会契约论》的翻译，它的成书，前后花费了中江兆民近十年之功，终于在1882年（明治15年）正式发表《民约译解卷之一》。该书是中江兆民使用"自由"一词最早的文献，是中江兆民在其自由思想开始形成的时期对卢梭自由思想进行继承和改造的重要文献。

在《社会契约论》中卢梭提到了三种自由，即"天然的自由"（liberté naturelle）、"社会的自由"（liberté civile）和"道德的自由"（liberté morale）。中江兆民将其依次翻译为"天命之自由""人义之自由"以及"心之自由"。其中对于"道德的自由"卢梭只略提及一句，并且说它不属于该书的讨论

① 王家骅：《中江兆民的自由民权思想和儒学》，《世界历史》1994年第1期。

范围而匆匆略过[①]。故而在该书中卢梭论述的重点是“天然的自由”和“社会的自由”。当然，于中江兆民而言，毋宁说第三种“心之自由”更为重要，不过，限于文本，下面我们着重讨论中江兆民对卢梭前两种自由的理解。

在《民约译解》开篇第一卷第一节的“解”中，中江兆民对卢梭文章的首句“人生来是自由的”一语中的“自由”予以如下解释。

> （解）……自由权亦有二焉，上古之人肆意为生，绝无被检束，纯乎天者也，故谓之天命之自由，本章所云即是也。民相共约，建邦国、设法度，兴自治之制，斯以得各遂其生长其利，杂乎人者也，故谓之人义之自由，第六章以下所云即是也。天命之自由，本无限极，而其弊也，不免交侵互夺之患，于是咸自弃其天命之自由，相约建邦国、作制度，以自治，而人义之自由生焉，如此者所谓弃自由权之正道也。无他，弃其一而取其二，究竟无有所丧也。若不然豪滑之徒，见我之相争不已，不能自怀其生，因逞其诈力，胁制于我，而我从奉之君之，就听命焉，如此者非所谓弃自由权之正道也，无他，天命之自由与人义之自由并失之也。论究此二者之得失，正本卷之旨趣也。[②]

中江兆民把“自由”译为“自由权”，并且一分为二地做了解释，即“天命之自由”和“人义之自由”。在上古时代，人人不受约束、自由自在地生活，这即是“天命之自由”，不过，在这种状态下，自由虽然无限，然而弊端是人们会相互争斗侵夺，因为有这样的祸患，所以人们放弃了这种天命的自由权。但是，放弃自由权的方法有正和不正两种，其中“弃自由权之正道”指的是人们通过社会契约，相互约定构建一个国家社会、共同

① 卢梭写道：“除以上所说的以外，还应当在收获中加上得自社会状态的道德的自由；只有这种自由才能使人真正成为他自己的主人，因为，单有贪欲的冲动，那是奴隶的表现，服从人们为自己所指定的法律，才能自由。不过，在这一点上，我已经讲的太多了，何况‘自由’这个词的哲学意思，在这里不属于本书的讨论范围”（〔法〕卢梭：《社会契约论》，李平沤译，商务印书馆，2011，第25页）。

② 『中江兆民全集』岩波書店、1983、75頁。标点为笔者所加，下同。

设立社会制度，从而得到“人义之自由”，这样，通过放弃会得到更多（“弃其一而取其二”）；否则则是奸诈之人趁争夺混乱之际，窃取君权，这样则“天命之自由”和“人义之自由”都失去了，并非“弃自由权之正道”。

这种理解是偏离卢梭原义的，以下试分别分析之。

三　天命之自由

对于第一种自由，卢梭认为“天然的自由”是人类在自然状态下就具有的天然权利，是第一义的、不证自明的。卢梭对于这种人人自由平等的自然状态是极其推崇的，他认为这种自由是一种理想的状态，而当人类堕入了文明的深渊后，通过建构合理的社会制度只能不断地趋近“自由”，却不能完全恢复“自由”。（卢梭写道：“我们能争取自由，但我们永远不能恢复自由。”①）甚至，晚年的卢梭选择作为一个孤独的漫步者，独自生活在未被文明社会所触及的国度中，换言之，他选择回到自然状态②。

而中江兆民对这第一种自由的理解有两大偏移。

a. “天命之自由”存在的最大价值，并不在于它是第一义的根本命题，而在于为批判现实状态不是“弃自由权之正道”寻找依据。

b. 中江兆民并不推崇，甚至可以说相当不满于上古的自然状态，在他看来，拥有“天命之自由”的自然状态下，人们“不免交侵互夺之患”，故而脱离自然状态、放弃“天命之自由”是人们必须做的选择。此外，在第一卷第八章的翻译中中江还特意加上这样的描写：“视之曩者昏昏芒芒，与草木俱长，与鹿豕俱生，绝无自修，相胜不甚远乎。”“我侪得出禽兽之境，而入人类之域”。可见，他对这种状态及这种状态下的“自由”持极其不屑的态度，甚至用到了中国儒学传统中“人禽之别”的类比。在他的理解中，自然状态下人昏昏芒芒、与禽兽无异，且人人相侵相夺。这种对

① 〔法〕卢梭：《社会契约论》，李平沤译，第51页。

② 参考施特劳斯、克罗波西主编《政治哲学史》，李天然等译，河北人民出版社，1997，第688页。

自然状态的理解与其说是继承卢梭[①]，倒不如说与霍布斯所描述的自然状态更相近。

就中江兆民所选用的“天命”这一译语来讲，我们亦不妨对其用意进行些许推测。《中庸》卷首即有“天命之谓性，率性之谓道，修道之谓教。”朱熹解释“命”为“令”、“率”为“循”。也即传统的儒学观中，“天命”保证了自然法之成立，而仅有此是不够的，还需要教化、修正这样后天修养的实定法使人性遵循天道，达成自然法与实定法的统一。或许中江兆民正是看到了朱子学中自然法式的思想方式与卢梭基于自然法的社会契约论思想之间的内在契合，因而选用了这种方式对“天命之自由”进行理解和翻译。

基于上述分析，可以举出以下例证，首先对于“人生来是自由的”[②]这一名句，中江的译法是：“昔在人之初生也，皆趣舍由己不抑人处分，是之谓自由之权。”此处，中江兆民着重强调了“天命之自由”作为自然权利的侧面。

此外，在《民约译解》正式发表前的明治 11 年（1878）8 月 20 日《奎运鸣盛录》杂志二号的社论文章《民权论》[③] 一文中中江兆民使用了“趣舍由己之权”（也即自由权）来定义“民权”（“夫民权者谓趣舍由己之权”），并认为“自由是个至理，民权是个大义”。然而笔锋一转，他讲到从根本上说，“夫民权出自政教，非政教出自民权也”。“盖政教体也，民权用也。”道德教化才是根本，而自由、民权作为一种良好的政治形式，是在道德教化之本昌明后的发用，这体现了中江兆民思想的根基。这种对于“政教”的强调正与“率性之谓道，修道之谓教”相通。

四　人义之自由

对于第二种自由，卢梭认为“社会的自由”是人们脱离了自然状态进

---

① 卢梭假定人类最初的情感是自我保存和对同类的怜悯，在自然状态下，人是独立的个体，并不存在战争。

② 李平沤译版，法语原文是：L'homme est né libre，et partout il est dans les fers.

③ 『中江兆民全集 11』岩波書店、1984、4 頁。

入社会状态后通过社会契约而获得的。这种脱离的原因卢梭没有说明，然而卢梭对此的定性则是“滑向了文明的深渊”。社会契约的构想是人们在进入社会状态的必然中去尽可能争取自由的努力。在这种社会契约的约定下，虽然政府形式可以有多样，然而最根本的主权归于每一个成员。这种构造中，社会契约乃至美德等都是为了保证人自由平等的手段。当然，卢梭也说到这种社会契约的构想并未在现实中出现过。

中江兆民对于这第二种自由的理解也有所偏移。

a. 对于中江兆民而言，如同禽兽般昏昏芒芒的自然状态是人们所必须脱离的，理想的状态是放弃这种“天命之自由”，进入人类社会，讲究道德廉耻，获得“人义之自由”，这才是中江兆民最推崇的人类生活状态。

b. 对于保障“人义之自由”的具体构建，相对于卢梭对于现实君主制的猛烈批判和对理想中主权的坚持，中江兆民做了让步，中江所理解的理想政治建构是君主立宪制和议院代议制，从而显得更加温和。具体论述如下。

其一，中江兆民同样对君权制的现实有所批判，然而他猛烈批判的对象并非指向君权制本身，而是特指暴君。在《民约译解》中，中江兆民曾多处加强语气批评现实中出现的“非弃自由权之正道”的现象，譬如“威福自由”（第 75 页），“助桀为虐”（第 78 页），“变诈相靡，诡谲相荡，浇漓败坏之极，无能复自振厉，而其末也，至相踵为奸雄所压服而后已”（第 96、97 页）等。这些批评表面看来似乎只是出于对君权制批判的情感上的认同和语气上的加强，然而其背后却隐藏着这样的一个问题：如果圣王在世，是否君主不需要任何契约形式来保证其君权的合理性？

事实上，在《民约译解》最终版的结尾，中江兆民在“解”中加上了这样两段话：

［七十七页第十三行中加入：］

（解）汉土尧舜禹文，罗马未屈奥列，佛兰西路易第九，及就中我历代圣王，皆至仁深慈，视民如伤，不啻父母于子。此所言君，特斥暴君，读者勿以辞害意可，下多此类，不一一指摘。

［八十页第十行中加入：］

西方诸国，屡革命易物，所以有此说也。我邦自古神圣相承，瓜瓞绵绵于千岁，固与外国有别，读者其查诸。[①]

引文中中江兆民反复强调翻译文中所批判的不好的君权制特指暴君，而在圣王当世的时代，君主仁慈、爱民如子，其君权自然而然是合理合法的。尤其日本天皇千古一系，神圣相承，与西方是完全不同的。中江兆民此举虽然可能部分出于明治时期对言论的管制等政治因素的考量，不过联系中江兆民一贯的“建立宇宙第一善国”的主张以及其向来笔锋尖锐地“骂倒”一些的作为，可以认为以上这些话绝不是完全出于客气，而是代表了中江的真实想法的。

其二，中江兆民在译文中常将保障“人义之自由”的“主权”翻译为“君”“君权”，在具体内涵上中江兆民对于社会状态下“君权”的理解是偏移卢梭所谓“主权”的。

由于此处用字极易与“君主”之“君”相混淆，故而，中江兆民在使用“君”字时对其做出解释，令它接近卢梭所说“主权”的意思，譬如：“然所谓君者，以不过为众人相合者，虽云君臣交盟，实人人躬自盟也。”（第93页）然而，这样的经过解释的“君”也常常异于卢梭的本意。在第二卷第六章以前，卢梭从理论上论述主权，并没有代入议院可以代表主权这样的含义，甚至，对于英国代议制，卢梭一贯是持批评态度的[②]。然而中江兆民却在“解”中，将“君”解释为“议院”，如“众相会议事有所令，所谓君也”（第116页），“兹君主，亦谓议院，勿与寻常所用语混视”（第122页）。甚至在正文中多处将“主权”直接译为“议院”，譬如第二卷第一章《君权不可假人》中末段译为：“虽然百司所号令，非必皆须经众议。盖议院自得加驳正，而不肯加驳正，是其意可有司所为，为可知矣。议院苟

① 『中江兆民全集 1』103 頁。

② “英国的人民以为他们是自由的；他们简直是大错特错了。实际上，他们只是在选举议员期间才是自由的；议员一选出，英国的人民就成奴隶了，就什么也不是了。在他们短暂的自由的时间里，他们对自由的使用办法，正适足以使他们失去自由”（〔法〕卢梭：《社会契约论》，李平沤译，第106页）。

可知，则虽百司所令，亦公志所寓也。”（第108、109页）[1]

从中江的文义中似乎可以这样推定：如果可以保障君主立宪及议院代议制代表民意，那么政治建构就是合理的，人义的自由就在政治制度方面得到了保障，那么争取人民主权就演变成争取议院的立法权、参政权。

c. 从学理和理想上讲，中江兆民所构想的理想政治状态中，作为第一义的不是自由，而是理义道德。

在中江兆民的译文和解中，多次出现“合于道”“失于道”这样的用法，譬如“人主之虐民，民之屈人主，为胥失于道也明矣”（第79页），“而帝云王云，其权苟不合于道，无须听从也”（第82页），“世之欲建立威权，令合于道者，非相共为约，无复别法可求”（第83页），等等。可见，在中江兆民看来，判断一种现实情况是否正义合理的最终标准是是否“合于道”，而这种“道”又并未借助西方的思想进行进一步阐释，也即此处的“道”是在中国传统思想意义上使用的，它是不证自明、无法言说的最高范畴，而人世间的“道德伦理”直接与它相通，从而具有了至上性。也正因如此，在卢梭处被一笔带过的道德的自由，被中江兆民着重加以把握和发挥，最终从“心思之自由”深入，开出了中江兆民独特的自由观。

此外，同“天命”一样，“人义”也有典出。米原谦就已经注意到了中江兆民对“人义”一词的使用[2]。“人义”一词典出《礼记·礼运篇》：“故圣人耐以天下为一家，以中国为一人者……何谓人义？父慈、子孝、兄良、弟弟、夫义、妇听、长惠、幼顺、君仁、臣忠，十者谓之人义。”这其中包含了儒家最高的社会理想——圣人之治的要求，亦即各种伦理关系、社会关系处于“礼”的制约之下的和谐社会。

中江兆民将卢梭的基于社会契约下被保证的“社会的自由”翻译为“人义之自由”，在意译出由人后天构建的社会形式的基础上，为其加上了通过儒家礼治达到和谐社会的内涵。中江的这种思考方式也与中村正直等人

---

① 李平沤本译文是：“这并不是说首领的号令在主权者可以自由地反对而没有反对的情况下，也不能被看作是公意。在这种情况下，普遍的沉默，就可以被看作是人民同意了”（〔法〕卢梭：《社会契约论》，李平沤译，第30页）。

② 米原謙『日本近代思想と中江兆民』178頁。

的以儒家思想涵摄西方思想，将自由纳入天理、道德思想体系下的思考方式相通，只不过中江兆民在强调儒家礼义道德的同时，并没有弱化契约社会下自由的抗争性。

五　结论

通过以上分析，我们可以看出，中江兆民在接受和引进卢梭自由思想的同时对其进行了根本性的改造。

这首先在于中江兆民对“天命之自由”与“人义之自由”的理解和定位与卢梭有着本质上的不同。与卢梭对自然的自由优于社会的自由的排位相反，中江兆民并不推崇自然状态下的自由。在中江看来，自然的自由非但不是第一义的，他甚至将这种“昏昏芒芒，与草木俱长，与鹿豕俱生，绝无自修”的状态比作“禽兽之境”。与之相对，“人义之自由”才是中江兆民最推崇的人类生活状态。

通过译语的精心选择，中江兆民又给“人义之自由”赋予了通过儒家礼治达到和谐社会的内涵。对于保障“人义之自由”的具体构建，相对于卢梭对于现实君主制的猛烈批判和对理想中主权的坚持，中江兆民则做了让步。通过改译，中江兆民将原文中对于君权的批判转移为对暴君的批判，从而为儒家理想中圣王之治的合理性留下空间。同时，为了满足日本现实政治斗争方向的需要，中江创造出“自由权”一词来加强其斗争性，并多次将“主权”译作“议会”，从而将争取人民主权具体化为争取议院的立法权、参政权。可以说，中江所理解的理想政治建构是君主立宪制和议院代议制，从而显得更加温和。

而从理论根基上讲，中江兆民所构想的理想政治状态中，作为第一义的不是自由，而是理义道德。可以说在中江兆民对卢梭思想的理解中，美德与自由的位置做了调换，自由则是对现实社会政治制度的补充，是反抗暴君统治的有力武器，而理义道德、风俗教化才是根本，中江兆民最终的追求并不是宇宙第一“自由国”，而是“宇宙第一善国”。这样，在卢梭处被一笔带过的“道德的自由”，在中江兆民这里就不仅仅是达到“人义之自由”的手段，更是其根本依归和最终目的。可以说，中江兆民对卢梭思想的理解偏移和改造，虽不乏对当时日本政治、社会的现实斗争需要的考量，然而作为内部根本原因的却应当是其深厚的汉学修养和儒学思考模式。

从卢梭自由思想出发，经中江兆民改造后的自由思想在保留政治斗争性的同时做到了与儒学的汇通，这对于东方世界理解并接受自由思想有着重要意义。这种从传统思想根源中寻找到与西方近代自由思想相通之处的道路，对于东方的近代化选择来说无疑是十分具有借鉴意义的。可以说中江兆民所谈的自由，当然是一种自由思想，不过是一种不同于西方自由思想的东方自由思想。这种理论尝试对于“东方的近代”这个主题而言是一种有意义的尝试，中江兆民的这种尝试为我们提供了另一种由传统走向近代的可能性。

这恰如刘岳兵所言，“恋旧元素”与“好新元素”同时存在于中江兆民的思想中，形成了有趣的二重结构。[①] 不过，如果将“自由”“平等”“民权”等西方进步思想当作“好新元素”，而将“儒教伦理”“天皇制”“忠君爱国”等当作东洋传统的“恋旧元素”，那么比起中江兆民个人，可以说整个的明治日本都是具有这种二重结构的典型代表。中江兆民正是生活在“恋旧元素”与“好新元素”共同存在的二重结构社会中，对其思想进行分析评价时，我们不能脱离他所处的时代背景，既不应过分苛责其思想根底的“恋旧元素”，亦不应过分夸大其思想中包含的“好新因素”。当我们结合日本社会的思想状况而回到对中江兆民自由思想本身所具有的这种二重结构进行的分析时，那么就会发现“恋旧元素”与“好新元素”并不完全如刘岳兵所言是充满对立的“搏击”结构，而恰恰相反地表现出某种融合性，此

① “田中浩在分析战前日本为什么自由主义思想没有像欧美那样得以顺利发展时，认为日本自由主义思想的基础薄弱，日本的知识分子对自由主义的基本原理没有充分的把握，在遭遇欧美思想诸潮流时大多从自己的政治立场以及时势的状况来选择对应，很多思想家都是在一知半解的情况下向自由主义的方向倾斜，这是近代日本导入自由主义时最初的‘绊脚石’。中江兆民试图以传统儒学和佛教的思想资源来搬掉这块绊脚石，将自由主义与传统思想相融通。‘恋旧元素’与‘好新元素’在兆民的思想中相互搏击，虽然一时无人喝采，但是这并不意味着兆民的悲剧，因为这场搏击并没有结束，而且或许永远也不会结束，只要人类还能够思想。”［刘岳兵：《福泽谕吉的“自由”论》，（台湾）《历史月刊》2003 年 5 月号］

时，更值得我们继续思考的问题并不是这两种元素谁更多，而是这两种元素为何能够如此具有张力地、协恰地出现在同一心灵之中。

参考文献

卢梭：《社会契约论》，李平沤译，商务印书馆，2011。

刘岳兵：《日本近代儒学思想研究》，商务印书馆，2003。

唐永亮：《中江兆民的国际政治思想：日本近代小国外交思想的源流》，社会科学文献出版社，2010。

王家骅：《中江兆民的自由民权思想和儒学》，《世界历史》1994 年第 1 期。

〔日〕铃木贞美：《明治时期日本启蒙思想中的“自由·平等”——以福泽谕吉、西周、加藤弘之为中心》，《复旦外国语言文学论丛》，2009 年春季。

刘岳兵：《从儒家思想看中江兆民自由主义的“东洋性格”》，《哲学研究》2002 年第 12 期。

文雅：《“东洋卢梭”之于中国——〈民约译解〉的东洋命题和中国精神》，《宜宾学院学报》2012 年第 8 期。

岩崎徂堂編『中江兆民全集』1～17 巻・別巻、岩波書店、1983～1986。

山口光朔『異端の源流——中江兆民の思想と行動』法律文化社、1961。

米原謙『日本近代思想と中江兆民』新評論、1986。

宮村治雄『日本政治思想史』放送大学教育振興会、2005。

片山寿昭・徐水生「西周と中江兆民における東西思想の出会い——とくに『自由』の概念を中心として 」Doshisha University studies in humanities（151）、1991 年 10 月、1～35 頁。

佐藤誠「ルソ－と中江兆民（下）『民約訳解』における文化の受容」同朋大学論叢（74・75）1996 年 12 月、23～65 頁。

朱舜水礼学思想初探

黄世军*

关于朱舜水学术思想以及他对日本江户时期儒学的影响，前辈学者已有诸多研究，在这些研究中，主要关注的是作为实学的舜水思想、舜水与当时日本儒者的交流、舜水思想与水户学及《大日本史》之间的关联等内容。毋庸置疑，这些确实是研究舜水思想的重要侧面，但笔者认为，除了这些内容之外，我们还需要关注舜水对于“礼”的重视。

首先必须承认的是，在《朱舜水集》[①] 中所收录的文献相对散乱，尤其是舜水先生与日本儒者及其他人的书信并不是依照时间顺序排列的，因此需要细致地考订这些文献的先后顺序，进而梳理舜水先生自身思想发展的脉络。其次，舜水先生作为学者，并没有完成一部系统的关于礼学的作品。虽然他对《朱子家礼》《性理大全》有过评述，也曾表示要撰写关于礼学的作品[②]，但可惜就目前的文献看，除了《谈绮》一书涉及礼学的内容之外，并

---

* 黄世军，中国人民大学哲学院、日本爱知大学中国研究科博士研究生，研究方向为东方哲学、日本近现代哲学。

① 本文所引《朱舜水集》为中华书局 2008 年重印版，下文引用只标注页码。

② 如他书安东省庵的书信中提到，“深衣之制，《性理》中图不足凭”（《朱舜水集》，第 178 页），“（《性理大全》、《文公家礼》）中间批驳处，但可贤契自知之，或不堪与人言也”（《朱舜水集》，第 179 页）。在这两封书信中，舜水先生对深衣的法式以及《性理大全》、《朱子家礼》（即《文公家礼》）有相对清晰的意见和批评。同时，在与安东省庵的另一封书信中，舜水先生在回复省庵建议评驳《朱子家礼》时说“不佞亦欲考古合今，著此一书也”（《朱舜水集》，第 165 页）。

没有成体系的文献存在[①]。最后是在舜水先生定居日本之后，他向德川光圀提交的《太庙典礼议》《奉神主宜庙宜寝议》等诸文，虽然不能视作成系统的礼学作品，但也展现出舜水先生对“礼仪”以及经由礼仪所传达的价值观念的重视。而最重要的一点则是，如《舜水先生行实》所载，舜水“研究古学，特通《诗》《书》”[②]，何以精通《诗》的舜水先生在南明覆亡、定居日本前后特别重视“礼”；又为何在“累蒙征辟十有二次，前后力辞”的情况下，接受水户德川光圀的礼聘，这两个问题都可以看作舜水先生思想展开的原因。

而本文对于以上问题将进行分析，试图为舜水先生思想中的“礼”定位，同时尝试解读舜水先生礼学思想与其他思想的内在关联。

一

舜水先生人生的分水岭应当是丁酉年（1657）被困安南前后。在此之前，据《行实》载，舜水先生“少抱经济之志，动辄适礼。……弱冠，见世道日坏，国是日非，慨然绝进仕之怀，而有高蹈之致”[③]，也即是说，舜水年轻时对于明末的政治局势以及官场升降是持负面否定态度的，因此也就无意于进入仕途。但随着清军铁骑不断进逼，单纯的对政局的反感变成了关乎天下、家国的使命，虽然此时朱舜水依然拒绝征辟，但不再是以旁观的状态对待明政府，相反，他四处奔走，到各处寻求援兵。

《安南供役纪事》[④] 详细地记录了舜水先生被困安南期间与当时安南国王之间关于拜抑或不拜的礼节的争论；同时先生起草《代安南国王书》，欲

① 《谈绮》一书本是舜水先生与弟子授业之中所谈及的内容，涉及“简牍素笺之式”“深衣幅巾之制”“丧祭之略”“事物名称”等，经弟子整理后，舜水先生“览而善之”，并希望此书能“行于后世”（可参见华东师范大学出版社于1988年出版的《朱氏舜水谈绮》一书“前言”部分）。

② 《行实》见《朱舜水集》第612页。在《明故征君文恭先生碑阴》中，舜水先生的学术起点被描述为“精研六经，特通《毛诗》”（《朱舜水集》，第630页）。

③ 《朱舜水集》，第613页。

④ 《朱舜水集》，第14～35页。

以此鼓动安南、暹罗诸藩属国起兵勤王。但这些情况在此后的己亥年（1659）发生了改变，先生“知声势不可敌，壤地不可复，败将不可振。若处内地，则不得不从清朝之俗，毁冕裂裳，髡头束手，乃决蹈海全节之志”，南明小朝廷的难以为继令朱舜水彻底断绝了复兴明室的念头，转而避居海外①。

据梁启超先生编订的《朱舜水先生年谱》②，正是在舜水先生到达日本长崎之后，安东省庵（守约）开始执弟子礼问学。鉴于舜水先生在中国的教授情况并不明确，同时，省庵“为先生在日本讲学之第一关键人”（梁启超语），因此，笔者认为，舜水先生从前期因诸多事务奔走到后来以学问受到重视的转变是由此开始的，这也是前文所谓“分水岭”的含义所在。

又恰是明末的总体氛围与日本的特殊环境，使得舜水先生的学术既有如黄宗羲、顾炎武等人“经世致用”的倾向，又有与日本息息相关的内容。如上文所述，朱舜水之所以选择逃遁，乃是因为清廷对中原及江南地区的控制几乎已成定局，“天崩地裂”的局面无可避免。对明末士人而言，这一时期的抉择不仅仅是关乎身家性命而已，更关系到华夏礼仪之邦何以接续。因此，士人或隐遁山林，抑或以身殉国③，抑或是暗中积蓄力量以图驱除清廷。而华夏如何接续，何以礼仪之邦会沦落到国家破亡乃至天下丧乱的境地，则是明季士人面临的共同问题。远遁日本的舜水先生也面临着这样的问题，但初到日本的他并没有将中国的问题放置

① 对舜水先生而言，远遁日本意味着远离家邦，他在与日本诸人的书信中屡次提及父母及先祖坟茔的状况，并因此“辗转思惟，不敢身处安逸”（《朱舜水集》，第221页）。但在另一方面，家国忧思又体现在对清廷的态度上，此前不应明室征辟的舜水先生对仕途不以为意可以视作个人选择；但在《与诸孙男书》（第45~46页）中，舜水先生一再叮嘱后代“惟有虏官不可为”“既为虏官，虽眉宇英发气度娴雅，我亦不以为孙”，这样的告诫则体现了舜水先生的气节，可能正是这种个人与民族间的张力使得舜水先生对于“礼”“义”等内容更为重视。

② 《朱舜水集》，第644~729页。

③ 笔者始终谨慎地接受“以身殉国（节）”的解释，在华夷之防的大背景下，士人选择与明室一同赴死的原因是复杂的，因此应当更为细致地考辨，但碍于文章主旨与此关联较小，兹不深入。

在显在的层面进行探讨和反思，同样，最初他也并没有将“斯文”“圣人之道”“道学”传入日本的打算。如《答释断崖元初书》有“本非为倡明儒教而来也”，与省庵的书信中亦复述“不肖本为避难，初非为倡明道学而来”①。

而舜水对于当时日本的情况的判断则相对复杂，一方面，因为不愿接受清廷“毁冕裂裳，髡头束手”风俗而远遁的他并没有仅仅因为华夷之防便目日本为夷狄，对日本诸人加以指责。相反，对于他所受的礼遇，舜水先生慨叹“贵国取与有义，辞让有礼，富而知方，仁而好勇，真洋洋乎大国之风也”；对于那些投书问学的人，他也乐于应答；对于德川光圀（源光圀）的礼聘，他欣然接受并表示“乐观其德化之成”②。另一方面，虽然“风土既殊，礼宜或异”③，但却因为种种原因使得日本的整体学问环境是“近世无真儒，故使异端邪说，日新月盛”④，士人“执非礼以为礼，袭不义以充义”，并有三个弊端，即“岸然自高，梠然自是，而耻于下人”“在日本者不自安其分，在中国者尝欲求其疵，斗捷于口颊”“愚蔽于他端，而希必不然之获，老死而不悔”⑤。

要解释舜水先生为什么会从“非为倡明儒教而来”转而对日本儒学的兴起予以帮助，笔者认为可以从两方面出发。第一是当时日本总体的儒学环境以及包括德川光圀、安东省庵、伊藤仁斋等在内的官方、民间人士的态度。如前文提及，舜水先生对日本儒学发展的认知是复杂的，他在与释独立的书信中提到“东武户口百万，而名为儒者仅七八十人，加以妇女则二万人中一儒也。而其人又未必不佛”⑥，虽然这一说法是为了打消释独立对舜

① 分别见《朱舜水集》第63、181页。

② 分别见《朱舜水集》第38、43页。

③ 《朱舜水集》，第71页。

④ 《朱舜水集》，第577页。

⑤ 《朱舜水集》，第170页。这些批评是舜水先生在给安东省庵回信中提及的，主要针对的是省庵执礼过谦同时希望在日本倡兴儒学而发。舜水认为日本风土、人材俱佳，但没有如孔、颜、尧、舜的原因就是“不学”，而不学导致日本儒学者缺乏不耻下问的精神，与中国学者之间互逞口舌同时又对自身蒙蔽于异端缺乏反省与更正。后文舜水对于出现这样的情况做了进一步的分析。

⑥ 《朱舜水集》，第58页。

水先生可能倡兴儒教进而辟佛的疑虑，可能有夸张之嫌，但可以看出，当时的日本儒学与佛教相比影响力是不可同日而语的[①]。而除了佛教之外，还有大量“淫祠”，亦即原始宗教信仰的活动场所存在，仅水户藩在宽文年间（宽文四年，1664）便“毁淫祠三千八百有八”[②]。在这样的情况下，立志学圣人之道的安东省庵以及表达希望兴学的加藤明友乃至德川光圀的不断求教使得舜水先生在日本传播儒学有了可能。虽然他曾自谦地表示，“目下圣道榛芜，而贵国又处积重难回之势，若以仆之荒陋，而冀倡明绝学，是犹以素朽之索系万钧之石，悬于不测之深溪，岂有其不陨而坠之理乎?”[③] 但在舜水先生的表述中，视圣人之道为绝学，这样的紧迫感已经折射出他对于儒学在日本乃至中国的前景的忧思。

而这种忧思则更为明显地体现在他对于明朝覆亡的反思上，也正是因为有这样的反思，才最终促使舜水开始在日本传授儒学。在与省庵的书信中，舜水先生写道，“近者，中国之所以亡，亡于圣教之隳废。圣教隳废，则奔竞功利之路开，而礼义廉耻之风息”[④]。我们暂且不论舜水先生对于明亡的原因概括得是否准确，仅从他的描述中看，舜水先生对于“圣教”即圣人之道所承载的教化是极为重视的。而“知中国之所以亡，则知圣教之所以兴矣”[⑤]，通过对明亡的反思进而推行教化，这是舜水先生对省庵的鼓励，同时也可以看作他本人对于日本倡明儒学的态度。虽然明清易代的天崩地裂已经无法挽回，但舜水先生在日本找到了回归儒教的可能，并付之践行，笔者认为，这对于舜水先生而言不啻“再造乾坤”。

---

① 同时，据《朱舜水集·附录》，当时日本对于“儒”的定义是较为宽泛的，《德川光国（圀）传》载：幕府尝颁新令，光国读之。至儒者、医者许乘舆，议曰：“儒，非特称挟书册者也。学道者皆谓之儒也。吾亦儒也。今与方技之流并称，恐贻笑后世。”也即是说，直到幕府颁布该律令的宽文三年（西元1663年），在日本所谓的“儒”还被理解为阅读并携带书籍的人，而不具有中国语境中习六艺及圣人之道的意味。

② 见《德川光国（圀）传》，《朱舜水集·附录》。

③ 《朱舜水集》，第181页。

④ 《朱舜水集》，第183页。

⑤ 《朱舜水集》，第183页。

二

与王夫之著《宋论》的方式不同，熟知史事的舜水先生[①]以一种更具针对性的方式在日本开始儒学传播。所谓的“更具针对性的方式”，如上文所述，是基于朱舜水对日本的具体情况以及明亡的反思所提出的，其关键在于教化与选贤（士）。而不论是教化抑或选贤，都与兴学校息息相关，他在给光圀的书信中提到，“兴邦之大道非一，而其要止在于尊贤”“兴贤立教，夙于变于黎民；崇德遴才，广明扬于白屋”[②]，也即是说，尊贤之于国家而言是兴盛的关键，而通过不拘身份地选贤与能，民风可为之一变，同时也使君德广布。因此，对于德川光圀在水户兴办学校一事，舜水先生是极为赞同的，认为“庠序学校诚为天下国家之命脉”[③]。

与尊贤互为表里的则是养老，“明君之至理多端，而所重莫先乎养老”[④]。然而不论尊贤抑或养老，都需要有一定的规范与方式，毋庸赘言，这种方式在儒学中即是“礼”。舜水先生对于“礼”的重视在他被困安南时已有展现，而在他来到日本之后，与他往来的人也多问及丧葬之礼以及衣冠法式[⑤]。而在他被光圀聘为宾师之后，他又作《学宫图说》《改定释奠仪注》，这两篇文章都与学校相关，也详细地记录了仪轨。但值得注意的是，释奠礼的制定，如舜水先生自述，“不知本邦（指日本）各官职司，……不得已，但以天朝为则，而藩封则推类而行”，也即是说，是基于中国的释奠礼针对水户藩（以及日本诸藩）而撰写的。

这种变通的方式则是舜水先生自言的“本乎古而不泥于古，宜于今而不徇乎今”，对于某些不适合时代抑或难以理解的礼仪，他主张“尼（《朱

---

① 据《行实》，舜水先生“好看《陆宣公奏议》、《资治通鉴》”，陆宣公即唐德宗时的陆贽。而在舜水先生与他人书信中也多引史事，兹不赘述。

② 《朱舜水集》，第144、145页。

③ 《朱舜水集》，第461页。

④ 《朱舜水集》，第144页。

⑤ 如与省庵论深衣之制（见注2），与野节论巾式、野服（《朱舜水集》，第226、237页）等。

舜水集》如此，疑为“泥”）而不可行者去之，深而晦其义者阙之”[①]，即予以删减。礼仪的删减，在古典时代向来是极为重大的事情，舜水先生自然知晓，但他为什么敢于如此，笔者以为是与他对于圣人及圣道的体悟分不开的。他认为，“传圣人者，要在传其诚与明，不在传其音与声；求圣人者，但当求之学与教，不当求之笑与貌”[②]，亦即，对于圣道和圣人的把握，不应当仅仅局限于表象上的一致，而应当更进一层地深入圣人及圣道所承载的价值。因此，对于“好礼义而未知礼义之本，重廉耻而不循廉耻之初”[③] 的日本而言，首先需要明确的不仅仅是礼仪层面的粗末，而是精神层面的“孔子之道”，即礼仪背后的“礼义”[④]。

也正是因为这样，所以在省庵对日本有人以儒学之礼葬亲的一些礼仪提出质疑时，舜水先生答道，“贵国惑于邪教，举世不能自拔，忽有以圣人之道葬其亲，而不以邪教诬其亲者，便当为之执鞭，不必问其尽合于礼否也”[⑤]。可以说，在舜水先生看来，倡明儒学的含义并不仅仅是以程朱或是陆王的方式，抑或以事事物物皆遵照古典的态度从事，而是在现实中真正通过实践礼仪背后所承载的价值的方式奉行儒学，即所谓“（建国君民，教学为先，）非欲其文辞遐畅，黼黻皇猷而已，诚欲兴道致治，移风而易俗也”[⑥]，将儒学的价值理念通过礼仪教化渗透进日常生活之中。

因此，舜水先生对宋明儒者乃至伊藤仁斋的学问方式并不认同。虽然他既没有对此进行公开批评，也在某些场合赞扬了宋明儒者对儒学的贡献，但是，从他自身的表述来看，他试图跳出宋明理学（心学）对儒学的解读。他自述与仁斋之学不同时说，“不佞之学，木豆、瓦登、布、帛、菽、粟而

---

① 《朱舜水集》，第 482 页。

② 《朱舜水集》，第 558 页。

③ 《朱舜水集》，第 560 页。

④ 此处所言“礼义”指礼仪所体现的价值，即“因时制宜，而不失范型之意”（《朱舜水集》，第 492 页），与上文以礼、义、廉、耻对举不同。

⑤ 《朱舜水集》，第 188 页。

⑥ 《朱舜水集》，第 201 页。

已；伊藤之学，则雕文、刻镂、锦绣、纂组也”[①]，此语虽可看作自谦之辞，但在舜水先生看来，当时世人“其亦知道在五谷乎？然世俗之见，未有不厌其平淡而无味者”[②]。圣人之道，本非玄妙不可方物，“止在彝伦日用”[③]。也正是因为这样务实的态度，使得舜水先生放弃了通过言传或讲学的方式辨析精微，而是切实地以画图、剪纸乃至亲自指导的方式践行儒道。

而这种重视践履、深及礼义的方式显然也影响到了舜水先生对诗文的看法。舜水推崇韩愈，显然是与韩愈“文起八代之衰，而道济天下所溺”的贡献有关，他认为，“文章匡翼世教，必使宜乎义，合乎礼，协乎万人之情，非徒以媚悦一二人而已”[④]，这与韩愈“文以载道”的主张若合符节。更进一步的是，精通《毛诗》的舜水先生在定居日本之后便不再作诗，而且认为“今诗比古诗，无根之华藻，无益于民风世教，而学者汲汲为之，不过取名干誉而已。即此一念，已不可入于圣贤大学之道”。将“民风世教”作为考量诗的标准，这是舜水先生重践履之学的表现之一，又与儒门诗教的观念一脉相承。更为重要的是，安积觉在引述舜水先生论诗之后写道，“文恭务为古学，视时文为尘饭土羹，况于诗乎！亦以明季浮薄之流，祖尚钟、谭、袁中郎之说，诋诃何、李，凌蔑高、杨、张、徐，犹文章之徒攻击道学之士，不唯无益，而反有害，故绝口不为耳”[⑤]。这里的“时文”即我们所熟知的取士所作的“八股文”，从立意上说，八股文本是“代圣人立言”，舜水先生尚不屑一顾，只是因为时文为仕进而作，已失圣贤“为己之学”的本意。而后面所提及的“文章之徒攻击道学之士”则直指明中后期以前后七子为代表的士大夫主张“复古”，即回归韩愈“文以载道”的文学倾向为公安、竟陵两派文士以“性灵”之说攻击，在舜水先生看来这是

① 《朱舜水集》，第162页。类似的表述还可在他与省庵的其他书信中看到，“先儒将现前道理每每说向极微极妙处，固是精细工夫。不佞举极难重事，一概都说到明明白白平平常常来，似乎肤浅庸陋。……末世已不知圣人之道，而偶有向学之机，又与之辨析精微以逆折之，使智者诋为刍狗，而不肖者望若登天，则圣人之道必绝于世矣”（《朱舜水集》，第181页）。

② 《朱舜水集》，第223页。

③ 《朱舜水集》，第561页。

④ 《朱舜水集》，第205页。

⑤ 《朱文恭遗事》，《朱舜水集》，第628页。

有害的。

本文无意展开关于舜水先生文学观念的论述，上文所提及的舜水先生对诗文的看法只是为表明他对于“道”，亦即儒学根本价值的重视。同时，舜水先生论及诗文，也展现了他务实的态度和倾向。这种倾向很容易被理解为具有功利或现实的目的性，而这种目的性恰如舜水先生评价苏轼，“其天才不及介甫，然而有用；理学不及正叔，然而适时。平生仕宦所历，皆有政绩，民到于今利赖之”[①]，不论是为学抑或行事，都以有用、适时为标准，而其成效，则要求延及后世。更何况，“为学之道，外修其名者，无益也。必须身体力行，方为有得”[②]。

三

笔者以为，舜水之学可以将“礼”视作其纲领性的条目，以易俗传圣为期许[③]的舜水先生也确实以一种异于当时日本朱子学、阳明学的方式为倡明儒学奔走。虽然舜水先生对宋明儒者以及当时日本儒学多有批评，但正如他所言，“学问之道如治裘，遴其粹然者而取之。若曰吾某氏学、某氏学，则非所谓博学审问之谓也”[④]，以一种博学审问、取其精华的态度看待中、日历代儒者及其学问方式，以“以孔子断之”“惟无私而后可以观天下之理，无所为而为而后可以为天下之法”[⑤] 的胸襟处理现实种种事物，这可以视作舜水先生为学、为礼的精髓。

而从另一个角度看，“人而不仁，如礼何”（《论语·八佾》），礼所承载的是圣人之道亦即仁义之道，是儒学根本价值的所在。因此，舜水先生重视礼仪，并不仅仅是从实用性的角度出发的，而有用与适时的原则也只是儒学仁义价值在特定时代、特定地点的“权”而已，作为“经”的仁义是不

① 《朱舜水集》，第 570 页。

② 《朱舜水集》，第 624 页。

③ 《勉亭林春信碑铭》有“余厚望于是邦也，俗可易而圣可传”之语，见《朱舜水集》，第 601 页。

④ 《朱舜水集》，第 624 页。

⑤ 《朱舜水集》，第 85 页。

曾动摇和改变的。也正是有了这样的“经”与“权”之间存在的融通的可能，才使得舜水先生无论是坚不应征（先生自云“家有父母未襄之事，义不得许君以死”[①]），抑或去国远遁（“虽有志于匡救，而时事不可为”[②]）成为可能，也使得根植于中国文化传统中的礼仪可以为日本所用。

这样的经权辨析，如上文所引，须“无私”“以孔子断之”，即深谙作为儒学根本价值的仁义的内涵，发之于外则显现为礼，而通过对于礼仪及礼义的发掘，又可散至为学、诗文、为人处世等诸多方面，而在舜水先生处，如上所述，则体现得尤为明显。

① 《朱舜水集》，第 37 页。

② 《朱舜水集》，第 614 页。

由“习”致“实”

——以颜习斋与荻生徂徕之“习”论为例

刘　莹[*]

颜习斋（1635～1704）与荻生徂徕（1666～1728），一为中国明末清初实学的力倡者，一为日本江户中期古文辞学派的开创者，二人虽然学术旨趣各异，但在对“习”的关注上却表现出了惊人的相似：

> 惟愿主盟儒坛者，远溯孔、孟之功如彼，近察诸儒之效如此，而垂意于“习”之一字；使为学为教，用力于讲读者一二，加功于习行者八九，则生民幸甚，吾道幸甚！①

> 大哉“习”乎！人之胜天者是已。其在天下国家，谓之风俗；其在一身，谓之气象。故善观乎天下国家者，必于风俗；善观乎人者，必于气象。礼乐以为教，则风俗厚而气象盛矣。圣人之所以胜天者是已。②

习斋把“习”看作家国、儒学兴衰之关键，“颜先生为什么号做习斋？

* 刘莹，北京大学哲学系《儒藏》编纂与研究中心在读博士，东京大学人文社会系研究科联合培养博士研究方向为东亚思想与文化。

① 颜元：《存学编》，《颜元集》，中华书局，1987，第41～42页。

② 荻生徂徕「蘐园随笔」今中寛司・奈良本辰也編『荻生徂徕全集』第1巻、河出書房新社、1975、486頁。

一个‘习’字，便是他的学术全部精神所在”①。而徂徕也把“习”当成了个人气象与移风易俗的不二法门。那么，为什么他们会如此关注“习”？“习”什么，怎样“习”②？本文将通过“习”之一字，展开二人在人性论、工夫论等思想方面的分析，以期对以上问题做一个初步的探讨③。

一　“引蔽习染”与“习以成性”

梁启超曾把习斋的思想称为“唯习主义”，称“这种‘唯习主义’的知识论，正是颜李派哲学的根本立场”④。习斋不愿学者耽于读书，因此自己也少有著述，在不得已而为之的“四存”文字之中，他首先要驳斥的就是气质之性为恶⑤，“盖气即理之气，理即气之理，乌得谓理纯一善而气质偏有恶哉！”⑥ 如果气质之性也为善，那么实际上习斋是从根本上取消了张程以来用善恶来区分天命之性和气质之性。当然，需要注意的是，习斋只是不以善恶区分天命之性与气质之性，他并没有反对宋儒以“气质”作为描述与“理”相对的一个概念，“其灵而能为者，即气质也。非气质无以为性，非气质无以见性也”⑦。习斋不仅肯定了气质的概念，而且明确把气质作为成圣之基础，“以作圣之气质而视为污性、坏性、害性之物，明是禅家六贼之说，其势不混儒、释而一之不已也”⑧。如此一来，自孟子性善论以来的

① 梁启超：《颜李学派与现代教育思潮》，陈山榜、邓子平主编《颜李学派文库》9，河北教育出版社，2009，第2885页。

② 梁启超曾对习斋之“习”做过简要的归纳，可参看《中国近三百年学术史》。

③ 关于本文的研究方法问题，在这里需要做一个简明的说明，虽然笔者已经做过关于“习”之训诂方面的一些梳理（详见拙作《荻生徂徕之习论》），但是这毕竟只是一个类似最大公约数的概念，思想家在文本中对于字义的把握可能远远超过训诂的结果，因此必须结合文本对义理进行归纳，这种方法徐复观早有论述，具体可参见《中国人性论史·先秦篇》。

④ 梁启超：《中国近三百年学术史》，中国人民大学出版社，2012，第130页。

⑤ 天命之性与气质之性的划分，朱子认为极有功于圣门，但是后学对气质之性亦多有批判，如罗整庵认为既然天命之谓性，那么只要是称为性的，就应该是天命的，如此，气质之性也应当是天命的；王船山则认为气质之性实际上是“气质中之性”，可见此种反思由来已久。

⑥ 颜元：《存性编》，《颜元集》，1987，第1页。

⑦ 颜元：《存性编》，《颜元集》，第15页。

⑧ 颜元：《存性编》，《颜元集》，第15页。

经久不衰的问题仍旧是，人性若善，恶从何来？

习斋给出的答案是“引蔽习染”，“惟先儒既开此论，遂以恶归之气质而求变化之，岂不思气质即二气四德所结聚者，乌得谓之恶！其恶者，引蔽习染也”①。要理解清楚这四个字，我们先要从习斋对“恶”的看法说起。习斋并不轻易言“恶”，虽然他也承认人性本身可能具有的弱点，但那是“偏”，是“杂”，“然偏不可谓为恶也，偏亦命于天者也，杂亦命于天者也，恶乃成于习耳”②。所以似乎可以说，在习斋看来，天命者皆为善。这种把恶排除出人性本身的做法，是对人本身的一种价值还原，但是恶的坐标仍需要安放，而习斋把它置于了原本在自身之外的“引蔽习染”中。虽然习斋经常将四字连用，但是如果细分，就可以发现其中也有一定的层次，“祸始于引蔽，成于习染”③，可见恶并非一蹴而就，它应该也是有一个形成阶段的，可以说引蔽是开端，而习染是其长久浸润的结果，“引愈频而蔽愈远，习渐久而染渐深”④，“然其很（狠）毒残暴，亦必有外物引之，遂为所蔽而僻焉，久之相习而成，遂莫辨其为后起、为本来”⑤。这里就很清楚了，所谓“引”，强调的是外物的牵引，也可以泛指各种诱惑；而“蔽”，是指被外物所惑带来的遮蔽或者蒙蔽。应该说此时恶还在外，那么，恶是如何植根于性灵之中的呢？

可以说，中间的转换环节就是“习”。在习斋的思想体系中，“习”首先是作为与“性”相对的概念而存在的，习斋不仅用孔子罕言之性来论证自己的性、习二分，并且在这种二分中找到了性善的普遍性依据和现实何以恶的合理解释。换句话说，习斋承接了思孟以来形而上的“以善为性”的思路⑥，但是现实中的恶促使他不断反省其根源，所以他更关注人是如何恶的。“习”之概念，实际上可以说是习斋找到的“恶”之来源。但是“习”

① 颜元：《存性编》，《颜元集》，第 2 页。

② 颜元：《存性编》，《颜元集》，第 10 页。

③ 颜元：《存性编》，《颜元集》，第 29 页。

④ 颜元：《存性编》，《颜元集》，第 28 ~ 29 页。

⑤ 颜元：《存性编》，《颜元集》，第 9 页。

⑥ 关于孟子性善之意涵学者已有诸多探讨，笔者比较倾向于梁涛关于孟子性善的理解，这里直接用其“以性为善”的表述，详细内容请参考其著《孟子解读》。

本身并不代表着恶，虽然习斋讲“引蔽习染”为恶之来源，但是作为其转换环节的“习”本身其实是不涉善恶的。对于习斋而言，善恶其实取决于具体被“习”的对象，“如火烹炮，水滋润，刀杀贼，何咎！”[①]这种类似于近代工具论的提法自有其合理性[②]，虽然习斋一方面论证气质之性为善，把恶归咎于“引蔽习染”，但是另一方面，由于“习”本身无关乎善恶，那么既然恶可习，善也必然可习。在这里其实隐藏着一个逻辑的矛盾：如果人之天性包括气质在内皆善，那么何须再习善。看来习斋之善并不是完成态，还需要“习以成性”，这便是徂徕关注的重点。

如果说习斋以气质之性为善来“驳气质性恶”，那么徂徕则试图取消将原始的人性定位为或善或恶，而将善恶直接归咎于后天之“习”，这就是“习以成性”，“凡人有性有习，性与习相因，不可得而辨焉，习以成性故也”[③]。性与习在现实中虽然难以分辨，但是大体而言，性是与生俱来的，而习是后天养成的。“人之性万品，刚柔轻重，迟疾动静，不可得而变矣，然皆以善移为其性，习善则善，习恶则恶”[④]，徂徕经常讲的人人相殊而不可变之性是指人与生俱来的或刚或柔、或动或静的天性，这是无所谓善恶的“材性”，“才材同，人之有材，譬诸木之材，或可以为栋梁，或可以为桷。人随其性所殊，而各有所能，是材也。如孟子所谓‘非才之罪’，‘天之降才’，‘不能尽其才’，皆谓性也”[⑤]。徂徕已经明确指出，这种“材”其实就是“性”。以“材”为性，也可以看出徂徕看重的是其中的“各有所能”，也就是有用性。习斋也有类似的提法，即“天生材自别”[⑥]。另一方面，人之性的共同点，不是具体的善恶，而是善于移动本身，这种善于移动的特点，可以说为“习”设置了一个前提，正是因为

① 颜元：《存性编》，《颜元集》，第30页。

② 孟子在劝诫梁惠王时就曾用过类似的比方，“狗彘食人食而不知检，涂有饿莩而不知发，人死，则曰：‘非我也，岁也。’是何异于刺人而杀之，曰‘非我也，兵也。’王无罪岁，斯天下之民至焉”（参考《孟子·梁惠王上》）。当然，习斋所言之“染”，也可以上溯到墨子的“所染”，而所谓的“仁之性复矣”，则可以说直接来源于李翱以来的“复性说”。

③ 荻生徂徠「中庸解」関儀一郎編『日本名家四書註釈全書』東洋図書刊行会、1926、6頁。

④ 荻生徂徠「弁名」関儀一郎編『日本名家四書註釈全書』240頁。

⑤ 荻生徂徠「弁名」関儀一郎編『日本名家四書註釈全書』242頁。

⑥ 颜元：《存性编》，《颜元集》，第52页。

人性善恶不定而可以移动，才有可能在后天习善即善，或者习恶即恶，我们可以把这一层面上的人性称之为“习性”。这种善恶，本质上不是一种伦理学意义上的道德对立，而是相对于原本之“材性”是否得到了合适的长养而言的，因此徂徕说，“所谓习善而善，亦谓得其养以成材”①。从“善移”的角度出发，徂徕赞赏了告子关于人性的比喻，“只如告子杞柳之喻，其说甚美；湍水之喻，亦言人之性善移”②。在徂徕看来，孟荀以善恶言性，都是门户之见，其实最重要的是先王之教本身。但这里仍需强调的是，在徂徕的文本中，有不可变化之性，也有善于移动之性两种表述方式。前者一般被学者称为“气质不变说”③，是指每个人天生具有的不同性格，虽人人性殊，却无善恶可言，这种不变是由“材”本身决定的：

> 先王之教，诗书礼乐，譬如和风甘雨，长养万物，万物之品虽殊乎，其得养以长者皆然。竹得之以成竹，木得之以成木，草得之以成草，谷得之以成谷。及其成也，以供宫室衣服饮食之用不乏，犹人得先

---

① 荻生徂徕「弁名」関儀一郎編『日本名家四書註釈全書』240 頁。

② 荻生徂徕「弁名」吉川幸次郎・丸山真男・西田太一郎・辻達也編『日本思想大系』36『荻生徂徕』岩波書店、1973、241 頁。

③ 日本学者丸山真男很早就注意到了徂徕之性不可变却可移这组看似矛盾的概念：“这就是说，性不可变但却可以移。由于徂徕使用‘变’和‘移’这种容易混淆的词，他的说明未必明确。但他的本意在于，前者是指气质的质的变化，而后者则是指气质的量的变化，并以前者为不可能或有害，从而只提倡后者。”（丸山真男：《日本政治思想史研究》，王中江译，三联书店，2000 年，第 59 页）这种质与量的区分也受到了后来的学者的认可，比如学者王青认为：“徂徕反对气质能够发生本质的变化，但又认为人之性‘善移’，就是说人性不可能发生质的变化，只不过变化的不是人性本身，而是‘习’——在外界条件的约束和影响下形成的习惯性行为”（王青：《日本近世儒学家荻生徂徕研究》，上海古籍出版社，2005，第 116 页）。二人的论述虽然都是从质与量角度区分易与移，但是从王青的论述中我们已经看出，其实徂徕所指的变化已经不是本然之性，而是“习”，也就是说，质量互变的关系或许并不适合徂徕对性的界定，我们都知道量变的积累会引起质变，但是徂徕一直强调的是（材）性的不可变，所以本文尝试用“材性”和“习性”这组概念来表述这种差异，一方面“材”可以说是个性和禀赋的差异决定，并无好坏善恶之分；另一方面“习”性受后天所染的影响而可善可恶。当然，“习”性之善恶走向又会影响到“材”性的完成与否，这里的完成与否类似小树是否能长成参天大树的问题，从树终究是树的角度而言，材之质是始终未变的。

王之教，以成其材。①

竹子始终是作为竹子，谷子始终是作为谷子来完成自己的生命过程，这是其“材性”的不可变，无所谓善恶。而竹子是否能得到“和风甘雨”而得以遂其天年，才有所谓的善恶问题。从这个意义上来说，没有纯粹的恶，恶只不过是善的过或者不及的状态，对于竹子而言，可能就是“狂风暴雨”或者“天干物燥”的情况，“不知夫恶也者，善之未成者也”②。那么，所谓的“习以成性”，应该说就是通过合适的雨露滋润，让个人成“材”的过程。

由此，习斋和徂徕都反对将恶算在人的本性之中而更加专注后天之“习”，但是，在“习”的方式上，二人却表现出了不同的侧重。

二 “习行六艺”与“习读六经”

习斋认为孔孟之性、道承载在六艺之中，因此要明白践行圣人之道，必须躬行六艺，这就是“习行”，“惟言乎性道之作用，则六德、六行、六艺也；惟体乎性道之功力，则习行乎六德、六行、六艺也”③。习斋强调的“习行六艺”，主要是在面对朱子以来学者“耽于”著述或空谈致使救国无望的现实，提出的儒学式的安邦定国的实践之学，可以说“无事袖手谈心性，临危一死报君王”是对明末儒者“无用”之痛斥。而只有亲自去实践，去习行，才能临危不惧，有所应对，“某谓心上思过，口上讲过，书上见过，都不得力，临事时依旧是所习者出，正此意也”④。

习斋着意于以“实习”击宋明之“虚学”，放在整个明末清初的“实学”背景之中无疑是容易理解的，但是如果回顾一下习斋的生平，会发现

① 荻生徂徠「弁名」関儀一郎編『日本名家四書註釈全書』240頁。

② 「藪震庵に与ふ」『徂徠集』其の七 、吉川幸次郎・丸山真男・西田太一郎・辻達也編『日本思想大系』36『荻生徂徠』508頁。

③ 颜元：《存性编》，《颜元集》，第33页。

④ 颜元：《存性编》，《颜元集》，第54页。

他个人的成长经历，应该是促使他青睐“习行”的更直接的原因。从启蒙老师吴洞云开始，习斋接触的就是骑、射、剑、戟的“习行”之学①，十九岁受业于贾端惠，先生让习斋大字书其联以自警：“内不欺心，外不欺人，学那勿欺君子。说些实话，行些实事，做个老实头儿。”② 习斋从其学而“习染顿洗”③。虽然他也曾潜心学问，服膺陆王程朱之学，但是他竟然笃行《朱子家礼》以尽哀几近死，后来毅然出关寻父，“濒死者数”④，为父丧，“三年忧，泣血骨立”⑤，其中也可见习斋亲身躬行之性格。为生活所迫，习斋不仅亲自务农，而且也曾学习医术，这个经历也使得他深切体会到读书与实践之间的距离，从而得出读尽书不如精一艺的结论，“读尽天下书而不习行六府、六艺，文人也，非儒也，尚不如行一节、精一艺者之为儒也”⑥。

徂徕虽然只是略晚于习斋，但是二人成长的时代背景是大不一样的。相比于明亡的憾恨，徂徕生活的日本江户时期简直可以算是太平盛世了，但是徂徕却从这种盛世中看到了潜藏的危机⑦。如果说习斋担忧的是圣人之道没有得到切实地实行，那么作为异国之儒者的徂徕更担心的是日本所有的学者甚至中国宋明以来的儒者所理解的圣人之道是否失真的问题。因此，相对于习斋的“习行六艺”，徂徕首倡的是“习读六经”——通过“古文辞学”的方法去走近经典中承载的先王之道。

对于徂徕而言，回到古籍中的思路首先必须解决的是语言的障碍，徂徕采取的应对方式就是“习读”，其实就是反复读。日本人一般是通过训读的方式使得汉语的语序符合日语的表达，然后了解其意思的。但是徂徕由于其父为汉医，不仅家中多汉籍，而且父亲也注意从小锻炼他以汉文记事的能

---

① 李塨撰、王源订《颜习斋先生年谱》，《颜元集》，第 708 页。

② 颜元：《颜元集习斋记余》，《颜元集》，第 476 页。

③ 李塨撰、王源订《颜习斋先生年谱》，《颜元集》，第 710 页。

④ 钟錂：《习斋先生叙略》，《颜元集》，第 619 页。

⑤ 同上。

⑥ 颜元：《存学编》，《颜元集》，第 50 页。

⑦ 对这一点，丸山真男给予了徂徕极高的赞誉，“当那些肤浅观察者正在讴歌‘享保中兴’的时候，徂徕以他的敏锐眼光，洞察到这里早已是落日黄昏。毫无疑问，徂徕正是德川社会所产生的第一位伟大的具有‘危机意识的思想家’”（〔日〕丸山真男：《日本政治思想史研究》，王中江译，三联书店，2000，第 89 页）。

力，因此他七八岁之际就可以自己阅读汉语书籍，到了“十一二岁时，既能自读书，未尝受句读”[①]。后来随父流亡上总期间，他也是通过反复读《大学谚解》而通晓其意，“用力之久，遂得不籍讲说，遍通群书也”[②]。这种“习读”的方式，不仅可以熟悉汉语古典文献的表达，更重要的是，可以通过对文字的把握浸润文字背后的先王之道。值得一提的是，为了更好地践行“习读”，徂徕还采取了“会读”的形式，在共同探讨中互相学习，影响深远[③]。

无论是“习行”还是“习读”，贯穿其中的精髓是“习熟”这一过程，因此可以说，“习”在本质上应该是一种方法论，是一种由外而内的功夫，一种通过“习熟”，就可以逐渐“习惯”，甚至形成如天性一般之“习性”的方法。习斋和徂徕都强调对礼乐的“习熟”：

> 圣人教人六艺，正使之习熟天理。不然，虽谆谆说与无限道理，至吃紧处依旧发出习惯俗杂念头。[④]

> 礼乐不言，何以胜于言语之教人也？化故也。习以熟之，虽未喻乎，其心志身体，既潜与之化，终不喻乎？[⑤]

但是为什么他们都如此强调习熟礼乐呢？换句话说，习熟礼乐有什么用呢？虽然习斋反对只读书不实践，更加反对埋首故纸空谈立说，但是他要通过《存学》申明的，正是学术的宗旨，即习熟的对象——三事、六府、六德、

---

① 荻生徂徠「訳文筌蹄（題言十則）」今中寛司、奈良本辰也編『荻生徂徠全集』第5巻、河出書房新社、1977、20頁。

② 平石直昭『荻生徂徠年譜考』平凡社、1984、36頁。

③ 关于会读的研究，可参考日本学者前田勉的相关研究，“所谓会读，是一些人定期集中在一起就一本书一边讨论一边读书的读书方法。徂徕的划时代性，不仅体现在圣人作为说那样的儒学体系，也体现在这种读书方法的转换之中”。（前田勉「儒学・国学・洋学」『岩波講座　日本歴史』第12巻『近世3』岩波書店、2014、209～246頁。

④ 颜元：《存学编》，《颜元集》，第64页。

⑤ 荻生徂徠「弁名」吉川幸次郎・丸山真男・西田太一郎・辻達也編『日本思想大系』36『荻生徂徠』219頁。

六行、六艺[①]，而贯穿其中的核心，就是正德、利用和厚生，“吾辈若复孔门之学，习礼则周旋跪拜，习乐则文舞、武舞，习御则挽强、把辔，活血脉、壮筋骨，‘利用’也，‘正德’也，而实所以‘厚生’也”[②]。也就是说，贯穿着习斋“习行六艺”思想的可以说实际上只“厚生”一件，“孔子与三千人习而行之，以济当世，是圣人本志本功”[③]。这样的“济世”，不仅是书于文章的志向，更要体现在实际的功效之中，从这个角度来说，习斋确实是功利主义的，所以他讲“正其谊以谋其利，明其道而计其功”[④]。如果用徂徕的概念来说，就是“孔子之道，先王之道也。先王之道，安天下之道也”[⑤]。无论是习斋还是徂徕，比起宋儒对道德至上的追求，他们更在意于民于国的实际效用[⑥]。习斋生活的时代背景让他放弃了宋学末流之“空”转向经世济民之“实”，“先生自幼而壮，孤苦备尝，只身几无栖泊，而心血屏营，则无一刻不流注民物，每酒阑灯炧，抵掌天下事，辄浩歌泣下”[⑦]。而徂徕在随父流放期间目睹了底层人民的生活以及后来感觉到幕府的“上穷下困”，这些都促使他们更现实地考虑如何重建秩序。这样的思维方式，使他们对儒家经典的看法有了“政治优位”[⑧] 的特征，这在他们对理学的批判中鲜明地表现了出来。

---

① 关于这些概念的内涵，已经有很多学者做过考证归纳，“三事”“六府”即《尚书·大禹谟》中提到的正德、利用、厚生，以及水、火、金、木、土、谷，在颜元看来，六府也即三事的具体化，本质上以三事为核心，意谓“关系国计民生的一切事务”。“三物”出自《周礼·大司徒》，为六德（知仁圣义忠和）、六行（孝友睦姻任恤）、六艺（礼乐射御书数），习斋把六德看作正德，六行视为厚生，六艺即利用，由此，“三物”也可以化归为“三事”（参考高青莲：《解释的转向与儒学重建——颜李学派对四书的解读》，广东人民出版社，2011，第 60 ~ 61 页）。

② 钟錂编《颜习斋先生言行录》，《颜元集》，第 694 页。

③ 颜元：《四书正误》，《颜元集》，第 157 页。

④ 颜元：《四书正误》，《颜元集》，第 163 页。

⑤ 荻生徂徕「弁名」吉川幸次郎・丸山真男・西田太一郎・辻達也編『日本思想大系』36『荻生徂徕』413 頁。

⑥ 关于徂徕习论与政论的关系，可参考拙作《以〈大学解〉为例试析荻生徂徕的政论》，《船山学刊》2017 年第 6 期。

⑦ 李塨：《存治编序》，《颜元集》，第 101 页。

⑧ “政治优越”的概念，丸山真男用来定位徂徕对经典诠释的特点，简言之，这是一种以天下之实际利益为“公”，必要时可以舍弃道德标杆的取舍向度，这一点，在丸山诠释徂徕对“赤穗事件”以及“道入事件”的看法中可以得知（详见拙作《荻生徂徕思想的实学背景考量——另一种“近代”》）。

三 由“习”致“实”

“差不多同样导源于儒家利用厚生、经世致用这些古老命题的实学，先后于15、16、18世纪在中国、朝鲜、日本相继诞生了”①。由于“实学”这一概念从宋代开始就被广泛运用于各种思想流派之中，因此很难说它本身就有一个固定的内涵。从某种意义上说，把“实学”看作一个指称不断流变的词语或许更能体现其价值的多元性②。“利用厚生”“经世致用”这样的标签，无论放在习斋身上还是徂徕身上都非常贴切，因此说他们是生活在“实学”思潮的背景之中应该不为过。“总之，他所主张的根本就在于复古主义性质的实行、实动、实用、实习”③。这话虽出自习斋，但是“复古主义”“实习”，不也正是我们熟悉的徂徕的主张吗④？问题在于，他们是如何由“习”致“实”的呢？

在本文的第一部分我们已经讲到，习斋讲气质之性善，徂徕讲气质不变，其实都在反对宋儒强调的“气质变化说”。值得注意的是，“习斋主张发展个性的教育，当然和宋儒‘变化气质’之说不能相容”⑤，这一点与徂徕强调的“人人性殊”从而得以“人性善移”不谋而合。实际上，肯定每个人都可以变化气质，虽然看似给人一种改过迁善的机会，然而气质为清为浊程度不一的先天规定本身就包含着不平等的假设。这种假设还设定了一个人人都可以学以至圣的目标，这个充满善意的前提之中，本身就包含着强制每个人都应该成为圣人的独断，因为既然每个人都可以成为圣人，而圣人又

① 李甦平等：《中国·日本·朝鲜实学比较》，安徽人民出版社，1995，第1页。

② 很多学者希望把“实学”的概念做“实”，但也有一些学者把“实学”视为一个过程，探讨其在不同学派间的具体指称，由此而指出“实学”在不同阶段所具有的特点，这是一种动态把握“实学”的方式，可参看张学智《中国实学的义涵及其现代架构》。

③ 清水洁：《颜习斋的习行主义——对宋明理学的批判及与复古主义的关联》，王玉芝、李海英译，陈山榜、邓子平主编《颜李学派文库》9，河北教育出版社，2009，第3179页。

④ 关于徂徕的实学背景，可参考拙文《荻生徂徕思想的实学背景考量——另一种“近代”》，《河北民族师范学院学报》2016年第3期，第77~90页。

⑤ 梁启超：《颜李学派与现代教育思潮》，陈山榜、邓子平主编《颜李学派文库》9，河北教育出版社，2009，第2897页。

是那么值得追求的无与伦比的事，那么任何人还能有什么借口不照搬程式去要求甚至强迫自己呢？相反，肯定每个人本有的气质，是在给每个人一个坚持自己的理由，也是对社会同一化的一种反抗。每个人只要成己之材性就好，并不需要以统一的标准要求自己和他人，这点无论是习斋还是徂徕都是一样的，“人之质性各异，当就其质性之所近、心志之所愿、才力之所能以为学，则易成”[①]，“盖人性之殊，譬诸草木区以别焉。虽圣人之善教，亦不能强之。故各随其性所近，养以成其德，德立而材成，然后官之。及其材之成也，虽圣人亦有不能及者”[②]。但是二人在对待成圣的态度上却表现出了相对的差异，一般而言，宋以后的学者都以成圣自期，即便是习斋这样肯定个性教育的学者，也要立成圣之志，但是他的成圣是在肯定差别的基础之上的成圣，也就是说，不是固定的成为某一个圣人，而是根据自己的性质就近选择榜样，“人之质性近夷者，自宜学夷；近惠者，自宜学惠”[③]。可以说，习斋讲的圣人已经不局限在道德至上的孔子这里，与自身性质相近的杰出者均可以成为自己立志成为的圣人，这可以说是一种古代的范本教育，实际上已经比单纯的学以至圣要宽容许多。而徂徕否定通过学可以致圣，圣人在他是一种类似宗教意义上的高标，成圣既不可能也无必要[④]，因此只须要养自己的材性以成善便好。习斋讲的“宁为一端一节之实，无为全体大用之虚”[⑤]，不再求全责备，只需精于一艺，这与徂徕讲的如出一辙，“故学宁为诸子百家曲艺之士，不愿为道学先生”[⑥]。

这实际上取消了儒家的道德至上主义，承认由技艺进道的平实路线，这种回归带来了一种极大的包容。习斋和徂徕都是多才艺之人，“是故诸子百家

① 颜元：《四书正误》，《颜元集》，第 230 页。

② 荻生徂徠「弁名」吉川幸次郎・丸山真男・西田太一郎・辻達也編『日本思想大系』36『荻生徂徠』212 頁。

③ 颜元：《四书正误》，《颜元集》，第 230 页。

④ 关于徂徕之习论与道论的关系，可参考拙作《“学以致道”与“习以成德”——以〈论语徵〉为例试析荻生徂徕之道论》，《儒家典籍与思想研究・第九辑》2017 年 3 月，第 182 ~ 199 页。

⑤ 颜元：《存学编》，《颜元集》，第 54 页。

⑥ 荻生徂徠「学則」吉川幸次郎・丸山真男・西田太一郎・辻達也編『日本思想大系』36『荻生徂徠』258 頁。

九流之言，以及佛老之颇，皆道之裂已，亦莫不由人情出焉”①。圣人礼乐之道，虽然年代久远，也是按照人之实而建立的，正因为如此，才能实现大治从而安天下之民。因此，即便是诸子百家九流，甚至佛老，都可以作为道之一端而抚人情之一面，这种宽容的品格应该说与孔子好学之义相符。如果说将人性善恶归咎于后天之“习”是在先天给个人以个性成材的自由，那么同时这一命题还暗含了在后天中个人与环境的双重标准——学养与政教的落实。

我们在第二个部分探讨过的“习行六艺”与“习读六经”，可以看作习斋和徂徕分别开出的学养之方，二者虽然侧重点不同，但是贯穿其中的均是要具备济世安民的志向和能力。如此，还剩下一个后天环境即政教的问题，也就是说无论是“引蔽习染”还是“习以成性”，都可以看出后天所“习”之环境的重要性，而这样的环境，从国家和统治者的角度而言，就是如何营造一个“善”之习俗，从而使人可以习染“善”而成其材，这即是政教方面的要求。

为了使人不致沾染后天之“恶”，换句话说，为了营建一个能给人以“善”养的环境，习斋和徂徕都费心设计了一系列的制度。虽然二人都非常看重礼乐的教化，但是如何在现实的制度中将其落实，才是处于“实学”思潮中的他们必须着手解决的问题。习斋的功利主义是一直为学者所称道的，“如天不废予，将以七字富天下：垦荒，均田，兴水利；以六字强天下：人皆兵，官皆将；以九字安天下：举人才，正大经，兴礼乐”②。要强天下、安天下，首先要富天下，于徂徕而言，这也是切中现实的。先王之道即是安天下之道，而安民首先就是要解决国家各个阶层中的贫困问题，“自己如果贫穷困苦衣食无着的话就会丧失崇尚礼仪之心。下边的人没有礼仪，就会因此滋生出各种恶事，国家也终将陷于混乱，这是自然的道理”③。只有解决了贫困问题，仓廪实而知礼节，才能逐步建设起来礼仪之风，由此国家的政令也就容易得以实施，这样就可以避免国家陷入混乱，如此便可安

① 荻生徂徕「学則」吉川幸次郎・丸山真男・西田太一郎・辻達也編『日本思想大系』36『荻生徂徠』258 頁。

② 李塨撰、王源订：《颜习斋先生年谱》，《颜元集》，第 763 页。

③ 〔日〕荻生徂徕：《政谈》，龚颖译，中央编译出版社，2004，第 53 页。

民，也就使先王之道在现世得以实现。可以说，徂徕的礼乐制度也是以“利民”为首要问题的。

四　结语

回到开篇提起的问题，习斋坦言“垂意于习之一字”，而使之为学为教，则“生民幸甚，吾道幸甚”，徂徕也感叹“习”之大，关乎一人之气象，国家之风俗。通过文章的梳理，我们可以知道，他们如此关注“习”，将善恶的判断归置于后天之“习”中，不仅是对人本身具有的可能性的肯定，更是对社会环境的期许和要求。对于我们而言，其实先天的因素是我们不能掌控也无法预期的，那么我们要做的，便是将后天的环境调整为最优的资源配置，从而使每个人的材性得以养成，此即是养成善之习俗。从“习”的角度重新审视“实学”，可以发现后天之“习性”是其人性论基础；“习行”或“习读”是其实践的方法，而无论哪一种，都旨在养成“厚生”“安民”的品格；其最终的落实，即在“利民”之上。

这种由“习”致“实”的思路，对于我们的启发也是深刻的，于个人而言，我们不必拘泥任何看似高远的普遍目标，而要重视对自身特质的自觉和培养，即便是成就属于自己的一技之长也胜过普遍的平庸。于国家而言，建立起实际的体系“利民”以至“安民”，才能在民有所养的基础上不断让其习染礼乐之善，如此则民日染其善而不知，这种养善而恶自消的移风易俗，是为师之儒者与在位之政者应有的担当。而无论个人还是国家，都应该逐步具备发现每个个体特质的眼光与容纳异己的宽容。

参考文献

陈山榜、邓子平主编《颜李学派文库》，河北教育出版社，2009。
〔日〕荻生徂徕：《政谈》，龚颖译，中央编译出版社，2004。
葛荣晋主编《中日实学史研究》，中国社会科学出版社，1992。
梁启超：《中国近三百年学术史》，中国人民大学出版社，2012。

王青：《日本近世儒学家荻生徂徕研究》，上海古籍出版社，2005。

李甦平等：《中国・日本・朝鲜实学比较》，安徽人民出版社，1995。

颜元：《颜元集》，中华书局，1987。

荻生徂徠「中庸解」関儀一郎編『日本名家四書註釈全書』東洋図書刊行会、1926、第6頁。

荻生徂徠［弁名］関儀一郎編『日本名家四書註釈全書』東洋図書刊行会、1926、第6頁。

吉川幸次郎・丸山真男・西田太一郎・辻達也『日本思想大系』36『荻生徂徠』岩波書店、1973。

今中寛司、奈良本辰也編『荻生徂徠全集』河出書房新社、1975。

平石直昭『荻生徂徠年譜考』平凡社、1984。

前田勉「儒学・国学・洋学」『岩波講座　日本歴史日』第12巻『近世3』岩波書店、2014。

〔日〕丸山真男：《日本政治思想史研究》，王中江译，三联书店，2000。

论荻生徂徕的天命观

王杏芳[*]

一　天与命之关系

在进入对天命这一议题的讨论之前，首先需要弄清楚的是徂徕笔下天和命的含义，以及两者之间的关系。

学界对徂徕关于天的概念已经进行过诸多论述。丸山真男认为在荻生徂徕的思想中，天是神秘的、不可知的，他说道，“然而，到了徂徕那里，天道只被作为人道的类比，本来意义上的天道论已丧失了它的风姿，取而代之的则是天的不可知性、神秘性的浓厚云雾。……天不是‘知’的对象，而是敬的对象”①。子安宣邦则认为徂徕把天作为至尊至上的超越者，古代圣王通过取法于天、奉行天道来治理天下。王青说：“‘天’以及‘天命’之类神秘不可知的因素就是治国安天下的决定性基础。”② 牛建科对此也做了分析，他认为：“‘道’毕竟是圣人制作的结果，最终并不能避免被质疑、被理性分析的可能，也就是避免不了‘坏道’的可能性。因此为了避免这种可能性的出现，徂徕把‘道’的最终根据诉之于‘天’：‘先王之道，敬天为本，圣人千言万语，皆莫不本于是者焉，诗书礼乐，莫非敬天，孔子动言天，先王之道如是矣。’‘圣人之道，六经所载，皆莫不归乎敬天者也。

* 王杏芳，中国人民大学哲学系博士研究生，研究方向为中日思想比较研究。

① 〔日〕丸山真男：《日本政治思想史研究》，王中江译，三联书店，2000，第 52 页。

② 王青：《日本近世儒学家荻生徂徕研究》，上海古籍出版社，2005，第 67 页。

是圣门第一义也。学者先识斯义而后圣人之道可得而言已。'"[①] 通过学者们对徂徕的天的分析，在此可以归纳出学界对徂徕的天的主流认识：天是不可知的、神秘的；天至尊至上的超越性成为古代圣王取法治理天下的对象；神秘不可知之天是治国安天下之道的基础；天是道的最终根据。

笔者也对徂徕的天做了具体的分析[②]。通过分析可以发现在徂徕的文中，天有自然性和人格性两层含义，并通过"尊""敬""畏"突出了天的两大特性，即天不可测、不可知。这是从天的含义以及特性上进行的分析，但是问题不止于此，自然和人格的含义，以及不可测、不可知的特性是通过天的外在呈现发现的，天本身所具有的这种外在性归根究底与人对天的态度息息相关。即人基于对天的人格性、自然性以及不可测、不可知的认识所采取的价值态度，而其态度则具体表现为本天、法天、敬天，这是天至上性的三层表现。

总而言之，天有自然和人格两层含义，同时还不可测、不可知，并且是至上的存在者。这是徂徕笔下天的三层基本意思。

那与天相关、与人相连的命，徂徕又是怎么论说的呢？

> 夫六经残缺矣，生于今世，孰见其全，命也。僻邑无师友，命也。家贫无书，命也。虽然，心诚求之，天其佑之，仕不优无暇，命也。故己不能学者，喜人之学也，力能使人学者，使人学也，虽不学犹学也。何必才知德行出诸己，而后愉快乎。故命也者，不可如之何者也。故学而得其性所近，亦犹若是夫，达其材成器以共天职，古之道也。（《学则》）

> 且天命不啻吉凶祸，天命我为天子为诸侯为大夫为士，故天子诸侯大夫士志所事，皆天职也。君子畏天命，故于其道也莫不尽心竭力已。

① 牛建科：《日本古学与复古国学散论——以荻生徂徕与本居宣长为中心》，《东疆学刊》2008 年第 4 期。

② 关于天的论述，在笔者的硕士论文中有详细的分析，在此由于文本的局限，暂不作具体分析，现只将结论载于此处。

（《论语征・辛》）

徂徕认为六经残缺不见其全、僻邑无师友、家贫无书等都是命。并且命的内容不仅是吉凶祸福，同时还包括为天子为诸侯为大夫。因此，在个人的能力范围之内，对命是无可奈何的，就像对待不可得而知的天一样，天和命都具有一股巨大的不可抗拒性。

而且，天与命之间还存着一种不分的关系，他说：

> 其实这命是天之所命，天与命岂可歧乎？（《辨名》）
> 命者，谓天之命于我也。（《辨名》）

天与命是不分的，命是天之所命，是天命于我，不是其他东西命于我，天与命是不歧的关系。天是一种至上的至高的被推远的存在，从而拉开了天人之间的距离。但是这种距离的存在在“天与命岂可歧乎”以及“命者，谓天之命于我也”等言论下使天的至上性在一定程度上得到弱化，通过命的存在拉近了天、我（人）之间的距离，从而以天命为中介，一方面保证了天的至上性，另一方面，又以天命的形式把天的存在向人拉近了一定的距离。距离的存在是保证天以“本”“法”“敬”为特点的至上性，但如果天的至上性没有往下走的可能的话，那天就会成为一个完全绝对的孤立的存在，一旦被绝对化和孤立化，那天的意义也就终结了。因此天人实际上仍保持着一种张力，但这种张力需要以天的至上性为前提。

在此可以看到他与宋明理学的天除了在承认自然性这一点相同之外，其差异性极大。在宋明理学中，天是宇宙的本原，已没有作为有意志的主宰之天的意义。天被看作自然的，是人心性的根性、道德的依据。北宋张载以天为气，天即太虚，太虚即气，“由太虚，有天之名”（《正蒙・太和》）。程颢提出“天者理也”（《遗书・卷第十一》），认为天就是理，又说：“只心便是天，尽之便知性，知性便知天。”（《遗书・卷第二上》）程颐也认为“自理言之谓之天，自禀受言之谓之性，自存诸人言之谓之心”（《遗书・卷第二十二上》），天、理、性、心只是一事。南宋朱熹所说之天，不出于程颐所论述的范围。陆九渊发挥程颐的观点，提出“宇宙便是吾心，吾心即是宇宙”（《杂说》），心便是天。明王守仁也说“心即天，言心则天地万物皆举之矣”（《答季明德》），认为心和天一样无所不包，“心即道，道即心，知心即知道、知天”（《传习录》上）。天这一概念到宋明理学的时候，有了一个很大的转变，他们更加侧重从理念的层次去讨论天，把天作为一个至上的绝对的存在，并把天与理论思想逻辑建构中的最高范畴相统一，正如张岱年所说，“到宋代，哲学思想有了新的发展，以天为哲学的最高概念，指最高的实体”①。张立文也有相似看法：“如果说以天为苍苍者是把天理解为一种物体，以天为主宰者是把天理解为没有肉体的人的话，那么，理学家所说的天已摆脱了某种具体物质结构或某种物体的性质，而与他们各自思想逻辑结构的最高范畴相统一了。”② 在这一点上，徂徕的选择与此相去甚远，他不接受天与心之间的联系，也否定了天与理之间的关系，批判将天内在化的道德性选择。

将问题进一步推进，在此又产生了一个新问题，正如上文所言，天的特性之一是不可知，那天命又如何是可得而知的呢？

二　自觉以知天命

天虽不可知，但天命却是可知的，他说道：

> 不知命，无以为君子也。命者道本也，受天命而为天子为公卿为大夫为士，故其学其政，莫非天职，苟不知此，不足以为君子也。（《论语征·癸》）

命是道之本，每个人会因为自己所受之命而或为天子或为诸侯或为大夫

① 张岱年：《中国古典哲学概念范畴要论》，中国社会科学出版社，1989，第22页。
② 张立文：《中国哲学范畴发展史（天道篇）》，中国人民大学出版，1988，第81页。

或为士，这些都是天命天职，如果不知道自己具体的天命天职，则难以成为君子。

每个人所禀受的命不一样，所以最后个人的成就也有差异。也即最后所成就的才不一样，而才又与性、德有关[①]。因此知天命，也涉及性、德、才的问题。

每个人的性是不一样的，因此所成就的德也有差异。“德人人殊，各以其性所近而成焉，唐虞九德，周官六德，可以见已”（《论语征・述而》），又“德者得也，谓人各有所得于道也。或得诸性，或得诸学，皆以性殊焉。性人人殊，故德亦人人殊”（《辨名》）。反过来说，每个人所成就的德不一样，根源在于每个人的性不一样，“性人人殊，故德亦人人殊”（《辨名》）。因此对“知命”问题的讨论，绕不开德、性的问题。性殊、德异，从而所成就的才也会有区别。因此“知命”首先要清楚自己的性，同时还要根据自己的性以成就不同的德，再通过德的养成而成为人才，从而认真完成自己作为社会成员的一分子。知晓自己的性，然后养性而成德，最后成为人才，这是知天命的直接体现。

徂徕除了从天命具体化的性、德、才角度论证天命可知之外，还以孔子的事例为例证明了天命的可知性。“我学道成德而爵不至，是天命我以使传道于人也，君子教学以为事，人不知而不愠，是之谓知命”（《辨名》）。又“孔子五十而知天命，知天之命孔子传先王之道于后也。……他如仪封人言亦尔，孔子学先王之道，以待天命，五十而爵不至，故知天所命，不在行道当世，而在传诸后世已”（《辨名》）。他认为孔子学道成德但是爵位不至，从而知道自己的命不是在当世行道，而是传道于后人，这是孔子对自己所禀受的天命的自知，故孔子在知命之后自觉以教学为事。

但此天是作为一个不可知的至上对象而存在的，且它还是不言的，那天以什么样的方式来授予个人以命呢？也就是说，个人如何得知自己的命呢？对于这个问题，徂徕把视角转到了个体主体的自觉性上。命是被主体觉知到的，以命为中介，从天到个体之间的这种转换，不仅是一个自上而下的被授

① 关于性、德、才三者之间的关系问题在拙著《论荻生徂徕的人性论》中有具体的论述。

予的单向过程，更为重要的是还要加入主体的自觉，“苟不知命，则不足以为君子”（《论语征·癸》）。不知道天命，则无法成为君子，天不言，天命亦不会直接言说，亦即没有类似于家长似的权威主体来一一告知每个个体，其天命是什么，应当做什么。在这种情况下，个体需要反观自身、明确自己的处境以及各种实际条件，以明确自己的天命，从而承纳天命，并将其作为天职来奉行终生。

所以，知命是一个自知、自觉的过程，要通过自知、自觉天命的方式来明确自己的定位，上文孔子之例便是明证。但自觉藏在每个人的心中，并非藏于外，自觉在人心中还有明暗、强弱、显隐的区别，产生这种现象的原因主要是心被外物及外事所牵引，人心沉于外物时，就不能在人心与外界之间保持一份清醒的自觉，它会因为向外倾斜而失其自明。所以，有时会难以觉知自己天命，在这时天命对于个人来说便是存在着的难以实现的无，个人也难以真正实现自己的使命。

人要通过自觉来知道自己的天命，那么在“知命”之后应该以什么样的态度来面对自己的天命呢？徂徕用了“安”这一词，主张要安于天所与之命。

三　不强以安天命

在面对自己的天命时，不同的人会有不同的选择行为，或者乐于其成，或者安之若命，又或是不满以勉强之。徂徕否定了不满足于天之所命，强求天命之外的行为，他说道：“凡人之力，有及焉，有不及焉，强求其力所不及者，不智之大者也”（《辨名》）。每个人的力量都有其所及和所不及之处，强求其所不及者，乃是不智之行。

其实关于命的区分在孟子也是极为明显的，孟子把命分为两层，一者是外在的命，“莫之为而为者，天也；莫之致而至者，命也”（《万章上》）。在这个意义上的命是指外在于人并影响人的力量，是人无法预料、左右的力量，因此人对此是无可奈何的。但还有另一种命，指人求之可得的，是可以通过人的力量加以改变的，比如“尽其心者，知其性也；知其性，则知天矣。存其心，养其性，所以事天也”（《尽心上》）。尽心知性、存心养性是人的力量所能达到的，人要积极完成它。因此，孟子关于命的态度是“求则得之，舍则失之，是求有益于得也，求在我者也。求之有道，得之有命，是求无益于得也，求在外者也”（《尽心上》）。他区分求之在我与求之在外的事物，对于人力量之外的，主张要尽力去顺应，对于内在于我的、我所能把握的则鼓励去求之。孟子的这种区分，目的是要求人去追求我们可得到的东西。因此强调“修己以俟命”，他对于天命的把握更为侧重的是关于主体自我的修养之后所能得到的东西，或者更进一步说，孟子是在天道性命相贯通的框架之内谈论命的问题。从天道到性命是一种向下的贯通，相反，也可以从性命通过践行尽性而达天道，天道与性命之间的上达下贯关系，将天命和主体之间的关系放在德性修养的层面。因此在理论上，每个人最终都可以有一个知天、乐天的理想人格，孟子在对待第一种命时的态度可以说是较为消极的，但是在对待第二种意义上的命时是积极的，因为主体自我可以通过自我的德性修养而成就理想人格。

但在徂徕切断了孟子这种与天之间的直接联系，尤其是德性修养上的联系之后，天道与性命通过心性得以贯通的道路在他这里完全失效。但是他并没有完全舍弃道德，他把孟子作为最高目的的道德放到了为了政治安民之道的手段的地位。即在徂徕这里，道德只是实现政治的一种手段，不强求而安于天命的直接性原因在于知命，知道自己的天命，故自然不会强求人之所不及，而安于天所给予的命，所以有“君子知命，故不强之。及乎器之成也，虽圣人有所不及焉，故圣人不敢强之”（《学则》）之言。

不强求天命，那就只能安于接受天命，那安于天命，是在一种什么意义上的做法呢？也即此安，是指无可奈何、逆来顺受之安，还是坐等其成之安？

关于安于天命一说，学者们大多在消极的意义上解释安于天命或者是顺于天命，带有一种消极的无可奈何之意。黄俊杰说，“因为‘圣人之心’不可窥，‘天命’当然也不能窥探，只能安然接受‘天’之所‘命’。……总之，徂徕思想有日本德川封建时代的背景，比起伊藤仁斋更透露十足的

‘命定论’解释倾向”①。王青认为“天命是无可奈何的东西，人只能在顺应天命的前提下作出一定的努力，像朱子学式的人人试图通过道德修养而成为圣人，只能说是不知天命的狂妄之举”②。但是对此“安”，小岛康敬在《徂徕学与反徂徕学》一书中认为徂徕虽然强调人对天命的遵从，但同时也赞成要凭借人为对天进行能动的参与，因此徂徕是从积极的使命意义上来把握的。同时，木村纯二也认为荻生徂徕的天命是天的使命，不是消极的天命，他认为“可以说如果用一般说法来表述的话，‘天命’之语，包含‘命运’和‘使命’之意，把它当作‘命运’来理解的是仁斋，徂徕则把它当作‘使命’来理解”③。在此，笔者更加倾向于赞成后两者的看法，此“安”虽有消极之意，但其更加侧重的是完成自己使命的积极之安。

一方面徂徕的天命确实是一种无可奈何的天命，并且人之命都是天所赋予的。恰如上文所引，“天命我为天子为诸侯为大夫”（《辨道》），以及“孔子五十而知天命，知天之命孔子传先王之道于后也”（《辨名》）。

另一方面，命虽是天之所命，并且人没有能力也不必强求去改变它，只能安于个人所受之天命，但这种天命，并非消极意义上的逆来顺受之命，而是带有使命感的天命。如他所言“其本在敬天命，天命我为天子为诸侯为大夫，则有臣民在焉。为士则有宗族妻子在焉，皆待我而后安者也”（《辨道》）。积极完成天所赋予的使命，以安臣民、宗族、妻子。

君子知命，知道天之所命，并且不去强求天之所命之外的东西，安于所命，就如孔子一样，知道天命他传先王之道于后世，故安于此命，并行此天命。因此每个人都当如此，安于自己的位置，安于自己的天命，并努力去实现它。

所以安于天命，并非逆来顺受之安，它更加强调的是带着使命感积极自主去安，但这种使命感之安又不是如孟子所说的完成内在的道德心性修养，而是在政治性的先王之道内得到具体的落实和参与，发挥自己参与到

---

① 黄俊杰：《德川日本〈论语〉诠释史论》，上海古籍出版社，2008，第235页。

② 王青：《日本近世儒学家荻生徂徕研究》，上海古籍出版社，2005，第68页。

③ 木村純二「荻生徂徠における天について」『人文社会論叢（人文科学篇）』23、2010、1～21頁。

先王之道的大环节中的作用。安于天命除了并非逆来顺受之安外，同时它还非坐等其成之安，因为它需要实践行为来实现它。亦即带有使命感的安于天命，须要有主体的实践参与，而这种实践参与，正是由安天命通过主体自我实践而最后致天命。在“致天命”的过程中，徂徕找到了“行仁”这种实践行为。

四　行仁以致天命

天命是无可奈何的，也是“不可如之何”的，我们只能安于天之所命，但是又不是坐等其成地安于天命，而是要加上主体的行为以“致命”，“待我而后安”。因此，徂徕是在知命、安命（顺命）的逻辑框架内最后落实到在安于天之所命的前提下积极行事以“致命”，如：

> 孔子曰：“富与贵，是人之所欲也，不以其道得之不处也；贫与贱，是人之所恶也，不以其道得之不去也。”是得富贵之道仁，而得贫贱之道不仁也，君子行仁以致命。（《辨名》）

不仅要知命，安命，同时还要“致”命，那如何“致命”呢？他在此纳入了仁这一概念。在此，需要明确徂徕对仁的解释。

首先，仁是长人安民之德，“仁者，谓长人安民之德也，是圣人之大德也。天地大德曰生，圣人则之，故又谓之好生之德，圣人者古之君天下者也，故君之德莫尚焉”（《辨道》）。

并且它还是安天下之德：

> 故仁以安天下解之，庶其不差矣。“子张问仁。子曰：‘行五者于天下。’”“颜渊问仁。子曰：‘天下归仁。’”如有若之言，亦谓为安天下也。（《论语征·甲》）

仁是放在先王之道这种政治行为中的德，是长人安民、安天下之德，并非内在心性之仁，这一点在他对管仲的态度上也同样表现得非常明显。他认为“孔子之取管仲，以其仁而已矣”（《论语征・庚》），“孔子未尝仁桓公，而唯仁管仲而已矣”（同上）。在徂徕看来，管仲有“济世安民之功”（同上）。但是在许仁以管仲这一事上，还需要解释“管氏有三归”“管氏亦树塞门”“管氏亦有反坫”等“管氏而知礼，孰不知礼?”（《论语・八佾》）的质问。对此，他为管仲加以辩护，说道“三归乃桓公所赐”“反坫贵贱之室皆有之”，以此解释管仲并非不知礼之人。在管仲是否具有仁这件事上，徂徕给予了肯定性答案。

徂徕所侧重的并非仁的道德性，而是仁在具体的行为上能产生多大的效益，是否能有助于安民，有益于安天下。因此行政治性的仁以“致命”，是指通过安天下之道的仁来“致命”，来实现个人的天命，他反复说道：

> 先王之道，安天下之道也。其道虽多端，要归于安天下焉。其本在敬天命，天命我为天子为诸侯为大夫，则有臣民在焉。为士则有宗族妻子在焉，皆待我而后安者也。且也士大夫皆与其君共天职也。（《辨道》）

先王之道是多端的，且其根本要旨在于安天下。天给每个人的命是不一样的，天命我为天子、诸侯或大夫，而在天子、诸侯、大夫的领域之内，会有臣民，这些人需要由天子、大夫或是诸侯来安置。士也一样，在士之下，有宗族、妻子，这些是在士的安置范围内。安民之道是在统治集团的权力管辖范围内的事，一方面是天之所命，另一方面天命虽然是无可奈何的，也是“不可如之何”的，我们只能安于天之所命，但不是坐等其成地安于天命，需要积极行事以“致命”，使他人“待我而后安”。

行仁来实现自己的天命，是每个接受天命之人应当做的事。在知晓天命之后，不要思索如何去改变天之所命，勉强改变天命是不明智的行为，要安于自己的天命，但安于天命又非消极地、无何奈何地去接受，抑或坐等其成地去看着它的实现，而是需要积极行仁来实现。

五　结论

天是“先王之道本于天”之天，并且还是古帝王“法天而治天下，奉天道以行其政教”的对象。天有自然与人格两层含义，同时还具有不可测、不可知两层特性，以此含义和特性为基础，将天放在至高的位置上，而其至上性主要表现在敬天、本天、法天三个层面上。

“不知命，无以为君子”（《论语征・癸》），命是天之所命，不是其他所命，而天又是先王之道之本，因此知命就是知先王之道，知自己在先王之道中的角色。知道天命之后，积极行事以致于命。在此整个过程中要自觉以知天命，不强以安天命，行仁以致天命。

徂徕将个人主体的命与圣人的取法对象天相连接。因此命就不是没有内容的空洞的随意的天之所命，而是在先王之道范围内的天之所命。实际上天和天命都在先王之道的范围内，当然作为“大”而存在的先王之道，其组成要素有很多方面，但是天这一构成本身是其组成道的大之为大的基础方面，离开天的讨论，或者放弃天这一概念在其体系中的使用，就等于抽离了先王之道的根基之一。但是有一点需要注意的是，他否定了把天内在道德化的选择，保留了天的自然性和人格性，然而对其人格性的保留，并不是为了用天的存在来保证大到根据政治行为的好坏而降下福瑞或者谴告，同时又非小到依据个人行为的好坏而惩恶扬善。天在此并不是作为监督者的角色而出现的，它以不言不动的静态性来保证其至上性，可以说它只是作为一种比拟自然的人格性之天，借此至上性以保证先王之道的至上性，圣人正是借助此种意义上的天以及由天关涉到人的天命来保证先王之道的完成。

参考文献

黄俊杰：《德川日本〈论语〉诠释史论》，上海古籍出版社，2008。

牛建科：《日本古学与复古国学散论——以荻生徂徕与本居宣长为中心》，《东疆学刊》2008 年第 4 期。

王青：《日本近世儒学家荻生徂徕研究》，上海古籍出版社，2005。

张岱年：《中国古典哲学概念范畴要论》，中国社会科学出版社，1989。

张立文：《中国哲学范畴发展史（天道篇）》，中国人民大学出版，1988。

今中宽司、奈良本辰也编『荻生徂徠全集』河出書店新社、1975.

〔日〕丸山真男：《日本政治思想史研究》，王中江译，三联书店，2000。

木村純二「荻生徂徠における天について」『人文社会論叢（人文科学篇）』23、2010。

试论《漫画日本的历史》中大物语的描写手法

齐梦菲*

战后，随着表现技法的进化，日本漫画不断拓展着表现的外沿，然而角色型故事漫画长期占据着主导地位。1959 年 3 月 17 日《周刊少年Magazine》创刊，开启了漫画的杂志时代，以连载和单行本为主的发表形式也极大地推动了角色型漫画的发展，但是主流漫画中描写宏大叙事的手法进化缓慢。20 世纪 80 年代日本漫画走到了巅峰，但由于格局越来越小，也走向隘路。1989 ~ 1994 年，中央公论社出版了漫画史上第一部具有学术性质的日本通史——石之森章太郎的《漫画日本的历史》，填补了漫画表现领域中宏大视野描写手法的缺失。本文从重新阐明故事漫画的概念入手，结合石之森章太郎与《漫画日本的历史》同期发表的“万画宣言”分析该作品的创作动机；选取作品图例展开分析，从景别和结构化构图的两个角度来探讨漫画中的历史描写手法；提出该作品对历史视觉化研究的价值。

一　石之森章太郎《漫画日本的历史》

（一）关注《漫画日本的历史》的理由

石之森章太郎曾指出，手冢治虫真正的历史功绩在于把戏剧（悲剧）

* 齐梦菲，北京外国语大学日本学研究中心在读博士生，研究方向为日本文化。

引入漫画当中。漫画表现史研究者大冢英志也在其研究中指出，作为意识形态的、强制的科学主义使漫画变得写实，而战争的入侵则赋予迪士尼卡通式的漫画人物鲜活的肉体和真正的喜怒哀乐。田河水泡的《野狗小黑》中田园牧歌式的画面下隐藏着残酷的历史现实，造型简单的人物拥有复杂细腻的内心世界，丰富而真实的人性逐渐浮出水面。手冢治虫在战后初期的一些作品，如《大都会》《罪与罚》等都是刻画历史变革中之人的作品。从《阿童木大使》到《铁臂阿童木》，被放大了的超级英雄阿童木的冒险最终取代了在洪流中挣扎的弱小机器人阿童木的小小身影。

20 世纪 50 年代末，日本终于摆脱“战后状态”，压抑已久的思想得以解放，日本社会步入经济高速增长期。1959 年和 1960 年，《周刊少年 Magazine》和《周刊少年俱乐部》相继创刊，一时间漫画杂志如雨后春笋般纷纷问世。昂扬的时代精神和杂志连载形式的推波助澜，使角色型漫画在题材和创作技法上获得了极大的发展，庞大的“物语”则逐渐衰退。尽管手冢治虫在《火之鸟》中用大河剧①式的手法描写了生命的轮回和永恒，试图展现不被人类左右的滚滚历史洪流，历史叙述依然难以超越角色的个人经验而达到冷静宏观的高度。在战后漫画中，可以说以历史为主体的创作技法是缺失的。

进入 80 年代以后，石之森对漫画的停滞感到厌倦，称“（时代）已经不需要英雄了”。他说：

> 战争就是纯粹的战争，经济发展就是纯粹的经济发展，这种朝着某一方向闷头猛冲的做法，和超人那种快刀斩乱麻地与邪恶势力展开华丽的战斗、捍卫正义的简单结构，在某种意义上来说都很危险。我认为眼下不如把目光投向世间的碌碌众生，让各式各样的思考方式百花齐放，然后去捕捉这样一个景象，这恐怕是前所未有的好办法。②

① 大河剧为日本放送协会（NHK）制作的以历史人物或一个时代为主题的大型连续剧，此处又可指史诗型叙事结构。

② 石ノ森章太郎『絆：不肖の息子から不肖の息子たちへ』鳥影社、2003、252 頁。

基于这种思想，自 1984 年 9 月起在小学馆的 *BIG COMIC* 上连载的 HOTEL 中，石之森把视线投向了人们每日营生的场所——大饭店。接着在 1989 ~ 1994 年期间石之森以单行本连载的方式推出了漫画史上第一部具有学术性质的通史型作品《漫画日本的历史》，借助独特的表现技法，把手冢未能完成的“大物语”——也就是大叙事重新带入漫画的视野。对此，佐牟田宗光称“石之森终于得以超越手冢”①。

虽然《漫画日本的历史》时常被提及，甚至被给予了高度评价，但是至今并没有研究者对它进行过全面系统的分析，也没有给予足够的关注。究其原因，主要有两点：一是学习型漫画的定位使它易遭忽视；二是，漫画表现史的研究对象多集中在角色型作品上，致使缺乏将该作置于故事漫画领域内重新探讨的问题意识，漫画史上对石之森功绩的评价仍不够充分。考察《漫画日本的历史》，不仅有助于在实践层面上了解“大物语”的创作方法，也有助于重新看待战后故事漫画的发展成果。

（二）《漫画日本的历史》概观

80 年代中期，中央公论社打出漫画兴社的转型路线，石之森章太郎的《漫画日本的历史》是重要的主打作品。1989 年 11 月至 1994 年 6 月间共出版 55 卷，内容上由日本的古代—近代、先史时代、现代三个部分构成，每卷均由序章、正篇漫画、“作者备忘录”、参考文献、时代概说、服装、家具和室内用具、建筑的历史、相关略年表和卷末的“万画宣言”组成。作品大量使用包括建筑、服装、船舶、绘卷和绘画作品等在内的多种类型的视觉史料，引入战后历史学研究的成果和新学说，并对各种学说和多领域的史料进行组合利用，以成年读者为核心受众，超越了长期以来一直被当作学校教育辅助的众多同类型作品。漫画原案负责人员之一的青木美智男称之为“第一部在真正意义上描写日本通史的漫画作品”②。

① 佐牟田宗光「漫画家・石之森章太郎」、『生活文化史』日本生活文化史学会編、2000 年 3 月、第 37 号、30 頁。

② 青木美智男「マンガ家と日本史研究者の接点——編集協力の体験から」歴史科学協議会編『歴史評論』歴史科学協議会第 530 号、1994 年 6 月，68、74 頁。

（三）和“万画宣言”的关联

1989年，石之森在为已故的手冢治虫所写的《如风》一文中发表了“万画宣言”，此后包括《漫画日本的历史》在内多部作品末尾都附有“万画宣言”。在宣言中，石之森表示“尽最大可能地混合了现实和想象”。

> 然而，这些名称也仅是分别针对某一单个领域的称呼，长期以来，〔世间〕普遍认为需要有一个〔对漫画的〕日语的总称。
>
> 在此，我提议使用“万画”一词。
>
> ①即是万画〔成千上万的画〕。因为它可以表现世间所有的事物和现象。
>
> ②万画是符合万人的嗜好〔易亲近、广受喜爱〕的媒体。
>
> ③万画用从一——万〔含有无限大的含义〕的格子来表现。
>
> ④因此，万画可以说是可能性无限大的媒体。
>
> 基于以上理由，总之小生仅将自己的漫画称为万画（M·A），……希望《日本的历史》完结时，这个名称能够固定下来。[①]

所谓万画指的是能够表现世间万物万象，拥有无限可能性的表现媒体。石之森把近代以前的“漫画”也纳入这个概念下，主张万画是一种复合型媒体[②]。和鸟兽戏画起源说不同，万画并非向传统美术中寻求漫画的起源，而是将过去各个画种、各种表现形式都纳入体系之内，将漫画从个别形式的束缚中解放出来，通过更加广泛的可能性的摄入，扩充该媒体的本质。石之森会产生这种想法，与他对漫画家应具有熟练掌握各种漫画类型的职业素养的认知密不可分[③]。

---

① 选自『マンガ日本の歴史』卷末“萬画宣言”页。“M·A”即“Millian Art”的缩写。

② 青木美智男「マンガ家と日本史研究者の接点——編集協力の体験から」『歴史評論』歴史科学協議会、第530号、1994年6月、240~252頁。

③ 石ノ森章太郎「私が『萬画』宣言した理由」「平成マンガ興国論」『知識』109号、彩文社、1990年12月、105頁。

为什么要在这个时期提出“万画”概念呢？石之森指出，进入 90 年代以后漫画杂志为了销量大多走保守路线，漫画的实验性要素减少，一味追求刺激，路子越走越窄，由于一味地偏向于“小格局”“结构简单的”“小物语”，漫画停滞不前。在这种情况下，他尤其感到突破现状的必要性。

从好的方面来看，80 年代的漫画不再是引人侧目的亚文化，在社会文化上彰显着日益强大的影响力。战后，以常盘庄①为代表的许多漫画家致力于提高漫画的品质和社会评价，石之森也不例外。晚年，他主张利用漫画式的思考为教育乃至文化带来变革，甚至提出了漫画都市的规划。在他的构想中，漫画从被限定的亚文化地缘中挣脱出来，成为具有话语权和社会贡献能力的宏大文化。在这种意义上，“万画”可以说本身就是“媒体和文化的大物语”。

“万画宣言”是石之森 40 年的职业经验和思考的顶点，《漫画日本的历史》则展示了“万画”的理念的成果。“万画宣言”和《漫画日本的历史》不仅宣告了大物语的回归，也体现了石之森创作理念的突破和成熟。

二　《漫画日本的历史》中描写历史的表现手法

（一）远景和“漫景”

《漫画日本的历史》中频繁地使用大画格。这里所说的大画格指占据整个双联页面的格子，以及小于前者、大于普通画格的格子。这些大画格用来表现什么，在描写“大物语”又时起到怎样的作用呢？摄影家兼漫画表现研究者山本忠宏在《从双联页看漫画的变迁》一文中对漫画双联页中出现的全景图进行过详细的探讨，本节以山本的研究为基础来考察《漫画日本的历史》中的大画格。

根据画格内是否有纵深，《漫画日本的历史》中的大画格主要可以分为两类，一类是远景，另一类是“漫景”；远景（long shot）是电影手法在漫

① 常盘庄：位于东京丰岛区南长崎三丁目的一栋木造公寓，建于 1952 年，1982 年拆除。曾有多位著名漫画家在此居住，包括手冢治虫，藤子不二雄、赤冢不二夫、石文森章太郎、水野英子等人，常盘庄因此而闻名。

画中的运用，“漫景”则是在前近代的视觉作品向近代发展的过程中出现的特殊视觉产物在漫画中的运用。山本指出田河水泡在《野狗小黑》中使用了“パノラマ”（panorama）构图。“panorama”在摄影中指全景照片或全景画，起源于1739年英国人罗伯特·巴克发明的写实圆周透视法绘画技术，该词原意指从高处看到的一览无余的广阔视野。后来出现了“全景馆”，这种装置借助道具和人工技术，可以在室内环境下模拟开阔的视觉效果。明治23年，全景馆传入日本。细马宏通指出，不同于在欧洲，在日本，全景馆的魅力主要源于“极度逼真的临场感”，比起广阔的视野，仿佛身临其境的真实感更能给人留下深刻印象。从这种奇特的体验当中，诞生了近代的视觉和观察者的主体意识。摄像机镜头介入漫画之后，产生了近代意义上的“全景”。山本把镜头介入前后在漫画双联页中出现的 panorama 分为近代型和近世型[①]，前者有纵深，后者没有。在山本的考察中“纵深”有两层含义，一是透视规律造成画面上必然存在消失点的现象；二是视野里存在被特权化的对象，也就是有视觉焦点，这是镜头的物理特性造成的必然结果。

山本以大城升的《火车旅行》为例，分析指出漫画中的各个景别均为 panorama 细分化的产物。实际上，近代型 panorama 和远景镜头在性质上可以说是一致的。值得一提的是，手冢治虫在《罪与罚》《大都会》等作品中均使用过没有视觉焦点的近世型 panorama，把它命名为“漫景”。

《漫画日本的历史》中同时存在远景镜头性质和“漫景”性质的大画格，前者主要用来描写风景、建筑，总览场景和事件，几乎不用于动作戏和个人描写；后者和手冢的使用方法相似，都用在群众描写上。那么，这对于描写大物语究竟有怎样的意义呢？

主流漫画为了表现个人的内心世界，经常使用大画格来表现特写和大特写，这是因为特写不仅能够突出人物强调感情，还具有移情、使读者带入的功能。而《漫画日本的历史》在展现人物内心世界上非常克制，特写的格子不大，大特写也十分罕见。相对地，含有大量信息的远景和具有广阔视野

① 山本忠宏「見開きから見るまんがの変遷——戦前、戦後の児童まんが作品における近代化の多層性」修士論文、2 頁。

的“漫景”则非常多见。

山本分析认为，由于虚拟镜头的介入，战后的漫画在格子将没有焦点的“漫景”逐步细化到有焦点的超大特写。手冢后来也不再使用“漫景”，因为“漫景”的出现跟战争进入漫画有关，具有时代性，同时也跟战后初期漫画主要以单行本的形式发行有关。随着战争时代的远去和杂志时代的来临，手冢的创作重心逐渐转向“小物语”型作品的连载，“漫景”也就逐渐失去了用武之地。换言之，由于战争这个现实中的“大物语”的远去，漫画格子里的视野日益缩小，漫画逐渐丧失了庞大的格局。

到了石之森这里，1969 年 10 月《改造人 009 12 与诸神之战篇》卷末出现了这样的画面（图 1）。

图 1　石之森章太郎『サイボーグ009　12　神々との闘争編』插图

整个双联页被一个远景镜头占满，巨大的狮身人面像和细小的主人公形成鲜明对比，前后页也是类似的构图。随着翻页，画面一角不断出现一串疑问：历史是什么，文明是什么，生命是什么。从这里开始故事变得晦涩难解，石之森自己也提及曾有读者抱怨“太难懂没意思”。由于神的视角——

自上而下的历史的目光入侵了故事，《改造人 009》产生了破绽，并随着石之森的撒手人寰永远中止了。这个构图显示了一种矛盾，即在遭遇永恒之时，个人具有标识性的一切都失去了意义。

石之森也在《漫画日本的历史》使用了“漫景”。需要注意的是，粗看之下，手冢的“漫景”的群众场面呈现均质化特征，不存在特权化的视觉对象，然而仔细看可以发现，人群被分为多个小集团，各个小集团都在呈现细致的表演（图 2）。在一个历史的瞬间中，个体既被群众的洪流淹没，又顽强地主张自身的存在，这种构图实际上体现了“小物语”对“大物语”的抵抗。而在《漫画日本的历史》的“漫景”中，则并不存在这样的抵抗。

图 2　手冢治虫『罪と罰』插图

与图 2 不同，图 3 不仅细致地刻画了人群，还突出了核心人物。然而，图 3 中镜头从核心人物身上逐步抽离，强调了核心人物逐渐埋没在人群中的过程。在手冢的“漫景”中，尽管宽广的视野足以令所有个体丧失个性，但是个人依然试图跳出被埋没的命运。而在图 3 里，激烈的抵抗随着镜头运动遭到强制打压，最终消失在了庞大的“物语”中。

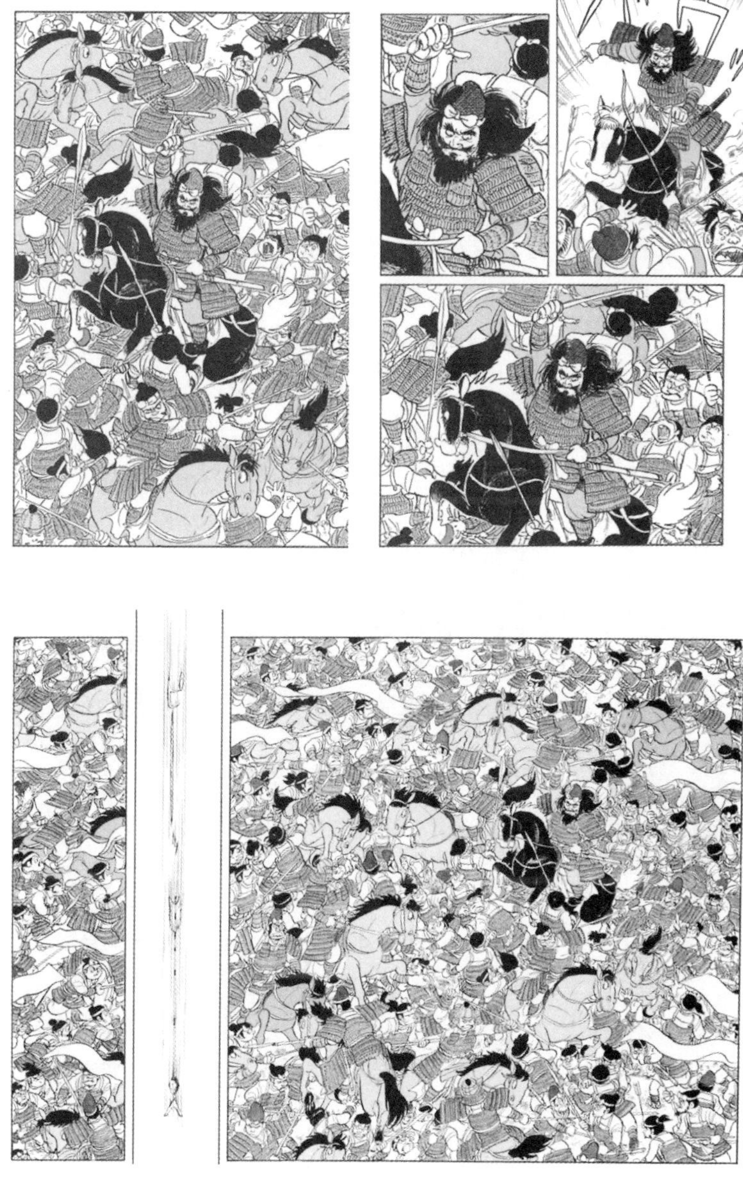

图 3　石之森章太郎『マンガ日本の歴史 10 将門、純友の乱と天暦の治』插图

（二）结构化的历史叙述：三层结构和“历史的心情”

1. 三层结构

除了大画格之外，《漫画日本的历史》还使用了高度结构化的平面构图。第 2 卷《卑弥呼与邪马台国的祭政》以弥生时代邪马台国女王卑弥呼统治的时期为时代背景，描写了从卑弥呼被选为邪马台国女王起到她死去这段时间里国家政治、民众生活以及国与国之间的战争，展示了这一时期民生百态、当权者和社会共同体的形态、社会生产等诸多方面。用卑弥呼的生平作为主线，串起社会生活的各方各面，共同构筑了该历史时期血肉丰满的面貌（图 4）。

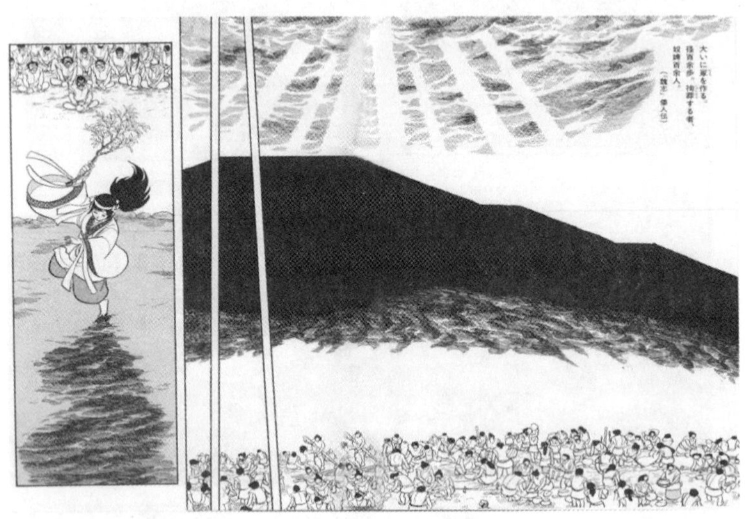

图 4　石之森章太郎『マンガ日本の歴史 2　卑弥呼と邪馬台国のまつりごと』插图

上层	天象
中层	山/权力建筑/当权者/国家政权
下层	无名群众/无差别劳动

石之森使用图 4 对该历史阶段进行了概括。右侧画面从上到下呈现界限分明的三层结构，该构图在古代篇中频频出现，它有什么意义呢？

历史学家义江彰夫是古代篇的原案负责人员之一，他在卷末的“时代概说”中写道：“我希望以这样的历史叙述为中心主题，把民众的日常生活和政治在永不停止的变化中有机地联系起来，用漫画再现这段漫长的历史。”[①] 他的《日本通史Ⅰ》是该卷的核心参考文献。长坂传八在分析《日本通史Ⅰ》的书评中指出义江学说“用永不停息的矛盾辩证运动来把握二元结构”[②]，而三层结构构图正是使用马克思主义唯物史观来构筑历史学术的理念在漫画中的投射。

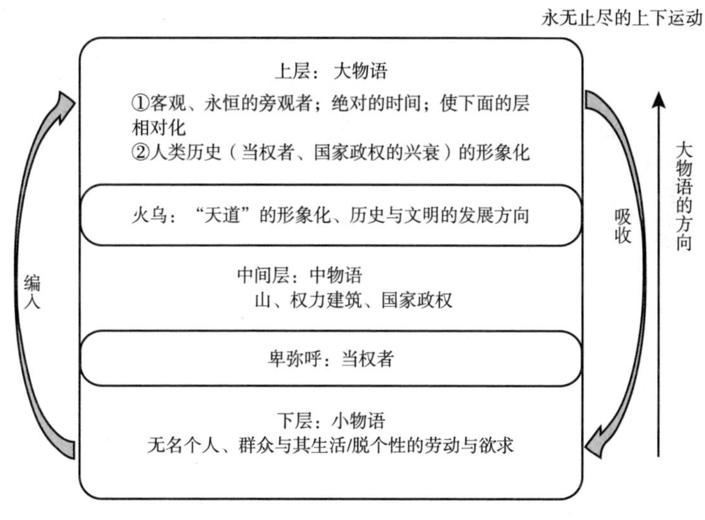

图5　三层结构

三个层次的结构并不是静止的，下一级元素通过向上运动升入上一级，上一级通过吸纳下一级元素进行自我更新，各层级间的上下运动保证了系统的持续有效性。在本卷中，火乌是一个贯通层级的元素，分析它的运动可以了解系统是怎样运作的。

火乌连接着当权者和上层结构。火乌飞出卑弥呼的房子以后，一直盘旋

---

① 義江彰夫「時代概説」、『マンガ日本歴史 1 秦・漢帝国と稲作を始める倭人』1989、中央公論社、196 頁。

② 長坂伝八「書評　義江彰夫『日本通史Ⅰ　歴史の曙から伝統社会の成熟へ』」歴史研究会編『歴史学研究』第 601 号、1989 年 12 月、19 頁。

在大地上空，监视着国家的运作。它是卑弥呼的代理，和卑弥呼是同质的。石之森在该卷的“作者备忘录”里也曾提到火鸟是卑弥呼的化身①。

图 6　石之森章太郎『マンガ日本の歴史 2　卑弥呼と邪馬台国のまつりごと』插图

值得注意的是，图 6 中火鸟并没有停留在卑弥呼的房顶，而是停在高出房顶的树冠上。作为卑弥呼的代理，火鸟属于中间层，然而它和卑弥呼之间存在微妙的差异。对比第一格中屋顶和树的横纵走向，方向冲突暗示着火鸟与人类政权之间的分离，高出屋顶的位置表明火鸟已经超出了人类的支配。卑弥呼死后，火鸟离开屋顶朝着太阳一去不复返。可以说，火鸟是超越性的天道的化身，当人道顺应天道而行时，短暂地与人类政权的同化，等到政权气数已尽，就舍其而去。

手冢笔下的火之鸟也拥有永恒的生命，象征绝对真理。不同的是，火之鸟的传说在世间广为流传，世人知道它的存在。它不仅仅是人类历史的旁观者，并且还不断地与人们发生各种联系，或主动或被动地干预着人类文明的

① 石之森在该卷卷末的“作者备忘录”中表示火鸟是脚本家仲仓重郎的提议，灵感来源于从中国马王堆汉墓发掘出的刺绣上的金乌，金乌象征神的权威。

发展。它会说话，有喜怒哀乐，具有人格化特征。

《漫画日本的历史》中的火鸟没有明确动机也没有个性和情感，世人不知道它的存在，它与人类也毫无交流。从分镜上看，也没有容读者代入火鸟内心的表现，不存在人格，也就不能被视作角色，说到底，火鸟只是人类历史的旁观者，除了使人类历史相对化以外并不发挥任何其他功能。

受到特定逻辑的驱使，火鸟和火鸟同样也都暗示着身后叙述者的存在。火鸟是手冢的言说者，火鸟则用非人格和层次间运动暗示了超越人性的历史,尽管构筑历史的依然是人类叙述者，但是故事漫画借此摆脱了角色和语言，剥离了主观色彩，冷静地呈现历史学说。

另外，这种结构使叙述者和叙述内容之间能够保持一定距离，明确地揭示叙述内容和叙述行为（方法）两者共同构成了“大物语”。

2. 第三层和“历史的心情”

义江彰夫用辩证史观来重构日本古代史，认为民间共同体和权力中心、政治经济与社会文化始终处在矛盾运动中，矛盾运动推动社会文明不断向更高层次迈进。三层结构中下两层与义江的二元结构相对应，那么多出来的上层——巨大天象有什么含义呢？上文中提到火鸟是天道的化身，它同时也是某种叙述立场的代理。

图 4 的三层结构有两种可能的理解方法，既能视作历史的瞬间，又可看作历史的全貌。在第二种理解中，画面里存在各种层次的时间。

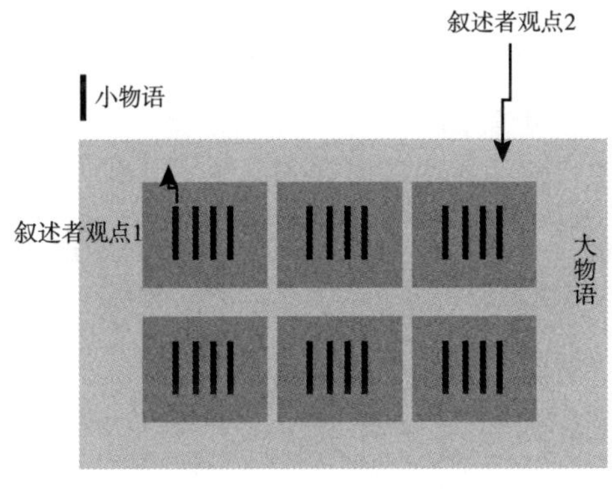

图 7　三层结构平铺版

图 7 是把三层结构平铺后的模型，该模型展现了不同规模的物语之间的相互关系，在这种嵌套结构中，不同层级的时间清晰可见。

图 8　石之森章太郎『マンガ日本の歴史 7　大仏開眼から平安遷都へ』插图

图 8 不仅整合了大佛建造过程的多个瞬间，还强调所有瞬间累积的结果。这种表达强化了大佛本身作为瞬间即逝的无差别劳动凝结而成的价值，用动态画面实现了义江对社会发展的二元把握。在这种线性和平面交叠的构图中，大佛成为一种历史叙述。

综合来看，图 4、图 7 是三层结构的两种呈现方式，用来表现大小物语的关系。后者可以展现个体与清晰的瞬间，前者则展现了不同层级之间辩证运动的关系。尤其在前者中，清晰的“层”不仅展现了叙述内容，并且凸显了叙述行为本身，使原本抽象的历史观直观可见，并暗示了叙述者的存在。

3. 叙述者：历史学家 + 石之森

那么第三层——天象到底是什么呢？

故事漫画的魅力之一在于跌宕起伏的戏剧性，戏剧化则免不了虚构，这也是作者实力与个性所在。手冢和石之森都提到过，在创作故事漫画时，为了增加戏剧性，往往要对史实的准确度做出牺牲。即使描写同一段历史，跟《火鸟》相比，《漫画日本的历史》可以说是尽可能地排除了虚构成分。青木美智男认为，石之森为了描写历史，不得不牺牲了自身的作家性①。

不过，没有虚构不代表作家没有展示自身的态度。《漫画日本的历史》中出现了大量拟人化的天象描写，随着人物命运的流转和时代变迁的跌宕起伏而呈现情绪化的特征。

图 9　石之森章太郎『マンガ日本の歴史 2　卑弥呼と邪馬台国のまつりごと』插图

① 青木美智男「マンガ家と日本史研究者の接点——編集協力の体験から」歴史科学協議会編『歴史評論』第 530 号、1994 年 6 月、68 頁。

图 9 用暴雨表现卑弥呼的死，用感性表达对当权者的死亡和政权的终结做出某种价值判断。石之森一边冷静地俯瞰着历史，一边又在“作者备忘录”中称历史是无数人生联结起来的产物。图中的雨既不是透过特定主人公的眼睛观察到的景象，又超然于某种严肃的历史学说之上，洋溢着巨大的感性。这种充斥天地的“历史的心情”，恰恰是以牺牲虚构的戏剧性为代价构筑起来的，现实的“大物语”叙述之上的，石之森本人作为故事漫画家的作家性的体现。

综上所述，无名群众—当权者、山、建筑—天象的三层结构在画面构图上固定下来，要素在层之间不断地上下运动，保证了系统的活性。并且，清晰的“层”突出了叙述的层次，展现了史学家的史观如何被纳入漫画作者的叙述行为中去，同时还提示了历史学说可以在漫画中实现。

本节的主要着眼点是画面，实际上这种构图与故事情节也有相互整合：受到占卜的指示，卑弥呼从无名群众中脱颖而出，进入权力阶层；无名少女邂逅卑弥呼，在与卑弥呼的对话中受到触动，希望帮助卑弥呼实现她的梦想，最终把自己的生命消耗在国与国之间的战争中，通过这种方式，个人命运被纳入政治的轨道，进而被纳入庞大的历史。

三　小结

主流漫画通常需要依托主人公的视角才能捕捉历史的样貌，脱离了人物的视线，叙述就无法进行。由于缺乏对“大物语”的问题意识，尽管历史题材的漫画层出不穷，却鲜有人像石之森章太郎这样把镜头从主人公身上拉远，主题鲜明地直指大物语本身。

本文围绕大物语的描写方法对《漫画日本的历史》展开了分析，希望能为创作者提供新思路，也对漫画表现史研究做出若干补充。《漫画日本的历史》引入了众多历史学研究成果，使用了大量视觉媒体资料，这也为历史叙述的视觉化研究提供了新的视野。

参考文献

石ノ森章太郎『絆：不肖の息子から不肖の息子たちへ』鳥影社、2003。

佐牟田宗光「漫画家・石之森章太郎」日本生活文化史学会編『生活文化史』通号37、2000年3月、20～32頁。

青木美智男「マンガ家と日本史研究者の接点——編集協力の体験から」歴史科学協議会編『歴史評論』第530号、1994年6月、67～74頁。

石ノ森章太郎「私が「萬画」宣言した理由」「平成マンガ興国論」『知識』通号109、彩文社、1990年12月、104～112頁。

山本忠宏「見開きから見るまんがの変遷——戦前、戦後の児童まんが作品における近代化の多層性」修士論文、神戸芸術工科大学。

義江彰夫「時代概説」、『マンガ日本歴史1 秦・漢帝国と稲作を始める倭人』中央公論社、1989年。

長坂伝八「書評　義江彰夫『日本通史Ⅰ　歴史の曙から伝統社会の成熟へ』」歴史学研究会編『歴史学研究』通号601、1989年12月、18～24頁。

使用文本/图片来源：

石之森章太郎

『マンガ日本の歴史2　卑弥呼と邪馬台国のまつりごと』中央公論社、1998，192～193、154～155、10～191頁。

『マンガ日本の歴史7　大仏開眼から平安遷都へ』中央公論新社、2005、30～31頁。

『マンガ日本の歴史10　将門、純友の乱と天暦の治』中央公論新社、2005、14～17頁。

『サイボーグ009　12　神々との闘い編』石ノ森章太郎プロ、28～29頁（官方发行的电子资料，未注明发行时间）。

手冢治虫

『罪と罰』『手塚治虫漫画全集10』講談社、1998、128～129頁。

宏文学院与中国近代师范教育

——以近代教育家陈宝泉为例

孟硕洋*

19 世纪中叶后，西方列强用坚船利炮轰开了中国的国门，一时间内忧外患，纷至沓来。当时的有识之士已经意识到，只有积极学习西洋的近代文化，才能够救亡图存。晚清时期最早的官派留学始自 1872 年的幼童留美。但是，当时晚清政府内部的保守派势力并无法接受出洋留学的举措，在他们的百般阻挠之下，留美幼童于 1881 年全部召回国内，这一阶段的留学运动便无疾而终。

1894 年，北洋水师于中日甲午战争中全军覆灭，丧权辱国的《马关条约》终于震撼了中华大地，“蕞尔小国”日本竟通过明治维新在 30 年间得以称霸东亚。此时的国人幡然醒悟，认识到日本正是通过学习先进的西洋近代文化，才得以如此快速地发展，因此中国必须向日本学习，这种观点尤以 1898 年张之洞《劝学篇》为代表。张之洞指出：日本之所以能取得如此大的进步归功于通过留学西洋习得近代知识，因此中国必须重新大力推动留学事业。而在选择留学国家时，张之洞认为“西洋不如东洋”，力推通过留学日本学习近代文化与知识①。

1896 年，清政府正式开始派遣留学生赴日学习。首批留日学生共有 13 人，此后中国留日学生人数逐渐增加，1899 年增至 200 名，1902 年达到四

---

* 孟硕洋，北京大学教育学院在读硕士研究生。

① 张之洞：《劝学篇》，中州古籍出版社，1998，第 117 页。

五百名，1903 年则有 1000 名。根据实藤惠秀的研究，1906 年留日学生实数为 8000 人左右，此时晚清赴日留学达到顶峰状态①。

在众多的留学生学校之中，由嘉纳治五郎于 1902 年 1 月创办的宏文学院是中国近代留学日本热潮过程中第一所接收清政府官派留学生的学校。而师范教育作为宏文学院的办学重点，在中国推动教育近代化的历程中，发挥了不可忽视的作用。

一 宏文学院与晚清留日学生

清政府于 1896 年开始正式向日本派遣留学生。在此以前，中日之间虽也曾有过类似留学的活动，但是“仅清国公使馆私聘教师以学日本语二三人而已”，并没有开展非常完整的教育活动②。时任清朝驻日公使裕庚将首批 13 名留日学生交给日本外务大臣西园寺公望，后者由于当时还兼任文部大臣，故委托时任东京高等师范学校校长的嘉纳治五郎来负责。嘉纳在东京神田三崎町一丁目二番地设置校舍以及宿舍，自己出任监督，由东京高等师范学校教授本田增一郎出任教育主任，并由吉田弥平、后藤胤保、松下俊雄等人出任讲师，与学生共同起居、学习。

1899 年，首批在宏文学院学习的 13 名留学生中，共有 7 名学生凭借优异的成绩毕业。嘉纳治五郎为这 7 名学生颁发毕业文凭，证明他们修完以日本语为“正科”，以化学、物理、数学等为“副科”的三年课程。嘉纳治五郎认为，当时的这批留学生的水平约等于高等师范学校附属中学三四年级程度③。同年，张之洞派遣 11 名学生来日留学，此时校舍已经明显不够使用，嘉纳便决定扩大校舍，并将学校定名为亦乐书院。在这以后，希望进入书院学习的学生数量不断增长。1902 年 1 月，嘉纳决定将校舍转移至牛込西五轩町，并更名为宏文学院。

同年，嘉纳访华考察教育，其间，访问各地要员，与他们交流教育问

① 〔日〕实藤惠秀：《中国人留学日本史》，北京大学出版社，2012，第 1 页。

② 舒新城：《近代中国留学史》，上海三联书店，2014，第 22 页。

③ 〔日〕实藤惠秀：《中国人留学日本史》，第 20 页。

题。由于中国留日学生数量进一步增加，宏文学院不断扩大规模，于1903年增设大冢校舍，于1904年增设麹町校舍、真岛校舍、猿乐町校舍、巢鸭校舍。但1905年日本政府颁布《取缔清国留学生规则》后，中国留日学生规模逐步缩小，宏文学院也因此遭受冲击，并最终于1909年关闭了所有校舍。在办学的7年半里，宏文学院总共接收了7192名中国留学生，其中共3180名学生毕业[①]。根据资料记载，不少日后在中国的政界、文学界、教育界等不同领域活跃的人物都曾在宏文学院学习，包括孙中山、鲁迅、陈独秀、范源濂等。

二 嘉纳治五郎的师范教育思想

嘉纳治五郎（1860～1938），日本著名柔道家、教育家。自1893年起，嘉纳担任东京高等师范学校校长一职，任期达25年。在任期间，嘉纳致力于推动日本教育发展，并且自1896年始负责清朝留学生工作，于1899年创办宏文学院。

嘉纳治五郎自幼接受先进的西式近代教育，立志从事教育事业。在其担任东京高等师范学校校长职务期间，嘉纳形成了独特的近代教育理论。而对于清朝向日本派遣留学生一事，他不仅没有产生敌对情绪，而且认为中日双方应互相尊重、信赖，彼此辅助、共同前进。因此，嘉纳积极投身中国留学生教育事业，并创办了对中国教育近代化产生深刻影响的宏文学院。在嘉纳的不懈努力之下，宏文学院的留学生规模不断扩大，一时成为留学日本的标志性学校。另外，嘉纳于1902年赴中国进行教育考察，于所到之处会见了晚清政府的政要名人，就教育近代化的问题交换了意见。特别是嘉纳与张之洞之间的密切交流对于宏文学院的发展起到了重要的作用。自此次访华交流以后，宏文学院在中国的招生渠道得到扩大，中国各地不断派遣留学生进入宏文学院学习，一直到1909年学院关闭为止。在短短的7年半里，宏文学院吸引了七千多名中国留学生进入该校学习。

---

① 〔日〕实藤惠秀：《中国人留学日本史》，第47页。

1901 年以来，中国开始建设近代学校。当时清朝政府改革传统的书院、私塾教育，推广近代化的学堂教育，希望通过改革教育来增强国力。但是在这之中却遭遇到一个很大的问题——国内缺乏能够承担新式教育的教师。光绪二十九年（1903 年），张之洞、张百熙等人奏拟《奏定学堂章程》，极力提倡师范教育，却苦于缺乏能够担任师范教育的师资。章程写道："各省城应即按照现定初级师范学堂，……无从措手"[①]，因此呼吁政府派遣学生出洋留学。为了在短时间内尽快培养出师范人才，清朝政府遂决定在各地方设立 3 个月的速成教员培训机构，同时向日本派遣速成师范留学生进行学习。

针对清政府提出的在短时间内培养出新式师范人才的要求，作为当时日本师范教育权威的嘉纳认为，应暂时侧重兴办速成师范教育，即为已经接受过旧式师范教育的人员提供为期几个月的速成师范教育，由他们来改革当时中国国内的旧式师范教育，以解决清朝的燃眉之急。另外，嘉纳还建议从就读于速成师范教育的学生中选拔优秀人才，继续进行 2 年的研究以使他们接受完整的师范教育，这样才有益于晚清教育近代化的长远发展[②]。

针对师范教育的内容，嘉纳特别强调以下两点。

（1）师范教育不仅要教授普通教育，还要学习高等教育的知识，并且要同时学习各种学问知识。

（2）在教授普通教育知识的同时，还要使师范生能够感受到教书育人的成就感，使他们能够铭记教育这一职责的重要性之所在[③]。

嘉纳对于清朝留日学生师范教育的主张深刻地影响了宏文学院师范科目的实际设置。宏文学院同时设有中等普通教育、速成师范教育以及警务官教育，而最受重视的莫过于速成师范教育。在嘉纳的积极推动下，有不少学生在完成速成师范教育学习后，被选拔进入东京高等师范学校继续进行 2 年的

① 朱有瓛：《中国近代学制史料》，华东师范大学出版社，1983，第 63 页。

② 邵艳・船寄俊雄「清朝末期における留日師範生の教育実態に関する研究——宏文学院と東京高等師範学校を中心に」『神戸大学発達科学部研究紀要』第 2 卷、2003 年 10 月。

③ 同上。

研究活动。

从师范教育来看，嘉纳治五郎参与了中国晚清时期的教育改革工作，对当时中国师范教育的近代化产生了重大影响。嘉纳在中国期间，与清政府主管教育事务的要员张百熙、张之洞等人有过直接交流，探讨了关于师范教育等一系列教育问题，并与中国赴日本考察学务的官员有很多接触，还对留学日本的各省师范生进行了直接指导，可以说他的教育理念对于清末学制建设首重师范教育是有着重要影响作用的①。

三　陈宝泉的师范教育思想

陈宝泉（1874～1937），字筱庄，天津人，我国近代著名教育家。1902年，陈宝泉任天津民立第一小学堂教员，开始了教育生涯。1903 年，通过严修保送赴日本留学，进入宏文学院专攻速成师范科。1904 年，陈宝泉在完成学业后回国继续开展其教育事业，于 1912 年出任北京高等师范学校（简称“北高师”）校长。1920 年，调任教育部普通教育司司长。在这以后，还曾出任教育部次长、河北省教育厅厅长等职务。他既是北高师的主要创办人，又是北京师范大学的主要奠基人与创办人之一，时人称之为“华北名流，教育专家”②。陈宝泉不仅在当时创造了不朽的办学业绩，其有关高等师范教育的深刻理解推动了我国师范教育的近代化进程，时至今日也具有重要的现实意义，值得我们学习和借鉴。

纵观陈宝泉的发展经历，在回国担任北京高等师范学校校长之前，一直在清政府的教育体系内任职，而他在日本宏文学院有过一年的留学经历。对于在宏文学院的留学经历，陈宝泉认为，“虽求学期限无多，而受益甚广”③。可以认为，陈宝泉在回国后担任北京高等师范学校校长时所阐述的师范教育理论与实践应该主要是受到宏文学院的影响。

① 尹贞姬：《论嘉纳治五郎对中国早期教育现代化的影响》，《延边大学学报（社会科学版）》2014 年第 5 期，第 115 页。

② 沈云龙：《近代中国史料丛刊》，台北，文海出版社，1966，第 24 页。

③ 沈云龙：《近代中国史料丛刊》，第 222 页。

陈宝泉在就任北京高等师范学校校长之初，强调了发展师范教育的重要性。在北京高等师范学校首届毕业仪式的讲话中，陈宝泉提出："夫教育为国家命脉，师范为教育胚胎。故师范之责任直接以发达教育，即间接以巩冀国家。"① 也就是说，师范教育的好坏不仅关系到教育的发展，更是关系到国家的生死存亡。而中国教育近代化难以发展的重要原因之一便是师范教育的失败。对于晚清师范教育的状况，陈宝泉评价道："凡所谓成己成人之责任心乃任其澌灭而无复顾惜。吾国岁糜若干教育费储育师范，而于教育上卒未收明确之效果者，胥是之由。"②

中国教育的近代化亟须大量接受过新式师范教育的师范人才，为了扩大师范教育规模，陈宝泉努力从各方争取资金。他通过好友徐蔚生——袁世凯的家庭教师——的大力帮助，从财政部争取到资金6万元，并且得到袁世凯的个人赞助1万元，开始了北高师的大规模建设。他用这笔资金建筑了校舍，扩大了学校的规模。从清末的英语、理化两部，扩大为国文、英文、史地、数理、理化、博物等六部，并且在建校模式上，他选择日式的高等学校模式而非美式的师范学院模式，学生也从150人扩充至近千人，为中国近代师范教育奠定了基础，可以说中国师范教育的发展与陈宝泉有着密不可分的关系。

在师范人才的培养模式上，陈宝泉重视学生在德、智、体三方面的综合发展，在其相关教育理论的阐释与实践上，都可以看到日本师范教育对他产生的影响。

在德育方面，他认为"日本以道德教育为立国根本"③。对于日本的道德教育他满怀佩服之情，并且在其实践过程中，也一直高度重视师范教育中的德育环节。他认为"道德是人生的根本，若没有道德，无论身体如何强壮，智能如何富足，终算不了一个完全人"④。1918年9月，陈宝泉上书教育部，提出设立道德教育研究部，并得到批准施行。另外，他在北京高等师

① 沈云龙：《近代中国史料丛刊》，第101页。

② 同上。

③ 蔡振生、刘立德编《陈宝泉教育论著选》，第46页。

④ 蔡振生、刘立德编《陈宝泉教育论著选》，第10页。

范学校的毕业仪式上的讲话也着重谈到了师范教育中的德育教育问题：“况师范生在修业时仅负成己之责任，至毕业后则兼负成人之责任。故鄙人所深冀于诸生者，在具有责任心而已。而所以保持此责任心者，在有高尚之思想与坚忍之志操。”[①] 陈宝泉认为，师范教育中的德育教育旨在培养师范生的责任感，使师范生充分认识到自己肩负的责任之重要，认识到做教师的光荣。他勉励学子：“持其贞固不渝之目的，奋其强毅不挠之精神，以教育事业为第二生命，以师范名誉为无上财产。默观世界文明之趋势，熟审吾国学术之缺点，以挹注而匡补之”[②]。

学习师范专业，若想“成人”，必须“成己”，因为师范生的道德素质不仅仅影响个人，更重要的是将影响未来所教学生，而这些学生就是中国的未来。他教育师范生要处处为人师表，“你们将来出去要做老师，要晓得做老师是不容易的，一举一动都要为人师表”[③]。因此，陈宝泉采取多种方法加强师范生的道德修养。他为北京高等师范学校制定校训“诚勤勇爱”，“以成己成物为励学及服务之方针”[④]。他在北京高等师范学校通过讲演、训话、自治会议、谈话法、名人演讲等方式实施德育教育。他尤其重视名人演讲，在他任北京高师校长期间，多次邀请梁启超、蔡元培、林纾等各界名人到校演讲。

在智育方面，陈宝泉认为若要振兴中国，必要提升国民的知识，因为“盖今世商战、工战，无非学战”。“但人身体虽然强壮，若没有智能，仍是不能济事”[⑤]。他将智育提升至影响国家兴亡的高度，指出普及教育是当务之急，而教育的普及势必依赖师范教育的发展。在建设北高师时，陈宝泉深受日本高等师范教育模式的影响，主张办学应从中学需要出发，先后在北高师内开设国文、英语、历史地理、数学物理、物理化学、博物六个部，并针对国内各地中学对各科师资的需要，开设教育专攻科、手工图画专修科、国

① 《陈宝泉教育论著选》，第 38 页。

② 陈宝泉：《退思斋诗文存》，台北，文海出版社，1970，第 101 页。

③ 沈云龙：《近代中国史料丛刊》，第 65 页。

④ 沈云龙：《近代中国史料丛刊》，第 100 页。

⑤ 《陈宝泉教育论著选》，第 8 页。

文专修科、体育专修科、音乐训练班、职工科等[①]。

为了进一步提高北高师的学术水平，陈宝泉聘请了一批著名学者任教。由于陈自己有留日经历，这其中不少名师都具有留日背景，包括王桐龄、邓萃英、经亨颐、陈映璜、马叙伦、丁文江、陶孟和、钱玄同等人，这些杰出学者的加盟有力加强了北高师的师资力量。在引进具有留学背景的学者的同时，陈宝泉不断鼓励教师在国内外游学游历，吸取各地教育的长处，丰富知识，增长才干。而他这种积极、先进的师范人才理念，正是得益于早年在宏文学院的学习经历，促使他形成了主张外生型的中国师范教育需要国人积极地走出去，并带回先进的师范教育理念的意识。

在体育方面，陈宝泉针对当时中国内忧外患的窘境，提出“要享有完全国民的资格，第一须身体强健”的观点，将体育视作国民资格的重要因素[②]。并且指出，“如今各国的教育，没有不重体育的”[③]，尤其日本的教育体系特别重视体育教育，“所谓体育，非徒托空言也。校中有寒季、暑季登山、泅水诸部之设”[④]。陈宝泉一改国人认为读书人只读书而不讲究体育的陋习，提出体育不仅锻炼体魄，更锻炼学生精神的真知灼见。

因此，陈宝泉在担任校长期间，即使在招生环节亦重视学生的体育状况，将学生身体素质的优良作为获取入学资格的一项重要参考标准，规定“凡学生入校，必经体格上之检查，体格弱者不录，其在校者亦具按年检查，逐度制表，以资比较”[⑤]。另外，在日本体操教育的影响之下，北高师于民国六年开办体育专修科，是我国最早开设体育学科的高校之一，对北高师以及全国的体育教育事业做出了不可磨灭的贡献。

陈宝泉作为北京高等师范学校的首任校长，从学校规章制度的订立到系

---

① 北京师范大学校史编写组：《北京师范大学校史（1902～1982）》，北京师范大学出版社，1984，第21页。

② 《陈宝泉教育论著选》，第6页。

③ 同上。

④ 《陈宝泉教育论著选》，第46页。

⑤ 《陈宝泉教育论著选》，第77页。

科的设置、教师的延聘，甚至连校舍的建筑均由他亲自主持操办[①]。陈宝泉将他在日本宏文学院学习近代师范教育时掌握的先进师范教育理念引入并应用于北京高等师范学校的建设中，将师范教育提升到救国为民的高度，他通过呕心沥血建设北京高等师范学校，促进了中国师范教育的近代化。从这个角度也可以说，宏文学院的师范教育理念对于中国教育的近代化产生了不可忽视的推动作用。

① 中国人民政治协商会议天津市委员会文史资料研究委员会：《天津文史资料选辑　第三十八辑》，天津人民出版社，1987，第100页。

从福泽谕吉的国权思想看其扩张思想*

姚怡然**

福泽谕吉作为近代日本思想史的代表人物，其思想观点备受关注。他在日本走上对外扩张道路中起到了很大的推动作用，是研究近代日本对外扩张思想的关键人物，其对外扩张思想一直是研究的热点。

在关于福泽扩张思想的众多先行研究中，大多是围绕其"东洋政略""脱亚论"等思想展开讨论。但若跳过其前期思想变化历程，只研究其后期的典型对外扩张思想是不全面的，也无法准确把握其扩张思想。先行研究中虽不乏研究其扩张思想变化轨迹的文献，但从国权思想这一角度开展论述的文献尚不多见。笔者认为，应联系其启蒙思想、文明论，尤其是国权思想等早期思想学说，从中探寻福泽谕吉扩张思想的来源。其中国权思想具有一定的串联作用，将福泽谕吉的其他思想学说黏合起来，因此是研究的一个重要视点和切入点。

本文将从福泽谕吉的国权思想这一较为新颖的视角探寻其扩张思想萌芽、发展以及一步步加深的过程。

一　从《西洋事情·外编》看福泽谕吉国权思想的转变萌芽

1. 福泽谕吉的国权思想

国权思想在福泽的众多思想学说中占有重要地位，纵观其不同时期的言

* 本论文是北京工业大学第15届研究生科技基金校级重点项目（基金编号：ykj－2016－00744）"从日本侵华思想源流的角度研究福泽谕吉的亚细亚主义"相关诸研究的阶段性成果。

** 姚怡然，北京工业大学外国语学院外国语言文学专业日本文化方向在读研究生。

论态度和思想学说，可以说都是围绕着是否有利于国权而展开的。主张国权，追求日本独立成为福泽一生的奋斗目标。

以文明论为理论背景，福泽谕吉的国权论大致可分为两个阶段，即从伸张国权到扩张国权的过程。在伸张国权这一阶段中，其重心是针对日本国内，通过对文明的论述，对民智的启发，让国民意识到国权的重要性。福泽的国权思想进入扩张国权阶段后，其重心便逐渐转移至国外，开始大言对外战争的好处。主张以亚洲盟主身份进行文明之战，扩张国权由此进入理论实践。福泽国权思想的这两个阶段，都与其扩张思想有着紧密联系，存在着内在逻辑。本文将以福泽谕吉的代表性著作为考察点，从中选取较为典型的段落，按照福泽思想演变的逻辑顺序进行文本分析，从国权思想的视角论述扩张思想从无到有，程度由浅至深的发展过程。

2.《西洋事情·外编》中转变萌芽的出现

《西洋事情·外编》写于庆应四年（1868 年）并于同年出版，是福泽谕吉先前以自然法为基础的国权思想出现转变之萌芽。因此，以下先从《西洋事情·外编》的解读入手来探讨福泽的国权思想。

《西洋事情·外编》中谈及对于国际关系的认识，“各国自立，守护本国国土，没有失去领地，大多是因为兵力……现在虽被称为至文至明之国，也动辄大战”①。此处肯定了一国的兵力对于国家独立的重要作用，所谓的“文明之国”间也并非没有战争。此处国家观已与先前的以自然法为基础的国家观有微妙不同，福泽开始观察到国际社会的残酷，其国家观有开始发生转变的迹象，只是此时还较为模糊。谈到“万国公法”这一重要概念时，福泽写道，“并非命令万国必须遵守此公法，因为一旦一国违背则会招敌，故而各国皆遵守”②。从中看出此时他主要信奉的还是基于“万国公法”下的各国平等思想，其国家观乃至国权思想并没有从根基上发生改变。但福泽在后文还写道，“只因为各国国力均衡，不足以平息争端”③。这就是天下战争不断的原因。可见此时，福泽已隐约注意到国际关系的实质。虽然其国权

① 『福澤諭吉全集』第 1 巻、岩波書店、1969、411 頁。

② 『福澤諭吉全集』第 1 巻、412 頁。

③ 『福澤諭吉全集』第 1 巻、413 頁。

思想的根基未变，但他已发觉自己的思想体系中似有不全面之处，也已承认国际交往中存在战争这一事实，且后者往往与国家实力相关。本段引文虽看似与扩张思想无关，但其作为国权思想开始转变的萌芽，与日后转变形成容易滋生扩张思想的土壤有着密切关系。

二　扩张思想的萌芽与《通俗国权论》

《通俗国权论》写于明治11年（1878年）并于同年发表，集中论述了福泽的国权思想，体现了其扩张思想及亚洲霸权主义，是本文分析的重点。其国家观的思想基础已可看出进化论的身影，开始强调“弱肉强食”。且意识到追求独立、维护国权已迫在眉睫。强调兵力和军备，已为福泽的扩张思想埋下根基，逐渐从“民族平等独立”思想滑向了“民族扩张”论，从伸张国权发展为扩张国权。此时已经具备滋生扩张思想的土壤，其扩张思想已现萌芽。下面做具体分析。

1.伸张国权时期

《通俗国权论》首次明确提出了“外战”的策略，从此开始主张外事优先的思想。在《通俗国权论》第七章“对外战争不得已而为之”中，福泽详细描绘了他所理解的国家间外交法则，较为集中地体现了其当时的国家观及国权思想。他在第七章中写道：“看看世界古往今来的实例，不存在贫弱愚昧的小国完全依靠条约和公法保全独立体面的例子，这一点尽人皆知。不仅限于小国，即便是大国之间关系，针锋相对互相觊觎，稍有可乘之机绝对不会放过。窥探之余，至今尚未行动的原因只是因为兵力的强弱，不存在其他的顾虑。”① 可知此时其国家观的思想基础已可明显看出进化论的身影。与在此之前其乐观描述的“四海一家”“五族兄弟”以及“万国一律”等以自然法为基础的国家观不同，福泽此时开始发现国际交往中的残酷现实，并依据“生存竞争”的进化理论，开始强调国际关系中“弱肉强食”的实力竞争。正如引文所言，实力弱小的国家不可能依靠条约或公法取得国家独

① 〔日〕福泽谕吉：《通俗民权论·通俗国权论》，顾宁译，辽宁人民出版社，2015。

立，“万国公法”在进化论面前犹如一纸空文，根本无法保护弱小，更不用说维护国际秩序了。引文还说，这一道理不仅限于小国，大国、强国之间一直以来没有爆发战争，也只是因为顾忌兵力强弱，并非出于道义或情谊的考虑。国与国之间的交往考虑的是国家利益，即福泽所言的国权。外交政策或对策都是基于保护国权制定的，而不是基于“国与国之间对等”这一带有浓厚理想主义色彩的法则。从上述分析中可知，此时福泽认为国权是国家制定政策、决策的主要依据，认识到在弱肉强食的国际社会中，日本唯有寻求独立、维护国权，才能在日后的国际交往中占据有利条件。正是这一转变，为其扩张思想打下坚实基础。此时福泽的国权思想还属于伸张国权的初期阶段。

再来看第七章的其余部分。“长达百卷的国际法不如几门大炮，数册亲善条约不如一箱弹药。大炮弹药不是为讲道理而是为不讲道理制造的器械”[①]。意思是要保持国家的独立，就必须强化兵力和军备。由此看出福泽强调实力政策，毫无当初理想主义的影子。兵力决定外交法则，法则或“理”成为一纸空文。在上述思想基础上，福泽要想主张追求国权，使日本走向独立乃至富强，必然会主张追求国际竞争中最核心的东西——兵力和军备。此处已为福泽的扩张思想做好了思想上的准备。

下文就更明显了。“国家间交往只有两条路，消灭或被消灭”[②]。如果说前文描述的国际交往还只是竞争关系，此处已打破了各国和平相处的幻想，点明了鱼死网破的兵力决斗，很容易将日本引向对外扩张。如果说前文还属于伸张国权的阶段，这里所表露出的含义已显现出扩张国权的苗头。可以说福泽的“民族平等独立”思想开始逐渐滑向了“民族扩张”论。

2. 扩张国权时期

在国权、外战的铺垫下，福泽开始转向对战争的讨论。“我们日本的外交政策是，以战争为最坏的打算，一旦爆发战争就要顽强坚持而不轻易罢兵，做好持续几月几年的准备，比拼双方的忍耐力。正是因为做好这样的心

---

① 〔日〕福泽谕吉：《通俗民权论·通俗国权论》，顾宁译。

② 同上。

理准备，才不容易发生战争”[①]。“倘若作为一个独立国家，自始至终也不敢与外国开战的话，就和那个躺在床上等死的人一样，从那一天起就不配称之为独立国家了”[②]。他主张日本保留战争的权利，保有发动战争的实力（兵力和军备等），且应做好长期战斗的准备。在主张寻求日本独立，保卫国权这一思想之下，隐藏着福泽对于日本的兵力和军备的重视。想保有与外国交兵的国家实力本就需要一定军备，且战前做好长期战斗的准备也意味着大量甚至过量的军备。在灭与被灭这种非黑即白的国际环境构想下，恐慌与紧迫感很容易导致军备过量，而这也为日后扩张思想的实践提供了条件。这一段体现了福泽从伸张国权到扩张国权思想的变化过程。总之，在福泽主张追求日本独立的过程中，弱肉强食、鱼死网破的国际环境意识与准备大量军备的紧迫感相结合，由于二者的程度较难把握，极有可能滋生出扩张思想。也就是说，此时已经具备滋生扩张思想的土壤。

如果说前面引用的部分还只是隐约看到扩张思想的影子，发觉滋生扩张思想的可能性，那么在即将引用的部分福泽清楚直白地表达了对于外战作用的肯定，集中体现了其扩张思想及亚洲霸权主义。他在后文中写道，“没有比对外战争更能激发全国人民之心令国民全体感动的了……战争感动人心的力量强大而持久。因此当今面对西洋各国，能够激发我国人民报国心的方法，没有比战争更好的了。虽然说有一些过激，但是没有比这更有效的能够让人心永远感动的方法了”[③]。联系当时的时代背景及其一直主张的国权思想，就会发现他产生并力主扩张思想不足为奇。在面临欧美列强入侵的情况下，将这种压力通过外战转嫁给被侵略国家，对当时的日本来说不失为一种有效策略。要想激发民众的国家意识，使民众将日本视为一个独立整体，伸张国权已经不能满足其需求，必然会走向扩张国权阶段，其扩张思想也随之应运而生——这也是国权思想与扩张思想内在联系的体现。他认真分析战争的本质，思考外战能为日本带来什么，最终得出战争具有感动人心的长期持续的强大力量这一惊人结论。在其认知中，战争可以培养民众的国家观念和

① 〔日〕福泽谕吉：《通俗民权论·通俗国权论》，顾宁译。

② 同上。

③ 同上。

报国心，且是最快最有效的一种方式，这正是日本建立国权的过程中所急需的东西。战争所带来的影响是长久的，即便战争结束，其对国民心理的影响也不会断然消失，其“功效”仍能持续几十年甚至百年，是对几代日本人的持续教化。因此福泽认为，考虑到战争的功效和作用，即使战败一两次也不足惜，这个可怕的结论正是建立在国权思想上。福泽此时已明显显现出扩张思想。

福泽对其战争观还做了一些补充。“我虽然主张对外战争论，并非是当此外交平静之时主张挑起战争……主张战争但却不喜欢战争，不喜欢战争但是不能忘记战争”①。可看出此时福泽的扩张思想尚处于比较保守的阶段，对于战争的态度更偏向于自卫，为了不被他国吞并而扩充兵力和军备。这一点结合后文作为比较则更为清晰。

三 扩张思想的发展与进一步加深

通过写于明治 14 年（1881 年）的《时事小言》可看出福泽扩张思想的程度大大加深。其国权思想显示出利己侵略的一面，以国权之名将侵略合理化。在明治 17 年（1884 年）所著《支那帝国分割案》中，福泽的扩张侵略思想披着保全日本独立，即国权思想的外衣，试图掩盖其扩张侵略、穷兵黩武的本质内核，已完全成为侵略殖民活动的指导思想。到了明治 27 年（1894 年），福泽写了著名的《日清战争是文明与野蛮之战》，集中肯定了日本军队战争行为的正义性与合理性。将扩张思想的真面目显现得淋漓尽致。至此，其国权思想已完成了从出现转变之萌芽，从伸张国权到扩张国权，直至滋生出扩张思想并逐渐深化的过程。下面展开具体分析。

1.《时事小言》中扩张思想的发展

《时事小言》写于明治 14 年（1881 年）并于同年发表，文中福泽鼓吹“内安外竞”并开始提出由日本充当亚洲盟主的设想，在这一时期，他基本上坚持亚洲各国共同实现富国强兵以对抗西方列强侵略的基本方针。他认为

① 〔日〕福泽谕吉：《通俗民权论 · 通俗国权论》，顾宁译。

只有东亚主要国家共同实现文明进步才有可能抵御欧洲列强，维护东亚，尤其是维护日本自身的独立。而在这个过程中，日本必然肩负着振兴东亚，带领亚洲的重要任务。“日本作为文明的中心，成为魁首，与西洋诸国较量，舍日本国民其谁。要做好思想准备，以保护亚细亚东方为己任”①。明显是急于充当东亚盟主，实现亚洲霸权主义，把自己当作文明的中心，让亚洲各国围绕在日本周围，在日本的引导下对抗西方外敌的入侵，最终共同走向文明。福泽写道，就像近邻着火，自家也不能安心一样。这里所谓近邻，是指中国与朝鲜。在福泽谕吉看来，中国和朝鲜还处于未开化状态，而日本已经接近文明状态。福泽谕吉曾多次发文章表示，已不能期待中国与朝鲜自身完成向文明的进化过程，对两国已不抱有希望，其失望与蔑视之情溢于言表。他认为对于中国和朝鲜，日本应该用武力保护，用文明引导，使两国仿效日本，助其加入文明之国的行列。完全将日本看作先进的代表。

总之在他看来，日本自然也必然担起亚洲领头羊的重任，这是日本的使命，也是他所一直倡导、追求的日本国权的一部分。福泽展望未来，描绘了未来日本称霸世界的美好图景。他写道，“未来不久，在东洋就会产生如同大英帝国的国家，与世界万国争富强之锋，让他国退避三舍”②。从此可看出，福泽并非只寄希望于日本称霸亚洲，其终极目标是称霸世界，足以得知其野心之大。

对比此时福泽的扩张思想，可看出与《通俗国权论》时期的内敛隐蔽不同，《时事小言》中体现出的扩张思想程度大大加深，仅直言不讳表达扩张国权，鼓吹外战，美化侵略的段落就有很多。撰写《时事小言》时期，福泽不顾其先前所言“四海一家”“五族兄弟”等国际交往的道义与法则，力主日本以亚洲盟主的身份带领各国抵抗西方列强的入侵，实则是想打着帮助他国实现文明的旗号进行扩张侵略。此时福泽一直主张的国权思想显示出利己侵略的一面。福泽以国权之名将侵略合理化，并以国家利益作为团结民心的工具，实践着他的内安外竞。当初伸张国权、保全独立的国权思想，现

---

① 『福澤諭吉全集』第 5 巻、岩波書店、1969、186 页。

② 『福澤諭吉全集』第 5 巻、128 頁。

已完全变成侵略扩张的幌子。

2.《支那帝国分割案》中扩张思想的程度加深

《支那帝国分割案》写于明治 17 年（1884 年）10 月并于同年发表在《时事新报》。福泽谕吉以法国首相兼外长的名义虚拟了一份《支那帝国分割案》，假设将于 1899 年 12 月实施。在分割案中，福泽认为日本应该占领福建的一半和台湾，以及浙江沿海地区。其理由如下："日本离中国很近，欧洲诸强国今日逢此幸运，不仅十多年来方向一致，对欧洲帮助很大，应公举日本为东道主人，应把台湾全岛及一半福建省分给日本，这是理所当然的事。尤其是福建浙江沿海之地，日本曾于中国的前朝，即明朝末期侵略过。因此历史上也确有此事，现将日本国旗再次悬挂在旧地上，日本国民应该会感到满足吧。"① 引文中将日本占领中国土地的理由说得理直气壮。将日本归类为与西方列强同道的国家，为奖励日本十多年来的大力帮助，将中国的部分土地划给日本。从引文中可知福泽对于日本成为西方列强同道之国的骄傲与得意。西方列强作为文明之国的象征，一直是福泽在国权思想中为日本设定的一个目标，如今可以归为一类，自然得意自满。另外引文还强调，日本分得的土地正是其曾经侵略占领过的地方，因此日本应当感到满足。且此处福泽并没有避讳"侵略"一词（日语原文中即是用的"侵略"）。一方面因为借他人之口，不方便过于掩盖事实；另一方面也可看出他是承认日本过去的侵略行为的。然而令人吃惊的是，这竟然成为日本再次侵略占领他国土地的有力根据，并为此心满意足。从侧面可得知，福泽承认日本对于曾经侵占过的土地念念不忘，作为掠夺者非但没有反省忏悔，还变本加厉坚持要求重占。由此反映出此时的扩张侵略思想已完全看不出当初重视国权、追求自国独立的影子，完全成为侵略殖民活动的指导思想。

《支那帝国分割案》一文中多处描述并表露侵占中国、分割中国的思想。下面摘录几处作为参考："朝鲜本来不足为论，我方目标的敌人是中国，因此先派一队兵，与朝鲜京城的中国兵鏖战，……我海陆兵大举进军中国，直取北京城。……战胜中国……则能保全国家之独立，……这一胜

① 『福澤諭吉全集』第 10 巻、岩波書店、1970、78 頁。

利……毋庸说可以撤销治外法权，……我辈唯一希望，就在于见证本国之独立。”① 此处福泽将其国权思想与扩张思想紧密联系起来。披着保全日本独立这一国权思想的外衣，试图掩盖其扩张侵略、穷兵黩武的本质内核。福泽对于战争的推崇以及扩张欲望的膨胀溢于言表。此处已将其扩张思想的真面目显现得淋漓尽致。

3.《日清战争是文明与野蛮之战》中扩张思想的集中体现

《日清战争是文明与野蛮之战》写于明治 27 年（1894 年）中日甲午战争期间。在福泽谕吉狭隘的文明论与战争观的导引下，集中赞扬了日本军队战争行为的正义性与合理性②。将日本对中国的侵略美化成对于文明的引导，认为中国应该三拜九叩、感恩戴德、痛改前非。在福泽看来，尚处于未开化的野蛮阶段的中国离实现最高阶段的文明还有很长一段距离，当时的中国腐败落后，不愿向西方学习，不愿实现文明。因此他认为，若日本的侵略能使中国意识到文明势力的可怕之处，激起中国人学习文明的意识，那么这也是文明之国对于野蛮之国的教化，中国人应为此感激不尽。当然这只是福泽以文明野蛮之战为借口，试图使日本侵华正当化的手段。在其描绘的体系下，日本能够以文明之国自居，这正是福泽谕吉国权思想的终极目标得以实现的结果。在其设想下，要保全日本独立，力争与先进文明（即以西方为代表的文明之国）为伍，最终达到文明之国的状态，并作为亚洲唯一的文明之国“教化”他国，不惜以威胁或武力手段“帮助”野蛮落后之国（如中国及朝鲜等国）。在福泽的认知里，日本对外扩张侵略只是为了将日本成功实践国权思想的经验传送给落后国家，这也是福泽扩张思想与国权思想联系的体现。

四　结论

通过上述文本分析，我们随着福泽谕吉国权思想变化的脉络基本见证了

---

① 『福澤諭吉全集』第 10 巻、76 ~ 79 頁。

② 汲长伟：《福泽谕吉狭隘文明论与民族战争观探析》，2012，齐齐哈尔大学历史系，硕士学位论文。

其扩张思想从萌芽、发展到一步步加深，最终走上扩张侵略的军国主义道路的过程。众所周知，福泽谕吉对于近代日本社会产生了重大影响，在其引进西方启蒙思想的同时，也是一位推动日本走上扩张侵略道路的幕后黑手。那么针对在其思想体系中占有重要地位的国权思想及扩张思想，应该如何评价？应如何定位二者的关联？

如上所述，福泽谕吉的国权思想可分为伸张国权和扩张国权两个阶段。它在初期发挥了一定的积极作用。在日本面临西方列强入侵之时，福泽及时提出了国权论，描绘了他的国权思想，指出日本发展的一条明路：保全日本独立，建立国权，一切从维护国权出发。这一思想也成为其一生著书立说的宗旨，福泽谕吉虽然前后期思想发生了巨大变化甚至反转，但无一不是围绕着追求国权这一主线进行的。到了后期，国权思想进入扩张国权时期，它逐渐显露出鼓吹外战，强调兵力和军备，以及美化扩张侵略殖民的一面，为扩张思想的产生提供了条件，与亚洲霸权主义、军国主义联系紧密，为日后日本走上军国主义道路埋下了伏笔。福泽谕吉国权思想的倡导和应用最终让日本获得了独立，但也正是以此思想为根基，日本发动了侵略战争，最终走上了军国主义的道路。

另外，和福泽谕吉之前的思想联系起来，就可发现，其思想在一开始就有扩张乃至侵略的苗头。福泽的扩张思想不是凭空转变的，而是有迹可循的。如上文所述，从扩张思想一步步加深以及国权思想逐渐转变的过程中，体现了时势变化下的福泽谕吉思想体系的变化。其态度与思想的转变，若结合时代背景与福泽前期思想铺垫，就会发现其背后隐藏的发展脉络与逻辑。在福泽谕吉思想演变的过程中，研究和理解国权思想和扩张思想的逻辑联系，有助于我们将福泽谕吉思想体系作为一个整体更好地理解和研究，这对于我们理解其启蒙思想、文明论、国家观、亚洲观以及中国观等其他思想学说也是有帮助的。

参考文献

高增杰：《福泽谕吉的国际政治思想浅析》，《日本研究》1997 年第 3 期，第 43～52 页。

汲长伟:《福泽谕吉狭隘文明论与民族战争观探析》，2012，齐齐哈尔大学。

刘孝萌:《福泽谕吉的近代日本扩张思想》，2007，山东大学。

滕宇飞:《福泽谕吉的国权思想研究》，2011，东北师范大学。

肖朗:《近代日本侵略亚洲国家思想探源——以福泽谕吉及其“脱亚入欧”思想为中心》，《浙江大学学报（人文社会科学版）》2014 年第 3 期，第 5 ~ 19 页。

张华:《试论福泽谕吉的近代国家观》，《延边大学学报（社会科学版）》2010 年第 4 期，第 40 ~ 44 页。

『福澤諭吉全集』卷 1 ~ 别卷、岩波書店、1969。

近年来我国日本哲学及日本思想史研究概况

仲玉花*

进入21世纪后，我国日本哲学和日本思想史领域呈现研究范围拓宽、研究力量壮大、成果精彩纷呈的新气象。特别是由全国各地高等院校、科研机构中日本哲学、思想与文化的专业研究人员组成的全国性学术团体——中华日本哲学会积极组织开展日本哲学与思想史方面的研究，除不定期出版会刊《日本哲学与思想研究》、收录会员最新研究成果之外，每年还编辑出版两期《中华日本哲学会通讯》，及时反映学会会员的学术动态，提供学术活动信息，并多次在中国、日本、韩国等地召开学术研讨会，为中国日本哲学与思想的研究事业做出了重要贡献。本文拟以中华日本哲学会会员为中心，对我国学者近年来的学术成果进行考察和总结。

一　日本近现代哲学研究

中国人民大学林美茂教授的论文《中日对“哲学”理解的差异与趋同倾向》（收入本书）① 首先对近代日本和近代中国的“哲学”概念内涵进行了辨析。他指出，“哲学”与“思想”的根本区别在于“知”的把握不同。中日两国在引进“哲学”概念之初，都存在着混淆“哲学”与“思想”的

* 仲玉花，北京外国语大学日本学研究中心文化方向在读博士生。

① 《北京大学学报》2014年第4期。

问题，但之后的发展在两国出现了不同倾向。在中国学术界这种混淆持续至今，日本则明确区分了“近代哲学”与“日本思想”的不同，并以“知的探索”作为哲学的根本判断标准。然而，正在“中国哲学”面对“合法性”质疑，寻找超越合法性危机的困惑中，日本学术界却出现逆向的重新审视“哲学”的新动态，把曾经被自身否定的属于思想的文献，作为“哲学资料”进行整理。究其原因，问题还是出在忽视西方意义的“哲学”本质所致，从而出现了与中国学界关于哲学理解的趋同倾向。若不能认识到“哲学”与“思想”的根本区别在于“知”的性质不同，并从本国传统知识论研究出发确立自身，只企图通过扩大西方意义的哲学范畴来肯定自己，哲学合法性的质疑将永远无法超越。

林美茂的另一篇论文《对和辻伦理学“人間の学”概念的辨析》① 指出，中国学者和日本学者在翻译和理解日本近代哲学家和辻哲郎的伦理学的一个核心概念“人間の学”时，都存在着各自的偏颇和误读。中国学者采用“人学”翻译“人間の学”概念，只是源于日语中的“人間”相当于汉语的“人”，而没有注意到和辻用“人間の学”概念替代“人学”构筑其伦理学，根本上是建立在日语中的“人”（“人間”）与西方语言及汉语的“人”的差异上。日语的“人”——“人間”具有“间性”和“个体性”双重内涵，用“人間”表达既可区别人的个体性，也体现了人作为社会的人的“间性”特质。从这个意义上说，日本学者将“人間の学”简单等同“間柄学”，也同样犯了顾此失彼、片面理解和辻伦理学核心思想的错误，即只看到人的间性特质而忽略了人的个体性含义。而相应的另一个重要问题是，上述两种误解都忽视了和辻坚持“用日语进行思索”所包含的意义。因为正是这种追求，让和辻发现了母语与西语及汉语中同样的语言的不对称性，并自觉运用它们进行哲学思索、建构其独特伦理学的价值所在。因此辨析和辻伦理学的“人間の学”概念，已经远远超出了语言翻译的范畴，具有对于我们该如何“用母语进行哲学思索”和“如何认识人的存在”这样一个关乎民族文化独立发展的重大哲学问题的深邃思考。

---

① 《哲学研究》2014 年第 3 期。

西田几多郎是日本近代哲学史上最有代表性的哲学家，也是京都学派的创始人。关于西田哲学以及京都学派的研究，厦门大学外国语学院的吴光辉发表了一系列论文，他的《“哲学之道”将走向何处？——京都学派哲学研究的动态与断想》[①] 通过阐述21世纪以来以京都学派为中心的日本哲学研究的新动态，由此提示今后的日本哲学之研究需要关注“日本哲学”的合理性与合法性，避免陷入西方与日本的二元对立框架之困境，强调以双语翻译为突破口来开拓21世纪的多视角、多领域的对话。

吴光辉的另一篇论文《卞崇道与京都学派哲学研究》[②] 则通过梳理中国日本哲学研究领域著名学者卞崇道针对该学派的学术研究，阐述了卞崇道始终致力探讨的“树立他者意识，站在他者立场，客观地认识、研究日本思想文化”的方法论，并高度评价了卞崇道站在“东亚”乃至“全球”的视域来认识日本与中国的思想文化，构建起21世纪的东亚哲学的远大目标。

此外，吴光辉的论文《西田哲学与儒学思想的对话》[③] 探讨了京都学派哲学与儒学之间的“对话”问题。文章指出，作为日本京都学派哲学的创始人，西田几多郎曾经深受宋学，尤其是阳明学的影响。这一影响不仅体现在西田哲学的前期，也反映在了西田哲学的后期。西田的儒学诠释，不仅是通过创造性的诠释，构建自身哲学思想的一个必要之过程；同时也是赋予儒学以“现代性”的一个“尝试”。回顾这一历史性的对话，反思这一尝试的可能性与有效性，将是我们如今探讨京都哲学与儒学之间的“对话”的逻辑起点。

关于西田哲学的研究，南开大学刘岳兵也发表了论文《西田哲学中矛盾的现代性：与时局的对抗和屈服》[④]，指出在容忍中抵抗，是后期西田对待当时法西斯主义的基本态度。对“世界新秩序之原理”的探讨是西田哲学中现代性追求的重要表现。在这种原理中一方面要论证建设“大东亚共荣圈”的合理性和日本精神的世界性，同时又力图从所谓“世界性的世界

① 《日本问题研究》2012年第4期。
② 《日本问题研究》2013年第3期。
③ 《日本研究》2009年第2期。
④ 《世界哲学》2010年第1期。

形成主义”这种全体主义中分辨出国家主义或民族主义乃至个性自由的意义。西田哲学以独特的辩证方式来弥缝其中的矛盾，正是一种苦闷的象征。

除了西田哲学以外，日本近代还涌现了尝试以西方哲学框架整合佛教理论的井上圆了、明治启蒙哲学家福泽谕吉等，这方面的研究主要有以下成果。中国社会科学院哲学研究所的王青在日本《东京人》杂志 2016 年 2 月“井上圆了与哲学堂”特辑上发表了论文《井上圆了哲学的介绍者——中国近代哲学家蔡元培》，主要阐述了井上哲学对蔡元培思想的影响。王青还在论文《井上圆了与蔡元培宗教思想的比较研究》[①] 中指出，中国近代著名思想家蔡元培早期曾致力于从日本引进西方近代学术，尤其是在关于哲学与宗教、宗教与科学的关系等问题上深受井上圆了的启发。但井上用西方哲学的理论解释佛教，强调佛教和自然科学是一致的。他所谓“纯正哲学”或“综合哲学”的根本出发点是：既把“物界”看作存在，也把“心界”看作存在，在物和心之上是绝对的实在，并把这个“绝对”作为最高的本原来统一物质和精神。所以井上圆了是以“科学”的方法和“哲学”的逻辑来论证“宗教”特别是佛教的意义和价值；而蔡元培无论是主张“佛教护国”论还是“科学救国”论，都是以把中国建设为科学与民主的现代化强国这一政治诉求作为出发点。蔡元培与井上圆了的宗教观是对他们各自所处的历史背景和社会条件的折射与反映。

就福泽谕吉研究方面，中国社会科学院哲学研究所贺雷的论文《简论福泽谕吉对西方古典政治思想的接受与转换》[②] 指出，福泽谕吉在西方的影响下，形成了自己独有的政治思想。从官民调和论等三个方面来看，他的政治思想主要来源于对西方古典自由主义的接受与转换。对于福泽来说，个人的自由是实现国家强盛的手段，国家的利益才是最终目的；而西方古典自由主义则认为自由本身即是目的，通过自由的实现，个人权利才能免受国家（政府）权力的侵害。故而从福泽对西方思想的接受与转换出发，他并非像以往研究中常常认为的那样，仅仅持单一的自由主义或民族主义的立场。

---

① 《世界哲学》2013 年第 3 期。

② 《世界哲学》2014 年第 3 期。

此外，贺雷的论文《简论“实学”作为日本近代政治转型的思想基础》[①] 则从“实证主义意义”与“对人性的现实主义态度”两个视角出发对日本传统实学进行了考察，并从这两方面讨论日本传统实学在日本近代化转型中所发挥的作用。通过考察发现，前者开阔了日本知识人的眼界，使他们能够以一种务实而非盲目怀疑的抵触态度来对待东渐的西方思想，而后者则使日本知识人更为顺利地摆脱以道德教化为核心的传统儒学政治思想，转而接受以制度约束为核心的西方近代自由主义政治思想，从而为日本的近代转型铺平了道路。

对于近代日本女权思想这一课题，周晓霞、刘岳兵的论文《近代日本女性解放思想先驱的女权思想探析——以自由民权运动时期女性民权家为中心》[②] 是一篇填补空白之作。该文指出，在自由民权运动风潮的激烈鼓荡中，岸田俊子、景山英子、清水丰子等女性逐渐觉醒，走出家庭，与男子一同关心并参与政治，投身于民权运动的大潮中。她们开始走进了整编中的国民行列，并意图在她们的女权论述中设定新的身份与构建新的社会性别秩序。她们虽然未能实现女权的伸张，但她们的活动是近代日本女性觉醒的标志，在近代女性解放思想史中具有重要的意义。

中国人民大学哲学院李萍的论文《马克思主义哲学与日本现代自我的形成》[③] 通过对日本马克思主义哲学关于国体与国民观、世界中的日本以及知识分子地位等问题的分析，阐述了日本现代自我是如何接受马克思主义哲学影响的。该文指出，国家的现代化取决于民族的现代化，而民族的现代化在于民族自我的形成。日本现代自我正是在各种现代思想聚合、发酵之下产生的，它表现为日本人共同分享的一体感以及对共同命运、价值的广泛认同。

刘岳兵、王萌在论文《战后日本民主主义的发展及其局限——以战后初期文部省教科书〈民主主义〉为中心》[④] 中谈到，日本文部省分别于

① 《世界哲学》2015 年第 6 期。
② 《深圳大学学报》2014 年第 5 期。
③ 《武汉科技大学学报》2013 年第 4 期。
④ 《南开学报》2015 年第 3 期。

1948 年 10 月和 1949 年 8 月发行了教科书《民主主义》（上、下册），虽然该教科书宣扬和美化以资产阶级抽象人性论为基调的民主主义精神，歌颂资产阶级议会政治的先进性及其将共产主义作为独裁主义和绝对主义的一种形式而置于民主主义对立面的思想倾向，但在战后初期日本的精神废墟上，该教科书作为思想启蒙读本，为当时的日本国民、特别是青少年提供了一种理解民主主义本质的规范，作为思考战后日本民主主义的“原点”、剖析战后民主主义发展及其局限的文本仍具有重要意义。

二 日本儒学研究

北京日本学研究中心的郭连友多年来致力于研究孟子思想对日本的影响，其论文《孟子思想与日本》[①] 认为江户时代古学派、国学派，后期的水户学派都对《孟子》中的“君臣观”“革命论”有不同的看法，争论不休的事例及鲜明对立的主张亦时有所见，但同时江户时代也出现了大量注释《孟子》的书籍。我们有必要对这些纷繁复杂的情况重新进行一番考察，这有助于围绕“孟子思想与日本”这一问题深入地了解和认识作为外来思想的中国思想与日本思想的冲突、融合的历史。

关于日本近世町人学者的研究，北京大学外国语学院刘金才的论文《中日前近代商人思想及伦理价值取向的差异——兼论中日近代化进程出现落差的思想原因》[②] 通过对中日前近代商人的商贾思想、商业伦理、营利观和“义利关系观”等进行考察和分析，不仅阐明了中日前近代商人思想及其价值取向的不同性质和特征，而且从一个侧面揭示了中日近代化进程之所以出现落差的思想原因。

石田梅岩是日本近世町人学者，南开大学外国语学院韩立红在论文《石田梅岩思想的公共性》（收入本书）[③] 中指出，石田梅岩作为日本德川时代的庶民儒学者，其思想是一种实践性哲学，并包含了公共哲学的特点。

---

① 《文史知识》2012 第 4 期。

② 《日本问题研究》2012 年第 3 期。

③ 《世界哲学》2012 年第 2 期。

梅岩认为，“道”是唯一的，所以作为“天之一物”的士农工商之“道”亦是相同的，商人作为皇家之“臣”的“四民”之一与其他阶层是平等的，这是梅岩公共哲学的核心。因此，“四民”应摒弃个人“私”之立场，为了“公”之幸福，相互信赖，相和相生，共同参与公共世界的实践活动，通过“共动”，建立共生的“共福”世界。

韩立红的另一篇论文《石田梅岩的三教合一思想》[①] 则进一步指出，石田梅岩以广泛的庶民为教育对象，提倡神、儒、佛三教一致。他认为，儒教的“诚”、佛教的“慈悲”、神道的“正直”皆为相同之物，为修心养性不可缺少的东西。在三教合一的基础之上，他主张以“正直”与“俭约”的实践方法，在日常生活中求得“知心”，并以此为日本近世商人构筑了“商人道”思想，后来发展成为石门心学。其思想无论从思想史角度、教育史角度还是经济史角度，皆对日本近世社会的发展产生了积极影响。

在日本近世古学派的徂徕学研究方面，复旦大学吴震的论文《德川日本徂徕学的礼仪制度重建》[②] 指出，日本儒学“古学派”代表人物荻生徂徕的思想很具批判性，一是通过复原圣人之道的原貌来彻底颠覆宋儒的形而上学，一是通过对儒家经典的重新诠释来为制度重建奠定基础。荻生徂徕先肯定“礼”是先王制定的“准据”，具有普遍性，同时指出圣人制礼以“人情”为依据，所以作为普遍性之“准据”的礼仪在现实社会中的具体运用，必须“斟酌己意”“求合人情”，并按照“心之所安”的原则来实行。但是徂徕深感中日“代殊土殊俗殊”，故若要在现实日本重建礼仪已基本无望。

吴震另一篇论文《德川儒者荻生徂徕的经典诠释方法论初探》[③] 则认为，荻生徂徕以古文辞学作为其儒家经典诠释的重要方法论。借由古文辞学的方法重新把握圣人之道的这种方法被荻生徂徕归结为“以古言征古义”。但是他以所谓的古言古义欲对儒家经典进行诠释之际，其实已有思想上的立场预设；更重要的是，当他用“以古言征古义”来反对“以今言视古言”之际，“古言”不免被绝对化，这就有可能走向“以古言视今言”的另一极

① 《深圳大学学报》（人文社会科学版）2015 年第 6 期。

② 《复旦学报》（社会科学版）2014 年第 1 期。

③ 《中山大学学报》（社会科学版）2014 年第 3 期。

端，其结果必将造成对古今文化的历史性连续的切割，从而使其思想蒙上了非历史性的色彩。

刘岳兵的论文《儒学与日本近代思想序论——以西晋一郎为例》① 指出，西晋一郎融汇西方思想对日本儒学特色的论述，如对宋学与康德哲学关系的阐释等，对于我们思考中日近现代儒学甚至整个中日近现代思想发展的不同特点都具有重要的启发意义。

刘岳兵的另一篇论文《"皇国史观"与宋代儒学的思想纠葛——以〈神皇正统记〉为中心》② 指出，近代日本皇国史观的形成可以追溯到北畠亲房的《神皇正统记》，该书融合儒学、佛教、神道思想，是皇国史观形成的重要的理论化标志。近世以来，认为《神皇正统记》受儒学特别是宋学、朱子学的影响而几成定论。但是从《神皇正统记》中对中国与日本、儒学与神道以及正统与正理的关系的理解来看，他接受儒学的目的在于寻求日本自身的主体性和优越性，中国的儒学思想因素直接被拿来作为"天意""神敕"，成为装点其神国思想的工具，并使其神国思想具有了理论色彩和普遍性意义。

安藤昌益是日本近世农民思想家，国家外国专家局陈化北通过论文《安藤昌益的国家民族观》③，从安藤昌益解释人与自然的关系的"气行论"来探讨他的国家民族观。安藤昌益认为，气有进退之大小、阴阳之大小，以及厚薄、老若的差异。基于气的运行之不同，首先产生了国与国之间自然环境的差异，出现了不同国民的差别与优劣。可以说，昌益的国家民族观里含有差别歧视性，并且显著地表现为作为日本与日本人的优越性。昌益这种观念在当时具有一定的普遍性，并深藏于现代日本人的意识中。

佐久间象山是幕末有名的开国论者，他以"和魂洋才"为指导思想，积极吸收西方近代科技文化。广东外语外贸大学外国语学院韦立新、邓文君的论文《幕末佐久间象山的经济思想》④ 围绕象山对国内外经济状况的认识

① 《深圳大学学报》（人文社会科学版）2015 年第 6 期。

② 《社会科学辑刊》2010 年第 6 期。

③ 《东北师大学报》（哲学社会科学版）2013 年第 2 期。

④ 《日本问题研究》2011 年第 3 期。

与主张，揭示了象山经济思想形成的根本原因，并指出佐久间象山提出的"东洋道德，西洋艺术"就是当时日本知识分子为应对西方列强势力入侵的一种思维模式。

曾晓霞、韦立新的论文《海保青陵与日本近代重商主义经济伦理思想》① 则探讨了江户后期著名经世学家海保青陵的经济思想。海保青陵主张发展经济，被视为日本近代重商主义经济思想的先驱。同时他鼓励武士经商和肯定营利合理性等一些主张在很大程度上突破了德川封建儒学的传统教义，被视为极具特殊性的思想家，准确地反映了时代的趋势。

阳明学研究是近年来东亚各国共同的热点问题，刘金才的论文《阳明学在日本的传播和对民众道德培育的影响》② 重点对阳明心学在日本传播发展的主脉——日本阳明学始祖中江藤树的阳明学思想，以渊冈山为代表的主内省派及其衍生出的石田心学，以熊泽蕃山为代表的主事功派及其衍生出的"报德教"，以及近代日本的阳明学运动分别进行了考察和分析，揭示了阳明学对于日本近世庶民道德的培育以及近现代国民道德建设的作用，以期对中国社会主义核心价值观的培育和公民道德的建设提供有益的启示。

三　武士道与军国主义研究

贵州师范大学娄贵书教授在这个领域耕耘多年，取得了一系列的研究成果。娄贵书著作《日本武士兴亡史》③ 试图通过文献资料揭示武士的历史全貌，而他另一部著作《武士道与日本现代社会的价值理想》④ 阐析了日本社会以武士道为代表的、有别于其他民族的道德体系、价值理想和民族精神，并揭示其内外有别的双重标准，为人们认识和研究日本社会的道德体系以及日本国民性格提供有益的参考。

此外，娄贵书的系列论文《日本武士道的伦理道德、战争精神和统治

---

① 《广东外语外贸大学学报》2014 年第 5 期。

② 《贵州文史丛刊》2016 年第 1 期。

③ 中国社会科学出版社，2013 年 5 月。

④ 中国社会科学出版社，2014 年 12 月。

思想——兼评新渡户稻造的〈武士道〉之三》[1] 指出，武士道作为武家文化的核心内容，涵盖了伦理文化、军事文化和政治文化。新渡户稻造理想化的武士道主要是伦理道德范畴的武士道，特别是从者对主君的道德规范和行为准则，而非完整的武士道。

《日本武士的统治思想——武士道——兼评新渡户稻造的〈武士道〉之四》[2] 则指出，武士道作为日本传统文化的象征和民族精神的核心要素，平安时代是私人性武装集团的道德规范和战争精神；幕府时代是武家社会的理想价值、战争精神和统治理念，引领日本社会以武为本的发展方向；明治、大正和昭和时代初期是全社会的核心价值、军队的战争精神和统治阶级的统治理念，“忠诚的伦理观念”构成塑造日本崛起的精神动力，“武勇的战争精神”则为日本军国主义恶性膨胀的思想渊源。

《武士道与神道、禅道、儒道考析——兼评新渡户稻造的〈武士道〉之五》[3] 则致力于剖析武士道的宗教思想来源，指出神道教、佛教禅宗和儒家朱子学先后成为武士道最主要的思想渊源。

《日本武士道世俗化的历史考析——兼评新渡户稻造的〈武士道〉之六》[4] 指出，原本只是武士的道德规范与行为准则的武士道诞生后不久，便开始了向其他阶级渗透的所谓“世俗化”。8～19 世纪 1000 多年漫长历史岁月的渗润，武家统治者以国家权力为后盾的强制性灌输，农工商的模仿，在明治政府的“全体国民武士化，武士道德全民化”政策的推动下实现了武士道德全民化。

四　日本宗教研究

日本社会的宗教以神道教和佛教为主，同时中国的道教、西方的基督教

① 《贵州大学学报》（社会科学版）2012 年第 2 期。

② 《贵州师范大学学报》（社会科学版）2012 年第 2 期。

③ 《贵州师范大学学报》（社会科学版）2012 年第 6 期。

④ 《贵州师范大学学报》（社会科学版）2013 年第 2 期。

在日本也有传播和发展。王青的论文《神道教与日本型伦理道德观念的演变》[①] 指出，近年来，日本国内民粹主义和右翼思想抬头，学者们试图用不同的思路来解释日本为何不能在历史认识问题上与东亚受害国达成和解，其中美国文化人类学家露丝·本尼狄克特关于“罪文化”与“耻文化”的理论模式影响较大，很多国内学者不仅因循本尼狄克特的思路，还进一步将日本“耻文化”的源头追溯至中国的儒家思想。但实际上“耻文化”与“罪文化”或许可以概括日本文化与西方基督教文化的类型特征，未必能对日本不肯正确认识侵略历史的原因做出准确的剖析，而将中国儒家思想视为日本“耻文化”的思想渊源，更是混淆了中日传统思想在思维模式和伦理道德观念层面上的不同特质，因此必须进行商榷与澄清。

山东大学牛建科的论文《反思与批判：日本神道教伦理思想审视》[②] 则谈到，神道是在日本固有的民族信仰基础上发展起来的精神行为，是日本固有的民族宗教，神道生活中求诸神意并使之成为自己生活规范的虔敬态度，即日本人所谓的“真心”，使神道具有了伦理特性；神道伦理反映了日本民族意识的重要侧面，代表了日本人基本的价值取向和精神追求。神道伦理的基本理念以及在此基础上融合儒佛等外来思想文化形成的神道伦理规范，成为日本传统的伦理规范，构成日本民族文化价值的中核。

在佛教研究方面，韦立新、任萍合著的《日本佛教源流》[③] 通过对日本佛教源流进行系统而全面的梳理，借此对日本佛教文化有更准确而清晰的认识和把握。任萍著《多元文化身份的禅者：日本中世五山僧绝海中津研究》[④] 以五山诗僧绝海中津为例，通过研究绝海中津在中世禅宗、五山文学、明代中日关系中的主要活动及重要作用，得出了以绝海中津为代表的日本中世五山诗僧具有禅僧、诗僧、官僧等多元文化身份的结论。

---

① 《哲学研究》2014 年第 5 期。

② 《日本问题研究》2012 年第 1 期。

③ 世界图书出版广东有限公司，2013。

④ 浙江大学出版社，2015。

韦立新、彭英的论文《日本文化与道家文化渊源略考》[1] 则分析了中国的道家文化对各个历史时期的日本文化所产生的影响。文中指出：构成中华文化重要一环的道家文化，自5世纪末传入日本以来，在古代日本积极吸收大陆文化的历史背景下，以一种潜移默化的方式对日本文化的形成产生了影响，并且这种影响一直延续至今。

五　日本的中国观研究

刘岳兵的著作《近代以来日本的中国观 第三卷（1840～1895）》[2]、论文《幕末：中国观从臆测到实证的演变》[3] 从详细解读日本外交史、思想史和社会文化史的相关原始资料出发，论述了从鸦片战争到甲午战争期间日本的中国认识从臆测到实证，从同病相怜到蔑视轻侮以至于兵刃相向的发展过程，概述了这一历史时期日本中国观中殷鉴论、唇齿论、敌对论、亲善论等几种基本类型，并从总体上阐明了近代日本中国观的原型及其演变机制。

赵晓靓的论文《吉野作造的日本在华权益观》[4] 通过对曾应袁世凯聘请任教于北洋政法学堂的日本大正时期政治学家吉野作造的对华权益观的探讨，指出从辛亥革命到南京政府成立，吉野顺应时代潮流不断调整其在华权益观，具有一定的历史进步意义，然而根深蒂固的帝国主义生存观也束缚了他的对华认识，“九一八”事变后吉野对华权益观的倒退，折射出日本民众支持侵华战争的思想根源。

此外，吴光辉、张凌云的论文《宫崎史学与科举评价——以〈科举史〉为中心》[5] 探讨了日本东洋史学家宫崎市定通过确立东方“朴素主义民族”与西方“文明主义社会”对抗转换的观念，强调要将中国作为一个

---

① 《广东外语外贸大学学报》，2013年第6期。
② 江苏人民出版社，2012。
③ 《南开日本研究》，世界知识出版社，2011。
④ 《南开学报》（哲学社会科学版）2012年第1期。
⑤ 《厦门大学学报》（哲学社会科学版）2014年第6期。

整体性的“国家”来加以认识，认为科举制度的崩溃是中国文明走向衰败的一大标志，站在建构“世界文明史”的立场，批判西方历史哲学背景下的“中国社会停滞论”。宫崎市定的科举评价尽管强调要还原到中国自身的立场，但是亦潜藏了以中国为工具来论述现代日本合理性的根本意图。

山东大学外国语学院邢永凤的论文《跨文化背景下的异国认识——以沙勿略的中国、日本认识为中心》① 聚焦1549年最早将天主教传播到日本的耶稣会士，被称为“东方传教第一人”的沙勿略，阐述了沙勿略不仅奠定了西方在日本传教的基础，他的传教策略也被来华传教士继承和发扬。沙勿略传教策略的重要依据是他的中国观和日本观，本文主要利用沙勿略书简的日译本，深入探讨了其在跨文化背景下的中国观、日本观的具体内容。

① 《东北亚外语研究》，2014年第4期。

后　记

中华日本哲学会的会刊采取以书代刊的形式，第一辑《日本哲学与思想研究（2015）》于2015年8月正式出版发行，会刊的出版发行不仅是中华日本哲学会的盛事，也引起了日本哲学思想文化研究界的重视。现在，会刊第二辑《日本哲学与思想研究（2016）》终于要付梓了，我们非常欣喜。其间，经历了资金不足、出版社变更等种种困难，颇多曲折，最终在编委会的共同努力下，均得以圆满解决。

本次论文的征集得到了中华日本哲学会广大会员的热烈回应，多位前辈大家不吝赐稿，诸位后学青年也纷纷发来高质量论文，由于篇幅限制，编委会不得不忍痛割爱，舍弃了部分优秀稿件。第一辑按哲学、思想、宗教、历史、文化五大领域划分出了五个部分，但本辑受限于篇幅，不可能再做如上划分。在本学会成员的构成中，有部分境外会员，还有数量不少的学生会员，而且本次论文征集还特别有针对性地向日本会员中的知名学者邀稿。为了区分稿件来源，本辑特别分出“特邀日本学者论坛”和“青年论坛”部分，共三大板块。本次邀稿的日本学者都是日本哲学思想界的大家，其提供的论文均为日本学界的高水平论文。青年论坛的作者均为本学会的学生会员，是各大高校的在读博士生或硕士生，他们的论文选题新颖、角度独到，代表着日本哲学思想研究界的未来。

本书的出版使用了北京市教育委员会人才队伍建设项目的部分经费，在此表示衷心感谢！本书的编辑在编委会各位教授的大力支持和帮助下才得以顺利完成，在此表示衷心感谢！特别要感谢王青会长，王青会长从筹划之始就组织人员，一直帮助协调各个方面的工作，最后还在百忙之中为本书作序。感谢王青会长的研究生李立业同学帮忙收取和整理会员的投稿。感谢日本学者藤田正胜教授的支持和帮助。还要特别感谢负责日方特邀学者的稿件的郭连友、林美茂、吴光辉三位教授，他们不仅联系日本学者，还负责稿件的中文翻译工作。尤其是吴光辉教授，亲自翻译了他所负责的两篇日本特邀学者论文。最后，还想特别感谢社科文献出版社的宋荣欣编辑和徐碧姗编辑，两位编辑帮助协调本书的编辑和出版，工作认真细致，尽心尽力。

在本书的编辑过程中，根据出版社的要求，在论文的版面和体例方面作了必要调整，对于文字上的明显疏漏也做了相应修改，若有不妥之处，敬请各专家同仁批评指正。

北京工业大学　刁榴[①]

① 刁榴，哲学博士，北京工业大学副教授，主要从事日本思想和文化的研究。

图书在版编目（CIP）数据

日本哲学与思想研究．2016／刁榴主编．--北京：
社会科学文献出版社，2017．11
ISBN 978-7-5201-1580-3

Ⅰ．①日… Ⅱ．①刁… Ⅲ．①哲学思想-日本-文集
Ⅳ．①B313-53

中国版本图书馆 CIP 数据核字（2017）第250264号

日本哲学与思想研究（2016）

主　　编／刁　榴

出 版 人／谢寿光
项目统筹／宋荣欣
责任编辑／徐碧姗　李秉羲　徐成志

出　　版／社会科学文献出版社·近代史编辑室（010）59367256
地址：北京市北三环中路甲29号院华龙大厦　邮编：100029
网址：www.ssap.com.cn
发　　行／市场营销中心（010）59367081　59367018
印　　装／三河市东方印刷有限公司

规　　格／开　本：787mm×1092mm　1/16
印　张：23.75　字　数：374千字
版　　次／2017年11月第1版　2017年11月第1次印刷
书　　号／ISBN 978-7-5201-1580-3
定　　价／89.00元